KB231396

예기
(禮記)

하

池載熙 해역

자유문고

차　례(하)

예기대전(禮記大全) 제5권 / 17

제33편 치의(緇衣第三十三) / 219

(상) 차 례

(중) 차 례

예기대전(禮記大全) 제5권

제22편 상대기(喪大記第二十二)

이 편은 정현(鄭玄)이 말하기를 "군주 이하가 죽으면 소렴(小斂)과 대렴(大斂), 빈장(殯葬) 등을 하는 대사(大事)를 기록한 것으로 '상대기(喪大記)'라고 한다."고 했다.

상장의례(喪葬儀禮)의 중대 기록이다.

I. 사람이 위독하면 청소하고 준비를 한다

사람이 병들어 매우 위독해지면 집 안팎을 모두 청소한다. 병자가 임금이나 대부(大夫)이면 방 안의 악기 걸어두는 장치를 철거(撤去)하고, 사(士)이면 거문고와 비파를 치운다.

병자의 머리를 동쪽으로 두게 하여 북쪽 창 밑에 눕히고 나서 침상(寢牀)을 치운다. 병자가 입고 있는 옷을 벗기고 새 옷을 입히는데 두 손과 두 발에 한 사람씩 붙어서 남녀에 따라 옷을 갈아 입히고, 솜을 입과 코 근처에 대어 숨이 끊어졌는가를 살핀다.

그 때 죽는 사람이 남자이면 여자의 손에서 죽지 않고, 여자이면 남자의 손에서 죽지 않는다.

죽은 사람이 임금이거나 부인(夫人)이면 노침(路寢)에서 숨을 거두며, 대부이거나 세부(世婦)이면 적침(適寢)에서 숨을 거두며, 내자(內子)로서 아직 임금의 명(命)을 받지 않았으면 하실(下室)에서 죽고 그 시체를 침실로 옮기며, 사(士)의 아내는 모두 침실에서 죽는다.

疾이 病이어든 外內를 皆埽하며 君大夫는 徹縣[1]하고 士는 去琴瑟하며 寢東首於北牖下하며 廢牀하며 徹褻衣[2]하고 加新衣[3]하며 體一人[4]하며 男女 改服하고 屬纊[5]하여 以俟絶氣니 男子는 不死於婦人之手하고 婦人은 不死於男子之手하나니라 君夫人은 卒於路寢[6]하시고 大夫世婦[7]는 卒於適寢하고 內子[8]는 未命則死於下室커든 遷尸于寢하고 士之妻는 皆死于寢이니라

1) 徹縣(철현) : 악기를 걸어두는 장치를 철거(撤去)한다는 뜻. 철현(徹懸).
2) 徹褻衣(철설의) : 더러운 옷을 벗기다. 곧 입고 있는 옷을 벗긴다는 뜻. 철(徹)은 철(撤)과 같다.
3) 加新衣(가신의) : 새 옷을 입힌다는 뜻.
4) 體一人(체일인) : 두 손과 두 발에 한 사람씩 붙는다는 뜻. 체(體)는 사지(四肢)를 뜻한다.
5) 屬纊(속광) : 햇솜을 코와 입 근처에 대어서 숨결을 살피는 것.
6) 路寢(노침) : 임금의 거처. 노(路)는 대(大)의 뜻.
7) 世婦(세부) : 대부의 아내.
8) 內子(내자) : 경(卿)의 아내.

2. 초혼(招魂)의 의식을 행할 때

사람이 죽어서 초혼(招魂)의 의식을 행하는데 근처에 산림(山林)이 있으면 우인(虞人)에게 사다리를 만들게 하고, 산림이 없으면 적인(狄人)에게 사다리를 만들게 한다.

소신(小臣)이 초혼의 의식을 행하는데 의식을 행하는 자는 조복(朝服)을 입고 한다.

죽은 사람이 임금이면 곤복(袞服)을 가지고 하고, 부인(夫人)이면 굴적(屈狄)을 가지고 하고, 대부면 현정(玄赬)을 가지고 하고, 세부(世婦)면 전의(禮衣)를 가지고 하고, 사(士)면 작변(爵弁)을 가지고 하고, 사의 아내면 단의(稅衣)를 가지고 한다.

모두 동쪽 추녀를 통해 지붕으로 올라가 지붕 용마루 가운데에 서서 북쪽을 향하여 3번 혼(魂)을 부르고 나서, 옷을 말아서 앞

으로 던지고 사복(司服)이 그것을 받으면 서북쪽 추녀를 통해 내려온다.

외국에 사신으로 가서 죽었을 때 그가 묵은 곳이 공관(公館)이면 초혼의 의식을 행하고, 사관(私館)이면 초혼의 의식을 행하지 않으며, 만일 길을 가다가 들판의 수레 안에서 죽었으면 그 타고 있는 수레의 왼쪽 수레바퀴에 올라가서 초혼의 의식을 행한다.

초혼의 의식에 쓰는 옷은 사용하고 나서 다시 시체에게 입히지 않고, 납관(納棺) 때에도 사용하지 않는다. 여자의 초혼 의식을 행할 때에는 염(袡)을 쓰지 않는다.

무릇 초혼의 의식에 있어 남자의 경우는 그 이름을 부르고, 여자의 경우는 그 자(字)를 부른다.

사람이 죽었을 때 근친자는 즉시 곡(哭)을 하고, 그후 가장 먼저 초혼의 의식을 행하고, 초혼을 행하고 난 후에는 상례(喪禮)를 행하는 것이다.

復할세 有林麓이어든 則虞人[1]이 設階[2]하고 無林麓이어든 則狄人[3]이 設階하나니라

小臣이 復하되 復者는 朝服이니 君은 以卷[4]하시고 夫人은 以屈狄[5]하시고 大夫는 以玄赬[6]하고 世婦는 以襢衣[7]하고 士는 以爵弁하고 士妻는 以稅衣하나니 皆升自東榮[8]하여 中屋履危[9]하여 北面三號하고 捲衣[10]하여 投于前하여든 司服이 受之어든 降自西北榮하나니라

其爲賓[11]하연 則公館엔 復하고 私館엔 不復하며 其在野하연 則升其乘車之左轂而復이니라

復衣를 不以衣尸[12]하며 不以斂[13]하며 婦人은 復不以袡[14]하며 凡復에 男子는 稱名하고 婦人은 稱字하며 唯哭을 先復하고 復而後에 行死事니라

1) 虞人(우인) : 산림을 관리하는 사람.

2) 設階(설계) : 사다리를 만든다는 뜻.

3) 狄人(적인) : 하급(下級)의 악인(樂人).

4) 卷(권) : 곤복(袞服). 곤(袞)과 같다.

5) 屈狄(굴적) : 부인(夫人)과 내자(內子)의 예복(禮服).

6) 玄赬(현정) : 현의(玄衣)와 정상(赬裳).

7) 襢衣(전의) : 세부(世婦)의 예복.

8) 東榮(동영) : 동쪽 추녀. 동헌(東軒).

9) 履危(이위) : 용마루.

10) 捲衣(권의) : 옷을 말다.

11) 賓(빈) : 사신(使臣).

12) 不以衣尸(불이의시) : 시체에게 입히지 않는다는 뜻.

13) 斂(염) : 납관(納棺).

14) 袡(염) : 여자가 혼례 때 입는 옷.

3. 초혼의 의식을 행하기 전에는…

임금이 죽으면 먼저 상주는 흐느껴 울고, 형제는 곡(哭)을 하고, 여자들은 곡용(哭踊)을 한다.

시체를 당상(堂上)에 안치(安置)하고는 상주는 시체의 동쪽에 앉고, 경(卿)·대부·부형(父兄)·친족인 아들과 손자들은 동쪽에 서며, 유사(有司)와 일반 사(士)들은 당하(堂下)에서 북쪽을 향해 곡을 한다.

부인(夫人)은 시체의 서쪽에 앉고, 내명부(內命婦)들과 고자매와 친족인 여자들과 그들의 딸들은 서쪽에 서며, 외명부(外命婦)들은 그들의 친족 여자들을 거느리고 당상에서 북쪽을 향해 곡을 한다.

대부가 죽었을 때는 상주는 시체의 동쪽에 앉고, 상주의 아내는 서쪽에 앉는데, 친족에 명부(命夫)와 명부(命婦)가 있으면 그들은 앉고, 없으면 모두 선다.

사(士)가 죽었을 때는 상주나 부형이나 친족의 아들과 손자들은 모두 동쪽에 앉고 상주의 아내와 고자매와 친족의 딸들은 모두 서쪽에 앉는데, 모두 방 안에서 시체에 대하여 곡할 때 상주는 두 손으로 홑이불의 끝을 잡고 곡한다.

始卒이어든 主人은 啼하고 兄弟는 哭하고 婦人은 哭踊이니라

旣正尸[1]어든 子[2]는 坐于東方하고 卿大夫父兄子姓[3]은 立于東方하고 有司庶士는 哭于堂下하되 北面하고 夫人은 坐于西方하시고 內命婦[4] 姑姉妹子姓은 立于西方하고 外命婦[5]는 率外宗[6]하여 哭于堂上하되 北面하나니라

大夫之喪에 主人은 坐于東方하고 主婦는 坐于西方이니 其有命夫命婦[7]則坐하고 無則皆立이니라

士之喪에 主人父兄子姓은 皆坐于東方하고 主婦姑姉妹子姓은 皆坐于西方하나니 凡哭尸于室者는 主人에 二手로 承衾[8]而哭이니라

1) 正尸(정시) : 시체를 당상(堂上)에 안치(安置)하다.

2) 子(자) : 상주(喪主).

3) 子姓(자성) : 친족인 아들이나 손자들.

4) 內命婦(내명부) : 품계(品階)가 있는 임금의 여관(女官)들.

5) 外命婦(외명부) : 신하의 아내로서 품계를 가진 여자. 경(卿)이나 대부(大夫)의 아내를 가리킨다.

6) 外宗(외종) : 친족 부인들을 가리킨다.

7) 命夫命婦(명부명부) : 명부(命夫)는 품계가 있는 남자. 명부(命婦)는 품계가 있는 여자.

8) 承衾(승금) : 홑이불 끝을 잡다.

금(衾)

4. 소렴을 하기 전에는 나가서 맞이한다

임금이 죽었을 때 아직 소렴(小斂)을 하기 이전이면 망명 중에 있는 제후나 국빈(國賓)의 조문(弔問)에 대하여 상주는 나가서 맞이한다.

대부(大夫)가 죽었을 때 아직 소렴을 하기 이전이면 임금의 명에 의한 사자(使者)의 조문에 대하여 상주는 나가서 맞이한다.

사(士)가 죽었을 때 대부가 조문을 왔는데 소렴 이전이면 상주는 나가서 맞이한다.

무릇 상주가 객(客)을 맞이하기 위해 나갈 때에는 맨발에 대님

을 푼 채 가슴을 치면서 서쪽 계단을 통해 내려간다.

임금이 죽었을 때 상주는 망명 중에 있는 제후나 국빈(國賓)에게 바른 자리에서 절한다.

대부의 죽음에는 임금의 명에 의한 사자(使者)를 침문(寢門) 밖에서 맞이하는데, 사자는 당상으로 올라가 명(命)을 전하고, 상주는 당하에서 절한다.

사(士)의 죽음이면 대부의 조문에는 상주가 더불어 곡하고 문 밖으로 나가서 맞이하지 않는다.

부인(夫人)의 죽음이면 망명 중에 있는 제후의 부인의 조문에 대하여 상주는 나가서 맞이하고, 명부(命婦)의 죽음이면 부인의 명에 의한 사자의 조문에 대하여 상주는 나가서 맞이하며, 사(士) 의 아내의 죽음이면 소렴을 하기 전에는 명부의 조문에 대하여 상주가 나가서 맞이한다.

君之喪에 未小斂하여선 爲寄公[1]國賓하여 出하고 大夫之喪에 未小斂하여선 爲君命하여 出하고 士之喪에 於大夫엔 不當斂[2]則出이니라

凡主人之出也에 徒跣[3] 扱衽拊心[4]하여 降自西階하며 君拜寄公國賓 于位하고 大夫 於君命에 迎于寢門外니 使者 升堂致命이어든 主人이 拜 于下하며 士 於大夫에 親弔則與之哭하고 不逆[5]於門外니라

夫人이 爲寄公夫人하셔 出하고 命婦 爲夫人之命하여 出하고 士妻不當 斂則爲命婦하여 出이니라

1) 寄公(기공) : 한때 이웃 나라에 몸을 기탁(寄託)하고 있는 제후(諸侯). 곧 망명 중에 있는 제후.

2) 不當斂(부당렴) : 소렴(小斂)의 예를 행하기 조금 전이라는 뜻.

3) 徒跣(도선) : 맨발.

4) 扱衽拊心(삽임무심) : 삽임은 옷섶에 끼운다는 뜻. 무심은 가슴을 친다는 뜻. 무(拊)는 무(撫).

5) 逆(역) : 맞이하다. 영(迎)과 같다.

5. 소렴(小斂)을 행하는 절차

소렴(小斂)의 예(禮)를 행할 때, 상주는 집 안의 바른 자리에서 서쪽을 향하여 서고, 상주의 아내는 동쪽을 향하여 서서 시체의 옷을 갈아 입힌다. 옷을 갈아 입히고 나서 상주는 시체에 매달려서 곡용(哭踊)하고 상주의 아내도 또한 그와 같이 한다.

상주는 윗옷을 벗어 어깨를 드러내고 머리를 풀고 삼베로 머리카락을 묶으며, 상주의 아내는 복머리를 틀고 방 안에서 삼베의 띠를 두른다. 시체 주위에 장막을 치우고, 친족의 남녀가 시체를 받들어 당상에 안치하고 내려와 당하에서 절을 한다.

임금이면 참석한 망명 중에 있는 제후나 국빈인 대부에게 감사하다는 절을 하고, 대부나 사(士)일 경우에는 경대부(卿大夫)에 대해 그 위치에 가서 절을 하며, 사(士)에 대하여는 그쪽을 향해 모두에게 3번 절한다.

부인(夫人)도 또한 망명 중에 있는 제후의 부인에게 당상(堂上)에서 절하고, 대부의 내자(內子)나 사(士)의 처(妻)는 참석한 명부(命婦)들에게 절하고, 그리고 여러 객에게는 당상에서 절한다.

또한 상주는 위치로 가서 옷을 겹으로 입고 요질(腰絰)과 수질(首絰)을 띠고 곡용(哭踊)을 한다. 어머니가 돌아가셨을 때에는 위치로 가서 머리를 문(免)하고 음식을 올린다. 조객(弔客)은 갖옷 위에 옷을 껴입고 길관(吉冠) 위에 소관을 더하고 대질(帶絰)을 하고 상주와 번갈아 곡용(哭踊)을 한다.

임금의 상(喪)에는 우인(虞人)은 땔나무와 뿔을 내고, 적인(狄人)은 병(항아리)을 내고, 옹인(雍人)은 솥을 내는데, 사마(司馬)가 병을 걸고, 이에 관원(官員)들이 번갈아 곡을 한다.

대부의 상에는 관원이 번갈아 곡을 하되 병을 걸지는 않으며, 사(士)의 상에는 번갈아 곡하는 것을 관원이 하지 않는다.

임금의 상에는 횃불을 당상(堂上)에 둘을 켜놓고 당하(堂下)

에 둘을 켜놓으며, 대부의 상에는 당상에 하나를 켜놓고 당하에 둘을 켜놓으며, 사(士)의 상에는 당상에 하나를 켜놓고 당하에 하나를 켜놓는다.

小斂에 主人은 卽位于戶內하고 主婦는 東面乃斂하나니 卒斂하고 主人이 馮之[1]踊이어든 主婦 亦如之하며 主人은 袒說髦[2]하여 括髮以麻하고 婦人은 髽帶麻于房中하여 徹帷하고 男女 奉尸하여 夷于堂[3]하고 降拜니라

君이 拜寄公國賓大夫士하나니 大夫士엔 拜卿大夫於位하고 於士엔 旁三拜[4]하고 夫人이 亦拜寄公夫人於堂上하고 大夫內子士妻란 特拜命婦하고 氾拜衆賓於堂上하나니라

主人이 卽位하여 襲帶経[5]踊하고 母之喪엔 卽位而免[6]하고 乃奠이어든 弔者 襲裘[7]加武帶経하고 與主人拾踊[8]하나니라

君喪에 虞人은 出木角[9]하고 狄人은 出壺[10]하고 雍人[11]은 出鼎하고 司馬는 縣之[12]하고 乃官이 代哭[13]하나니라

大夫는 官이 代哭하고 不縣壺하고 士는 代哭을 不以官이니라

君은 堂上에 二燭이오 下에 二燭하고 大夫는 堂上에 一燭이오 下에 二燭하고 士는 堂上에 一燭이오 下에 一燭이니라

1) 馮之(빙지) : 빙(馮)은 매달리다의 뜻이요, 지(之)는 시(尸)와 같으니, 시체에 매달리다의 뜻.

2) 說髦(탈모) : 머리를 푼다는 뜻. 탈은 탈(脫)과 같다.

3) 夷于堂(이우당) : 당상에 안치한다는 뜻.

4) 旁三拜(방삼배) : 그쪽을 향해 모두에게 한꺼번에 3번 절한다는 뜻.

5) 襲帶経(습대질) : 옷을 겹으로 입고 요질(腰経)과 수질(首経)을 띠다.

6) 免(문) : 머리털을 흰 삼베로 싸는 일.

7) 襲裘(습구) : 갖옷 위에 옷을 더 입는다는 뜻.

8) 拾踊(겁용) : 상주와 번갈아 곡용(哭踊)한다는 뜻.

9) 出木角(출목각) : 땔나무와 짐승의 뿔을 내다.

10) 壺(호) : 병. 시간을 측정하기 위한 누수(漏水)의 용기로 쓴다.

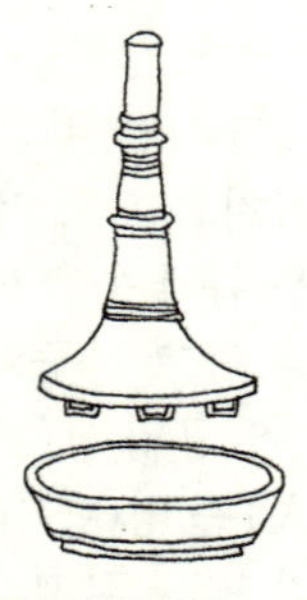

등반(燈槃)

11) 雍人(옹인) : 음식을 만드는 사람.

12) 縣之(현지) : 호(壺), 곧 병을 걸다.

13) 代哭(대곡) : 번갈아 곡하다.

6. 소렴의 예가 끝나면 장막을 거둔다

소렴의 예가 끝나고 빈객(賓客)이 다 물러가면 시체 주위에 쳐 놓았던 장막을 거둔다.

당상(堂上)에 안치(安置)한 시체에게 곡을 하는 데에는 상주는 시체의 동쪽에 자리하고, 빈객(賓客)은 서쪽에 자리하며, 모든 여자들은 북쪽에서 남쪽을 향하고 행한다.

여자는 손을 맞이하거나 손을 보낼 때 대청을 내려가지 않는데, 만일 대청을 내려갔을 경우라도 대청 아래에서는 곡을 하지 않으며, 남자도 침문(寢門) 밖에 나가 사람을 만날 때는 곡을 하지 않는다.

여자 상주가 없으면 남자 상주가 침문 안에서 여자 빈객을 맞이하여 절하며, 남자 상주가 없으면 여자 상주가 동쪽 계단 아래에서 남자 빈객에게 절한다.

상주가 어리면 어른이 어린 상주를 최복(衰服)에 싸서 안고 빈객에게 절한다. 죽은 사람의 후계자가 자리를 비울 때는 그 사람이 작위(爵位)가 있는 사람이면 대리인이 말을 하고, 작위가 없는 사람이면 대리인이 빈객에게 절을 한다.

상주가 집에 없더라도 나라 안에 있으면 그가 돌아오기를 기다리며, 나라 밖에 있으면 기다리지 않고 대리인이 빈장(殯葬)을 해도 좋다. 사람이 죽어서 후계자가 없을 수는 있어도 상주가 없는 일은 없다.

賓出커든 徹帷하나니라

哭尸于堂上하되 主人은 在東方하고 由外來者[1]는 在西方하고 諸婦는 南鄕하나니라

婦人이 迎客送客에 不下堂[2]이니 下堂이라도 不哭하며 男子 出寢門外하여 見人이라도 不哭하나니라

其無女主[3]어든 則男主 拜女賓于寢門內하고 其無男主어든 則女主 拜男賓于阼階下하며 子幼[4]커든 則以衰抱之[5]하고 人爲之拜하며 爲後者 不在어든 則有爵者[6]는 辭하고 無爵者는 人爲之拜하나니 在竟內어든 則俟之하고 在竟外어든 則殯葬이 可也니 喪에 有無後하고 無無主하나니라

1) 由外來者(유외래자) : 밖에서 온 사람. 곧 빈객(賓客).

2) 下堂(하당) : 당상(堂上)에서 내려오다. 대청을 내려오다.

3) 女主(여주) : 여자 상주.

4) 子幼(자유) : 상주가 어리다.

5) 衰抱之(최포지) : 어린 상주에게 상복(喪服)을 입혀서 안는다. 최는 상복.

6) 有爵者(유작자) : 작위(爵位)가 있는 사람. 곧 대부(大夫)의 지위를 뜻한다.

7. 지팡이를 짚지 않는다

임금의 상(喪)에는 죽은 지 3일만에 아들과 부인(夫人)이 지팡이를 짚고, 5일만에 빈장(殯葬)을 마치고 대부(大夫)와 세부(世婦)에게 지팡이를 준다.

아들과 대부는 침문(寢門) 밖에서는 지팡이를 짚고, 침문 안에서는 들고만 있고 짚지는 않는다. 부인과 세부들은 상중의 거소에서는 지팡이를 짚고 당상의 위치에서는 남자에게 그것을 들게 한다.

아들은 천자의 사신으로부터 왕명(王命)을 전해 들을 때는 지팡이를 놓고, 다른 제후(諸侯)로부터의 명령이 있으면 지팡이를 들기만 하고 짚지 않는다.

또 점을 칠 때나 시체에 대한 의례(儀禮)가 있으면 지팡이를 놓는다.

대부는 임금의 곁에서는 지팡이를 들고만 있고 짚지는 않으며, 다른 대부의 앞에서는 지팡이를 짚는다.

君之喪엔 三日에 子夫人이 杖하고 五日에 旣殯하고 授大夫世婦杖하고 子大夫는 寢門之外엔 杖하고 寢門之內엔 輯之[1]하고 夫人世婦는 在其次[2]則杖하고 卽位則使人執之하고 子는 有王命則去杖[3]하고 國君之命則輯杖하고 聽卜[4]과 有事於尸[5]則去杖하고 大夫는 於君所則輯杖하고 於大夫所則杖이니라

1) 輯之(집지) : 지팡이를 들기만 하고 짚지는 않는다는 뜻.

2) 其次(기차) : 거소(居所).

3) 去杖(거장) : 지팡이를 놓다.

4) 聽卜(청복) : 점을 친다는 뜻.

5) 有事於尸(유사어시) : 시체에 대한 의례가 있는 것을 뜻한다.

8. 죽은 자의 아들은 지팡이를 든다

대부(大夫)의 상(喪)에는, 죽은 지 3일 되는 아침에 빈장(殯葬)을 마치고는 상주와 상주의 아내와 가로(家老)들이 모두 지팡이를 짚는다. 대부는 임금으로부터의 명(命)을 받을 때에는 지팡이를 놓고, 다른 대부로부터의 말을 들을 때에는 지팡이를 들기만 하고 짚지는 않는다.

대부의 아내는 제후 부인(夫人)의 명을 들을 때에는 지팡이를 놓고, 다른 대부의 아내인 세부(世婦)들의 말을 들을 때에는 지팡이를 남에게 들게 한다.

사(士)의 상(喪)에는 죽은 지 2일만에 빈장(殯葬)을 하고, 3일 되는 날 아침에 상주가 지팡이를 짚으며 여자들이 모두 지팡이를 짚는다. 임금의 명(命)이나 부인(夫人)의 명을 받을 때에는 대부의 경우와 같이 하며, 대부나 세부의 말을 들을 때에도 대부의 경우와 같게 한다.

지팡이

죽은 사람의 아들은 모두 지팡이를 짚되 의례(儀禮)의 자리에

서는 사용하지 않는다.

대부(大夫)와 사(士)는 염에 대하여 곡(哭)을 할 때는 지팡이를 짚고, 영구에 대하여 곡을 할 때는 지팡이를 들기만 하고 짚지는 않는다.

지팡이를 버릴 때는 부러뜨려서 보이지 않는 곳에 버린다.

大夫之喪엔 三日之朝에 旣殯하고 主人主婦室老[1] 皆杖하고 大夫는 有君命則去杖하고 大夫之命則輯杖하고 內子[2]는 爲夫人之命하연 去杖하고 爲世婦之命하연 授人杖하나니라

士之喪엔 二日而殯하고 三日之朝에 主人이 杖하며 婦人이 皆杖하나니 於君命과 夫人之命엔 如大夫[3]하고 於大夫와 世婦之命엔 如大夫니라

子 皆杖하되 不以卽位하며 大夫士 哭殯則杖하고 哭柩則輯杖하며 棄杖者는 斷而棄之於隱[4]者니라

1) 室老(실로) : 대부(大夫)의 가재(家宰) 또는 가로(家老).
2) 內子(내자) : 본래는 경(卿)의 아내를 일컫는 말인데 여기서는 대부의 아내를 뜻한다.
3) 如大夫(여대부) : 대부의 경우와 같다.
4) 隱(은) : 숨긴다. 곧 남의 눈에 띄지 않는 곳에 버린다는 뜻.

9. 죽은 사람을 목욕시키는 방법

사람이 죽으면 곧바로 시체를 침상(寢牀)에 옮기고 홑이불로 시체를 덮으며, 죽은 사람이 입고 있는 옷을 벗긴다. 소신(小臣)이 죽은 이의 이를 각사(角柶)로 벌리고 물건을 넣으며, 두 발을 연궤(燕几)를 사용하여 구부러지지 않게 묶는다. 이렇게 하는 일은 임금이나 대부나 사(士)가 다 같다.

관인(管人 : 집을 관리하는 사람)이 우물에서 물을 퍼올려 두레박의 줄을 풀지 않고 그대로 감아서 쥔 채 계단으로 올라가 당상(堂上)에는 오르지 않고 그 물을 어자(御者 : 가까이에서 모시는 사람)에게 주면 어자가 죽은 사람을 목욕시키는데, 소신(小臣) 4명

이 홑이불을 잡고 어자 2명이 목욕을 시킨다.

목욕물은 항아리에 담고 씻는 물은 구기를 사용하여 푸며, 씻는 데는 가는 베로 만든 수건을 사용하고 물기를 닦는 데는 욕의(浴衣)를 사용하는 것을 생전에 하던 것과 같이 한다. 소신이 발톱을 깎고, 목욕하고 남은 물은 구덩이를 파고 버린다.

어머니의 상(喪)에는 여자인 어자가 홑이불을 잡고 목욕을 시킨다.

관인(管人)이 물을 퍼다가 어자에게 주면 어자는 당상에서 조나 기장을 헹군, 머리 감을 물을 마련하는데, 임금의 경우에는 조를 사용하고, 대부의 경우에는 기장을 사용하고, 사(士)의 경우에는 조를 사용한다.

전인(甸人)은 솥을 서쪽 담장 아래에 파놓은 구덩이에 걸고, 도인(陶人)이 오지병을 공출하면, 관인(管人)이 머리 감을 물을 받아서 곧 끓인다. 이 때 전인은 사당 서북쪽에 쌓아둔 땔나무를 가져다가 불을 땐다.

관인이 어자에게 머리 감길 물을 주면 어자는 이에 머리를 감기는데, 머리를 감기는 데는 오지대야를 사용하고 수건으로 물기를 닦는 것은 생전과 같이 한다.

소신(小臣)이 죽은 이의 손톱을 깎고 수염을 자르니, 씻고 난 물은 구덩이를 파고 버린다.

임금의 시체 밑에는 대반(大盤)을 놓고 얼음으로 채우며, 대부의 시체 밑에는 이반(夷盤)을 놓고 얼음을 채우며, 사(士)는 와반(瓦盤)을 여러 개 늘어놓고 얼음은 쓰지 않는다.

침상(寢牀)을 설치하는 데에는 자리를 깔고 베개가 있다. 입에 무엇을 물리는 데에도 상(牀)이 하나요, 염습(斂襲)하는 데에도 상이 하나요, 시체를 당상(堂上)으로 옮기는 데에도 또 상이 하나인데, 모두 베개와 자리가 있다. 이와 같은 것은 임금이나 대부나 사(士)의 경우가 다 같다.

始死커든 遷尸于牀하고 憮用斂衾하고 去死衣[1]하며 小臣이 楔齒[2]하되 用

角柶[3]하며 綴足[4]하되 用燕几[5]는 君大夫士 一也라

管人이 汲하되 不說繘[6]하고 屈之하며 盡階하고 不升堂하여 授御者하여든 御者 入浴하되 小臣四人이 抗衾[7]하고 御者二人이 浴하나니 浴水는 用盆하고 沃水는 用枓[8]하고 浴用絺巾하고 挋用浴衣를 如他日하고 小臣이 爪足[9]하고 浴餘水를 棄于坎이니 其母之喪엔 則內御者 抗衾而浴하나니라

管人이 汲하여 授御者하여든 御者 差沐于堂上이니 君은 沐粱하고 大夫는 沐稷하고 士는 沐粱하나니 甸人[10]이 爲垼于西墙下하고 陶人이 出重鬲이어든 管人이 受沐하여 乃煮之하며 甸人이 取所徹廟之西北厞하여 薪用爨之하며 管人이 授御者沐이어든 乃沐하나니 沐用瓦盤하고 挋用巾을 如他日하고 小臣이 爪手翦須[11]하고 濡濯[12]을 棄于坎하나니라

君은 設大盤하여 造氷焉하고 大夫는 設夷盤[13]하여 造氷焉하고 士는 倂瓦盤[14]하고 無氷이며 設牀襢第有枕하며 含一牀이오 襲一牀이오 遷尸于堂에 又一牀이오 皆有枕席은 君大夫士 一也라

1) 去死衣(거사의) : 죽은 사람이 입은 옷을 벗긴다는 뜻.

2) 楔齒(설치) : 이를 벌리다.

3) 角柶(각사) : 나무로 모가 나게 만든 수저.

4) 綴足(철족) : 두 발을 묶는 일.

5) 燕几(연궤) : 편안히 있을 때에 쓰는 안석.

6) 不說繘(불탈율) : 두레박의 줄을 풀지 않는
다는 뜻. 탈은 탈(脫)과 통한다.

7) 抗衾(항금) : 홑이불을 잡는다는 뜻.

8) 枓(주) : 구기. 음은 '주'.

9) 爪足(조족) : 발톱을 깎는다는 뜻.

10) 甸人(전인) : 원야(原野)의 관리인.

11) 爪手翦須(조수전수) : 손톱을 깎고 수염을 자르다.

12) 濡濯(난탁) : 머리를 감고 난 더러운 물. 난(濡)은 난(湪)과 통한다.

13) 夷盤(이반) : 중반(中盤)과 같다.

14) 瓦盤(와반) : 소반(小盤)과 같은 뜻.

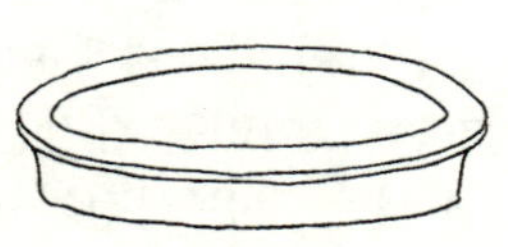

반(盤)

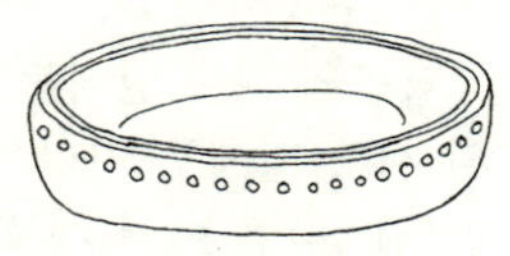

주반(珠盤)

10. 임금의 상에는 3일 동안 죽을 먹는다

임금의 상(喪)에는 세자(世子)와 대부(大夫)들과 공자(公子)들과 여러 사(士)는 모두 3일 동안 밥을 먹지 않고, 세자와 대부와 공자와 여러 사(士)들은 죽을 먹는다.

죽의 원료가 되는 쌀의 분량은 아침에 1일(一溢)의 쌀이며 저녁에도 1일의 쌀이되 그것을 먹는 데에는 규정이 없다.

사(士)는 4일째 되는 날부터는 거친 음식에 물을 마시되 그것을 먹는 데에는 규정이 없으며, 부인(夫人)과 세부(世婦)들과 그 밖의 처첩(妻妾)들도 모두 거친 음식과 물을 마시는데, 그것을 먹는 데는 규정이 없다.

대부의 상(喪)에는 상주와 가로(家老)와 아들과 손자들은 모두 죽을 먹으며, 여러 사(士)는 거친 음식에 물을 마시고, 처첩(妻妾)들도 거친 음식에 물을 마신다. 그리고 사(士)의 상에는 또한 대부의 상의 경우와 같다.

이미 장례를 마치고 나면 상주는 거친 음식에 물을 마시고 채소와 과일을 먹지 않으며, 여자들도 또한 그와 같이 하는데, 이것은 임금이나 대부나 사(士)의 경우가 다 같다.

소상(小祥)을 마치고는 채소와 과일을 먹고, 대상(大祥)을 마치고는 고기를 먹는다. 죽을 대접으로 먹을 때에는 손을 씻지 않고, 나무그릇에 담아서 먹을 때는 손을 씻으며, 나물을 먹을 때는 초와 간장을 쳐서 먹는다.

처음으로 고기를 먹는 사람은 먼저 건육(乾肉)을 먹고, 처음으로 술을 마시는 사람은 먼저 단술을 마신다.

君之喪엔 子[1]大夫公子[2]衆士 皆三日不食하고 子大夫公子衆士 食粥하나니 納財[3]하되 朝一溢[4]米오 莫[5]一溢米어든 食之無筭[6]하며 士는 疏食水飲하되 食之無筭하며 夫人世婦諸妻도 皆疏食水飲하되 食之無筭이니라

大夫之喪엔 主人室老子姓은 皆食粥하고 衆士는 疏食水飲하고 妻妾도

疏食水飮하나니 士亦如之니라

旣葬하고 主人이 疏食水飮하고 不食菜果하며 婦人이 亦如之는 君大夫
士 一也라 練而食菜果하고 祥而食肉하며 食粥於盛[7]은 不盥하고 食於簒
者는 盥하며 食菜以醯醬하며 始食肉者는 先食乾肉하고 始飮酒者는 先飮
醴酒니라

1) 子(자) : 세자(世子)를 가리킨다.

2) 公子(공자) : 세자를 제외한, 임금의 여러 아들.

3) 納財(납재) : 죽의 재료가 되는 쌀. 재(財)는 재(材).

4) 一溢(일일) : 용량(容量)의 단위. 한 되의 24I분의 I의 분량. 곧 아주 적은 분
   량을 뜻한다.

5) 莫(모) : 모(暮)와 같다.

6) 無筭(무산) : 규정이 없다는 뜻.

7) 盛(성) : 그릇. 대접이라는 뜻으로 풀이된다.

II. 상(喪)을 당했을 때의 식사법

기년(期年)의 상(喪)에는 첫날에는 3차례 밥을 먹지 않고, 다
음 날부터 밥을 먹되 거친 밥과 물을 마시고 채소나 과일은 먹지
않으며, 3개월만에 장례를 마치고는 고기를 먹고 술을 마신다.

기년의 상에는 상을 마칠 때까지 고기를 먹지 않고 술을 마시
지 않는 것이 있는데, 이것은 아버지가 살아있고 어머니가 죽었
거나 아내가 죽었을 경우이다.

9개월의 상에는 먹고 마시는 것이 기년의 상과 같아 장례 후에
고기를 먹고 술을 마시되 남과 더불어 그것을 즐겨서는 안 된다.

5개월의 상이나 3개월의 상에는 하루에 밥을 한 번 먹지 않거
나 2번 먹지 않는 것을 행해도 된다.

장례를 마치고는 고기를 먹고 술을 마시되 남과 더불어 그것을
즐겨서는 안 된다.

숙모(叔母)나 백모(伯母)나 옛 주인이나 종자(宗子)의 상에
는 고기를 먹고 술을 마셔도 된다.

죽을 먹을 수 없으면 나물을 넣고 끓인 국을 먹어도 좋으며, 병이 있을 때는 고기를 먹고 술을 마셔도 된다.

나이 50세가 되면 상례(喪禮)를 다 마치지 않아도 되며, 70세가 되면 다만 상복을 몸에 입기만 해도 된다.

이미 장례를 마친 뒤에 만약 임금이 먹을 것을 하사하면 그것을 먹으며 대부나 아버지의 벗이 먹을 것을 주면 그것을 먹는데, 좋은 쌀이나 고기라도 사양하지 않지만 만약 술이나 단술이면 그것을 사양한다.

期之喪엔 三不食이니 食疏食水飮하고 不食菜果하며 三月에 旣葬하고 食肉飮酒하며 期終喪[1]에 不食肉하며 不飮酒니라 父在커시든 爲母[2]爲妻하여 九月之喪에 食飮을 猶期之喪也하며 食肉飮酒하되 不與人樂之니라

五月三月之喪엔 壹不食再不食이 可也라 比葬하여 食肉飮酒하되 不與人樂之하나니 叔母世母[3]故主宗子[4]는 食肉飮酒하나니라

不能食粥이어든 羹之以菜[5]可也며 有疾이어시든 食肉飮酒 可也니 五十에 不成喪[6]이오 七十에 唯衰麻 在身이니라

旣葬하고 若君이 食之어시든 則食之하며 大夫父之友 食之어든 則食之矣니 不辟粱肉이오 若有酒醴則辭니라

1) 終喪(종상) : 상(喪)을 마칠 때까지.
2) 爲母(위모) : 어머니가 죽어서 어머니의 상을 위해서라는 뜻.
3) 世母(세모) : 대를 이을 어머니라는 뜻으로, 백모(伯母)를 가리킨다.
4) 宗子(종자) : 문중(門中)의 종손(宗孫).
5) 羹之以菜(갱지이채) : 나물을 넣고 끓인 국.
6) 不成喪(불성상) : 상례(喪禮)를 다 마치지 않는다는 뜻.

I2. 소렴(小斂) · 대렴(大斂)을 하는 절차

소렴(小斂)은 방 안에서 행하고 대렴(大斂)은 동쪽 계단에서 행하는데, 임금의 경우에는 대자리를 깔고, 대부의 경우에는 부들자리를 깔고, 사(士)의 경우에는 갈대자리를 깐다.

소렴에 시체를 묶는 천은 세로로 묶는 것이 한 가닥이요, 가로로 묶는 것이 3가닥이다. 임금의 경우에는 비단 이불이요, 대부의 경우에는 흰 이불이요, 사(士)의 경우에는 검은 이불인데, 모두 하나씩이며, 의복은 19가지이다.

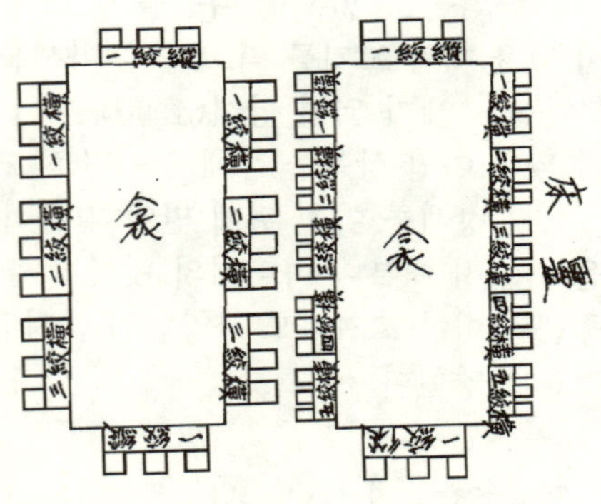

소렴효(小斂絞)　　대렴효(大斂絞)

임금의 경우에는 당(堂)의 동쪽에 옷을 벌려놓고, 대부나 사의 경우에는 방 안에 옷을 벌려놓되 모두 옷의 깃을 서쪽으로 향하게 하고 북쪽을 위로 해서 벌려놓는데, 홑이불은 이 19가지 속에 들지 않는다.

대렴(大斂)에 시체를 묶는 천은 세로로 묶는 것이 3가닥이요, 가로로 묶는 것이 5가닥이며, 베 홑이불과 2개의 이불인데, 이것은 임금이나 대부나 사(士)의 경우가 다 같다.

임금의 경우에는 옷을 뜰에다 벌려놓는 것이 100가지인데 옷깃을 북쪽으로 하고 서쪽을 위로 한다.

대부의 경우에는 옷을 당(堂)의 동쪽에 벌려놓는 것이 50가지인데 옷깃을 서쪽으로 하고 남쪽을 위로 한다.

사(士)의 경우에는 옷을 당의 동쪽에 벌려놓는 것이 30가지인데 옷깃을 서쪽으로 하고 남쪽을 위로 한다.

홑이불은 조복(朝服)과 같은 것으로 한다.

묶는 천은 한 폭을 셋으로 나누되 가르지 않고, 홑이불은 5폭으로 하되 가장자리에 단을 두르지 않는다.

小斂於戶內하고 大斂於阼하되 君은 以簟席하고 大夫는 以蒲席[1]하고 士는 以葦席하니라

小斂엔 布絞[2]를 縮者[3] 一이오 橫者 三이니 君은 錦衾이오 大夫는 縞衾

이오 士는 緇衾이오 皆一衾이오 十有九稱[4]이니라 君은 陳衣于序東[5]하고 大夫士는 陳衣于房中하되 皆西領北上하나니 絞紟[6]은 不在列[7]하니라

大斂엔 布絞를 縮者 三이오 橫者 五오 布紟二衾은 君大夫士 一也라 君은 陳衣于庭百稱[8]이니 北領西上하고 大夫는 陳衣于序東五十稱이니 西領南上하고 士는 陳衣于序東三十稱이니 西領南上이니라 絞紟은 如朝服하니 絞는 一幅이 爲三하되 不辟[9]하고 紟은 五幅이 無紞[10]하니라

1) 蒲席(포석) : 부들자리.

2) 絞(효) : 염할 때 시체를 묶는 것.

3) 縮者(축자) : 세로로 묶는 것.

4) 十有九稱(십유구칭) : 십구칭(十九稱). 구(九)는 양수(陽數)의 끝이고 십 (十)은 음수(陰數)의 끝이다. 사람이 죽으면 음양의 끝 숫자로 염을 한다.

5) 序東(서동) : 서(序)는 당(堂)과 같으니, 당의 동쪽.

6) 絞紟(효금) : 홑이불.

7) 不在列(부재열) : 십구칭(十九稱)에 들지 않는다는 뜻.

8) 百稱(백칭) : 100가지.

9) 辟(벽) : 쪼개다. 가르다. 벽(擘).

10) 紞(담) : 가장자리를 장식하는 것. 가장자리에 단을 두르는 것.

13. 염할 때는 어떤 옷을 입히는가

소렴(小斂) 때 입히는 옷에서 제복(祭服)만은 거꾸로 입히지 않는다. 임금의 경우에는 수의(襚衣)를 벌려놓지 않으며, 대부나 사(士)의 경우에는 당사자의 제복을 다 입히고 나서 보내온 옷을 입히는데, 친척들이 보낸 옷은 그것을 받고 늘어놓지는 않는다.

소렴에는 임금이나 대부나 사가 다 솜을 넣은 옷이나 이불을 사용하고, 대렴(大斂)에는 임금이나 대부나 사가 다 제복의 수에는 제한이 없다.

임금의 경우에는 겹옷과 겹이불을 쓰고, 대부나 사의 경우에는 소렴 때와 마찬가지로 솜옷과 솜이불을 쓴다.

포(袍)라는 속옷에는 반드시 겉에 입는 옷이 있어야 하고 속옷

만을 입지 않아야 하며, 윗옷에는 반드시 아래에 입는 옷이 있어
야 하는데, 이것을 일러 한 벌이라고 한다.

　무릇 옷을 벌려놓으려면 각각 상자에 넣어두고 그것을 꺼내어
벌려놓으며, 옷을 들 때에도 상자에 넣어서 든다. 옷을 벌려놓을
때 당상(堂上)에 오르내리는 것은 서쪽 계단으로 오르내린다.

　옷을 벌려놓을 때는 옷이 굽혀지지 않게 펴서 벌려놓고, 정색
(正色)이 아니면 벌려놓지 않으며, 치(絺)와 격(綌)과 저(紵)는
벌려놓지 않는다.

　무릇 염(斂)을 하는 사람은 윗옷을 벗어 어깨를 드러내고, 시
체를 옮기는 사람은 옷을 덧입는다.

　임금의 상(喪)에는 대축(大祝)이 염을 하고 중축(衆祝)이 그것
을 도우며, 대부의 상에는 대축이 임석(臨席)하고 중축이 염을 하
며, 사(士)의 상에는 축인(祝人)이 임석하고 사(士)가 염을 한다.

　小斂之衣에 祭服은 不倒하나니 君은 無襚[1]하고 大夫士는 畢主人之祭
服하며 親戚之衣는 受之不以卽陳하나니라 小斂엔 君大夫士 皆用複衣複
衾[2]이오 大斂엔 君大夫士 祭服을 無筭이니 君은 褶衣褶衾[3]이오 大夫士는
猶小斂也니라

　袍必有表하고 不禪[4]하며 衣必有裳을 謂之一稱이라

　凡陳衣者는 實之篋하고 取衣者 亦以篋하며 升降者는 自西階하며 凡陳
衣는 不詘[5]하며 非列采[6]어든 不入[7]하며 絺綌紵[8]를 不入하나니라

　凡斂者는 袒하고 遷尸者는 襲하나니라

　君之喪엔 大胥[9]是斂이어든 衆胥[10] 佐之하고 大夫之喪엔 大胥 侍之[11]
어든 衆胥 是斂하고 士之喪엔 胥 爲侍어든 士 是斂하나니라

1) 無襚(무수) : 수의(襚衣)는 벌려놓지 않는다는 뜻.

2) 複衣複衾(복의복금) : 솜을 넣어 누빈 옷과 이불. 솜옷과 솜이불.

3) 褶衣褶衾(첩의첩금) : 겹옷과 겹이불.

4) 不禪(부단) : 홑옷만을 입지 않는다. 곧 속옷만을 입히지 않는다는 뜻.

5) 不詘(불굴) : 굽혀지지 않게 펴서 벌려놓는다는 뜻.

6) 列采(열채) : 정색(正色).

7) 不入(불입) : 벌려놓지 않는다는 뜻.

8) 絺綌紵(치격저) : 치(絺)는 고운 베, 격(綌)은 거친 베, 저(紵)는 마포(麻布). 모두 여름 옷감이다.

9) 大胥(대서) : 대축(大祝). 축인(祝人)의 우두머리. 축인은 장례의 일을 맡아서 하는 사람.

10) 衆胥(중서) : 중축(衆祝). 많은 축인(祝人)들.

11) 侍之(시지) : 임석(臨席)한다는 뜻.

14. 염을 할 때는 6사람이 한다

소렴(小斂)과 대렴(大斂)을 행하여 시체에 옷을 입힐 때 제복(祭服)은 거꾸로 입히지 않으며, 옷섶은 모두 왼쪽으로 여미며, 시체를 묶는 데는 끈을 쓰지 않는다.

염(斂)하는 사람이 염을 마치고는 반드시 곡(哭)을 한다. 사(士)의 상(喪)에는 생전의 동료들이 함께 염을 하는데, 염을 할 때는 한 번 밥을 먹지 않는다.

무릇 염을 하는 데에는 6명이 한다. 염하기 전에 시체를 싸는 모(冒)를 쓰는데 임금의 경우에는 비단 모(冒)와 도끼무늬 쇄(殺)에 묶는 끈이 7개이며, 대부의 경우에는 검은 모(冒)와 도끼무늬 쇄에 묶는 끈이 5개이며, 사(士)의 경우에는 검은 모와 붉은 쇄에 묶는 끈이 3개이다.

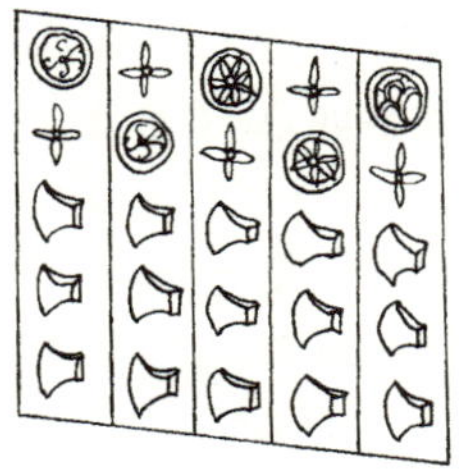

이금(夷衾)

무릇 모의 질(質 : 시체의 상반신을 싸는 주머니)은 길이가 시체의 손과 길이를 같이 하고, 쇄(殺 : 시체의 하반신을 싸는 주머니)의 길이는 3자이다. 소렴을 끝내고는 이금(夷衾)을 쓰는데, 이금의 질과 쇄의 크기는 모를 만드는 것과 같다.

임금의 상(喪)에 대렴(大斂)을 하려면, 상주는 변질(弁絰)을 하고 그의 자리인 동서(東序)의 끝으로 가며, 경대부(卿大夫)는 당(堂) 위의 남쪽 굵은 기둥 서쪽의 위치로 가되 북면(北面)하

여 동쪽을 상위(上位)로 하며, 부형(父兄)은 당 아래에서 북면
하며, 부인(夫人)과 명부(命婦)들은 시체의 서쪽에서 동면(東
面)하며, 친족의 여자들은 방 안에서 남면(南面)한다.

　소신(小臣)들은 자리를 펴고 염습의 준비를 하며, 상축(商祝)
은 효(絞)와 금(紟)과 이불과 옷을 펴서 벌려 놓는다.

　사(士)는 시체를 옮기기 위해 소반 위에서 손을 씻고 시체를 들
어서 염하는 자리로 옮긴다. 염을 마치면 태재(太宰)가 그것을
상주에게 고하고, 상주는 시체에 매달려 곡용(哭踊)한다. 부인도
동면하여 또한 그와 같이 한다

　小斂大斂에 祭服을 不倒하며 皆左衽[1]하며 結絞하되 不紐[2]하나니라

　斂者 旣斂하고 必哭하며 士 與其執事則斂하고 斂焉則爲之壹不食하
나니 凡斂者 六人이라 君은 錦冒[3]黼殺[4]에 綴旁[5]이 七이오 大夫는 玄冒黼
殺에 綴旁이 五오 士는 緇冒[6]赬殺[7]에 綴旁이 三이니 凡冒質[8]은 長與手
齊하고 殺은 三尺이니 自小斂以往엔 用夷衾[9]하나니 夷衾은 質殺之裁 猶
冒也하니라

　君이 將大斂이어든 子는 弁絰하여 卽位于序端하고 卿大夫는 卽位于堂
廉楹西하되 北面東上하고 父兄은 堂下에 北面하고 夫人命婦는 尸西에 東
面하고 外宗은 房中에 南面하고 小臣은 鋪席하고 商祝은 鋪絞紟衾衣하고 士
는 盥于盤上하고 士 擧遷尸于斂上하고 卒斂宰告어든 子 馮之踊[10]하고 夫
人이 東面하셔 亦如之하시나니라

1) 左衽(좌임) : 옷섶을 왼쪽으로 여민다는 뜻.

2) 不紐(불뉴) : 끈을 쓰지 않다.

3) 冒(모) : 시체를 싸는 주머니. 상반신과 하반신의 주머니로 나뉘는데, 상반신
　　을 싸는 것을 질(質), 하반신을 싸는 것을 쇄(殺)라고 한다.

4) 黼殺(보쇄) : 시체의 하반신을 싸는 주머니에 도끼무늬를 한 것.

5) 綴旁(철방) : 묶는 끈.

6) 緇冒(치모) : 검은 모(冒).

7) 赬殺(정쇄) : 붉은 빛의 쇄(殺).

8) 冒質(모질) : 모(冒)의 질(質). 곧 시체의 상반신을 싸는 주머니.

9) 夷衾(이금) : 시금(尸衾).

10) 馮之踊(빙지용) : 시체에 매달려서 곡용(哭踊)하다. 빙지는 시체 가까이에
    서 시체를 들여다 보는 것.

I5. 대부(大夫)의 상(喪)에서 대렴(大斂)의 절차

대부(大夫)의 상(喪)에 장차 대렴(大斂)의 의식을 하려고 이
미 효(絞)와 금(給)과 이불과 의복을 깔아 놓았는데, 임금이 문
상하러 오면 상주가 영접하여 임금보다 먼저 문으로 들어와 우측
에 선다.

임금을 따라온 무인(巫人)은 문 밖에서 멈추고, 임금은 문신
(門神)에게 채(菜 : 나물, 야채)를 바친다.

축인(祝人)이 앞서 들어가 당(堂)에 오르고, 이어서 임금이 동
서(東序) 끝의 자리로 간다. 그러면 경대부(卿大夫)는 당 위의
남쪽 큰 기둥 서쪽의 자리에서 북면(北面)하되 동쪽을 상위(上
位)로 한다.

상주가 방 밖에 남면(南面)하여 서고, 상주의 아내는 시체의 서
쪽에 동면(東面)하여 선다.

시체가 옮겨져서 염(斂)이 끝나고 가재(家宰)가 고하면 상주
가 당(堂) 아래로 내려와 북면하여 서며, 임금이 시체를 어루만
져 고별하면 상주는 절하면서 머리를 조아린다. 그러면 임금이 당
아래로 내려가서 상주에게 당상으로 올라가 시체 가까이에 있게
하고, 이어 상주의 아내에게도 시체 가까이에 있으라고 명한다.

사(士)의 상(喪)에 장차 대렴(大斂)을 하려 할 때, 임금이 오
지 않더라도 다른 예(禮)는 대부의 경우와 같이 한다.

大夫之喪엔 將大斂하여 旣鋪絞給衾衣하여 君이 至커시든 主人이 迎하여
先入門右어시든 巫[1] 止于門外하고 君이 釋菜[2]커시든 祝[3]이 先入升堂하고
君이 卽位于序端커시든 卿大夫는 卽位于堂廉楹西하되 北面東上하고 主
人은 旁外에 南面하고 主婦는 尸西에 東面이어든 遷尸卒斂하고 宰告하여든

主人이 降하여 北面于堂下하고 君이 撫之⁴⁾어시든 主人이 拜稽顙하며 君이 降하여 升主人馮之하시고 命主婦馮之하시나니라

士之喪엔 將大斂이어든 君이 不在하나니 其餘禮는 猶大夫也하니라

1) 巫(무) : 임금을 따라온 무인(巫人).

2) 釋菜(석채) : 문신(門神)에게 채(菜)를 바친다는 뜻. 소나 양의 희생 없이
   채소만 올리고 지내는 간단한 석전(釋奠).

3) 祝(축) : 축인(祝人).

4) 撫之(무지) : 시체를 어루만지다. 고별(告別)을 뜻한다.

16. 신분에 따라 시체에 접촉하는 방법

대렴(大斂)을 할 때 상주는 효(絞)와 금(紟)을 깔고 용(踊)하
며, 이불을 깔고 용하며, 옷을 깔고 용하며, 시체를 옮길 때에도
용하며, 시체에 옷을 입힐 때에도 용하며, 시체에 이불을 덮을 때
에도 용하며, 효(絞)와 금(紟)을 여밀 때에도 용한다.

임금은 대부의 시체를 어루만지며 내명부(內命婦)의 시체를
어루만진다. 대부는 가로(家老)의 시체를 어루만지며 질제(姪
娣 : 貴妾)의 시체를 어루만진다.

임금과 대부는 부모와 아내와 장자(長子)의 시체에는 매달리
되 서자(庶子)의 시체에는 매달리지 않는다.

사(士)는 부모와 아내와 장자와 서자의 시체에는 매달리되, 서
자에게 아들이 있으면 그 부모는 그 시체에 매달리지 않는다.

무릇 시체에 매달리는 것은 죽은 사람의 부모가 먼저 하고 처
자(妻子)는 뒤에 한다.

임금은 신하의 시체를 어루만지며, 부모는 자식의 시체에 입힌
옷을 부여잡으며, 자식은 부모의 시체에 매달리며, 며느리는 시부
모의 시체의 옷을 받들어 잡으며, 시부모는 며느리의 시체를 어
루만지며, 아내는 남편의 옷을 잡아끌며, 남편은 아내와 그 형제
에 대하여 그 옷을 잡는다.

시체에 매달리는 데에는 임금이 어루만진 자리는 손을 대지 않

는다.
무릇 시체에 매달리고 나서는 일어나 반드시 용을 해야 한다.

鋪絞紟하고 踊[1]하며 鋪衾하고 踊하며 鋪衣하고 踊하며 遷尸하고 踊하며 斂
衣하고 踊하며 斂衾하고 踊하며 斂絞紟하고 踊하나니라
君이 撫大夫하시며 撫內命婦[2]하시고 大夫 撫室老[3]하며 撫姪娣[4]하나니라
君大夫는 馮[5]父母妻長子하고 不馮庶子하며 士는 馮父母妻長子庶子하
되 庶子 有子則父母 不馮其尸하나니 凡馮尸者는 父母 先하고 妻子 後니라
君은 於臣에 撫之하시고 父母는 於子에 執之[6]하나니 子는 於父母에 馮之
하고 婦는 於舅姑에 奉之[7]하고 舅姑는 於婦에 撫之하고 妻는 於夫에 拘之[8]
하고 夫는 於妻와 於昆弟에 執之하나니 馮尸하되 不當君所하며 凡馮尸하고
興必踊이니라

1) 踊(용) : 슬퍼하면서 제자리걸음으로 뛰는 일.
2) 內命婦(내명부) : 궁중의 여관(女官)들. 임금의 세부(世婦).
3) 室老(실로) : 대부(大夫)의 가로(家老).
4) 姪娣(질제) : 결혼할 때 신부를 따라온 신부의 동생이나 조카딸로서 귀첩(貴
　　妾)이 된 여자.
5) 馮(풍) : 시체에 매달리다.
6) 執之(집지) : 시체가 입은 옷을 부여잡다.
7) 奉之(봉지) : 옷을 받들어 잡다.
8) 拘之(구지) : 옷을 잡아 끌다.

17. 부모의 상에 상주는 의려(倚廬)에 거처한다

부모의 상(喪)에 상주는 의려(倚廬)에 거처하는데, 거기에는
벽을 바르지 않으며, 거적자리에서 자고 흙덩어리를 베개로 삼아
베며, 상사(喪事)에 관한 일이 아니면 말하지 않는다.
임금의 경우에는 의려를 만들되 장막을 쳐서 집의 울타리를 삼
고 대부나 사(士)의 경우에는 장막을 치지 않는다.
이미 장례를 마쳤으면 의려에 기둥을 세우고 벽을 바르는데 사

람들에게 보이는 곳은 그렇게 하지 않으며, 임금이나 대부나 사(士)가 다 장막을 쳐 울타리로 삼는다.

무릇 적자(適子)가 아닌 사람은 아직 장사지내기 전부터 남에게 보이지 않는 곳에 의려를 만든다.

이미 장사를 지내고 남과 더불어 있을 때 임금은 왕사(王事)는 말하되 국사(國事)는 말하지 않으며, 대부와 사(士)는 공사(公事)는 말하되 가사(家事)는 말하지 않는다.

임금은 장례를 마친 뒤에 왕정(王政)이 그 나라로 들어오면 졸곡(卒哭)을 마치고 왕사(王事)에 간여하며, 대부와 사는 장례를 마친 뒤에 공정(公政)이 집에 들어오면 졸곡을 마치고 나서 변질(弁経)을 띠고 병사(兵事)에 관한 것이라도 그것을 피하지 않는다.

父母之喪에 居倚廬[1]하되 不塗[2]하고 寢苫[3]枕㠯[4]하여 非喪事어든 不言하나니 君은 爲廬하되 宮之하고 大夫士는 襢之[5]하나니라

既葬이어든 柱楣[6]하고 塗廬[7]하되 不於顯者니 君大夫士 皆宮之하나니라

凡非適子者는 自未葬으로 以於隱者[8]에 爲廬니라

既葬하고 與人立하며 君은 言王事[9]하시고 不言國事하시며 大夫士는 言公事[10]하고 不言家事하며 君은 既葬이어든 王政[11]이 入於國하고 既卒哭而服王事하시며 大夫士는 既葬이어든 公政[12]이 入於家하고 既卒哭이어든 弁経帶하여 金革之事[13]를 無辟也니라

1) 倚廬(의려) : 중문(中門) 밖 동쪽 담장에 판자로 만든 여막(廬幕).

2) 不塗(부도) : 벽(壁)을 바르지 않는다는 뜻.

3) 寢苫(침점) : 거적자리에서 자다.

4) 枕㠯(침괴) : 흙덩어리를 베개로 삼아 베다.

5) 襢之(전지) : 노출시키다. 곧 장막을 치지 않는다는 뜻.

6) 柱楣(주미) : 기둥을 세운다는 뜻.

7) 塗廬(도려) : 여막에 벽을 바른다. 비바람과 추위를 막는 것.

8) 於隱者(어은자) : 남의 눈에 띄지 않는 곳.

9) 君言王事(군언왕사) : 임금은 왕사를 말하다. 군은 제후. 왕사는 천자의 소관

인 천하의 정사(政事).

10) 公事(공사) : 제후(諸侯)의 소관인 나라의 정사(政事).

11) 王政(왕정) : 천자의 정사.

12) 公政(공정) : 제후의 정사.

13) 金革之事(금혁지사) : 금혁은 무기(武器)의 뜻. 곧 병사(兵事)라는 뜻.

18. 소상(小祥)을 마치고는 남과 교제하지 않는다

이미 소상(小祥)을 마쳤으면 악실(堊室)에 거처하고, 다른 사람과 함께 있지 않으며, 임금은 나라의 정사를 도모하고, 대부나 사(士)는 집안 일을 도모(圖謀)한다.

이미 대상(大祥)을 마쳤으면 악실의 바닥을 검게 칠하고, 대상을 지내면 문 밖에서 곡(哭)을 하는 자가 없게 하고, 담제(禫祭)를 지내고는 문 안에서도 곡하지 않는데, 그것은 음악을 연주할 수 있기 때문이다.

담제를 지내고는 여자를 거느릴 수 있고, 길제(吉祭)를 지내고는 침실(寢室)로 돌아간다.

기년상(期年喪)을 당해서는 의려(倚廬)에 거처하며 상(喪)을 마칠 때까지 안에서 여자를 거느리지 않는 것은, 아버지가 살아 있는데 어머니나 아내의 상복을 입었을 경우이다.

재최(齊衰) 기년상의 상복을 입은 사람과 대공(大功) 9개월의 상복을 입은 사람은 모두 3개월 동안 안에서 여자를 거느리지 않는다. 여자는 의려에 거처하지 않고 거적자리에서 잠자지 않는다.

친정 부모의 상(喪)을 당하면 소상(小祥)을 마치고는 시댁으로 돌아가고, 9개월의 상을 당했을 때는 장례를 마치고는 시댁으로 돌아간다.

임금의 상에 대부는 소상까지 공관에 머무르고, 사(士)는 졸곡(卒哭) 후에 돌아간다.

대부나 사는 부모의 상을 당했을 때 종가(宗家)에 머무르되 소상을 지내고는 자기 집으로 돌아갔다가 삭일(朔日)과 기일(忌

日)에는 종가로 돌아가 곡읍(哭泣)한다. 백부(伯父)나 숙부(叔父)나 형제의 상에는 졸곡이 끝나면 집으로 돌아간다.

아버지는 자식을 위해 머무르지 않고 형은 동생을 위해 머무르지 않는다.

旣練이어든 居堊室[1]하고 不與人居하며 君은 謀國政하시고 大夫士는 謀家事하며 旣祥이어든 黝堊[2]하며 祥而外無哭者하고 禫而內無哭者니 樂作矣故也니라

禫而從御[3]하고 吉祭[4]而復寢이니라

期에 居廬하며 終喪不御於內者는 父 在커시든 爲母오 爲妻하여 齊衰期者와 大功布衰[5]九月者는 皆三月을 不御於內하고 婦人은 不居廬하며 不寢苫하고 喪父母엔 旣練而歸하고 期九月者는 旣葬而歸하나니라

公之喪에 大夫는 俟練[6]하고 士는 卒哭而歸하나니라

大夫士 父母之喪에 旣練而歸하고 朔日忌日에 則歸哭于宗室하고 諸父兄弟之喪엔 旣卒哭而歸하나니라

父는 不次於子[7]하고 兄은 不次於弟니라

1) 堊室(악실) : 벽에 진흙만 바른 방으로 상제가 거처하는 곳.

2) 黝堊(유악) : 악실(堊室)의 바닥을 검게 칠하는 일.

3) 從御(종어) : 여자를 거느린다는 뜻.

4) 吉祭(길제) : 담제를 지낸 지 한 달만에 지내는 제사로, 이 제사를 지내고 나면 상주는 평상(平常)으로 돌아간다.

5) 布衰(포최) : 상복(喪服).

6) 俟練(사련) : 소상 때까지 공관에 머무른다는 뜻.

7) 不次於子(불차어자) : 자식을 위해 머무르지 않는다는 뜻.

19. 죽은 신하에 대한 임금의 조문

임금은 대부나 세부(世婦)의 상에는 대렴(大斂)하는 것을 보는데 특히 은혜를 베풀 경우에는 소렴(小斂)할 때도 자리한다.

외명부(外命婦)의 상에는 대렴하여 시체를 이미 관(棺)에 넣

고 뚜껑을 덮을 때 임금이 조문한다. 사(士)의 상에는 이미 빈장 (殯葬)을 마친 뒤에 임금이 조문하러 가는데, 특히 은혜를 베풀 경우에는 대렴할 때 자리한다.

부인(夫人)은 세부(世婦)의 상에서는 대렴하는 것을 보는데, 특히 은혜를 베풀 경우에는 소렴할 때도 자리한다.

임금의 여러 측실(側室)에 대하여 특별히 은혜를 베풀 경우에 는 대렴할 때 자리하고, 대부와 외명부의 상에는 빈장을 마친 뒤 에 조문한다.

대부나 사(士)가 죽었을 때 임금이 조문을 가는데 빈장(殯葬) 을 마친 뒤에 가려면 사람을 보내 준비하게 한다. 그러면 상주는 죽은 이에게 좋은 음식을 바치고, 문 밖에 나와서 기다리다가 임 금이 탄 말의 머리가 보이면 먼저 문 안으로 들어와서 우측에 서 고, 임금을 따라온 무자(巫者)는 문 밖에 멈춘다.

그러면 축인(祝人)이 대신하여 임금의 앞에 서며, 임금이 문 안 에서 문신(門神)에게 채(菜)를 바치면 축인이 인도하여 동쪽 계 단을 통해 당으로 올라가 벽을 등지고 남면(南面)하여 선다.

임금이 동쪽 계단 위의 위치로 가면 소신(小臣) 2명이 창을 들 고 임금의 앞에 서고 다른 2명은 창을 들고 임금의 뒤에 선다.

빈자(擯者)가 앞으로 나아가 상주에게 임금의 조문을 받도록 권고하면 상주는 임금에게 절하면서 머리를 조아린다. 임금이 조 문을 하고, 축인이 애용(哀踊)하면 상주도 애용한다.

君이 於大夫世婦엔 大斂焉[1]이니 爲之賜[2]어시든 則小斂焉이오 於外命 婦[3]엔 旣加蓋[4]어든 而君이 至하시고 於士엔 旣殯而往하시나니 爲之賜어시든 大斂焉이니라

夫人이 於世婦엔 大斂焉이니 爲之賜어시든 小斂焉이오 於諸妻[5]엔 爲之 賜어시든 大斂焉이오 於大夫外命婦엔 旣殯而往하시나니라

大夫士 旣殯而君이 往焉이어시든 使人戒之[6]니 主人이 具殷奠[7]之禮 하고 俟于門外하다가 見馬首[8]하고 先入門右어든 巫 止于門外하고 祝이 代 之先하여 君이 釋菜于門內어시든 祝이 先升自阼階하여 負墉[9] 南面이어든

君이 卽位于阼커시든 小臣二人이 執戈하여 立于前하고 二人은 立于後하고 擯者[10] 進이어든 主人이 拜稽顙하며 君이 稱言[11]하시고 視視而踊이어시든 主人이 踊이니라

1) 大斂焉(대렴언) : 대렴(大斂)하는 것을 본다는 뜻.
2) 爲之賜(위지사) : 특별히 은혜를 베푼다는 뜻.
3) 外命婦(외명부) : 품계(品階)가 있는 여자. 곧 신하의 아내.
4) 旣加蓋(기가개) : 시체를 이미 관(棺)에 넣고 뚜껑을 덮다.
5) 諸妻(제처) : 임금의 여러 측실(側室).
6) 戒之(계지) : 준비하게 한다는 뜻.
7) 具殷奠(구은전) : 좋은 음식을 갖추어서 바친다.
8) 見馬首(현마수) : 임금이 탄 말의 머리가 보이다.
9) 負墉(부용) : 담을 등지고 서다.
10) 擯者(빈자) : 주인의 예법(禮法)을 돕는 사람.
11) 稱言(칭언) : 조문(弔問)하는 말. 조사(弔辭).

20. 임금이 조문하러 오면

대부의 상일 때 임금의 조문을 받으면 임금 앞에서 시체에 음식을 올려도 좋지만, 사(士)의 경우에는 임금의 조문을 받은 후 상주가 문 밖에서 임금을 기다리다가 임금이 음식을 올리라고 명하면 이에 돌아가 음식을 올린다.

음식을 올리고 나서 상주가 먼저 문 밖에 나가 기다리며, 임금이 돌아가면 상주가 문 밖에서 배웅하고 절하면서 머리를 조아린다.

임금은 대부가 병이 들면 3번 문병(問病)하고, 죽으면 3번 빈소(殯所)에 가서 조문(弔問)한다.

사(士)가 병이 들면 한 번 문병하고, 죽으면 한 번 빈소에 가서 조문하는데, 빈장(殯葬)한 뒤에 임금이 조문하러 오면 상주는 빈복(殯服)을 다시 입고 조문을 받는다.

부인(夫人)이 대부나 사(士)를 조문하러 오면 상주는 나가서 문 밖에서 맞이하는데 부인이 탄 마차의 말 머리가 보이면 먼저

문 안으로 들어가 우측에 선다.

부인이 들어와서 당(堂)으로 올라가 정해진 위치로 가면, 상주의 아내는 서쪽 계단을 통해 내려가 당 아래에서 절하며 머리를 조아린다. 부인이 세자(世子)를 보면서 용(踊)한다.

시체에 음식을 올리는 일은 임금이 조문할 때와 같이 한다. 부인이 돌아가면 상주의 아내는 문 안에서 배웅하여 절하면서 머리를 조아리고, 상주는 대문 밖에 나가서 배웅하는데 절은 하지 않는다.

大夫則奠이 可也라 士則出俟于門外하다가 命之反奠¹⁾이어시든 乃反奠이니 卒奠²⁾하고 主人이 先俟于門外하며 君이 退어시든 主人이 送于門外하여 拜稽顙이니라

君이 於大夫疾엔 三問之하시며 在殯이어든 三往焉하시고 士疾엔 一問之하시며 在殯이어든 一往焉이니 君이 弔어시든 則復殯服이니라

夫人이 弔於大夫士어시든 主人이 出迎于門外하다가 見馬首하고 先入門右어든 夫人이 入升堂卽位어시든 主婦 降自西階하여 拜稽顙于下하고 夫人이 視世子而踊하시나니 奠은 如君至之禮하며 夫人이 退어시든 主婦는 送于門內하되 拜稽顙하고 主人은 送于大門之外하되 不拜니라

1) 命之反奠(명지반전) : 당(堂)으로 돌아가서 음식을 올린다.

2) 卒奠(졸전) : 시체에 음식 올리는 일을 마치다.

21. 신하에 대한 대부군(大夫君)의 조문

대부군(大夫君)이 조문하러 오는 것을 문 밖에서 맞이하지 않으며, 대부군이 들어가 당(堂) 아래에서 정해진 자리로 가면 상주는 북면(北面)하고 상주의 형제들은 남면(南面)하며, 여자들은 방 안에서 정해진 자리에 선다.

만약 대부군이 그 자리에 있을 때 임금의 명(命)이나 다른 대부 또는 대부의 아내로부터의 조문하는 말이나 사방 이웃 나라에서 온 빈객(賓客)의 조문이 있으면, 그 대부군이 상주를 뒤로 하

고 먼저 답배(答拜)한다.

임금의 조문에는 시체를 보고 나서 용(踊)한다.

대부나 사(士)가 죽어 임금이 미리 예고도 없이 가면 시체에 성대한 음식을 갖추어 올리지 않고, 임금이 돌아간 뒤에 반드시 성대한 음식을 올린다.

大夫君[1]은 不迎于門外하고 入卽位于堂下어든 主人이 北面하고 衆主人[2]은 南面하고 婦人은 卽位于房中하나니 若有君命과 命夫命婦之命과 四隣[3]賓客이어든 其君이 後主人而拜[4]니라

君이 弔하되 見尸柩而后에 踊이니라

大夫士 若君이 不戒[5]而往이어시든 不具殷奠하고 君이 退어시든 必奠이니라

1) 大夫君(대부군) : 대부를 섬기는 신하가 그의 주군(主君)인 대부를 일컫는 말.

2) 衆主人(중주인) : 상주의 형제들.

3) 四隣(사린) : 사방의 이웃 나라.

4) 後主人而拜(후주인이배) : 대부군(大夫君)이 상주를 뒤로 하고 먼저 조객(弔客)에게 답배(答拜)한다는 뜻.

5) 不戒(부계) : 예고(豫告)하지 않는다는 뜻.

22. 신분에 따른 관(棺)의 크기

임금의 관은 대관(大棺)의 두께는 8치이고 촉(屬)의 두께는 6치이고 벽(椑)의 두께는 4치이다.

상대부(上大夫)는 대관의 두께가 8치이고 촉의 두께는 6치이며, 하대부(下大夫)는 대관의 두께가 6치이고 촉의 두께는 4치이며, 사(士)는 관의 두께가 6치이다.

임금은 관의 안을 붉은색과 녹색의 비단으로 바르고 잡색(雜色)의 금속으로 된 못을 사용하며, 대부는 관의 안을 검은색과 녹색의 비단으로 바르고 소의 뼈로 된 못을 사용하며, 사(士)는 관의 안을 검은색 비단으로 바르고 녹색은 쓰지 않는다.

임금의 관뚜껑에는 옻칠을 하고 임(衽)과 속(束)을 각각 3개

씩 사용하며, 대부의 관뚜껑에는 옻칠을 하고 임과 속을 각각 2개씩 쓰며, 사(士)의 관뚜껑에는 옻칠을 하지 않고 임과 속은 각각 2개씩 쓴다.

임금과 대부는 그 머리카락과 손발톱을 관 속의 네 귀퉁이에 채우고, 사는 머리카락과 손발톱을 파묻는다.

임금의 빈장(殯葬)에는 춘(輴)이라는 구거(柩車)를 사용하는데 그 사방에 나무를 쌓아올려 관보다 높게 하고 모두 흙으로 바른다.

대부의 빈장에는 관을 관의(棺衣)로 덮고 서쪽 벽에 닿게 하여 나머지 세 군데에 나무를 쌓아 관보다 낮게 하고 흙으로 바른다.

사(士)의 빈장에는 나무를 쌓지 않고 땅을 파고 하관하여 임(衽)을 뚜껑 위로 보이게 하고 그 위를 흙으로 바르고 장막으로 가린다.

오(熬)는 임금에게는 네 종류의 여덟 광주리요, 대부에게는 세 종류의 여섯 광주리요, 사(士)에게는 두 종류의 네 광주리인데, 모두 말린 생선이나 말린 고기를 더한다.

君은 大棺[1]이 八寸이오 屬[2]이 六寸이오 椑[3]이 四寸이오 上大夫는 大棺이 八寸이오 屬이 六寸이오 下大夫는 大棺이 六寸이오 屬이 四寸이오 士는 棺이 六寸이니라

君은 裏棺[4]을 用朱綠하며 用雜金鐕[5]하고 大夫는 裏棺을 用玄綠하며 用牛骨鐕[6]하고 士는 不綠이니라

君은 蓋用漆[7]하며 三衽三束[8]하고 大夫는 蓋用漆하며 二衽二束하고 士는 蓋不用漆하고 二衽二束이니라

君大夫는 鬊爪[9]를 實于綠中하고 士는 埋之니라

君은 殯用輴하고 攢[10]至于上하여 畢塗屋[11]하고 大夫는 殯以幬[12]하고 攢至于西序하여 塗不暨于棺하고 士는 殯見衽[13]하고 塗上帷之니라

熬[14]를 君은 四種[15]八筐[16]이오 大夫는 三種[17]六筐이오 士는 二種[18]四筐이니 加魚腊[19]焉하나니라

1) 大棺(대관) : 가장 바깥의 관. 고대에는 여러 겹의 관이 있었다.

2) 屬(촉) : 안쪽의 관인 듯하다.

3) 椑(벽) : 가장 안쪽의 관.

4) 裏棺(이관) : 관의 안쪽. 관의 내부.

5) 雜金鐕(잡금잠) : 여러 가지 금속으로 만들어진 못.

6) 牛骨鐕(우골잠) : 소의 뼈로 된 못.

7) 用漆(용칠) : 옻칠을 하다.

8) 三衽三束(삼임삼속) : 3개의 임(衽)과 3개의 속(束). 임(衽)과 속(束)은 관
   뚜껑 판자의 이음매를 연결하는 기구.

9) 鬃爪(순조) : 순(鬃)은 머리털, 조(爪)는 손톱과 발톱.

10) 欑(찬) : 나무조각을 쌓아올린다는 뜻.

11) 畢塗屋(필도옥) : 모두 흙으로 바른다는 뜻.

12) 幬(도) : 관의(棺衣)로 덮는다는 뜻.

13) 見衽(견임) : 임(衽)을 보이게 하다. 곧 임을 관 위로 나오게 한다는 뜻.

14) 熬(오) : 관 옆에 놓아두어 벌레가 들어가지 못하게 하는 곡류(穀類).

15) 四種(사종) : 서(黍)·직(稷)·도(稻)·양(粱)의 4가지 곡식.

16) 八筐(팔광) : 여덟 광주리. 여덟 그릇.

17) 三種(삼종) : 서·직·양의 3가지 곡식.

18) 二種(이종) : 서·직의 2가지 곡식.

19) 魚腊(어석) : 건어(乾魚)와 건육(乾肉).

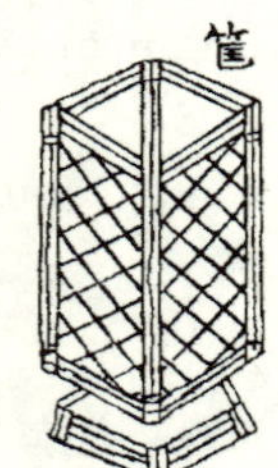

23. 신분에 따라 하는 관(棺)의 장식

관(棺)을 장식하는 데에는, 임금은 관을 실은 영구차 주위에 용을 그린 장막을 둘러치며, 영구차 덮개 아래 3군데에 지(池)라고 하는 대바구니를 건다.

그 아래에 진용(振容)을 늘어뜨린다.

도끼무늬의 수레덮개에는 불화(火)자 3줄과 마주보고 있는 활무늬 3줄을 그린다. 흰 비단의 지붕덮개 위에 덮개와 장막을 잡아매기 위해 붉은 끈 6줄로 맨다. 덮개 중앙에 오색(五色)의 비단과 5줄의 조개장식을 붙인다. 삽(翣)은 보삽(黼翣) 둘과 불삽

(黼翣) 둘과 화삽(畫翣)이 둘인데, 모두 머리에 규옥(圭玉)을 장식한다. 지(池) 밑에는 만든 물고기를 매달아 춤추게 한다.

임금의 경우에는 훈대(纁戴) 6가닥과 훈피(纁披) 6가닥을 사용한다.

대부의 경우에는 그림을 그린 장막을 두르며, 지(池)는 두 군데에 걸며, 진용(振容)은 쓰지 않는다. 구름을 그린 수레덮개에는 불화(火)자 3줄과 마주보고 있는 활무늬 3줄을 그리며, 흰 비단으로 지붕을 덮는다.

덮개와 장막을 잡아매기 위해 붉은 끈 2줄과 검은 끈 2줄로 잡아매며, 덮개 중앙에는 삼색(三色)의 비단과 3줄의 조개장식을 한다. 삽(翣)은 불삽(黼翣) 둘과 화삽(畫翣) 둘을 쓰는데 훈대는 다채롭게 하며, 지(池)에는 만든 물고기를 매달아 춤추게 한다.

대부의 경우 훈대를 앞은 붉은색으로 하고 뒤는 검은색으로 하는데 훈피 빛깔도 또한 이와 같이 한다.

사(士)의 경우 베로 만든 장막과 베로 만든 수레덮개를 쓰며, 지(池)는 하나를 달고, 꿩무늬의 비단을 붙이며, 붉은 끈 2줄과 검은 끈 2줄로 잡아맨다.

덮개 중앙에는 3가지 색의 비단과 한 줄의 조개장식을 하며, 삽은 화삽(畫翣) 둘을 쓰는데, 훈대는 모두 다채롭게 장식한다. 사(士)는 관을 매는데 쓰는 훈대를 앞은 붉은색으로 하고 뒤는 검은색으로 하는데, 훈피는 2줄의 붉은 것을 쓴다.

飾棺하되 君은 龍帷[1] 三池[2]하며 振容[3]하며 黼荒[4]에 火三列하고 黻[5]三列하며 素錦褚[6]에 加僞荒[7]하며 纁紐[8] 六이며 齊[9]에 五采五貝[10]하며 黼翣[11]二오 黻翣二오 畫翣二니 皆戴圭하며 魚躍拂池니라

君은 纁戴[12]六이오 纁披[13]六이니라

大夫는 畫帷二池하며 不振容하며 畫荒[14]아 火三列하고 黻三列하며 素錦褚하며 纁紐 二오 玄紐 二며 齊에 三采三貝하며 黻翣二오 畫翣二니 皆戴綏[15]하며 魚躍拂池니라 大夫는 戴를 前纁後玄하나니 披亦如之하니라

士는 布帷布荒一池하며 揄絞[16]하며 纁紐 二오 緇紐 二며 齊에 三采一

貝하며 畫翣二니 皆戴綏니라 士는 戴를 前纁後緇하나니 二披用纁하나니라

1) 龍帷(용유) : 용을 그린 장막(帳幕).

2) 池(지) : 영구차 덮개 아래에 달아놓는 대바구니. 천자는 4곳. 제후는 3곳.

3) 振容(진용) : 움직일 때 흔들리게 하는 가느다란 장식.

4) 黼荒(보황) : 보문(黼紋)의 수레덮개. 보문은 도끼무늬. 황(荒)은 수레덮개.

5) 黻(불) : 마주보고 있는 활의 무늬. 불문(黻紋).

6) 素錦褚(소금저) : 흰 비단으로 만든 지붕 모양의 덮개.

7) 僞荒(위황) : 위는 장막의 뜻. 영구차의 가장 위를 덮는 덮개. 상개(上蓋).

8) 纁紐(훈뉴) : 붉은 끈. 덮개와 장막을 잡아매기 위한 끈.

9) 齊(제) : 중앙. 한가운데라는 뜻.

10) 貝(패) : 끈이 꿰인 조개 장식.

11) 黼翣(보삽) : 도끼무늬의 삽. 삽은 장의행렬에 들고가는 일종의 기(旗).

12) 纁戴(훈대) : 붉은 띠. 대(戴)는 대(帶)로 관(棺)을 영구차에 잡아매는 띠.

13) 纁披(훈피) : 붉은 끈. 피(披)는 끈이
    다. 훈대를 연결해 휘장 밖으로 내보내
    사람이 끌게 하는 것.

14) 畫荒(화황) : 수레덮개에 구름을 그린
    다는 뜻.

15) 戴綏(대수) : 훈대를 다채롭게 하다.

16) 揄絞(유효) : 꿩무늬의 비단.

24. 신분에 따른 매장 방법

상여

임금의 장례에는 춘(輴 : 상여)
을 사용하여 관(棺)을 운반하는데,
춘에는 4개의 불(綍)과 2개의 비(碑)를 갖춘다. 관을 움직일 때
이끄는 자는 꼭대기에 새의 깃을 꽂은 장대를 사용한다.

대부의 장례에는 춘(輴)을 사용하여 관을 운반하는데, 춘에는
2개의 불(綍)과 2개의 비(碑)를 갖춘다. 관을 움직일 때 이끄는
자는 모(茅)라고 하는 기(旗)를 사용한다.

사(士)의 장례에는 국거(國車)를 사용하여 관을 운반하는데, 국거에는 2개의 불을 갖추고 비는 쓰지 않는다. 집에서 관을 내보낼 때 관을 움직이는 일을 이끄는 자는 대공(大功)의 마포(麻布)를 붙인 장대를 사용한다.

무릇 하관(下棺)하는 데는 불(綍)을 사용하는데, 비(碑)는 버리고 손잡이 끈을 짊어지고 당긴다.

임금의 경우에는 형(衡)을 가지고 매장하며, 대부와 사의 경우는 함(咸)을 가지고 매장한다.

임금의 경우에는 떠들지 말라고 명(命)한 뒤에 북소리에 맞춰 하관하며, 대부의 경우에는 곡(哭)소리를 내지 않도록 명한 다음 하관하고, 사의 경우에는 곡(哭)하는 사람들이 서로 곡을 멈추게 한다.

임금은 소나무로 만든 곽(槨)을 쓰고 대부는 측백나무로 만든 곽을 쓰고, 사(士)는 잡목으로 만든 곽을 쓴다.

관(棺)과 곽(槨) 사이에 임금의 경우는 축(柷)을 넣고, 대부의 경우는 호(壺)를 넣고, 사의 경우는 무(甒)를 넣는다.

임금의 곽(槨)에는 안에 우광(虞筐)하고, 대부는 광 안이 없고, 사는 우광하지 않는다.

매장

君은 葬用輴하며 四綍二碑[1]하며 御棺[2]에 用羽葆[3]하고 大夫는 葬用輴하며 二綍二碑하며 御棺에 用茅[4]하고 士는 葬用國車하며 二綍無碑하며 比出宮하여 御棺에 用功布니라

凡封[5]을 用綍하여 去碑負引하나니 君封을 以衡[6]하고 大夫士는 以咸[7]하며 君은 命母譁하고 以鼓로 封하고 大夫는 命母哭하고 士는 哭者 相止也니라

君은 松槨이오 大夫는 栢槨이오 士는 雜木槨이라 棺槨之間을 君은 容柷[8]

하고 大夫는 容壺하고 士는 容甒[9]니라

　君은 裏椁虞筐[10]하고 大夫는 不裏椁하고 士는 不虞筐하나니라

1) 碑(비) : 매장할 때 줄을 천천히 내리게 하는 장치.

2) 御棺(어관) : 관을 움직일 때 앞에서 이끄는 사람.

3) 羽葆(우보) : 꼭대기에 새의 깃을 꽂은 장대.

4) 茅(모) : 기(旗)의 일종.

5) 封(봉) : 관을 구덩이에 내린다는 뜻. 하관(下棺)의 뜻.

6) 衡(형) : 하관할 때 쓰는 큰 가로막대.

7) 咸(함) : 관을 묶는 밧줄.

8) 柷(축) : 타악기(打樂器)의 일종. 음악을 시작할 때 울리는 악기.

9) 甒(무) : 술 그릇.

10) 虞筐(우광) : 뜻이 자세하지 않다.

제23편 제법(祭法第二十三)

이 편은 천신(天神)과 지기(地祇)와 인귀(人鬼)에게 제사지내는 법과 마음가짐을 기록한 내용이다.

1. 고대 각 왕조의 체제(禘祭)와 교제(郊祭)

옛날 제법(祭法)에 순(舜)임금은 체제(禘祭)를 지내면서 황제(黃帝)를 제사지냈고, 교제(郊祭)를 지내면서 제곡(帝嚳)을 제사지냈으며, 전욱(顓頊)을 조(祖)로 하고, 요(堯)임금을 종(宗)으로 모셨다.

하왕조(夏王朝)에서는 또한 체제를 지내면서 황제를 제사지냈고, 교제를 지내면서 곤(鯀)을 제사지냈으며, 전욱을 조(祖)로 하고, 우왕(禹王)을 종(宗)으로 모셨다.

은왕조(殷王朝)에서는 체제를 지내면서 제곡을 제사지냈고, 교제를 지내면서 명(冥)을 제사지냈으며, 설(契)을 조(祖)로 하고, 탕왕(湯王)을 종(宗)으로 모셨다.

주왕조(周王朝)에서는 체제를 지내면서 제곡을 제사지냈고, 교제를 지내면서 후직(后稷)을 제사지냈으며, 문왕(文王)을 조(祖)로 하고, 무왕(武王)을 종(宗)으로 모셨다.

祭法에 有虞氏[1]는 禘黃帝[2]而郊嚳[3]하시고 祖顓頊[4]而宗堯[5]하시며 夏后氏는 亦禘黃帝而郊鯀[6]하시고 祖顓頊而宗禹하시며 殷人은 禘嚳而郊冥[7]하시고 祖契[8]而宗湯하시며 周人은 禘嚳而郊稷[9]하시고 祖文王而宗武

王하시니라

1) 有虞氏(유우씨) : 제순(帝舜). 곧 순(舜)임금.
2) 禘黃帝(체황제) : 체제(禘祭)를 지내면서 황제도 제사지냈다는 뜻. 체제는
   상제(上帝)에게 지내는 제사였으나 곁들여 조상의 신(神)에게도 제사지냈
   다. 황제(黃帝)는 전설상의 성군(聖君)인 오제(五帝)의 한 사람.
3) 郊嚳(교곡) : 교제(郊祭)를 지내면서 제곡에게도 제사지냈다는 뜻. 교제(郊
   祭)는 상제(上帝)에게 지내는 제사이지만 곁들여서 조상의 신에게도 제사
   지냈다. 제곡(帝嚳)은 오제(五帝)의 한 사람.
4) 祖顓頊(조전욱) : 전욱을 조로 모시다. 조(祖)는 씨족(氏族)의 시조. 전욱
   (顓頊)은 오제의 한 사람.
5) 宗堯(종요) : 요(堯)임금을 종으로 모시다. 종(宗)은
   씨족의 덕 있는 임금. 요(堯)는 제요(帝堯), 곧 요(堯)
   임금.
6) 鯀(곤) : 우왕(禹王)의 아버지.
7) 冥(명) : 설(契)의 손자이며, 탕왕(湯王)의 선조.
8) 契(설) : 제곡(帝嚳)의 아들이며, 탕왕의 선조.
9) 稷(직) : 주왕조의 조상인 후직(后稷).

황제(黃帝)

2. 제사 자체는 변하지 않았다

태단(泰壇)이라는 제단(祭壇)에서 땔나무를 쌓아 희생(犧牲)
을 불태우는 것은 하늘에 제사지내는 것이요, 태절(泰折)이라는
제단에서 희생을 묻는 것은 땅에 제사지내는 것으로, 희생으로는
붉은 빛깔의 송아지를 쓴다.

태소(泰昭)라는 제단에서 양이나 돼지를 묻는 것은 사시(四
時)에 제사지내는 것이요, 감단(坎壇)이라는 제단에서 보내고 맞
이하는 것은 추위와 더위를 보내고 맞이하는 제사를 지내는 것이
요, 왕궁(王宮)이라는 제단에서는 해의 신에게 제사지내는 것이
요, 야명(夜明)이라는 제단에서는 달의 신에게 제사지내는 것이
요, 유영(幽榮)이라는 제단에서는 별의 신에게 제사지내는 것이

요, 우영(雩禜)이라는 제단에서는 물과 가뭄의 신에게 제사지내는 것이요, 사감단(四坎壇)이라는 제단에서는 사방의 신에게 제사지내는 것이다.

산림(山林)이나 천곡(川谷)이나 구릉(丘陵) 따위가, 구름을 내고 바람과 비를 일으키며 괴상한 일을 보일 수 있는 것을 모두 신(神)이라고 하는데, 천하를 소유하는 사람은 이런 온갖 신에게 제사지내야 한다.

제후(諸侯)는 그 영지(領地)에 있으면 땅을 제사지내야 하고, 그 영지를 잃었으면 제사지내지 않는다.

무릇 하늘과 땅 사이에 생겨난 것을 모두 '생명'이 있는 것이라 하고, 그 만물(萬物)이 죽는 것은 절(折)이라 하고, 사람이 죽는 것을 귀(鬼)라고 하는데, 이것은 오대(五代)에 걸쳐서 변함이 없다.

또 7대에 걸쳐 차례로 변경된 것은 체(禘)와 교(郊)와 조(祖)와 종(宗)의 제사의 대상이지 제사 자체는 변하지 않았다.

燔柴[1]於泰壇[2]은 祭天也오 瘞埋[3]於泰折로 祭地也니 用騂犢[4]하고
埋少牢於泰昭는 祭時也오 相近[5]於坎壇은 祭寒暑也오 王宮은 祭日也오 夜明은 祭月也오 幽宗[6]은 祭星也오 雩宗은 祭水旱也오 四坎壇은 祭四方也라 山林川谷丘陵이 能出雲爲風雨하며 見怪物을 皆曰神하시고 有天下者는 祭百神하고 諸侯는 在其地則祭之하고 亡其地則不祭하시나니라
大凡生於天地之間者를 皆曰命이오 其萬物死는 皆曰折[7]이오 人死를 曰鬼니 此는 五代[8]之所不變也라 七代[9]之所更立者는 禘郊祖宗이오 其餘는 不變也니라

1) 燔柴(번시) : 땔나무를 쌓아 희생을 불태운다는 뜻.
2) 泰壇(태단) : 제단(祭壇)의 이름. 이하 태절(泰折)·태소(泰昭)·감단(坎壇)·왕궁(王宮)·야명(夜明)·유영(幽榮)·우영(雩榮)·사감단(四坎壇)이 다 제단(祭壇)의 이름이다.
3) 瘞埋(예매) : 제물(祭物)을 땅에 묻는다는 뜻.
4) 騂犢(성독) : 붉은 송아지.

5) 相近(상근) : 여러 가지 설(說)이 있으나, 추위나 더위를 보내고 맞이한다는
송영(送迎)으로 풀이하는 것이 타당하다. 양기(禳祈).
6) 宗(종) : 영(榮)의 오자.
7) 折(절) : 멸(滅)과 같다.
8) 五代(오대) : 요(堯)임금, 순(舜)임금, 하(夏)나라, 은(殷)나라, 주(周)나라.
9) 七代(칠대) : 오대(五代)에 전욱(顓頊)과 제곡(帝嚳)의 시대를 더한 것.

3. 제왕이 지내는 제사

천하에는 왕(王)이 있어 땅을 나누어 나라를 세워서 수도를 두어 읍을 정하고, 묘(廟)와 조(祧)와 단(壇)과 선(墠)을 설치하여 귀신을 제사지내되, 친하고 소원한 차이와 예(禮)의 상하(上下)와 대소(大小) 등의 분별을 규정하였다.

그런 까닭에 왕은 일곱 묘(廟)와 하나의 단(壇)과 하나의 선(墠)을 세운다.

고묘(考廟)와 왕고묘(王考廟)와 황고묘(皇考廟)와 현고묘(顯考廟)와 조고묘(祖考廟)는 모두 매월 제사를 지내고, 원묘(遠廟)를 조(祧)라고 하는데, 두 조(祧)가 있다. 이 두 조는 계절마다 한 번씩 제사지낸다.

조를 벗어난 제사는 단(壇)에서 지내고, 단에서 벗어난 제사는 선(墠)에서 지낸다.

단과 선에서 지내는 제사는 기도(祈禱)할 일이 있으면 제사지내고, 기도할 일이 없으면 제사지내지 않는다.

선을 벗어난 조상은 귀(鬼)라고 한다.

제후(諸侯)는 다섯 묘(廟)와 하나의 단(壇)과 하나의 선(墠)을 세운다.

고묘와 왕고묘와 황고묘는 모두 매월 제사를 지내고, 현고묘와 조고묘는 계절마다 한 번씩 제사지낸다.

조고보다 먼 조상의 제사는 단(壇)에서 지내고, 단을 벗어난 제사는 선(墠)에서 지내는데 단과 선에서 지내는 제사는 기도할 일

이 있으면 제사지내고, 기도할 일이 없으면 제사지내지 않는다.
선(墠)에서 벗어난 조상은 귀(鬼)가 된다.

天下에 有王하셔 分地建國하셔 置都立邑하시고 設廟祧壇墠[1]而祭之하시되 乃爲親疏多少之數[2]하시니

是故로 王은 立七廟와 一壇一墠하시나니 曰考廟[3]와 曰王考[4]廟와 曰皇考[5]廟와 曰顯考[6]廟와 曰祖考[7]廟와니 皆月祭之하시고 遠廟 爲祧니 有二祧하니 享嘗[8]乃止하시고 去祧[9] 爲壇이오 去壇이 爲墠이니 壇墠은 有禱焉커든 祭之하고 無禱커든 乃止하시나니 去墠曰鬼라

諸侯는 立五廟와 一壇一墠하시나니 曰考廟와 曰王考廟와 曰皇考廟와는 皆月祭之하시고 顯考廟와 祖考廟는 享嘗乃止하시고 去祖 爲壇이오 去壇이 爲墠이니 壇墠은 有禱焉커든 祭之하시고 無禱커든 乃止하시나니 去墠이 爲鬼라

1) 祧壇墠(조단선) : 조(祧)는 천묘(遷廟)한 사당. 단(壇)은 흙을 쌓아 올린 제사 터. 선(墠)은 흙을 깎아 낮게 만든 제사 터.
2) 多少之數(다소지수) : 예(禮)의 상하(上下)와 대소(大小) 등의 분별을 규정한다는 뜻.
3) 考廟(고묘) : 아버지의 사당. 고(考)는 죽은 아버지.
4) 王考(왕고) : 할아버지.
5) 皇考(황고) : 증조(曾祖).
6) 顯考(현고) : 고조(高祖).
7) 祖考(조고) : 나라를 세운 시조(始祖).
8) 享嘗(향상) : 계절마다 한 번씩 지내는 제사. 각 계절마다 지내는 제사.
9) 去祧(거조) : 조(祧)를 벗어나다. 조에서 제사지내는 조상보다 더 먼 조상.

4. 대부와 사의 조상에 대한 제사

대부는 세 묘(廟)와 두 단(壇)을 세운다.
고묘(考廟)와 왕고묘(王考廟)와 황고묘(皇考廟)를 계절마다 한 번씩 제사지내고 말며, 현고(顯考)와 조고(祖考)는 묘(廟)가

없고, 기도할 일이 있으면 단(壇)을 만들어 그를 제사지내는데, 단을 벗어나면 귀(鬼)가 된다.

적사(適士)는 두 묘(廟)와 하나의 단(壇)을 세운다.

고묘와 왕고묘를 계절마다 한 번씩 제사지내고 말며, 황고는 묘가 없이 기도할 일이 있으면 단을 만들어 그에게 제사지내는데, 단(壇)에서 벗어나면 귀(鬼)가 된다.

관사(官師)는 하나의 묘(廟)로 고묘라 하며, 왕고는 묘가 없으나 그를 제사지내는데, 왕고를 벗어나면 귀(鬼)가 된다.

서사(庶士)와 서인(庶人)은 묘가 없고 죽으면 귀(鬼)라고 한다.

大夫는 立三廟와 二壇하나니 曰考廟와 曰王考廟와 曰皇考廟와니 享嘗乃止하고 顯考와 祖考는 無廟하니 有禱焉커든 爲壇祭之하나니 去壇이 爲鬼라

適士[1]는 二廟一壇이니 曰考廟와 曰王考廟와니 享嘗乃止하고 皇考는 無廟하니 有禱焉커든 爲壇祭之하나니 去壇이 爲鬼라

官師[2]는 一廟니 曰考廟오 王考는 無廟而祭之하나니 去王考 爲鬼라

庶士[3]庶人은 無廟하니 死曰鬼라

1) 適士(적사) : 제후(諸侯)의 상사(上士)와 천자(天子)의 상사(上士)·중사(中士)·하사(下士)를 가리킨다.

2) 官師(관사) : 제후의 중사(中士)와 하사(下士)를 가리킨다.

3) 庶士(서사) : 일반적인 사(士)를 가리킨다.

5. 목적에 따라 사(社)의 이름은 바뀐다

왕(王 : 천자)이 모든 관원(官員)과 백성을 위하여 세우는 사(社)를 대사(大社)라 하고, 왕이 자신을 위해 세우는 사(社)를 왕사(王社)라고 하며, 제후가 백성을 위하여 세우는 사(社)를 국사(國社)라 하고, 제후가 자신을 위해 세우는 사(社)를 후사(侯社)라 하며, 대부(大夫) 이하의 사람들이 공동으로 세우는 사(社)를 치사(置社)라고 한다.

왕이 모든 관원과 백성을 위하여 일곱 사(祀)를 세우는데 사명
(司命)과 중류(中霤)와 국문(國門)과 국행(國行)과 태려(泰
厲)와 호(戶)와 조(竈)를 말하며, 왕은 또 자신을 위하여 일곱
사(祀)를 세운다.

제후가 나라를 위하여 다섯 사(祀)를 세우는데 사명과 중류와
국문과 국행과 공려(公厲)를 말하며, 제후는 또 자신을 위하여
다섯 사(祀)를 세운다.

대부가 세 사(祀)를 세우는데 족려(族厲)와 문(門)과 행(行)
을 말하며, 적사(適士)가 두 사(祀)를 세우는데 문(門)과 행(行)
을 말하며, 서사(庶士)와 서인(庶人)은 하나의 사(祀)를 세우는
데 혹은 호(戶)를 세우고, 혹은 조(竈)를 세운다.

왕(王)은 어려서 죽은 손아래 혈족(血族) 다섯 사람을 제사지
내는데, 그들은 적자(適子)와 적손(適孫)과 적증손(適曾孫)과
적현손(適玄孫)과 적래손(適來孫)이다.

제후는 손아래 혈족의 세 사람을 제사지내며, 대부는 손아래 혈
족의 두 사람을 제사지내며, 적사(適士)와 서인(庶人)은 아들을
제사지내는데 그친다.

王[1]이 爲群姓[2]하셔 立社하시나니 曰大社며 王이 自爲立社하시나니 曰王
社며 諸侯 爲百姓하셔 立社하시나니 曰國社며 諸侯 自爲立社하시나니 曰侯
社며 大夫以下는 成群立社하나니 曰置社라

王이 爲群姓하셔 立七祀[3]하시나니 曰司命과 曰中霤와 曰國門과 曰國行
과 曰泰厲와 曰戶와 曰竈니 王이 自爲立七祀하시고 諸侯 爲國하셔 立五祀
하셔 曰司命과 曰中霤와 曰國門과 曰國行과 曰公厲니 諸侯 自爲立五祀
하시고 大夫 立三祀하나니 曰族厲[4]와 曰門과 曰行이오 適士 立二祀하나니
曰門과 曰行이오 庶士庶人이 立一祀하나니 或立戶하며 或立竈하나니라

王은 下祭殤이 五니 適子와 適孫과 適曾孫과 適玄孫과 適來孫이오 諸
侯는 下祭三이오 大夫는 下祭二오 適士及庶人은 祭子而止하나니라

1) 王(왕) : 천자(天子).

2) 群姓(군성) : 모든 관원(官員)과 백성을 말한다.

3) 七祀(칠사) : 일곱 사당. 이 칠사(七祀)에 모시는 신들은 돌아가 의지할 곳
  이 없기 때문에 백성들에게 작은 화(禍)를 만들어낸다.
4) 司命～族厲(사명～족려) : 사명은 궁중의 소신(小臣). 중류는 당실의 신. 태
  려는 제왕으로 후손이 없는 자. 공려는 제후로 후손이 없는 자. 족려는 대부
  로 후손이 없는 자(그 인원이 많아서 衆을 쓰기도 한다).

6. 일월성신은 백성이 우러러보는 대상이다

  대저 성왕(聖王)이 제사지내는 일을 마련함에 있어 생전에 좋
은 법(法)으로 백성을 잘 다스린 이에게 제사지냈다.

  또 죽음을 무릅쓰고 나라 일에 힘쓴 사람을 제사지내며, 노고
(勞苦)를 아끼지 않고 나라를 안정시킨 사람을 제사지내며, 큰
재해(災害)를 막아 주었던 사람을 제사지내며, 나라의 큰 환난
(患難)을 물리치게 했던 사람을 제사지냈다.

  그런 까닭에 여산씨(厲山氏)가 천하를 다스릴 때 그 아들을 농
(農)이라 했는데 온갖 곡식을 번성하게 하였다. 하왕조(夏王朝)
가 쇠퇴해졌을 때 주(周)나라의 기(棄)가 그를 계승했으므로 제
사지내 곡신(穀神)인 직(稷)으로 삼았다.

  공공씨(共工氏)가 구주(九州)를 제패(制覇)할 때 그 아들을
후토(后土)라고 했는데, 능히 구주를 평정(平定)할 수 있었으므
로 제사지내 토신(土神)인 사(社)로 삼았다.

  제곡(帝嚳)은 능히 하늘이 운행하는 법칙을 만들어 만물에게
비쳐주었다.

  요(堯)임금은 능히 공이 있는 자에게 상(賞)을 주고 형법(刑
法)을 고르게 하여 의리로써 마쳤다.

  순(舜)임금은 모든 일에 부지런하다가 순행(巡行)하던 중 들
에서 죽었다.

  곤(鯀)이 홍수(洪水)를 막다가 죄를 받아 죽었는데 그의 아들
인 우(禹)임금이 능히 곤의 잘못한 공을 탕감할 수 있었다.

  황제(黃帝)는 온갖 물건을 바르게 이름지어 백성에게 분명하게

하고 재물을 함께 하였으며, 전욱(顓頊)은 능히 이것을 닦았다.

설(契)은 사도(司徒)가 되어 백성을 지도해 선량하게 하였다.

명(冥)은 그 벼슬에 부지런하다가 물에 빠져 죽었다.

탕(湯王)임금은 너그러움으로써 백성을 다스리고 포학함을 없앴다.

문왕(文王)은 문덕(文德)으로써 다스렸으며, 무왕(武王)은 무공(武功)으로써 백성들의 재해(災害)를 제거하였으니, 이들은 모두 백성들에게 공이 큰 사람들이다.

대저 일월성신(日月星辰)은 백성이 우러러보는 대상이고, 산림(山林)과 천곡(川谷)과 구릉(丘陵)은 백성이 생활에 필요한 물자를 얻는 바탕이 되는 것이니, 이러한 종류의 것이 아니면 제사의 일을 기록한 전적(典籍)에 실리지 않는 것이다.

夫聖王之制祭祀也 法施於民則祀之하시나니 以死勤事則祀之하며 以勞定國則祀之하며 能禦大菑[1]則祀之하며 能捍大患[2]則祀之니라

是故로 厲山氏[3]之有天下也에 其子曰農이 能殖百穀하더니 夏之衰也에 周棄繼之할세 故로 祀以爲稷[4]하고 共工氏之霸九州也에 其子曰后土 能平九州할세 故로 祀以爲社[5]하고 帝嚳이 能序星辰[6]하여 以著衆[7]하시며 堯 能賞하시며 均刑法하시며 以義終하시며 舜이 勤衆事而野死[8]하시며 鯀이 障鴻水[9]而殛死커늘 禹 能脩鯀之功하시며 黃帝正名百物[10]하셔 以明民共財하거시늘 顓頊이 能脩之하시며 契이 爲司徒[11]而民成[12]하며 冥이 勤其官而水死하며 湯이 以寬治民而除其虐하시며 文王이 以文治하시며 武王이 以武功으로 去民之菑하시니 此皆有功烈於民者也라

及夫日月星辰은 民所瞻仰也오 山林川谷丘陵은 民所取財用也니 非此族也면 不在祀典하니라

1) 大菑(대재) : 큰 재해(災害).

2) 捍大患(한대환) : 나라의 큰 환란(患難)을 물리치다.

3) 厲山氏(여산씨) : 전설상의 성군(聖君)인 염제신농씨(炎帝神農氏).

4) 稷(직) : 곡신(穀神).

5) 社(사) : 토신(土神).

6) 序星辰(서성신) : 성신(星辰), 곧 천체(天體)의 운행하는 법칙을 설정하였
   다는 뜻.
7) 著衆(저중) : 만물을 비쳐준다는 뜻.
8) 野死(야사) : 들에서 죽다. 곧 순행(巡行) 도중에 죽었다는 뜻.
9) 鴻水(홍수) : 홍수(洪水).
10) 黃帝正名百物(황제정명백물) : 황제가 온갖 물건을 바르게 이름지었다는
    뜻. 곧 황제가 물명(物名)의 창시자라는 뜻이다.
11) 司徒(사도) : 모든 교관들의 우두머리.
12) 民成(민성) : 백성을 지도하여 선량하게 하였다는 뜻.

제24편 제의(祭義第二十四)

　이 편은 제사의 기본 의의(意義)를 설명하였다.
　제사를 지내는 중요한 것은 자신의 선조를 대상으로 한다는 것이며 선조를 제사하는 기본 마음가짐은 효도에 근본한다는 것이다.

1. 제사는 자주 지내는 것이 아니다

　제사는 자주 지내고자 할 것은 아니다. 자주 지내면 번거로워지고 번거로우면 공경하는 마음이 적어진다.
　제사는 너무 드물게 지내고자 할 것도 아니다. 드물게 지내면 게을러지고 게을러지면 잊어버리게 된다.
　그런 까닭에 군자(君子)는 천도(天道)에 맞도록 하여 봄에는 체제(禘祭)를 지내고 가을에는 상제(嘗祭)를 지낸다.
　가을에 이미 서리나 이슬이 내려 군자가 그것을 밟으면 반드시 슬퍼지는 마음이 생기지만, 그것은 날씨가 추워서 그런 것이 아니다. 봄에 이미 비나 이슬이 내려 땅을 적시면 군자가 그것을 밟고 반드시 두렵게 느껴지는 마음이 생기는데 그것은 죽은 부모를 만나는 것과 같은 것이다.
　이렇게 봄에는 즐겁게 영혼이 오는 것을 맞이하여 제사지내고, 가을에는 슬프게 영혼이 돌아가는 것을 전송하면서 제사를 지낸다. 그러므로 봄의 제사인 체제에는 음악을 연주하고, 가을의 제사인 상제에는 음악을 연주하지 않는다.

祭不欲數[1]이니 數則煩하고 煩則不敬하며 祭不欲疏[2]니 疏則怠하고 怠則忘이니라 是故로 君子 合諸天道[3]하여 春禘秋嘗하나니 霜露 旣降이어든 君子 履之하고 必有悽愴之心[4]하나니 非其寒之謂也며 春에 雨露 旣濡커든 君子 履之하고 必有怵惕之心[5]하여 如將見之하나니 樂以迎來하고 哀以送往이라 故로 禘有樂하고 而嘗은 無樂하니라

1) 不欲數(불욕삭) : 자주 하려고 하지 않는다.
2) 不欲疏(불욕소) : 드물게 하려고 하지 않는다.
3) 天道(천도) : 하늘의 법칙.
4) 悽愴之心(처창지심) : 슬퍼지는 마음.
5) 怵惕之心(출척지심) : 두렵게 느끼는 마음.

2. 제사를 지낼 때의 마음가짐

재계(齊戒)에는 마음 속으로 하는 치재(致齊)와 형식적으로 갖추어서 하는 산재(散齊)가 있다.

재계하는 동안에는 항상 제사의 대상이 되는 분의 생전에 기거(起居)하던 모습을 생각하고, 웃으면서 이야기하던 모습을 생각하고, 그 뜻하던 바를 생각하고, 그 즐거워하던 바를 생각하고, 취미를 생각하는 것이다.

그래서 재계하여 사흘이 되면 이에 그 분의 모습이 눈앞에 보이는 것이다.

제사지내는 날에 방안에 들어가면 그 분의 영혼의 모습이 반드시 그 자리에 있는 것처럼 느껴지며, 제사를 마치고 문을 나갈 때는 숙연(肅然)해져서 반드시 그 분의 음성이 들리는 것 같이 느껴지며, 문 밖에 나가서 들으면 반드시 방 안에서 뚜렷하게 그 분의 탄식하는 소리가 들리는 것 같은 느낌이 든다.

그런 까닭에 선왕(先王)의 효도하는 마음은 부모의 안색이 눈에서 잊혀지지 않으며, 부모의 음성이 귀에서 끊어지지 않으며, 부모의 마음이나 좋아서 하고자 하던 것이 마음에서 떠나지 않는 것이다.

　그러므로 제사에 있어서 사랑하는 마음이 지극하면 부모의 영혼이 눈 앞에 존재하고, 사랑하는 마음이 지극하면 부모의 영혼이 나타나는 것이다.

　부모의 영혼이 나타나고 부모의 영혼이 존재하는 것을 마음에서 잊지 않으면 어찌 부모의 영혼을 공경하지 않을 수 있겠는가. 군자는 부모가 생존했을 때는 공경하여 봉양하고, 부모가 죽어서는 공경하여 제사지내는 것이다. 그러니 죽을 때까지 부모를 욕되게 하는 일이 없도록 마음을 써야 하는 것이다.

　군자는 몸을 마칠 때까지 상중(喪中)에 있는 것이라고 하는 것은 기일(忌日)을 이르는 말이다.

　기일에는 평상시의 업무를 보지 않는데, 그것은 상서롭지 않은 날이어서가 아니라 그 날에는 마음이 한 곳으로 이르는 데가 있어 감히 사사로운 일에 마음을 쓸 수가 없어서이다.

　致齊[1]於內하고 散齊[2]於外니 齊之日에 思其居處하며 思其笑語하며 思其志意하며 思其所樂하며 思其所嗜하여 齊三日에 乃見其所爲齊者하나니

　祭之日에 入室하여 優然[3]必有見乎其位하며 周還出戶에 肅然必有聞乎其容聲하며 出戶而聽에 愾然[4]必有聞乎其歎息之聲하나니 是故로 先王之孝也는 色[5]不忘乎目하며 聲不絶乎耳하며 心志嗜欲을 不忘乎心하셔 致愛[6]則存[7]하시고 致慤[8]則著[9]하시나니 著存을 不忘乎心이어니 夫安得不敬乎리오 君子 生則敬養하고 死則敬享은 思終身弗辱也니라

　君子 有終身之喪하니 忌日[10]之謂也라 忌日을 不用[11]은 非不祥也라 言夫日에 志有所至하여 而不敢盡其私也니라

1) 致齊(치재) : 마음 속으로 하는 재계(齊戒).

2) 散齊(산재) : 형식을 갖추어서 하는 재계.

3) 優然(애연) : 어렴풋이 보이는 모양.

4) 愾然(희연) : 탄식하는 모양.

5) 色(색) : 모습.

6) 致愛(치애) : 사랑하는 마음이 지극하다는 뜻.

7) 存(존) : 부모의 영혼이 눈앞에 존재한다. 좋아하던 것을 잊지 않는 것.

8) 致慤(치각) : 공경하는 마음이 지극하다는 뜻.

9) 著(저) : 부모의 영혼이 감응하여 나타난다는 뜻. 음성이 귀에 들리고 모습이
   눈에 보이는 것 같은 것.

10) 忌日(기일) : 제사지내는 날. 제삿날.

11) 不用(불용) : 평상시의 업무를 보지 않는다는 뜻.

3. 성인만이 상제를 제사지낸다

오직 성인(聖人)만이 능히 상제(上帝)를 제사지낼 수 있으며,
오직 효자(孝子)만이 능히 어버이를 제사지낼 수 있다.

향(饗)이라는 것은 향(鄕 : 曏)을 말한다. 상대방을 향(鄕)하
는 마음이 있은 뒤라야 향(饗 : 흠향)할 수가 있는 것이다.

그런 까닭에 효자는 제사에 있어 시동을 대해서 부끄럽지 않은
것이다.

임금이 희생(犧牲)을 끌면 부인(夫人)이 술잔을 바치며, 임금
이 시동에게 술을 올리면 부인이 안주를 올리며, 경대부(卿大夫)
들이 임금을 도우면 명부(命婦)들이 부인을 돕는데, 경건하게 공
경하며, 성의를 다하여 충성하며, 부지런하게 영혼이 향(饗)을 받
도록 한다.

唯聖人이사 爲能饗帝[1]하며 孝子이사 爲能饗親하나니 饗者는 鄕也[2]라 鄕
之然後에 能饗焉하나니 是故로 孝子는 臨尸而不怍이니라 君이 牽牲이어시든
夫人이 奠盎[3]하며 君이 獻尸[4]어시든 夫人이 薦豆[5]하며 卿大夫 相君[6]이어든
命婦 相夫人하여 齊齊乎[7]其敬也하며 愉愉乎[8]其忠也하며 勿勿諸[9]其欲
其饗之也니라

1) 饗帝(향제) : 상제(上帝)를 제사지내다. 향(饗)은 제사지낸다는 뜻이요, 제
   (帝)는 상제(上帝).

2) 饗者鄕也(향자향야) : 향(饗)과 향(鄕)이 같은 음이므로 뜻의 공통점을 지
   적한 것. 향(鄕)은 향(曏)·향(向)과 같으므로 향한다는 뜻.

3) 奠盎(전앙) : 술잔을 바치다. 앙은 술 그릇, 술잔.

4) 獻尸(헌시) : 시동에게 술을 바치다.

5) 薦豆(천두) : 안주를 올리다.

6) 相君(상군) : 임금을 돕다.

7) 齊齊乎(제제호) : 경건한 모양.

8) 愉愉乎(유유호) : 성의를 다하는 모양. 기뻐하는 모양.

9) 勿勿諸(물물저) : 부지런한 모양. 저(諸)는 호(乎)와 같다.

4. 문왕이 제사를 지낼 때의 태도

문왕(文王)이 선조를 제사지낼 때는 죽은 이를 받드는 것이 산 사람을 섬기듯이 하였으며, 죽은 이를 사모하는 것이 자기도 살고 싶지 않은 것처럼 하였다.

기일(忌日)에는 반드시 슬퍼하고, 죽은 이의 휘(諱)를 칭할 때는 부모를 눈 앞에서 보는 듯이 하면서 제사를 정성껏 지냈다.

부모가 사랑하던 것을 보고싶어 하는 것이 좋아하는 여자를 대하는 것과 같다고 한 말은 문왕을 두고 한 말이다.

『시경(詩經)』에 이르기를

"날이 밝도록 잠 못이루고 오직 부모님만 생각하네."

라고 한 것은 문왕을 노래한 것이다.

제삿날 밤에 부모를 생각하여 날이 밝도록 잠을 자지 못하며 제사지낸 다음날에 부모의 영전에 제물을 바치고, 또 부모를 사모했다고 한다.

제삿날에는 즐거운 마음과 슬픈 마음이 반반이었으니, 제물을 바치는 일은 반드시 즐거워하고 제사를 마침에 이르러서는 반드시 슬퍼했다.

文王之祭也는 事死者하시되 如事生하시며 思死者하셔 如不欲生¹⁾하시며 忌日에 必哀하시며 稱諱²⁾에 如見親하시며 祀之忠也라 如見親之所愛 如欲色然은 其文王與신저 詩云³⁾하되 明發不寐⁴⁾하여 有懷二人⁵⁾이라하니 文王之詩也라 祭之明日⁶⁾에 明發不寐하셔 饗而致之하시고 又從而思之하시

니 祭之日엔 樂與哀半하셔 饗之必樂하시고 已至必哀하시니라

1) 不欲生(불욕생) : 살고 싶지 않다. 곧 죽어버리고 싶은 생각이 든다는 뜻.
2) 稱諱(칭휘) : 부모의 휘(諱)를 일컫는다. 휘(諱)는 부모의 이름을 꺼려 입밖에 내지 않는 것인데, 제사지낼 때는 그 이름을 일컬을 수 있다.
3) 詩云(시운) : 『시경(詩經)』소아(小雅) 소완편(小宛篇)에 있는 말.
4) 明發不寐(명발불매) : 날이 새도록 자지 못한다는 뜻.
5) 二人(이인) : 양친(兩親)을 가리킨다.
6) 祭之明日(제지명일) : 제사지낸 다음날. 이 날에 역제(繹祭)를 지낸다.

5. 황홀한 기분에 사로잡힐 것인가

공자가 상제(嘗祭)를 지낼 때 제물을 받들고 나아가는데, 그 부모에게는 정성을 다하였지만 그 걸음걸이는 종종걸음으로 빠르게 다녔다.

제사를 마친 뒤에 자공(子贛)이 묻기를

"선생님께서 말씀하시기를 '제사에는 무게가 있고 그 모양이 보기에 좋아야 한다.'고 하셨는데, 지금 선생님께서 제사지내시는 모습은 무게도 없고 모양도 보기에 좋지 않았으니, 그것은 무슨 까닭입니까."

라고 하니, 공자가 대답하였다.

"무게 있게 하는 것은 겉모습을 꾸미는 것으로 상대방에게 멀게 느끼게 하는 것이며, 모양이 보기에 좋게 하는 것은 겉모습을 꾸미는 것으로 제사지내는 사람이 스스로를 돌이켜 보는 것이다. 겉모습을 꾸미며 상대방에게 멀게 느끼게 하거나 겉모습을 꾸미며 스스로에게 마음을 쓰게 되면, 어찌 신명(神明)이 여기에 가까이 오겠느냐. 어찌 무게 있게 하고 보기에만 좋게 할 필요가 있겠느냐.

묘당(廟堂)에서 방으로 돌아가 음식을 바치고 음악을 연주하면 조두(俎豆)를 바치며, 차례로 의례가 행해지고 음악이 연주되며, 많은 벼슬아치들이 움직이는 큰 제사에서는 군자(君子)들이 각기 무게 있고 모양이 보기에 좋게 하려고 할 필요가 있다.

어찌 신명을 맞이하는 자리에서 황홀한 기분에 사로잡힐 것인가. 대저 말이라는 것은 어찌 한 가닥만으로 그칠 것인가. 여러 모로 생각하지 않으면 안 되는 것이다."

仲尼 嘗하실세 奉薦而進하시되 其親也 慤[1]하며 其行也 趨趨以數[2]하더시니 已祭하고 子贛이 問曰하되 子之言祭는 濟濟[3]漆漆然[4]이러시니 今子之祭에 無濟濟漆漆은 何也잇고 子曰하시되 濟濟者는 容也[5] 遠也[6]오 漆漆者는 容也 自反也[7]니 容以遠과 若容以自反也는 夫何神明之及交리오 夫何濟濟漆漆之有乎리오 反饋樂成이어든 薦其薦俎하며 序其禮樂하며 備其百官하여 君子 致其濟濟漆漆하나니 夫何悅惚之有乎리오 夫言은 豈一端而已리오 夫各有所當也니라

1) 慤(각) : 정성스럽다.
2) 趨趨以數(촉촉이삭) : 종종걸음으로 빠르게 다니다.
3) 濟濟(제제) : 무게가 있는 모양.
4) 漆漆然(칠칠연) : 모양이 보기에 좋은 모양.
5) 容也(용야) : 겉모습을 꾸민다는 뜻.
6) 遠也(원야) : 멀게 느껴지게 하다. 곧 서먹서먹 해진다는 뜻.
7) 自反也(자반야) : 제사지내는 사람이 스스로를 돌이켜 보다. 마음을 쓰다.

6. 효자가 부모의 제사를 지내는 자세

효자(孝子)가 부모의 제사를 지내려 할 때는 일 생각하기를 미리 하지 않으면 안 되며, 그 때에 이르러 필요한 것을 갖추기 위해서는 미리 준비하지 않으면 안 되는 것이다. 마음 속을 비워 잡념을 버리고 그 일을 처리해야 한다.

궁실(宮室)이 이미 수리되고 담장과 지붕이 이미 만들어지고 모든 물건이 이미 갖추어졌으면, 제주인 부부(夫婦)는 목욕재계(沐浴齋戒)하고 제사를 받들어 제물을 올리되 엄숙하고 공경하여 이기지 못하는 것과 같이 하고, 장차 그것을 잃을 것 같이 하는데, 그것은 효도하고 공경하는 마음이 지극한 것이다.

　그 제물을 담은 제기를 올리고, 그 예(禮)와 음악을 순서 있게 하고, 그 백관(百官)을 갖추어 제사를 받들어 올린다. 이에 있어 축인(祝人)이 효자의 마음을 신명(神明)에게 고하고, 효자는 황홀한 마음이 되어 신명과 더불어 가까워지며, 제물을 받아 흠향(歆饗)하라고 기원하는데, 제물을 받아 흠향하라고 기원하는 것은 효자의 마음이다.

　효자가 그 부모를 제사지내는 데에는 그 정성을 다하여 정성스럽게 하며, 그 믿음을 다하여 미덥게 하며, 그 공경을 다하여 공경하게 하며, 그 예(禮)를 다하여 과실이 없도록 하며, 나아가고 물러남에 있어 반드시 삼가며, 그 태도는 부모의 분부를 듣고 그에 따라 움직이듯이 해야 한다.

　孝子 將祭할세 慮事를 不可以不豫며 比時[1]具物하되 不可以不備니 虛中[2]以治之하나니라

　宮室이 旣脩하며 墻屋이 旣設하며 百物이 旣備어든 夫婦齊戒沐浴하여 奉承而進之하되 洞洞乎[3] 屬屬乎[4]如弗勝하며 如將失之하나니 其孝敬之心이 至也與인저 薦其薦俎[5]하며 序其禮樂하며 備其百官하여 奉承而進之하여 於是에 諭其志意[6]하여 以其悅惀로 以與神明交하여 庶或饗之[7]하며 庶或饗之니 孝子之志也라

　孝子之祭也는 盡其慤而慤焉하며 盡其信而信焉하며 盡其敬而敬焉하며 盡其禮而不過失焉하며 進退必敬하여 如親聽命하여 則或使之也[8]니라

1) 比時(비시) : 때에 미처. 비(比)는 급(及)과 같다.

2) 虛中(허중) : 마음 속을 비우다. 곧 잡념을 버린다는 뜻.

3) 洞洞乎(동동호) : 엄숙한 모양.

4) 屬屬乎(촉촉호) : 공경하는 모양.

5) 薦俎(천조) : 제물을 담은 제기.

6) 諭其志意(유기지의) : 축인(祝人)이 제주(祭主)인 효자의 마음을 신명(神明)에게 고하는 일.

7) 庶或饗之(서혹향지) : 신명에게 제물을 받아 흠향(歆饗)하라고 기원하는 일.

8) 或使之也(혹사지야) : 신명의 분부에 따라 움직인다는 뜻.

7. 제사지내는 것으로 효자인지 알 수 있다

효자가 제사지내는 것을 보고 효자인지를 알 수 있다.

서 있을 때 공경하는 마음에서 몸을 구부리며, 앞으로 나아갈 때 공경하는 마음에서 얼굴을 상냥하게 하며, 제물을 바칠 때 공경하는 마음에서 그것을 받아주기를 바라며, 물러나 섰을 때 장차 분부를 받을 듯이 하며, 이미 제물을 거두고 물러나서도 공경하고 삼가는 안색이 얼굴에서 사라지지 않는데, 그것이 효자의 제사다.

서 있으면서 몸을 구부리지 않는 것은 무례한 짓이며, 앞으로 나아가면서 상냥한 얼굴을 짓지 않는 것은 부모에 대하여 소원한 것이며, 제물을 바치면서 그것을 받아주기를 바라지 않는 것은 사랑하지 않는 것이며, 물러나 서 있으면서 분부를 받을 듯이 하지 않는 것은 오만한 짓이며, 이미 제물을 거두고 물러나서 공경하고 삼가는 안색을 하지 않는 것은 내 몸의 근본을 잊는 것이다. 이와 같은 태도로 제사를 지내는 것은 그 의의를 잃는 것이다.

부모에 대해 깊이 사랑하는 마음을 가진 효자는 반드시 화기(和氣)가 있고, 화기가 있는 사람은 반드시 유쾌한 기색이 있고, 유쾌한 기색이 있는 사람은 반드시 부드러운 태도가 있는 것이다.

효자가 부모의 제사를 지낼 때에는 손에 구슬을 쥐고 있는 것 같으며, 물이 가득 찬 그릇을 받쳐들고 있는 것 같이 엄숙하고 공경하여 주체하지 못하는 듯이 하며, 그것을 손에서 놓칠까 걱정하는 듯이 보인다.

위엄을 가지고 엄격한 태도로 접하는 것은 부모를 섬겨 제사지내는 도리가 아니고, 성인(成人)을 상대하는 도리이다.

孝子之祭를 可知也니 其立之也 敬以詘하며 其進之也 敬以愉하며 其薦之也敬以欲[1]하며 退而立하여 如將受命하며 已徹而退하여 敬齊[2]之色不絶於面하나니 孝子之祭也 立而不詘이면 固也오 進而不愉면 疏也오 薦

而不欲이면 不愛也오 退立而不如受命이면 敖也오 已徹而退하여 無敬齊
之色이면 而忘本也니 如是而祭하면 失之矣니라

孝子之有深愛者는 必有和氣하며 有和氣者는 必有愉色하며 有愉色[3]
者는 必有婉容[4]하고 孝子는 如執玉하며 如奉盈[5]하여 洞洞屬屬然하여 如
弗勝하며 如將失之하나니 嚴威儼恪은 非所以事親也라 成人之道也니라

1) 欲(욕) : 바라다. 제물을 받아주기를 바란다는 뜻.

2) 齊(제) : 삼간다는 뜻.

3) 愉色(유색) : 유쾌한 기색.

4) 婉容(완용) : 부드러운 태도.

5) 奉盈(봉영) : 물이 가득 찬 그릇을 받쳐든다는 뜻.

8. 선왕이 천하를 다스리는 5가지 마음가짐

선왕(先王)이 천하를 다스린 마음가짐이 5가지가 있다.

덕 있는 사람을 귀하게 여기고, 신분이 높은 사람을 귀하게 여
기고, 노인을 귀하게 여기고, 어른을 공경하고, 어린이를 사랑하
는 것으로, 이 5가지는 선왕이 천하를 안정시킨 마음가짐이다.

덕이 있는 사람을 귀하게 여기는 것은 무엇 때문인가.

덕이 있는 사람은 그가 도(道) 있는 사람에 가깝기 때문이며,
신분이 높은 사람을 귀하게 여기는 것은 그가 임금에 가깝기 때
문이며, 노인을 귀하게 여기는 것은 그가 어버이에 가깝기 때문
이며, 어른을 공경하는 것은 그가 형(兄)에 가깝기 때문이며, 어
린이를 사랑하는 것은 그가 자식에 가깝기 때문이다.

그런 까닭에 지극한 효자는 왕자(王者)에 가깝고, 우애(友愛)
가 지극한 아우는 패자(覇者)에 가깝다.

지극한 효자가 왕자에 가깝다고 하는 것은 비록 천자라고 하더
라도 반드시 그에게는 아버지가 있고, 우애가 지극한 아우가 패
자에 가깝다고 하는 것은 비록 제후라고 하더라도 반드시 그에게
는 형이 있기 때문이다.

선왕의 가르침을 그대로 이어받아 고치지 않는 것은 천하의 국

가들을 다스릴 수 있기 때문이다.

　공자가 말하였다.

　"사랑의 도를 세우려면 부모를 사랑하는 데서부터 시작하는데, 그것은 백성에게 화목하게 지내는 도리를 가르치기 위한 것이요, 공경의 도를 세우려면 어른을 공경하는 데서부터 시작하는데, 그것은 백성에게 순종하는 도리를 가르치기 위한 것이다. 자애로움과 화목함을 가르침으로써 백성이 부모를 소중하게 여기고, 어른 공경하는 것을 가르침으로써 백성이 어른의 분부를 소중하게 여기게 되는 것이다. 효도로써 어버이를 섬기며 순종으로써 어른의 분부를 들으면, 이 2가지로써 천하에 시행하더라도 행하지 못할 것이 없다."

　先王[1]之所以治天下者 五니 貴有德하며 貴貴[2]하며 貴老하며 敬長하며 慈幼니 此五者는 先王之所以定天下也라 貴有德은 何爲也오 爲其近於道也오 貴貴는 爲其近於君也오 貴老는 爲其近於親也오 敬長은 爲其近於兄也오 慈幼는 爲其近於子也니 是故로 至孝는 近乎王하고 至弟는 近乎覇[3]하니 至孝近乎王은 雖天子셔도 必有父[4]하시고 至弟近乎覇는 雖諸侯셔도 必有兄[5]하시니 先王之敎 因而弗改는 所以領天下國家也니라

　子曰하시되 立愛[6]自親始[7]는 敎民睦也오 立敬自長始는 敎民順也니 敎以慈睦하면 而民이 貴有親하고 敎以敬長하면 而民이 貴用命[8]하나니 孝以事親하며 順以聽命하면 錯諸天下[9]하여 無所不行이니라

1) 先王(선왕) : 고대의 성군(聖君).

2) 貴貴(귀귀) : 앞의 귀(貴)는 귀하게 여긴다는 뜻이요, 뒤의 귀(貴)는 신분이 높은 사람을 가리킨다.

3) 覇(패) : 패자(覇者). 제후(諸侯)의 우두머리.

4) 必有父(필유부) : 반드시 아버지가 있다. 곧 부모를 공경하고 사랑함으로써 만인이 따르게 되어 천하의 왕자(王者)가 될 수 있다는 말.

5) 必有兄(필유형) : 반드시 형이 있다. 곧 형을 공경을 다해 섬김으로써 다른 제후(諸侯)가 따르게 되어 패자(覇者)가 될 수 있다는 말.

6) 立愛(입애) : 사랑의 도를 세우다. 사랑하도록 가르치다.

7) 自親始(자친시) : 부모를 사랑하는 데서부터 시작한다.
8) 貴用命(귀용명) : 어른의 분부를 소중하게 여긴다는 뜻.
9) 錯諸天下(조저천하) : 천하에 두루 퍼지다. 저(諸)는 지어(之於).

9. 교제(郊祭)를 지낼 때의 마음가짐

교제(郊祭)를 지낼 때는 상(喪)을 당한 사람이 감히 곡을 하지 못하며, 상복을 입은 사람이 감히 나라의 문으로 들어오지 못하는데, 그것은 교제에 대한 공경하는 마음이 지극해서이다.

제사지내는 날에 임금이 희생(犧牲)을 끌고 들어가면 세자(世子)가 임금을 도우며, 경대부(卿大夫)가 차례대로 따른다.

이미 묘(廟)의 문을 들어가서 희생을 돌말뚝에 잡아매면 경대부가 윗옷을 벗어 어깨를 드러내고 희생의 털을 베어 바치는데, 귀의 털을 소중하게 여긴다.

난도(鸞刀)로 희생을 갈라 피와 창자 부분의 비계를 취하여 바치고 물러나며, 삶은 고기와 날고기를 바치고 물러나는데, 이것은 제사에 대한 공경하는 마음이 지극해서이다.

교제(郊祭)는 크게 하늘의 은덕에 보답하는 제사로서 해를 주신(主神)으로 제사지내고 달을 짝지어 제사지내는데, 하왕조(夏王朝) 시대에는 밤에 제사지냈고, 은왕조(殷王朝)에서는 낮에 제사지냈으며, 주왕조(周王朝)에서는 아침부터 밤까지 제사지냈다.

해를 제사지냄에는 단(壇) 위에서 지내고, 달을 제사지냄에는 구덩이에서 지냄으로써 유(幽)와 명(明)을 구별하여, 그것으로써 위와 아래를 분별하게 한다.

해는 동쪽에서 제사지내고 달은 서쪽에서 제사지냄으로써 안과 밖을 구별하여, 그것으로써 그 위(位)의 정(正)을 분별하게 한다.

해는 동쪽에서 나오고 달은 서쪽에서 생겨 음(陰)과 양(陽), 길고 짧음의 마치고 시작하는 것이 서로 순환하여 그것으로써 천하의 평화가 이루어지는 것이다.

郊之祭也에 喪者 不敢哭하며 凶服[1]者 不敢入國門은 敬之至也니라
祭之日에 君이 牽牲어시든 穆[2] 答君[3]하며 卿大夫 序從하여 旣入廟門하여 麗于碑[4]어든 卿大夫 袒而毛牛[5] 尙耳[6]하고 鸞刀로 以刲取膵膋[7]하고 乃退하여든 爓祭[8] 祭腥[9]而退하나니 敬之至也니라
郊之祭는 大報天而主日[10]하고 配以月[11]하나니 夏后氏는 祭其闇하고 殷人은 祭其陽하고 周人은 祭日을 以朝及闇하니라
祭日於壇하고 祭月於坎[12]하여 以別幽明하며 以制上下하며 祭日於東하고 祭月於西하여 以別外內하며 以端[13]其位니 日出於東하고 月生於西하여 陰陽長短이 終始相巡하여 以致天下之和니라

1) 凶服(흉복) : 상복(喪服).
2) 穆(목) : 여기서는 세자(世子)를 가리킨다.
3) 答君(답군) : 임금을 돕다.
4) 麗于碑(여우비) : 희생(犧牲)을 돌말뚝에 잡아맨다는 뜻. 여(麗)는 잡아매다의 뜻.
5) 毛牛(모우) : 소의 털을 깎는다는 뜻.
6) 尙耳(상이) : 귀의 털을 소중하게 여긴다는 뜻.
7) 膵膋(율료) : 율은 피, 료는 창자 부분의 비계.
8) 爓祭(섭제) : 삶은 고기를 바치다. 제섬(祭爓).
9) 祭腥(제성) : 날고기를 바치다.
10) 主日(주일) : 해를 주신(主神)으로 한다는 뜻.
11) 配以月(배이월) : 달을 짝지어 제사지낸다는 뜻.
12) 坎(감) : 구덩이.
13) 端(단) : 정(正)의 뜻.

10. 예의 기초적인 목적

천하에 예(禮)를 행하는 목적은 사물의 처음을 되돌아보도록 하기 위한 것이며, 사람의 마음을 귀신과 통하도록 하기 위한 것

이며, 백성들이 화평하고 재물을 넉넉하게 쓰도록 하기 위한 것이며, 도의를 일으키기 위한 것이며, 겸양하는 마음을 가지도록 하기 위한 것이다.

사물의 처음을 되돌아보도록 하면 그 근본이 두터워지고, 귀신과 통하도록 하면 윗사람을 존경하고, 화평하고 재물이 넉넉해지면 백성의 생활 원칙이 확립되고, 도의가 일어나면 위아래가 거스르지 않고, 겸양하는 마음이 생기면 다투는 일이 없어진다.

이 5가지를 합해서 천하를 다스리는 예(禮)로 삼으면 비록 특이하고 사악(邪惡)하여 다스리기 어려운 일이 있더라도 그것은 조그마한 일이 될 것이다.

天下之禮는 致反始[1]也며 致鬼神[2]也며 致和用[3]也며 致義[4]也며 致讓[5]也니 致反始는 以厚其本也오 致鬼神은 以尊上也오 致物用은 以立民紀[6]也오 致義則上下 不悖逆矣오 致讓은 以去爭也니 合此五者하여 以治天下之禮也하면 雖有奇邪[7]而不治者라도 則微矣니라

1) 致反始(치반시) : 사물의 처음을 되돌아보게 하다.

2) 致鬼神(치귀신) : 귀신과 통하게 하다

3) 致和用(치화용) : 화평하고 재물을 넉넉하게 쓰도록 하다.

4) 致義(치의) : 도의를 일으키게 하다.

5) 致讓(치양) : 겸양하는 마음을 가지게 하다.

6) 民紀(민기) : 백성의 생활 원칙.

7) 奇邪(기사) : 편기(偏奇)와 사악(邪惡). 곧 특이하고 사특한 것.

11. 귀신이란 무엇입니까

재아(宰我)가 말하기를

"저는 귀신(鬼神)이라는 말을 들었습니다만, 그것이 무엇인지를 모르겠습니다."

하니, 공자가 말하였다.

"기(氣)라고 하는 것은 신(神)이 성(盛)한 것이요, 백(魄)이

라고 하는 것은 귀(鬼)가 성한 것이므로, 귀와 신을 합해서 말해
야만 가르침이 완전할 것이다.

　살아있는 모든 사람은 반드시 죽게 마련이고, 죽으면 반드시 흙
으로 돌아가는데 이것을 일러 귀(鬼)라고 한다.

　사람이 죽어 뼈와 살은 땅 속에서 썩어 산야의 흙이 되고, 기
(氣)는 하늘 위로 떠올라서 밝은 존재가 되는 것이다.

　그 밝은 존재가 강한 향기를 뿜어 사람의 마음을 슬프게 하는
것이다. 이는 온갖 것의 정(精)으로서, 신령의 신기한 작용이 나
타나는 것이다.

　온갖 것의 정기로 인하여 가장 존귀한 성질을 만들어 귀(鬼)와
신(神)의 이름을 높여, 백성들의 법으로 삼게 한 것이니, 모든 살
아있는 사람들은 그것을 두려워하며, 모든 백성이 그것을 따르는
것이다."

　宰我[1]曰하되 吾聞鬼神之名하고 不知其所謂하여이다 子曰하시되 氣也者
는 神之盛也오 魄也者는 鬼之盛也니 合鬼與神이라야 敎之至也니라

　衆生[2]이 必死하고 死必歸土하나니 此之謂鬼라 骨肉이 斃于下[3]하여 陰
爲野土어든 其氣發揚于上[4]하여 爲昭明焄蒿悽愴[5]하나니 此는 百物之精
也니 神之著也라

　因物之精하셔 制爲之極하셔 明命鬼神하셔 以爲黔首[6]則하시니 百衆이
以畏하며 萬民이 以服하니라

1) 宰我(재아) : 공자의 제자.

2) 衆生(중생) : 살아있는 모든 사람.

3) 下(하) : 땅 속.

4) 上(상) : 하늘 위.

5) 焄蒿悽愴(훈호처창) : 훈호는 강한 향기라는 뜻. 처창은 마음을 슬프게 한다
　　는 뜻.

6) 黔首(검수) : 일반 백성을 말한다.

12. 예법(禮法)의 지극한 것이다

성인(聖人)은 이것으로는 아직 충분하지 못하다고 생각하여 귀신을 위해 궁실(宮室)을 짓고, 종조(宗祧)를 마련하여 제사지 내는 사람과 제사를 받는 대상 사이의 친하고 소원하고, 멀고 가까운 것을 분별하였으며, 백성에게 옛날 선조의 일을 돌이켜보아 자신이 태어난 근본을 잊지 않도록 가르쳤다. 지금 모든 백성이 성인의 가르침에 따르는 것은 이것으로부터 연유한다. 그러므로 사람들이 빠르게 받아들인 것이다.

귀(鬼)와 신(神)이 이미 서면 2가지 의례(儀禮)로써 보답한 다. 아침의 제례(祭禮)를 정하여 희생(犧牲)의 피와 비계를 쑥 과 함께 불태워 향기와 불빛을 하늘로 올라가게 하는 것은 신기 (神氣)에 보답하는 것이다. 이것은 사람들에게 선조의 일을 돌이 켜보도록 가르치는 것이다.

신에게 서직(黍稷)을 바치고, 희생의 간과 허파와 머리와 염통 을 올리며, 두 병의 술을 섞고 울창주(鬱鬯酒)를 더하여 바치는 것은 귀백(鬼魄)에게 보답하는 것이다.

이것은 백성에게 서로 사랑하여 상하(上下)가 친화하라는 것 을 가르치는 것으로 예법(禮法)의 지극한 것이다.

聖人이 以是로 爲未足也하셔 築爲宮室하시며 設爲宗祧하셔 以別親疏
遠邇[1]하셔 敎民反古復始[2]하셔 不忘其所由生也하시니 衆之服[3]이 自此라
故로 聽且速也니라

二端[4]이 旣立이어든 報以二禮하나니 建設朝事[5]하여 燔燎羶薌[6]할세 見
以蕭光은 以報氣[7]也니 此는 敎衆反始也라 薦黍稷하며 羞肝肺首心할세
見間以俠甒[8]라 加以鬱鬯은 以報魄[9]也니 敎民相愛하여 上下 用情하니
禮之至也니라

1) 遠邇(원이) : 원근(遠近).
2) 反古復始(반고복시) : 옛날 선조의 일을 돌이켜본다는 뜻.

3) 衆之服(중지복) : 백성이 성인의 가르침에 따른다는 뜻.

4) 二端(이단) : 귀(鬼)와 신(神)

5) 朝事(조사) : 아침의 제례(祭禮).

6) 燔燎羶薌(번료전향) : 희생의 피와 비계를 쑥과 함께 불태워 그 기운이 하늘로 올라가게 하는 의식. 전은 형(馨)의 오자.

7) 氣(기) : 신기(神氣).

8) 見間以俠甒(견간이협무) : 견(見)은 간(覸)의 잘못. 협무(俠甒)는 양무(兩甒). 두 병의 술을 섞어 쓴다는 뜻.

10) 魄(백) : 귀백(鬼魄).

I3. 이것은 제사를 위해 힘을 기울이는 것이다

군자(君子)가 옛날 선조의 일을 돌이켜보는 것은 자기의 태어난 근본을 잊지 않으려는 것이다. 그래서 그 공경을 다하고 그 정을 나타내며 힘을 다해 제사를 받들어서 그것으로써 그 부모에게 보답하기 위하여 감히 힘을 다하지 않을 수 없는 것이다. 그런 까닭에 옛날에 천자는 천묘(千畝)의 땅을 경작하기 위하여 면복(冕服)을 입고 관에 붉은 끈을 드리우고 몸소 쟁기를 잡았다.

제후(諸侯)는 I00묘(百畝)의 땅을 경작하기 위하여 면복을 입고 관에 푸른 끈을 드리우고 몸소 쟁기를 잡았다. 그것으로써 천지와 산천과 사직(社稷)과 선조를 섬기고, 예주(醴酒)나 제사 음식을 만들기 위한 재료를 이렇게 해서 취했던 것이니, 이는 공경하는 마음의 지극함이다.

옛날에 천자와 제후에게는 반드시 짐승을 기르는 관원이 있었다. 제사지낼 때가 되면 재계(齊戒)하여 목욕하고 나서 짐승 기르는 관원을 불러 거기에서 절을 하고 희(犧)·전(牷)·생(牲)의 3가지 희생을 반드시 이렇게 해서 취했던 것이니, 이것은 공경하는 마음의 지극한 것이다.

임금은 소를 몰고 오게 하여 그것을 보고 그 털을 선택하여 점을 쳐서 길(吉)하다는 점괘가 나온 뒤에라야 그것을 길렀다.

임금은 흰 테두리를 한 피변복(皮弁服)을 입고 초하루와 보름에 희생을 기르는 곳을 순시한다. 이것은 제사를 위해 힘을 기울이는 것으로서 효도의 지극함이다.

君子 反古復始는 不忘其所由生也니 是以로 致其敬하며 發其情하며 竭力從事[1]하여 以報其親하여 不敢弗盡也니라 是故로 昔者에 天子 爲藉千畝[2]하셔 冕而朱紘[3]하셔 躬秉耒[4]하시고 諸侯 爲藉百畝하셔 冕而靑紘하셔 躬秉耒하셔 以事天地山川社稷先古[5]하셔 以爲醴酪[6]齊盛을 於是乎에 取之하시나니 敬之至也니라

古者에 天子諸侯 必有養獸之官하더니 及歲時하여 齊戒沐浴而躬朝之[7]하여 犧牷祭牲을 必於是에 取之하니 敬之至也라 君이 召牛하셔 納而視之하셔 擇其毛而卜之吉然後에야 養之하며 君이 皮弁素積[8]으로 朔月月半[9]에 君 巡牲[10]하시나니 所以致力이니 孝之至也니라

1) 從事(종사) : 제사를 받든다는 뜻. 사(事)는 제사를 뜻한다.
2) 藉千畝(적천묘) : 천묘(千畝)의 땅을 경작하다. 적(藉)은 경작(耕作)한다는 뜻. 자(藉)는 적(籍)의 뜻.
3) 紘(굉) : 관(冠)에 다는 끈.
4) 躬秉耒(궁병뢰) : 몸소 쟁기를 잡다.
5) 先古(선고) : 선조(先祖).
6) 醴酪(예락) : 낙(酪)은 유제(乳製)의 음료이나 여기서는 두 자를 아울러서 예주(醴酒)로 풀이한다.
7) 躬朝之(궁조지) : 임금이 거기에 몸소 절을 한다로 풀이된다.
8) 素積(소적) : 흰 테두리를 한 것.
9) 月半(월반) : 보름날. 15일.
10) 巡牲(순생) : 희생을 기르는 곳을 순시한다는 뜻.

14. 양잠(養蠶)을 하는 순서

옛날에 천자나 제후(諸侯)에게는 반드시 임금의 뽕나무밭과 누에치는 집을 두게 되어 있었는데, 그것은 개울 가까운 곳에 마

련하며, 집을 짓되 높이 한 길 석 자로 지어 가시나무 울타리를 하고 문은 밖에서 굳게 닫았다.

그리고 3월 초하룻날 아침에 임금이 흰 테두리를 한 피변복(皮弁服)을 입고, 삼궁(三宮)의 부인(夫人)과 세부(世婦)를 점쳐서 점괘가 길(吉)한 사람에게 누에치는 집으로 들어가 누에를 치게 하였다.

누에를 치는 이는 누에의 알을 받들어 개울 물로 깨끗하게 씻고, 임금의 뽕나무밭에서 뽕잎을 따다가 바람에 말려서 누에에게 먹인다. 때가 이미 다 되면 세부(世婦)는 누에치는 일을 마치고, 누에고치를 받들어 임금에게 그것을 보이고 나서 마침내 부인(夫人)에게 그것을 바친다.

그러면 부인은 말하기를 "이것은 우리 임금의 옷을 지을 것이다."라고 하고는, 즉시 머리를 꾸미고 예복(禮服)으로 갈아입고서 그것을 받고, 이에 소뢰(少牢)로써 그들을 대접하는데, 옛날에 누에고치를 바치는 자에게는 이와 같이 했던 것이다.

좋은 날을 가려 부인이 누에고치에서 실을 뽑는데, 부인은 누에고치 담근 물 쟁반에 손을 3번 잠가 실을 만지고 나서, 이어 삼궁(三宮)의 부인들과 세부(世婦) 가운데 길(吉)한 자에게 실을 뽑게 하였다.

그것을 빨간빛, 초록빛, 검은빛, 노란빛으로 물들여서 보불(黼黻)무늬를 수놓아 옷을 이미 완성하면 임금은 그것을 입고 선왕(先王)이나 선공(先公)에게 제사를 지내는데, 이것은 공경하는 마음의 지극함이다.

古者에 天子諸侯 必有公桑[1]蠶室하더니 近川而爲之築宮하되 仞有三尺하고 棘牆而外閉之하고 及大昕[2]之朝하여 君이 皮弁素積으로 卜三宮[3]之夫人世婦[4]之吉者하셔 使入蠶于蠶室하여 奉種[5]하여 浴于川하고 桑于公桑하여 風戾[6]以食之[7]하더니라 歲旣單矣어든 世婦卒蠶하여 奉繭하여 以示于君하고 遂獻繭于夫人하여든 夫人曰하시되 此 所以爲君服與신저 遂副褘[8]而受之하시고 因少牢以禮之하더시니 古之獻繭者 其率用此與인저

及良日하여 夫人이 繰三盆手[9]하시고 遂布于三宮夫人世婦之吉者하셔
使繰[10]하여 遂朱綠之하며 玄黃之하여 以爲黼黻文章하여 服旣成이어든 君
이 服以祀先王先公[11]하시나니 敬之至也니라

1) 公桑(공상) : 천자 또는 제후에게 속하는 뽕나무밭. 곧 임금의 뽕나무밭.

2) 大昕(대흔) : 3월 초하룻날을 가리킨다.

3) 三宮(삼궁) : 천자의 경우는 왕후 이외에 세 부인(夫人)을 거느리는데, 그 세
   부인이 거처하는 집.

4) 世婦(세부) : 대부(大夫)의 아내를 일컫는 말이나, 천자의 경우에는 측실(側
   室)을 가리킨다.

5) 種(종) : 누에씨. 곧 누에의 알.

6) 風戾(풍려) : 바람에 말린다는 뜻.

7) 食之(사지) : 누에에게 먹이다. 곧 누에를 치다.

8) 副褘(부휘) : 부(副)는 머리를 꾸민다는 뜻. 휘는 부인(夫人)의 예복(禮服).

9) 三盆手(삼분수) : 부인(夫人)이 누에고치 담근 물 쟁반에 손을 3번 잠가 실
   을 만진다는 뜻. 곧 형식적으로 실 뽑는 흉내를 내는 것을 말한다.

10) 繰(소) : 누에고치에서 실을 뽑아내는 일.

11) 先王先公(선왕선공) : 선왕은 천자의 경우. 선공은 제후의 경우.

15. 예(禮)와 악(樂)은 몸을 떠나서는 안 된다

군자(君子)가 말하였다.

"예(禮)와 악(樂)은 잠시라도 몸에서 떠나서는 안 되는 것이
니, 음악을 깊이 익혀서 그것으로써 마음을 다스리면 곧고 양순
한 마음이 저절로 솟아나온다.

곧고 양순한 마음이 생기면 즐겁고, 즐거우면 마음이 편안해지
고, 마음이 편안하면 오래 지속되고, 편안한 마음이 오래 지속되
면 마음이 하늘에 미치고, 마음이 하늘에 미치면 신(神)에게 통
하는 것이다.

마음이 하늘에 미치면 말하지 않아도 남에게 신임을 받고, 마음
이 신에게 통하면 노(怒)하지 않아도 위엄이 있게 되는데, 이런

사람은 음악을 깊이 익혀서 그것으로써 마음을 다스린 자이다.

　예의를 깊이 익혀서 그것으로써 몸을 다스리면 행동이 의젓해지고, 행동이 의젓하면 남들로 하여금 위엄을 느끼게 한다. 마음 속이 잠시라도 화합하지 못하거나 즐겁지 못하면 천하고 거짓된 마음이 들어가게 되며, 겉모습이 잠시라도 장중하지 못하거나 공경스럽지 못하면 마음 속에 태만한 마음이 들어가게 된다."

　그러므로 음악은 사람의 내심(內心)을 움직이는 것이요, 예의는 사람의 외형(外形)을 움직이는 것이다. 음악은 조화가 필요하고, 예의는 온순(溫順)함이 필요한 것이다. 군자가 안으로 조화된 기분이 있고, 밖으로 온순한 모습이 나타나면 백성은 그런 표정을 보고 더불어 다툴 생각을 하지 않으며, 그런 용모를 보고 백성은 쉽게 교만한 마음이 생기지 않는 것이다.

　그러므로 덕(德)의 빛남이 안에서 움직여 백성이 그 가르침을 받아들이지 않음이 없으며, 밖으로 나타나는 언행이 이치에 맞아 백성이 그의 지도를 따르지 않음이 없다.

　그러므로 말하기를 "예(禮)와 악(樂)의 도(道)를 깊이 익혀서, 정치에 이용하여 천하에 행하면 어려운 일이 없다."고 하였다.

　음악은 사람의 내심을 움직이는 것이요, 예의는 사람의 외형을 움직이는 것이다. 그러므로 예의는 교만함을 없애는 것을 중요하게 여기고, 음악은 정의(情意)가 충만하여 표현하는 것을 중요하게 여긴다. 예의는 교만한 마음을 없애고 나아감으로써 아름다움이 되게 하고, 음악은 정의가 충만한 것을 표현하되 억제함으로써 아름다움이 되게 하는 것이다.

　예의가 교만을 없애되 나아가지 않으면 형식에 머무르고, 음악이 정의의 충만을 표현하되 억제하지 못하면 방종으로 흐르게 되는 것이다. 그러므로 예의는 적극적으로 실천할 필요가 있고, 음악은 억제하여 조화를 유지할 필요가 있는 것이다. 예의는 적극적으로 실천하면 즐거움을 얻고, 음악은 억제하여 조화를 유지하면 표현에 안정감을 얻게 된다.

　예의에서 적극적으로 실천한다는 것과 음악에서 억제하여 조화를 유지한다는 것은 그 뜻이 일치하는 것이다.

君子 曰하되 禮樂은 不可斯須去身이니 致樂以治心하면 則易直子諒之心이 油然生矣오 易直子諒之心이 生則樂하고 樂則安하고 安則久하고 久則天이오 天則神이니 天則不言而信하고 神則不怒而威하나니 致樂以治心者也니라

致禮以治躬하면 則莊敬하고 莊敬則嚴威하나니 心中이 斯須不和不樂하면 而鄙詐之心이 入之矣오 外貌 斯須不莊不敬하면 而慢易之心이 入之矣니라

故로 樂也者는 動於內者也오 禮也者는 動於外者也니 樂極和하고 禮極順하여 內和而外順하면 則民瞻其顔色而不與爭也하며 望其容貌而衆不生慢易焉하나니 故로 德輝動於內하여 而民莫不承聽하며 理發乎外하여 而衆莫不承順하나니 故로 曰致禮樂之道면 而天下塞焉擧而措之無難矣니라

樂也者는 動於內者也오 禮也者는 動於外者也니 故로 禮主其減하고 樂主其盈하니 禮減而進하여 以進爲文하고 樂盈而反하여 以反爲文이라 禮減而不進則銷하고 樂盈而不反則放하나니 故로 禮有報而樂有反하니 禮得其報則樂하고 樂得其反則安하나니 禮之報와 樂之反이 其義一也라

(이 대문의 글은 그 전부가 악기편(樂記篇) 끝부분과 중복되어 있다.)

16. 크게 효도하는 3가지가 있다

증자(曾子)가 말하였다.

"효도(孝道)에는 3가지가 있다. 큰 효도는 어버이를 존경하는 것이요, 그 다음은 어버이를 욕되게 하지 않는 것이며, 그 아래는 어버이를 봉양(奉養)할 수 있는 것이다."

이에 공명의(公明儀)가 증자에게 묻기를

"선생님은 효자라고 해도 좋습니까."

하니, 증자가 대답하였다.

"그게 무슨 말이냐. 그게 무슨 말이냐. 군자(君子)가 효(孝)라

고 이르는 것은 어버이가 뜻을 나타내기 전에 먼저 그 뜻을 알아
서 이루어드리도록 하여 부모에 대한 도리에 그릇됨이 없게 하는
것이다.

　나 삼(參)은 다만 어버이의 몸을 봉양하는 데 지나지 않는 자
이다. 어찌 효자가 될 수 있겠느냐.”

　曾子 曰하시되 孝有三하니 大孝는 尊親하고 其次弗辱[1]이오 其下는 能養
이니라 公明儀[2]問於曾子曰하되 夫子는 可以爲孝乎잇가 曾子曰하시되 是
何言與오 是何言與오 君子之所謂孝者는 先意[3]承志하여 諭父母於道니
參[4]은 直養[5]者也니 安能爲孝乎리오

1) 弗辱(불욕) : 어버이를 욕되게 하지 않는다는 뜻.
2) 公明儀(공명의) : 증자(曾子)의 제자.
3) 先意(선의) : 어버이가 뜻을 나타내기 전이라는 뜻. 미리 어버이가 원하는 바
　　를 알아본다는 뜻.
4) 參(삼) : 증자의 이름.
5) 直養(직양) : 다만 봉양(奉養)할 뿐이다. 직(直)은 다만, 오직의 뜻.

17. 교육의 근본은 효도다

　증자(曾子)가 말하였다.

　“몸이란 것은 부모가 남겨준 몸이다. 부모가 남겨준 몸을 행동
하는 데에 감히 신중하게 하지 않을 것인가.

　거처(居處)가 장중(莊重)하지 않으면 효도(孝道)가 아니며,
임금을 섬기는데 충성스럽지 않으면 효도가 아니며, 관직(官職)
에 임하여 성실하지 않으면 효도가 아니며, 벗과 사귀면서 신의
가 없으면 효도가 아니며, 전쟁에 임하여 용감하지 않으면 효도
가 아니다.

　이 5가지를 이루지 못하면 재난이 어버이에게 미치게 되는 것
이다. 감히 신중하게 하지 않을 것인가.

　잘 익은 고기, 희생의 피나 지방(脂肪) 따위를 맛보아 부모의

영전(靈前)에 바치는 것은 효도가 아니라 음식을 바치는 것일 뿐이다.

군자의 효도라고 이르는 것은 나라 사람들이 칭찬하고 부러워하면서 말하기를 "그와 같은 아들을 가진 그 부모는 행복하겠다."고 할 정도라야 이른바 효도라고 할 수 있는 것이다.

많은 사람에게 가르침의 근본이 되는 것을 효도라 이르고, 그 실행은 봉양(奉養)이라고 한다.

봉양할 수는 있으나 마음으로 공경하기는 어렵고, 공경할 수는 있으나 평안하게 하기는 어렵고, 평안하게 할 수는 있으나 끝을 잘 마치기는 어렵다.

부모가 이미 죽은 뒤에도 그 몸가짐을 신중하게 행하여 부모의 나쁜 이름을 남기지 않아야 효도의 끝을 잘 마쳤다고 할 수 있다.

인(仁)이란 것은 부모를 사랑하는 것이고, 예(禮)라는 것은 효도를 실천하는 것이며, 의(義)라는 것은 효도를 올바르게 분별할 줄 아는 것이고, 신(信)이라는 것은 부모에게 성의를 다하는 것이며, 강(强)이라는 것은 효도에 힘쓰는 것이다.

낙(樂)이라는 것은 효도를 스스로 따르는 데서 생기고, 형(刑)이라는 것은 효도를 스스로 위반하는 데서 만들어지는 것이다.

曾子 曰하시되 身也者는 父母之遺體也니 行父母之遺體하되 敢不敬乎아 居處不莊이 非孝也며 事君不忠이 非孝也며 涖官[1]不敬이 非孝也며 朋友不信이 非孝也며 戰陳[2]無勇이 非孝也니 五者를 不遂하면 裁[3]及於親하나니 敢不敬乎아

亨孰[4]羶薌[5]하여 嘗而薦之는 非孝也라 養也라

君子之所謂孝也者는 國人이 稱願[6]然曰하되 幸哉有子 如此라하면 所謂孝也已니라 衆之本敎曰孝오 其行曰養이니 養은 可能也어니와 敬爲難하며 敬은 可能也어니와 安이 爲難하며 安은 可能也어니와 卒이 爲難[7]하니 父母 旣沒이어시든 愼行其身하여 不遺父母惡名이 可謂能終矣니 仁者는 仁此[8]者也오 禮者는 履此[9]者也오 義者는 宜此者也오 信者는 信此者也오 强者는 强此者也니 樂自順此生하고 刑自反此作이니라

1) 涖官(이관) : 관직(官職)에 임(臨)하다. 이(涖)는 임(臨)과 같은 뜻.
2) 戰陳(전진) : 전쟁(戰爭), 전진(戰陣). 진(陳)은 진(陣)과 같다.
3) 烖(재) : 재(災)와 같다.
4) 亨孰(팽숙) : 팽숙(烹熟). 잘 익은 고기. 익은 고기를 바치는 일.
5) 膻薌(전향) : 희생의 피나 지방(脂肪). 희생의 날것을 바치는 일.
6) 稱願(칭원) : 칭찬하고 부러워하다.
7) 卒爲難(졸위난) : 끝을 잘 마치기가 어렵다. 곧 부모가 죽은 뒤까지도 몸가짐을 신중하게 하여 부모의 나쁜 이름을 남기지 않도록 하는 것이 끝이다.
8) 仁此(인차) : 부모를 사랑하다. 차(此)는 부모
9) 履此(이차) : 효도를 실천하다. 차(此)는 효도 이하의 의차(宜此)·신차(信此)·강차(强此)·순차(順此)·반차(反此)의 차(此)는 모두 부모 또는 효도를 가리킨다.

18. 이것을 예의 끝마침이라고 한다

증자(曾子)가 말하였다.

"대저 효(孝)의 덕(德)은 이것을 세우면 하늘과 땅 사이에 가득 차고, 이것을 벌리면 사해(四海)에 퍼지며, 이것을 후세(後世)에 베풀면 아침이나 저녁이나 항상 쓰이지 않는 일이 없으며, 이것을 동해(東海)에 미치게 하거나 서해(西海)에 미치게 하거나 남해(南海)에 미치게 하거나 북해(北海)에 미치게 하거나 어느 곳에서든지 정도(正道)로 따르게 될 것이다.

『시경(詩經)』에 이르기를 '서쪽으로부터도 동쪽으로부터도 남쪽으로부터도 북쪽으로부터도 사모하여 따르지 않음이 없다.'라고 한 것은 이것을 이르는 것이다."

증자가 말하였다.

"수목(樹木)을 때에 맞추어 베고, 새와 짐승을 때에 맞추어 죽인다. 공자께서 말씀하시기를 '한 그루의 나무를 베고 한 마리의 짐승을 죽이는 데에도 그 때에 맞추지 않으면 효도가 아니다.'라고 하셨다.

효도에는 세 등급이 있는데, 작은 효도는 힘으로써 하고, 중간
의 효도는 마음에 수고함으로써 하고, 큰 효도는 부모를 위하여
넓고 풍족하게 실천한다.

작은 효도는 부모의 자애(慈愛)로움을 생각하여 수고로움을
잊는 것이니 힘으로써 하는 것이라 이를 수 있다.

중간의 효도는 인(仁)을 존중하고 의(義)에 만족하는 것이니
마음을 수고함으로써 하는 것이라 이를 수 있다.

큰 효도는 부모를 위하여 널리 베풀고 많은 것을 갖추는 것이
니 넓고 풍족하게 행하는 것이라고 이를 수 있다.

부모가 자식을 사랑하면 기뻐하여 잊지 않으며, 부모가 자식을
미워하면 두려워하되 원망하지 않으며, 부모에게 허물이 있으면
간(諫)하되 거스르지 않으며, 부모가 죽으면 반드시 인자(仁者)
에게서 구한 곡식으로써 제사지내는데, 이것을 일러 예(禮)의 끝
마침이라고 한다."

曾子 曰하시되 夫孝는 置之[1]而塞[2]乎天地하며 溥[3]之而横乎四海하며
施諸後世[4]而無朝夕하며 推而放諸東海而準하며 推而放諸西海而準하
며 推而放諸南海而準하며 推而放諸北海而準하나니 詩云[5]하되 自西自東
自南自北이 無思不服이라하니 此之謂也라

曾子 曰하시되 樹木을 以時[6]로 伐焉하며 禽獸를 以時로 殺焉이니 夫子[7]
曰하시되 斷一樹하며 殺一獸를 不以其時면 非孝也니라

孝有三하니 小孝는 用力하고 中孝는 用勞하고 大孝는 不匱[8]하나니 思慈
愛하여 忘勞면 可謂用力矣오 尊仁安義면 可謂用勞矣오 博施備物이면 可
謂不匱矣니라 父母 愛之어시든 喜而弗忘하며 父母 惡之어시든 懼而無怨
하며 父母 有過어시든 諫而不逆하며 父母 旣沒어시든 必求仁者之粟[9]하여
以祀之니 此之謂禮終이라

1) 置之(치지) : 세우다로 풀이된다.

2) 塞(색) : 막히다. 곧 가득 찬다는 뜻.

3) 溥(부) : 벌리다.

4) 施諸後世(시저후세) : 후세에 베푼다. 후세에 전한다. 저(諸)는 지어(之於)

의 준말.

5) 詩云(시운) :『시경(詩經)』소아(小雅) 문왕유성편(文王有聲篇).

6) 以時(이시) : 때에 맞추다. 정해진 때.

7) 夫子(부자) : 공자를 가리킨다.

8) 不匱(불궤) : 넓고 풍족하게 실천한다는 뜻.

9) 求仁者之粟(구인자지속) : 인자(仁者)에게서 곡식을 구하다. 곧 어진 임금
　　으로부터 봉록(俸祿)을 받는다는 뜻.

19. 자기 몸을 아끼는 것이 효이다

악정자춘(樂正子春)이 당(堂)에서 내려오다가 발을 다쳤는데 몇 달 동안이나 밖에 나오지 않으면서 오히려 근심스러운 안색을 짓고 있었다. 그래서 제자가 말하기를

"선생님의 발은 치료가 다 되었건만 몇 달 동안이나 밖에 나오지 않으시고도 오히려 근심스러운 안색을 띠고 계시니 무슨 까닭이십니까."

라고 하니, 악정자춘이 말하였다.

"좋구나, 너의 질문이. 좋도다, 너의 질문이. 나는 증자(曾子)에게서 들었고, 증자는 그것을 공자에게서 들었는데 말씀하시기를 '하늘에서 생겨나고 땅에서 길러지는 모든 것 중에서 사람만큼 위대한 것이 없다. 부모가 온전하게 낳아주신 몸을 자식이 온전하게 지니고 있다가 땅으로 돌아가야 효도(孝道)라고 할 수 있다. 육체를 손상하는 일이 없고 몸을 욕되지 않게 하는 것이 온전하게 하는 것이다.' 라고 하셨다.

그러므로 군자(君子)는 반 걸음을 걸으면서도 감히 효(孝)를 잊지 않는 것인데, 지금 나는 효의 도(道)를 잊었다. 나는 그래서 근심스러운 낯빛을 짓고 있는 것이다.

한 번 발을 들 때에도 감히 부모를 잊지 않으며, 한 마디의 말을 할 때에도 감히 부모를 잊지 않아야 한다.

한 번 발을 들 때에도 감히 부모를 잊지 않아야 하기 때문에 길

을 갈 때는 큰 길로 가고 지름길로 가지 않으며, 물을 건널 때는 배를 타고 건너고 헤엄쳐서 건너지 않아서 감히 부모가 남겨주신 몸으로 위태로운 일을 행하지 않아야 한다.

한 마디의 말을 할 때에도 감히 부모를 잊지 않아야 하기 때문에 나쁜 말을 입 밖에 내지 않아서, 원망하는 말이 내 몸에 되돌아오게 하는 일이 없어야 한다. 내 몸을 욕되게 하지 않으며 부모를 부끄럽게 하지 않으면 가히 효자라고 말할 수 있다."

樂正子春[1]이 下堂而傷其足하고 數月을 不出하여 猶有憂色이어늘 門弟子 曰하되 夫子[2]之足瘳矣로되 數月을 不出하서 猶有憂色은 何也잇고 樂正子春이 曰하되 善如爾之問也여 善如爾之問也여 吾는 聞諸曾子하고 曾子는 聞諸夫子[3]하시니 曰하시되 天之所生과 地之所養에 無人爲大[4]하니 父母 全而生之어시든 子 全而歸之라야 可謂孝矣오 不虧其體하며 不辱其身이라서 可謂全矣니라 故로 君子 頃步[5]而弗敢忘孝也하나니 今予는 忘孝之道라 予 是以有憂色也하라 壹擧足而不敢忘父母하며 壹出言而不敢忘父母니 壹擧足而不敢忘父母라 是故로 道而不徑[6]하며 舟而不游[7]하여 不敢以先父母之遺體로 行殆하며 壹出言而不敢忘父母라 是故로 惡言을 不出於口하면 忿言[8]이 不反於身하나니 不辱其身하며 不羞其親이면 可謂孝矣니라

1) 樂正子春(악정자춘) : 증자(曾子)의 제자. 악정(樂正)은 성(姓), 자춘(子春)은 자(字).
2) 夫子(부자) : 선생님. 증자를 가리킨다.
3) 夫子(부자) : 여기서는 공자를 가리킨다.
4) 無人爲大(무인위대) : 사람만큼 위대한 것은 없다는 뜻.
5) 頃步(경보) : 반 걸음. 두 발을 다 떼어놓는 것이 일보(一步)요, 한쪽 발만 떼어놓는 것이 경보(頃步), 곧 반보(半步)이다.
6) 道而不徑(도이불경) : 큰 길로 걷고 지름길로 가지 않는다. 도(道)는 큰 길.
7) 舟而不游(주이불유) : 배로 건너고 헤엄쳐서 건너지 않는다.
8) 忿言(분언) : 원망하는 말.

20. 옛날에는 나이 많은 이를 존중했다

옛날 순(舜)임금 시절에는 덕(德)을 귀하게 여기고 나이 많은 이를 높였으며, 하(夏)나라에서는 작위(爵位)를 귀하게 여기고 나이 많은 이를 높였으며, 은(殷)나라에서는 부(富)를 귀하게 여기고 나이 많은 이를 높였으며, 주(周)나라에서는 부모를 귀하게 여기고 나이 많은 이를 높였다.

순임금과 하·은·주의 세 왕조는 덕이 융성한 성왕(聖王)이 천하를 다스렸지만, 나이 많은 이를 높이지 않은 왕은 없었다.

나이 많은 이를 귀하게 여기는 것은 천하에서 오래된 관습으로 부모를 섬기는 효(孝) 다음으로 여기는 것이었다.

그런 까닭에 조정에서는 작위가 같으면 나이 많은 이를 높였다. 70세가 되면 조정에서 지팡이를 짚을 수 있었고, 임금이 불러서 물을 때는 자리에 앉게 하였으며, 80세가 되면 조정에서 기다리지 않아도 되었고 임금이 물을 일이 있으면 직접 찾아갔다. 나이 많은 이에게 순종하는 일이 조정에서 잘 행해졌다.

길을 갈 때에는 나이 많은 사람과 어깨를 나란히 하지 않고 혹은 옆으로 약간 뒤떨어지거나 혹은 뒤를 따라가며, 길에서 노인을 만나면 수레에 탄 사람도 걸어가는 사람도 길을 비키며, 반백(斑白)의 머리를 한 사람이 짐을 지고 길을 가는 일이 없었다. 나이 많은 이에게 순종하는 일이 도로에서 잘 행해졌다.

향촌(鄕村)에 있을 때는 나이 많은 이가 존중되며, 늙어서 곤궁한 사람이 버림을 받지 않으며, 강한 자가 약한 자를 범(犯)하지 않으며, 다수가 소수에게 사납게 굴지 않았다. 나이 많은 이에게 순종하는 일이 마을에서 잘 행해졌다.

옛날의 법에는 나이 50이 되면 몰이꾼으로 쓰지 않고, 사냥에서 잡은 것을 나눌 때는 나이 많은 사람에게 많이 주었다. 나이 많은 이에게 순종하는 일이 사냥에서 잘 행해졌다.

군대의 크고 작은 분대에서 계급이 같으면 나이 많은 이를 높였다. 나이 많은 이에게 순종하는 일이 군대에서 잘 행해졌다.

효(孝)와 제(弟)의 도리가 조정에서 시작되어 도로에서 행해지고, 마을에까지 미치고, 사냥터나 군대에서까지 지켜졌으니 사람들이 의(義)를 위해 죽고 감히 범(犯)하는 일이 없었다.

昔者에 有虞氏는 貴德而尙齒[1]하시고 夏后氏는 貴爵而尙齒하시고 殷人은 貴富而尙齒하시고 周人은 貴親而尙齒하시니 虞夏殷周는 天下之盛王[2]也시되 未有遺年者하시고 年之貴乎天下久矣니 次乎事親也니라

是故로 朝廷에 同爵則尙齒하며 七十이라 杖於朝[3]하고 君 問則席하며 八十이란 不俟朝[4]하고 君은 問則就之하시나니 而弟[5]達乎朝廷矣며

行에 肩而不倂하고 不錯則隨[6]하며 見老者어든 則車徒 辟[7]하며 斑白者[8] 不以其任[9]으로 行乎道路하나니 而弟達乎道路矣며

居鄕에 以齒하며 而老窮이 不遺하며 强不犯弱하며 衆不暴寡하니 而弟達乎州巷矣며

古之道는 五十이라 不爲甸徒[10]하며 須禽하되 隆諸長者하더니 而弟達乎蒐狩[11]矣며

軍旅什五[12]에 同爵則尙齒하더니 而弟達乎軍旅矣니라

孝弟發諸朝廷하여 行乎道路하며 至乎州巷하며 放乎蒐狩하며 脩乎軍旅라 衆이 以義死之하여 而弗敢犯也니라

1) 尙齒(상치) : 연령을 높이다. 곧 나이 많은 사람을 존중한다는 뜻.

2) 盛王(성왕) : 덕이 융성한 왕. 곧 성왕(聖王).

3) 杖於朝(장어조) : 조정에서 지팡이 짚는 것이 허용된다는 뜻.

4) 不俟朝(불사조) : 조정에서 기다리지 않는다. 곧 조정에 나오게 하지 않는다는 뜻.

5) 弟(제) : 나이 많은 이에게 순종하는 일.

6) 不錯則隨(불착즉수) : 옆으로 약간 뒤떨어지거나 뒤를 따른다는 뜻.

7) 車徒辟(거도피) : 수레에 탄 사람이나 걸어서 가는 사람이나 다 길을 비켜 준다는 뜻.

8) 斑白者(반백자) : 초로(初老). 45세 이상.

9) 不以其任(불이기임) : 짐을 지지 않는다.

10) 甸徒(전도) : 사냥터에서의 몰이꾼.

11) 獀狩(수수) : 수렵(狩獵). 사냥.

12) 什五(십오) : 십은 10명의 분대(分隊). 오는 5명의 분대. 곧 크고 작은 분대.

2I. 명당(明堂)에서 제사지내는 것은…

명당(明堂)에서 제사지내는 것은 제후(諸侯)들에게 효도를 가르치기 위한 것이다.

태학(太學)에서 삼로(三老)와 오경(五更)에게 음식을 대접하는 것은 어른에게 공손할 것을 제후들에게 가르치기 위한 것이다.

서학(西學)에서 선현(先賢)을 제사지내는 것은 제후들에게 덕(德)을 가르치기 위한 것이다.

천자가 친히 적전(籍田)을 경작하는 것은 제후들에게 신령을 봉양(奉養)할 것을 가르치기 위한 것이다.

조근(朝覲 : 조회)하게 하는 것은 제후에게 신하된 도리를 가르치기 위한 것이다.

이 5가지는 천하의 큰 가르침이다.

태학에서 삼로(三老)와 오경(五更)에게 음식을 대접할 때 천자가 친히 윗옷을 벗어 어깨를 드러내고 희생을 갈라 요리하고, 장(醬)을 집어 음식의 맛을 내고, 술잔을 들어 술을 따르고, 면(冕)을 쓰고 방패를 들어 춤을 추었다. 이것은 제후들에게 어른을 공경할 것을 가르치기 위한 것이었다.

그런 까닭에 향리(鄕里)에 나이 많은 이를 공경하는 풍습이 있어, 늙어서 곤궁한 이를 버려두지 않으며, 강한 자가 약한 자를 범(犯)하지 않으며, 다수가 소수에게 사납게 하지 않았으니, 이것은 태학(太學)으로부터 말미암아서 온 것이다.

祀乎明堂[1]은 所以敎諸侯之孝也오 食三老五更[2]於大學은 所以敎諸侯之弟也오 祀先賢於西學[3]은 所以敎諸侯之德也오 耕藉는 所以敎諸侯之養也오 朝覲[4]은 所以敎諸侯之臣也니 五者는 天下之大敎也라

食三老五更於大學할세 天子[5] 袒而割牲하시며 執醬而饋하시며 執爵而
酳하시며 冕而摠干[6]하시나니 所以敎諸侯之弟也라 是故로 鄕里有齒[7]하여
而老窮이 不遺하며 强不犯弱하며 衆不暴寡하나니 此는 由大學來者也니라

1) 祀乎明堂(사호명당) : 주(周)나라 천자가 명당(明堂)에서 문왕(文王)을 제
   사지내던 일. 명당(明堂)은 제14편 명당위편(明堂位篇)을 참조.
2) 三老五更(삼로오경) : 삼로(三老)와 오경(五更)이 다 천자의 고문인 장로
   (長老)들이다. 제8편 문왕세자편(文王世子篇)을 참조.
3) 西學(서학) : 천자의 사학(四學) 가운데 하나.
4) 朝覲(조근) : 제후가 천자를 찾아뵙는 일.
5) 天子(천자) : 구체적으로 무왕(武王)을 가리킨다.
6) 摠干(총간) : 방패를 손에 들고 춤을 추었다는 뜻.
7) 有齒(유치) : 나이 많은 이를 공경하는 풍습이 있다는 뜻.

22. 연령을 존중한다

천자가 사학(四學)을 설치하였는데, 학교에 들어가서는 태자
(太子)도 나이 많은 이를 존중하였다.

천자가 여러 나라를 순수(巡守)할 때에는 그 나라의 제후가 국
경에 나와서 기다린다.

천자가 그 나라에 들어가서는 먼저 I백세된 노인을 찾아보며,
80세, 90세가 된 노인이 동쪽으로 가면 천자는 서쪽으로 가다가
도 감히 지나쳐 버리지 않고 만나고, 노인이 서쪽으로 가면 동쪽
으로 가다가도 감히 지나쳐 버리지 않고 만난다.

노인으로서 천자에게 정치에 대하여 말하고자 하는 이가 있으
면 임금은 사양하지 않고 그를 방문한다.

일명(壹命)의 관직에 있는 사람도 향리(鄕里)에 있어서의 교
제에는 나이가 많은 이를 높이고, 재명(再命)의 관직에 있는 사
람은 향리에서는 그렇지 않으나 친족 사이에서는 나이가 많은 이
를 높이며, 삼명(三命)의 관직에 있는 사람은 친족 사이에서도
나이를 따지지 않는다. 그러나 친족 중에 70세가 넘은 노인이 있

으면 감히 그보다 먼저 들어가지 않는다.

　70세 된 노인은 중대한 일이 있지 않으면 조정에 들어가지 않으며, 만약 중대한 일이 있어 조정에 들어가면 임금은 반드시 그에게 읍(揖)하여 인사를 하고 나서 다른 신하와 인사를 한다.

　천자가 좋은 일 한 것이 있으면 그 덕(德)을 하늘에 양보하고, 제후가 좋은 일 한 것이 있으면, 그 공을 천자에게 돌리고, 경대부(卿大夫)가 좋은 일 한 것이 있으면 그 공을 제후에게 돌리고, 사(士)나 서인(庶人)이 좋은 일 한 것이 있으면 그 공이 부모나 장로(長老)에게 있다고 한다.

　임금이 신하에게 봉록(俸祿)이나 작위(爵位) 또는 상(賞)을 줄 때는 종묘(宗廟)에서 행하여 그것이 선조의 뜻에 따르는 것임을 보인다.

　天子 設四學하시나니 當入學하셔 而大子 齒[1]하시나니라

　天子 巡守어시든 諸侯 待于竟하시나니 天子 先見百年者하시며 八十九十者는 東行이어든 西行者 弗敢過하고 西行이어든 東行者 弗敢過하며 欲言政者는 君이 就之可[2]也니라

　壹命은 齒于鄕里하고 再命은 齒于族[3]하고 三命은 不齒니라 族有七十者어든 弗敢先[4]하며 七十者 不有大故[5]어든 不入朝하며 若有大故而入이어든 君이 必與之揖讓而后에사 及爵者니라

　天子 有善이어시든 讓德於天하시고 諸侯 有善이어시든 歸諸天子하시고 卿大夫 有善이어든 薦於諸侯하고 士庶人이 有善이어든 本諸父母하며 存諸長老하나니 祿爵慶賞[6]을 成諸宗廟는 所以示順也니라

1) 大子齒(태자치) : 태자(太子)도 나이 많은 이를 존중한다는 뜻.

2) 就之可(취지가) : 방문을 사양하지 않는다는 뜻.

3) 齒于族(치우족) : 친족 사이에서는 나이 많은 이를 존중한다는 뜻.

4) 弗敢先(불감선) : 감히 먼저 들어가지 않는다.

5) 大故(대고) : 중대한 일.

6) 祿爵慶賞(녹작경상) : 녹봉(祿俸)이나 작위(爵位)나 상(賞) 등을 주는 일.

23. 거북점으로 그 뜻을 판단하다

옛날에 성인(聖人)이 음(陰)이나 양(陽), 하늘과 땅의 원리를 세우고 그것에 의해 역(易)이라는 법칙을 설정하였다.

중대한 일을 결정할 때 점치는 일을 담당하는 역관(易官)이 거북을 받들어 안고 남면(南面)하면 천자는 곤의(袞衣)에 면관(冕冠)을 쓰고 북면(北面)하여, 비록 천자에게 밝은 지혜로운 마음이 있더라도 반드시 나아가 거북점에 따라 그 뜻을 결단하며 감히 천자가 전단(專斷)하지 않고 하늘의 뜻을 존중함을 보였다.

잘된 일에 대해서는 남의 공으로 일컫고, 잘못된 일에 대해서는 자기의 허물로 돌리며, 공을 자랑하지 않고, 현자(賢者)를 존경할 것을 가르쳤다.

昔者聖人이 建陰陽天地之情[1]하셔 立以爲易[2]하시니 易이 抱龜南面이어든 天子 卷冕[3] 北面하셔 雖有明知之心하시나 必進[4]斷其志焉은 示不敢專하셔 以尊天也라 善則稱人[5]하고 過則稱己[6]는 敎不伐[7]하셔 以尊賢也라

1) 情(정) : 원리라는 뜻.
2) 易(역) : 점치는 일을 담당하는 사람. 역관(易官).
3) 卷冕(권면) : 곤의(袞衣)를 입고 면관(冕官)을 쓰다. 천자의 예복(禮服). 권(卷)은 곤(袞)과 같다.
4) 進(진) : 나아가 거북점을 친다는 뜻.
5) 稱人(칭인) : 남의 공이라고 말한다.
6) 稱己(칭기) : 자기의 허물로 돌린다는 뜻.
7) 不伐(불벌) : 공을 과시하지 않는다는 뜻.

24. 효자가 제사지낼 때의 마음가짐

효자가 장차 부모의 제사를 지내려고 할 때는 반드시 삼가하고 엄숙한 마음을 가져, 제사에 관한 일을 생각하고, 복장과 제물을

갖추며, 궁실(宮室)을 수리하고, 모든 일을 다스려야 한다.

제삿날이 되어서는 안색을 반드시 온화하게 하고 걸음걸이는 반드시 신중하게 하며, 죽은 부모를 사랑하는 마음이 미치지 못함을 두려워하는 듯이 한다.

영전에 제물을 올릴 때에는 용모를 반드시 온화하게 하고 몸을 반드시 깊숙이 굽혀서 부모에게 말을 하는 듯이 마는 듯이 한다.

제사가 끝나 제사에 참례했던 사람들이 다 나가고 제주(祭主)가 일어설 때의 자세는, 낮고 동작은 조용하면서도 법도에 맞아 부모가 장차 떠나가서 보이지 않는 것 같이 한다.

제사가 끝난 뒤에도 부모를 사모하여 부모가 다시 한 번 되돌아 오는 것을 맞이하는 것처럼 한다. 그런 까닭에 효자는 성실하고 선량한 마음을 몸에서 잃는 일이 없고, 귀나 눈이 마음에서 떠나는 일이 없으며, 생각이 부모에게서 떠나는 일이 없다.

효자는 항상 부모를 생각하여 그것이 안색에 나타나며, 매사에 부모를 추억하는 것이니, 그것이 효자의 마음이다.

나라를 세우고 신령을 제사지내는 위치는 오른쪽이 사직(社稷)이고, 왼쪽이 종묘(宗廟)다.

孝子 將祭祀할세 必有齊莊之心[1]하여 以慮事[2]하여 以具服物하며 以脩宮室하며 以治百事하고 及祭之日하여 顔色을 必溫하며 行必恐[3]하여 如懼不及愛然하며 其奠之也에 容貌를 必溫하며 身必詘[4]하여 如語焉而未之然[5]하며 宿者[6] 皆出이어든 其立이 卑靜以正하여 如將弗見然하며 及祭之後하여 陶陶[7] 遂遂[8]하여 如將復入然하나니 是故로 慤善이 不違身[9]하며 耳目이 不違心[10]하며 思慮 不違親하며 結諸心하여 形諸色하여 而術省[11]之하나니 孝子之志也라

建國之神位하되 右社稷[12]而左宗廟니라

1) 齊莊之心(제장지심) : 삼가고 엄숙한 마음.

2) 慮事(여사) : 제사에 관한 일을 생각한다는 뜻.

3) 恐(공) : 두려워한다. 곧 신중하게 한다는 뜻.

4) 詘(굴) : 몸을 구부리다.

5) 如語焉而未之然(여어언이미지연) : 말을 하는 듯이 마는 듯이 하는 모양.

6) 宿者(숙자) : 제사에 참례한 사람을 뜻한다.

7) 陶陶(도도) : 생각이 속에서 맺어지는 모양. 흐뭇이 즐기는 모양.

8) 遂遂(수수) : 생각이 밖에서 맺어지는 모양. 따라가는 모양. 성(盛)한 모양.

9) 不違身(불위신) : 몸에서 잃는 일이 없다는 뜻.

10) 不違心(불위심) : 마음에서 떠나는 일이 없다는 뜻.

11) 術省(술성) : 그리워 추억한다.

12) 社稷(사직) : 사(社)는 토신(土神), 직(稷)은 곡신(穀神). 아울러 국가를
상징한다.

제25편 제통(祭統第二十五)

　이 편은 제사의 근본을 기록한 것으로 제통(祭統)이라고 했다. 통
(統)은 근본이라는 뜻이다.
　제24편 제의(祭義)와는 별 차이가 없으며, 제사에서는 효와 공경
을 중요하게 여겨야 함을 설명하고 있다.

ɪ. 어진 사람만이 제례의 참뜻을 안다

　무릇 사람을 다스리는 도리로서 예(禮)보다 절실한 것이 없다. 예
에는 5가지 종류가 있는데, 그 중에서 제사보다 소중한 것은 없다.
　대저 제사는 물질적인 외부로부터 오는 것이 아니라, 내부로부
터 나오는 것이며 마음 속에서 생기는 것이다.
　마음 속으로 깊이 신비한 것을 느껴 예(禮)로써 그것을 받드는
것이며 그런 까닭에 오직 어진 사람만이 제례(祭禮)의 참뜻을 다
할 수 있다.

　凡治人之道는 莫急[1]於禮하고 禮有五經[2]하되 莫重於祭하니 夫祭者는
非物이 自外至者也라 自中出生於心者也라 心怵[3]而奉之以禮하나니 是
故로 唯賢者아 能盡祭之義하나니라
1) 急(급) : 여기서는 절실하다로 풀이된다.
2) 五經(오경) : 5가지 종류. 경(經)은 유(類). 길례(吉禮)·흉례(凶禮)·빈
　　례(賓禮)·군례(軍禮)·가례(家禮). 제례(祭禮)는 길례에 포함된다.
3) 怵(출) : 신비스러운 느낌.

2. 복이란 모든 것이 갖추어진 것이다

어진 사람이 제사를 지내면 반드시 복을 받는데, 그것은 세상에서 이르는 바의 복이 아니다. 복이라는 것은 모든 것이 갖추어지는 것이다. 모든 것이 갖추어진다는 것은 모든 일이 순조로운 상태를 말하는 것이다.

순조롭지 않은 곳이 없는 것을 모든 것이 갖추어져 있다고 이르는 것이다. 안으로는 내 몸에 다하고 밖으로는 도(道)에 따르는 것이다.

충신(忠臣)이 그것으로써 임금을 섬기며, 효자가 그것으로써 어버이를 섬기는데, 그 근본은 하나이다. 위로 귀신에게 순종하고, 밖으로 임금이나 어른에게 순종하고, 안으로 어버이에게 효도하는 것이니, 이와 같은 것을 모든 것이 갖추어진 것이라고 이르는 것이다.

오직 어진 사람이라야 모든 것이 갖추어진 일을 할 수 있으니 모든 것이 갖추어진 일을 할 수 있는 뒤에 제사를 지낼 수가 있다.

그런 까닭에 어진 사람이 제사를 지냄에 있어 그 성(誠)과 신(信)과 충(忠)과 경(敬)을 바쳐 제물로써 그것을 받들고, 예(禮)로써 그것을 진행하고, 음악으로써 신령을 편안하게 하고, 시기로써 제사 날짜를 택일(擇日)하여 제물을 깨끗하게 올릴 뿐이요, 자기에게 복이 되는 것을 구하지 않으니, 이것이 효자의 마음이다.

제사는 죽은 부모를 추모(追慕)하여 봉양함으로써 효(孝)를 계속하려는 것이다. 효도라는 것은 덕의 가르침에 따른다는 뜻의 휵(畜)이다. 도의에 따르고 윤리(倫理)에 거스르지 않는 것을 휵(畜)이라고 한다.

賢者之祭也는 必受其福하나니 非世所謂福也라 福者는 備[1]也니 備者는 百順之名[2]也라 無所不順者之謂備니 言內盡於己하고 而外順於道也라 忠臣 以事其君하며 孝子 以事其親하나니 其本은 一也라 上則順於

鬼神하고 外則順於君長하고 內則以孝於親이니 如此之謂備니 唯賢者아 能備하고 能備[3] 然後에 能祭니라 是故로 賢者之祭也는 致其誠信과 與其忠敬하여 奉之以物[4] 하며 道之以禮하며 安之以樂하며 參之以時[5] 하여 明薦[6] 之而已矣오 不求其爲하나니 此 孝子之心也라

祭者는 所以追養繼孝也라 孝者는 畜[7] 也니 順於道하여 不逆於倫이 是之謂畜이라

1) 備(비) : 갖추어지다. 구비(具備)되다.

2) 百順之名(백순지명) : 모든 일이 순조로운 상태.

3) 能備(능비) : 구비할 수 있다.

4) 物(물) : 제물(祭物).

5) 參之以時(참지이시) : 때로써 그것을 참고하다. 좋은 시기를 가려서 제사 날짜를 정한다는 뜻.

6) 明薦(명천) : 제물을 깨끗하게 올린다. 명(明)은 깨끗하다는 뜻.

7) 畜(휵) : 도덕 교육에 따른다는 뜻.

3. 효행의 3가지 도가 있다

그런 까닭에 효자가 어버이를 섬기는 데에는 3가지의 도(道)가 있다. 어버이가 살아있을 때는 봉양(奉養)하고, 죽으면 상례(喪禮)를 치르며, 상례가 끝나면 제사를 지낸다.

봉양하는 시기에는 어버이에게 순종하는 정도를 보고, 상례에 있어서는 그 슬퍼하는 정도를 보며, 제사지냄에 있어서는 그 공경하는 태도와 정해진 때에 제사를 지내는가 아닌가를 보게 되는 것이다.

이 3가지 도리에 정성을 다하는 것이 효자의 행동인 것이다.

是故로 孝子之事親也 有三道焉하니 生則養하고 沒則喪하고 喪畢則祭하나니 養則觀其順也하고 喪則觀其哀也하고 祭則觀其敬而時[1] 也하나니 盡此三道者는 孝子之行也니라

1) 時(시) : 정해진 때를 가리키는 말.

4. 제사에서의 남녀의 직분

이미 안으로 스스로의 힘을 다하고도 부족하여 외부로부터의 도움을 구하게 되는데, 혼례(婚禮)가 그것이다.

그러므로 나라의 임금이 부인(夫人)을 맞이할 때 하는 말에 이르기를 "그대의 옥(玉)같은 딸을 청하여 과인(寡人)과 더불어 함께 이 나라를 소유하여 종묘(宗廟)와 사직(社稷)을 받들고자 합니다."라고 하는데, 이것이 도움을 구하는 근본이다.

무릇 제사를 반드시 부부(夫婦)가 몸소 지내는 것은 남녀의 직분(職分)을 부부가 나누어 맡는 것이다. 직분이 갖추어지면 제사의 준비가 갖추어지는 것이다.

수초(水草)를 무친 것과 육지의 산물인 젓갈은 작은 제물(祭物)이 갖추어진 것이다.

3가지 희생을 담은 도마와 여러 가지 곡식을 담은 여덟 제기(祭器)는 맛있는 제물이 준비된 것이다. 곤충(昆蟲)의 진미(珍味)와 초목의 과실은 음양(陰陽)의 제물이 갖추어진 것이다.

무릇 하늘의 힘에 의해 생겨난 것이나 땅의 힘에 의해 자란 것 중에서, 진실로 신령에게 바칠 수 있는 것은 모두 제물(祭物)의 품목(品目)에 들어 있지 않은 것이 없으니, 그것은 제물을 다 갖추려는 마음을 보이는 것이다.

겉으로는 제물로 정성을 다하고, 속으로는 마음으로 정성을 다하는 것이니, 이것이 제사지내는 사람의 마음이다.

旣內自盡하고 又外求助하나니 昏禮是也라 故로 國君이 取夫人之辭에 曰하시되 請君之玉女하여 與寡人으로 共有敝邑[1]하여 事宗廟社稷이라하시나니 此 求助之本也라 夫祭也者는 必夫婦親之는 所以備外內之官[2]也니 官備則具備니라 水草之菹[3]와 陸産之醢는 小物[4]이 備矣라 三牲之俎와 八簋之實은 美物이 備矣오 昆蟲之異[5]와 草木之實은 陰陽之物[6]이 備矣니

凡天之所生과 地之所長에 苟可薦者는 莫不咸在[7]하니 示盡物也라 外

則盡物[8] 하고 內則盡志[9] 하나니 此 祭之心也 라

1) 敝邑(폐읍) : 자기 나라를 낮추어서 이르는 말.

2) 外內之官(외내지관) : 남녀(男女)의 직분. 관(官)은 직분(職分)이라는 뜻.

3) 菹(저) : 김치. 여기서는 무침.

4) 小物(소물) : 작은 제물(祭物).

5) 異(이) : 진미(珍味)라는 뜻.

6) 陰陽之物(음양지물) : 음양(陰陽)의 제물(祭物). 여기서는 곤충의 진미를
　　양물(陽物)로, 초목의 열매를 음물(陰物)로 보았다.

7) 莫不咸在(막불함재) : 제물(祭物)의 품목(品目)에 들어있지 않은 것이 없
　　다는 뜻. 모두 제물이 될 수 있다.

8) 盡物(진물) : 제물로 정성을 다한다는 뜻.

9) 盡志(진지) : 마음으로 정성을 다한다는 뜻.

5. 제사는 정성을 다하는 것이다

그런 까닭에 천자가 남쪽 교외에서 친히 적전(籍田)을 경작하여 나라 제사에 쓸 곡식을 바치고, 왕후(王后)가 북쪽 교외에서 양잠(養蠶)을 하여 천자의 치복(純服)을 만들어 바치며, 제후(諸侯)가 동쪽 교외에서 적전을 경작하여 또한 나라 제사에 쓸 곡식을 바치고, 부인이 북쪽 교외에서 양잠을 하여 제후의 면복(冕服)을 만들어 바치는 것이다.

천자나 제후가 밭을 경작할 사람이 없어서 경작하는 것이 아니며, 왕후나 부인이 양잠할 사람이 없어서 양잠을 하는 것이 아니라 몸소 그 정성과 믿음을 다하는 것이다. 정성과 믿음을 바치는 것을 내 힘을 다한다고 이르고, 내 힘을 다하는 것을 공경한다고 이르는 것이다.

공경함을 다한 뒤에라야 그것으로써 신명(神明)을 섬길 수가 있는 것이다. 이것을 제사지내는 도리라고 하는 것이다.

是故 로 天子 親耕於南郊[1] 하셔 以共齊盛[2] 하시고 王后 蠶於北郊 하셔 以

共純服[3]하시며 諸侯 耕於東郊하셔 亦以共齊盛하시고 夫人이 蠶於北郊하
셔 以共冕服하시나니 天子諸侯 非莫耕也며 王后夫人이 非莫蠶也라 身
致其誠信이니라 誠信之謂盡이오 盡之謂敬이니 敬盡然後에 可以事神明
이니 此 祭之道也라

1) 耕於南郊(경어남교) : 남쪽 교외에서 적전(籍田)을 경작(耕作)한다는 뜻.
2) 共齊盛(공자성) : 공(共)은 공(供)과 같은 뜻으로 바친다는 뜻이요, 자성(齊
　　盛)은 나라 제사에 쓸 곡식이라는 뜻으로 자성(粢盛)과 같다.
3) 純服(치복) : 천자의 예복(禮服)의 한 가지. 치는 치(緇)와 같다.

6. 제사지내기 전의 재계

　때가 되어 장차 제사를 지내려 할 때 군자(君子)는 이에 재계
(齊戒)를 한다. 재계라고 하는 말은 정리한다는 것이다. 정리되지
않은 마음을 정리하여 차분한 심정이 되는 것을 이르는 말이다.
　그런 까닭에 군자는 평소에 큰 일이 있지 않으며 공경할 일도
있지 않으면 재계하지 않는다. 재계하지 않으면 외물(外物)에 대
하여 방비하지 못하며, 욕망이 끊이지 않는다.
　장차 재계함에 미쳐서는 사악(邪惡)한 외물을 방비하며 탐욕
을 끊고 귀로는 음악을 듣지 않는다. 그러므로 옛 기록에 이르기
를 "재계하는 사람은 음악을 하지 않는다."라고 하였는데 감히 그
마음을 산만하게 하지 않는다는 말이다.
　마음을 가벼이 생각하지 말고 반드시 도리에 의거하며, 손발을
가벼이 움직이지 말고 반드시 예의에 의거하여 행해야 한다.
　그런 까닭에 군자가 재계하는 것은 오로지 자신의 순수하고 밝
은 덕(德)으로써 제사를 지내기 위한 것이다. 그러므로 산만해진
마음을 정돈하는 산재(散齊)를 7일 동안 하여 그것으로써 마음
을 안정시키는 것이며, 그 마음을 잘 유지하기 위한 치재(致齊)
를 3일 동안 하여 그것으로써 마음을 정리하는 것인데 제사에 앞
서 마음을 안정시키는 것을 재계(齋戒)라고 이른다.
　재계(齋戒)란 몸과 마음이 순수하고 밝은 상태에 이르게 하는

것이다. 그러한 상태가 된 뒤에라야 신명(神明)을 맞이할 수가
있는 것이다.

及時將祭할세 君子 乃齊하나니 齊[1]之爲言은 齊[2]也니 齊不齊하여 以致
齊者也라 是故로 君子 非有大事也며 非有恭敬也면 則不齊하나니 不齊
則於物[3]에 無防也하며 耆欲이 無止也니라
及其將齊也하연 防其邪物하며 訖[4]其耆欲하며 耳不聽樂하나니 故로 記[5]
에 曰하되 齊者는 不樂이라하니 言不敢散其志也라 心을 不苟慮[6]하여 必依
於道하며 手足을 不苟動하여 必依於禮니 是故로 君子之齊也는 專致其精
明[7]之德也라 故로 散齊[8] 七日하여 以定之[9]하고 致齊[10] 三日하여 以齊之[11]
하나니 定之之謂齊니 齊者는 精明之至也라 然後에 可以交於神明也라

1) 齊(재) : 재계(齋戒).
2) 齊(제) : 정리한다는 뜻. 정(整)과 같은 뜻.
3) 物(물) : 외물(外物).
4) 訖(흘) : 끊다. 마치다.
5) 記(기) : 옛날 기록.
6) 苟慮(구려) : 가벼이 생각하다.
7) 精明(정명) : 순수하고 밝음.
8) 散齊(산재) : 산만한 마음을 긴장시키는 재계. 제사지내기 7일 전부터 하는
   재계.
9) 以定之(이정지) : 그것으로써 마음을 안정시키다.
10) 致齊(치재) : 통제된 심정을 잘 유지하기 위한 재계.
11) 以齊之(이제지) : 그것으로써 마음을 정리하다. 제사지내기 3일 전부터 하
    는 재계.

7. 부부가 친히 제사를 지내는 것

그런 까닭에 제사지내는 날보다 11일 전에 궁재(宮宰)가 부인
(夫人)에게 엄숙하게 고하고, 부인도 또한 임금과 함께 7일 동안
산재를 하고 3일 동안 치재를 하는데, 임금은 공전(公殿)에서 치

재하고 부인은 내전(內殿)에서 치재한다.

그러한 뒤에 제삿날에는 태묘(大廟)에 나가 임금은 치복(純服)에 면관(冕冠)을 쓰고 동쪽 계단에 서며, 부인은 부휘(副褘) 차림으로 동방(東房) 앞에 선다.

임금이 규옥(圭玉)의 표주박으로 술을 퍼서 시동(尸童) 앞에서 땅에 뿌리면, 대종(大宗)이 장옥(璋玉)의 표주박으로 술을 퍼서 임금의 다음으로 땅에 뿌린다. 그리고 희생(犧牲)을 맞이하여 임금이 그 고삐를 끄는데, 경대부(卿大夫)들이 임금을 도우며, 사(士)는 짚을 든다.

종부(宗婦)들은 앙주(盎酒)를 들고 부인을 도우며, 부인이 세수(帨水)를 시동 앞에 올린다.

임금이 난도(鸞刀)를 잡아 희생의 배를 갈라 올리면 부인은 두(豆)에 음식을 담아서 올린다. 이것을 일러 부부(夫婦)가 친히 제사를 지낸다고 한다.

是故로 先期旬有一日[1]에 宮宰[2] 宿夫人[3]이어든 夫人이 亦散齊七日하시고 致齊三日하시나니 君은 致齊於外[4]하시고 夫人은 致齊於內하셔 然後에야 會於大廟하셔 君은 純冕[5]으로 立於阼하시고 夫人은 副褘로 立於東房하시며 君이 執圭瓚[6]하셔 祼尸[7]어시든 大宗[8]이 執璋瓚[9]하여 亞祼[10]하고 及迎牲하여 君이 執紖이어시든 卿大夫 從하며 士執芻[11]하고 宗婦 執盎[12]하여 從이어든 夫人이 薦帨水[13]하시고 君이 執鸞刀하셔 羞嚌[14]여시든 夫人이 薦豆하시나니 此之謂夫婦 親之라

1) 旬有一日(순유일일) : 열흘하고 또 하루. 곧 열하루. 11일.

2) 宮宰(궁재) : 궁(宮)을 지키는 관리.

3) 宿夫人(숙부인) : 부인에게 엄숙하게 고한다. 숙(宿)은 숙(肅)과 통하며, 부인(夫人)은 제후(諸侯)의 아내.

4) 外(외) : 내전(內殿)이 아닌 공전(公殿).

5) 純冕(치면) : 예복(禮服)인 치복(緇服)과 면관(冕冠).

6) 圭瓚(규찬) : 규옥(圭玉)으로 만든 표주박.

7) 祼尸(관시) : 시동(尸童) 앞에서 술을 땅에 뿌리는 일. 강신(降神)의 예다.

8) 大宗(대종) : 종묘의 예를 맡은 관원.

9) 璋瓚(장찬) : 장옥(璋玉)으로 만든 표주박.

10) 亞祼(아관) : 임금 다음으로 시동 앞에서 술을 땅에 뿌리는 일.

11) 執芻(집추) : 짚을 든다. 짚은 희생을 잡을 때 까는 것.

12) 盎(앙) : 그릇이지만 여기서는 앙주(盎酒)라는 뜻.

13) 涗水(세수) : 맑은 술.

14) 羞嚌(수제) : 시동에게 올린다는 뜻.

규찬(圭瓚)

8. 제사에서 임금이 춤을 추는 뜻은

임금이 묘(廟)에 들어가서 춤을 추는 데에는 손에 방패와 도끼를 들고 춤추는 자리로 가는데, 임금이 동쪽을 상위(上位)로 하는 것이다. 면복(冕服)을 입고 손에 방패를 들고 많은 신하를 거느리고서, 돌아간 선왕(先王)의 시동(尸童)을 즐겁게 하는 것이다.

그런 까닭에 천자의 제사에서는 천하와 더불어 그것을 즐거워하고, 제후의 제사에서는 그 나라 안의 백성과 더불어 그것을 즐거워하는 것이다.

면복차림으로 손에 방패를 들고 많은 신하를 거느리고 돌아간 선왕의 시동을 즐겁게 하는 것은 그 나라 안의 백성과 더불어 그것을 즐거워하는 뜻인 것이다.

及入舞하여 君이 執干戚[1]就舞位하셔 君이 爲東上하시나니 冕而總干[2]하셔 率其群臣하셔 以樂皇[3] 尸라 是故로 天子之祭也는 與天下樂之하시고 諸侯之祭也는 與竟內[4]樂之하시나니 冕而總干하셔 率其群臣하셔 以樂皇尸는 此 與竟內樂之之義也라

1) 干戚(간척) : 방패와 도끼.

2) 總干(총간) : 방패를 들다. 총(總)은 집(執)과 같은 뜻.

3) 皇(황) : 돌아간 임금. 선왕.

4) 竟內(경내) : 나라의 국경 안. 경내(境內).

9. 제사에서 중요한 3가지

대저 제사에는 3가지 중요한 것이 있다. 바치는 제물 중에는 관주(祼酒)보다 더 중요한 것이 없고, 노래로는 승가(升歌)보다 더 중요한 것이 없으며, 춤으로는 무숙야(武宿夜)보다 더 중요한 것이 없다. 이것들은 주왕조(周王朝)의 도(道)이다.

무릇 이 3가지 도(道)라는 것은 외물(外物)을 빌려서 군자(君子)가 신을 공경하는 뜻을 더하는 것이므로 그 뜻과 함께 더 나아가기도 하고 후퇴하기도 한다.

그 뜻이 가벼우면 3가지 일도 또한 가볍고, 그 뜻이 무거우면 3가지 일도 또한 무거운 것으로, 그 뜻이 가벼운데도 3가지 일을 밖에서 무겁게 구하려고 하는 것은 비록 성인이라 하더라도 능히 할 수 없는 일이다.

그런 까닭에 군자의 제사에 있어서는 반드시 자기의 능력을 다하는 것이다. 그것은 그 사람의 뜻이 얼마만큼 무거운 것인가를 밝히는 것이다. 3가지의 도는 예(禮)로써 하여 3가지 중요한 일을 받들어서 돌아간 선왕의 시동(尸童)에게 올리는 것이니, 이것은 성인의 도리인 것이다.

夫祭有三重焉하니 獻之屬[1]은 莫重於祼하고 聲은 莫重於升歌[2]하고 舞는 莫重於武宿夜[3]하니 此 周道也니 凡三道者는 所以假於外하여 而以增君子之志也라 故로 與志進退하여 志輕則亦輕하고 志重則亦重하나니 輕其志而求外之重也는 雖聖人이셔도 弗能得也시니라 是故로 君子之祭也는 必身自盡也하나니 所以明重[4]也니 道之以禮하여 以奉三重하여 而薦諸皇尸는 此聖人之道也라

1) 獻之屬(헌지속) : 바치는 제물들.
2) 升歌(승가) : 악인(樂人)이 당(堂)에 올라가서 『시경(詩經)』 주송(周頌) 청묘(淸廟)의 시(詩)를 노래하는 것.
3) 武宿夜(무숙야) : 무왕(武王)이 주왕(紂王)을 토벌하고 은나라 들에서 숙

야(宿夜)하면서 사졸(士卒)이 모두 노래하며 춤을 추었는데, 그 고사(故事)
를 무악(舞樂)으로 만든 것.
4) 明重(명중) : 얼마만큼 무거운 것인가를 밝힌다는 뜻.

10. 임금의 혜택은 반드시 아래로 흐른다

대저 제사에는 준(餕)이 있는데, 준이라는 것은 제사의 마지막
이다. 알아두지 않으면 안 된다. 그런 까닭에 옛 사람의 말에 이르
기를 "끝을 잘 맺는 것은 시작을 잘하는 것과 같다."고 하였다.

제사에 있어서 준(餕)이 그것이다.

그래서 옛날의 군자는 이르기를 "시동(尸童)도 또한 귀신이 먹
다가 남긴 것을 먹는 것"이라고 하였다.

준이라는 것은 은혜를 베풀어 그것을 행하는 것으로써 그 정치
를 엿볼 수 있는 것이다.

그런 까닭에 제사를 끝내고 나서 시동이 먹고 일어서면 임금이
경(卿) 네 사람과 더불어 준(餕)을 먹고, 임금이 일어서면 대부
(大夫) 여섯 사람이 준을 먹는데, 이것은 신하가 임금이 먹고 남
은 것을 먹는 것이다.

대부들이 일어서면 여덟 사람의 사(士)가 준을 먹는데 이것은
천한 사람이 귀한 사람의 먹고 남은 것을 먹는 것이다. 사(士)들
이 일어나서 각기 먹고 남은 것을 가지고 나가 당하(堂下)에 그
것들을 늘어놓으면 모든 관원들이 그것을 다 먹고 치우는데, 이
것은 아랫사람이 윗사람의 먹고 남은 것을 먹는 것이다.

무릇 준(餕)의 도(道)는 매번 바뀔 때마다 그 지위가 내려가고
사람이 많아지는데, 이것은 귀천(貴賤)을 나누어서 은혜를 베푸
는 모범을 보이는 것이다.

그런 까닭에 준으로 쓰는 네 궤(簋)의 서직(黍稷)을 묘(廟) 안
의 모든 사람에게 두루 나누어 주는 것이며, 묘의 안은 나라의 안
을 상징하는 것이다.

夫祭有餕[1]하니 餕者는 祭之末也니 不可不知也니라 是故로 古之人이 有言曰하되 善終者 如始[2]라하니 餕其是已니라 是故로 古之君子 曰하되 尸亦餕鬼神之餘也하나니 惠術也니 可以觀政矣라하니라

是故로 尸謖[3]커든 君이 與卿四人으로 餕하시고 君이 起커시든 大夫六人이 餕하나니 臣이 餕君之餘也라 大夫 起커든 士八人이 餕하나니 賤이 餕貴之餘也라 士 起하여 各執其具以出하여 陳于堂下어든 百官이 進[4]徹之하나니 下餕上之餘也라 凡餕之道 每變以衆하나니 所以別貴賤之等하며 而興施惠之象也라 是故로 以四簋黍로 見其脩[5]於廟中也하나니 廟中者는 竟內之象[6]也라

1) 餕(준) : 먹고 남은 것이라는 뜻. 제사를 지내고 나서 물린 음식을 임금이 먹고 나면 그 신분의 차례에 따라 제사에 참석한 모든 사람이 순서대로 먹는 것을 말한다.

2) 如始(여시) : 시작이 좋은 것과 같다는 뜻.

3) 謖(속) : 다 먹고 일어선다는 뜻.

4) 進(진) : 준(餕)의 잘못.

5) 脩(수) : 널리, 두루.

6) 竟內之象(경내지상) : 나라의 안을 상징하는 것이라는 뜻.

11. 제사는 가르침의 근본이다

제사라는 것은 은택(恩澤)이 큰 것이다. 그러므로 위에 큰 은택이 있으면 그 은택은 반드시 아래로 미친다. 생각건대 은택은 상급자에게 먼저 베풀어지고나서 하급자에게 나중에 베풀어지는 것일 뿐이다. 이것은 이로움이 윗사람에게는 거듭 쌓이고 아래로는 춥고 배고픈 백성이 있게 된다는 것이 아니다.

그래서 윗사람에게 큰 은택이 베풀어지면 백성들은 모두 그것이 아래로 흐르는 것을 기다리게 되는데, 그것은 그 혜택이 반드시 장차 이르게 되는 것을 알기 때문이다.

준으로 말미암아 그것을 보게 되는 것이니, 그러므로 말하기를 "임금의 정치를 엿볼 수 있는 것."이라고 한다.

대저 제사의 제물이 되는 것은 중대한 일이며 거기에는 많은 물건이 갖추어진다. 제사는 공순한 마음과 정성스러운 준비로 지내는 것이며, 이것이 그 가르침의 근본이다.

그러므로 군자(君子)가 사람을 가르치는 데에는 밖으로는 임금과 연장자(年長者)를 존경할 것을 가르치고, 안으로는 그 어버이에게 효도할 것을 가르치는데, 그런 까닭에 밝은 임금이 위에 있으면 모든 신하가 복종하고, 임금이 종묘(宗廟)와 사직(社稷)을 높이어 받들면 그 아들과 손자들은 공순하고 효도하게 된다.

그의 도의를 다하고 그의 의리를 잡으면 교육의 효과가 나타나는 것이다.

그런 까닭에 군자가 임금을 섬기는 데에는 반드시 내 몸으로 그것을 행하며, 윗사람에게 마땅치 않은 것을 아랫사람에게 시키지 않으며, 아랫사람이 싫어하는 것으로 윗사람을 섬기지 않는다.

남이 하는 것을 그르다고 하면서 자기는 그러한 언행을 남에게 행하는 것은 가르치는 도리가 아니다. 그런 까닭에 군자의 가르침은 반드시 그 근본에 의하는 것이니, 효순(孝順)하는 마음의 지극함이며, 제사가 곧 이러한 것이다. 그러므로 말하기를 "제사라는 것은 가르침의 근본일 뿐."이라고 한다.

祭者는 澤之大者也라 是故로 上有大澤하며 則惠必及下하나니 顧上先下後耳라 非上이 積重하여 而下有凍餒之民也니라 是故로 上有大澤하면 則民夫人[1]이 待于下流하나니 知惠之必將至也일세라 由餒하여 見之矣니 故曰하되 可以觀政矣라하니라

夫祭之爲物 大矣며 其興物[2]이 備矣라 順以備[3]者也니 其敎之本與인저 是故로 君子之敎也는 外則敎之하여 以尊其君長[4]하고 內則敎之하여 以孝於其親하나니 是故로 明君이 在上하시면 則諸臣이 服從하고 崇事宗廟社稷하면 則子孫이 順孝하나니 盡其道하며 端其義하면 而敎 生焉하나니라

是故로 君子之事君也는 必身行之하여 所不安於上을 則不以使下하며 所惡於下를 則不以事上하나니 非諸人하고 行諸己[5]는 非敎之道也라 是故로 君子之敎也는 必由其本하나니 順之至也니 祭其是與인저 故로 曰하

되 祭者는 敎之本也已라하니라

1) 民夫人(민부인) : 부민인(夫民人)의 잘못으로 본다. 종래에 '백성들 모두'로 많이 풀이되었으므로 그것을 따른다.

2) 興物(흥물) : 많은 물건이라는 뜻. 제물을 준비하는 것.

3) 順以備(순이비) : 공순한 마음과 정성스러운 준비라는 뜻.

4) 君長(군장) : 임금과 연장자(年長者).

5) 非諸人行諸己(비저인행저기) : 남이 하는 것을 그르다고 여기면서 자기가 그러한 행동을 남에게 행한다는 뜻.

12. 제사에서의 10가지 윤리

대저 제사에는 10가지의 윤리(倫理)가 있다. 귀신을 섬기는 도리를 나타내는 것이며, 군신(君臣)의 의(義)를 나타내는 것이며, 부자(父子)의 윤리를 나타내는 것이며, 귀천(貴賤)의 등급을 나타내는 것이며, 친소(親疏)의 차이를 나타내는 것이며, 작위를 주고 상을 내리는 일의 시행을 나타내는 것이며, 부부(夫婦)의 유별(有別)함을 나타내는 것이며, 정사(政事)에 있어 균등함을 나타내는 것이며, 장유(長幼)의 차례를 나타내는 것이며, 상하(上下)의 교제를 나타내는 것이다.

이것을 10가지 윤리라 이른다.

자리를 깔고 하나의 제상(祭牀)을 놓고 여기에 신이 의지하게 하고, 축인(祝人)이 방에서 신에게 고하고, 다음 날 묘(廟) 밖에서 사라져 가는 신을 부르는데, 이것은 신명(神明)을 섬기는 도리인 것이다.

임금이 희생(犧牲)은 맞이하고 시동(尸童)을 맞이하지 않는 것은 신분의 혼동을 피하기 위한 것이다. 시동이 묘문(廟門) 밖에 있으면 시동이 신하같이 생각되고, 묘 안에 있으면 임금처럼 생각된다.

반대로 임금이 묘문 밖에 있으면 임금처럼 생각되고 묘문 안으로 들어오면 신하나 아들처럼 생각된다. 그런 까닭에 임금이 시동을 맞이하러 나가지 않는 것은 군주와 신하의 의를 밝힌 것이다.

　夫祭有十倫焉하니 見事鬼神之道焉하며 見君臣之義焉하며 見父子之倫焉하며 見貴賤之等焉하며 見親疏之殺焉하며 見爵賞之施焉하며 見夫婦之別焉하며 見政事之均焉하며 見長幼之序焉하며 見上下之際焉하나니 此之謂十倫이라

　鋪筵하며 設同几[1]는 爲依神也오 詔祝於室하고 而出于祊[2]하나니 此는 交神明之道也라

　君이 迎牲而不迎尸는 別嫌[3]也니 尸 在廟門外則疑於臣[4]하고 在廟中則全於君[5]하며 君이 在廟門外則疑於君하고 入廟門則全於臣하며 全於子니 是故로 不出者는 明君臣之義也니라

1) 設同几(설동궤) : 하나의 제상(祭牀)을 놓는다는 뜻. 제사지낼 때에는 제사
　　받는 사람의 부부를 함께 지내게 마련인데, 그렇다고 제상을 2개 놓지 않고
　　하나의 제상에다 제물을 함께 진설하는 것을 이르는 말이다.
2) 祊(팽) : 제사지낸 다음 날 묘(廟) 밖에서 사라져 가는 신을 아쉬워하면서 부
　　르는 의식.
3) 別嫌(별혐) : 혐의(嫌疑)를 피한다. 곧 신분의 혼동을 피한다는 뜻.
4) 疑於臣(의어신) : 신하로 의심한다. 시동이 신하가 아닌가 하는 생각이 든다.
5) 全於君(전어군) : 임금처럼 생각된다는 뜻.

13. 제사의 여러 가지 의미

　대저 제사의 도리는 손자가 조부의 시동(尸童)이 된다.
　시동이 되는 사람은 제사지내는 사람의 아들 항렬이다. 아버지가 북면(北面)하여 그를 섬기는 것은 아들이 아버지를 섬기는 도리를 밝히는 것이다. 이것이 부자(父子)의 윤리(倫理)인 것이다.
　시동이 5번 헌작(獻酌)을 받아 마시고 나면 임금이 옥작(玉爵)을 씻어서 경(卿)에게 술을 주고, 시동이 7번 마시고 나면 임금이 요작(瑤爵)으로 대부(大夫)에게 술을 주며, 시동이 9번 마시고 나면 임금이 산작(散爵)으로 사(士)와 그 밖의 담당 관원(官

員)들에게 술을 주는데, 모두 나이의 순서대로 한다. 이것은 신분의 높고 낮음의 차등을 밝히는 것이다.

　대저 제사에는 소(昭)와 목(穆)의 구별이 있는데, 소목(昭穆)이라는 것은 부자(父子)와 원근(遠近)과 장유(長幼)와 친소(親疏)의 차례를 분별하여 문란하지 않아야 한다.

　그러므로 태묘(大廟)에 제사가 있으면 여러 소(昭)와 여러 목(穆)이 모두 모여서 그 윤리를 잃지 않는다. 이것을 친소(親疏)의 차별을 두는 것이라 이른다.

　夫祭之道는 孫이 爲王父[1]尸하나니 所使爲尸者 於祭者에 子行[2]也니 父 北面而事之는 所以明子 事父之道也니 此 父子之倫也라

　尸飮五[3]어든 君이 洗玉爵하여 獻卿하고 尸飮七[4]이어든 以瑤爵[5]으로 獻大夫하고 尸飮九어든 以散爵[6]으로 獻士及群有司하되 皆以齒하나니 明尊卑之等也니라

　夫祭有昭穆하니 昭穆者는 所以別父子遠近長幼親疏之序而無亂也라 是故로 有事於大廟어든 則群昭群穆이 咸在하여 而不失其倫하나니 此之謂親疏之殺也라

1) 王父(왕부) : 조부(祖父).
2) 子行(자항) : 아들의 항렬(行列).
3) 飮五(음오) : 헌작(獻酌)을 5번 받아 마신다는 뜻.
4) 飮七(음칠) : 먼저 5잔을 마시고 다시 7잔을 마신다는 뜻이 아니라, 5번 마시고 나서 2번을 더 마셔 7번을 마신다는 뜻. 뒤의 음구(飮九)도 마찬가지다.
5) 瑤爵(요작) : 옥(玉)으로 만든 술잔의 한 가지.
6) 散爵(산작) : 많은 술잔이라는 뜻.

14. 부부가 분별이 있는 것을 밝히다

　옛날에 밝은 임금이 덕(德)이 있는 사람에게 작위(爵位)를 주고 공(功)이 있는 사람에게 녹봉(祿俸)을 주되 반드시 태묘(大廟)에서 작록을 주었던 것은 감히 자기 마음대로 하는 것이 아니

고 선조의 뜻에 따르는 것임을 보이는 것이었다.

그러므로 제삿날에 한 잔을 헌작(獻酌)하고 나서 임금이 내려와 동쪽 계단의 남쪽에 서서 남쪽을 향하고, 명(命)을 받은 사람은 북면(北面)하면, 사관(史官)이 임금의 우측에서 모시고 책(策)을 들어 임금의 명(命)을 읽는다.

그러면 명을 받는 사람은 2번 절하고 머리를 조아리며 책(策)을 받고 물러나 집으로 돌아가서는 자기 집 가묘(家廟)에 그것을 바치고 보고하는데, 이것은 벼슬과 상을 베풀어 주는 방법이다.

제사에서 임금은 곤복(袞服)에 면관(冕冠)을 쓰고 동쪽 계단에 서고, 부인(夫人)은 부휘(副褘) 차림으로 동방(東房)에 선다. 부인이 나무 제기를 올릴 때에는 나무 제기의 가운데를 잡고, 단술 그릇을 잡은 이가 부인에게 나무 제기를 넘겨줄 때에는 나무 제기의 발을 들고 준다.

시동(尸童)이 부인에게 술잔을 돌릴 때에는 술잔의 자루를 잡고, 부인이 시동이 주는 잔을 받을 때에는 잔의 발을 잡는다.

이와 같이 남편과 부인 사이에 서로 물건을 주고받을 때에는 서로 손을 대었던 자리에 손을 대지 않는다. 술잔을 돌릴 때에 반드시 술잔을 바꾸는데, 그것은 부부가 분별이 있는 것을 밝힌 것이다.

古者에 明君이 爵有德而祿有功하시되 必賜爵祿於大廟는 示不敢專[1]也라 故로 祭之日에 一獻하고 君이 降立于阼階之南하셔 南鄉커시든 所命[2]이 北面커든 史 由君右하여 執策[3]命之하여든 再拜稽首하여 受書以歸하여 而舍奠于其廟하나니 此는 爵賞之施也라

君이 卷冕하셔 立于阼하시고 夫人이 副褘로 立于東房하시며 夫人이 薦豆하시되 執校[4]하시고 執醴 授之하되 執鐙[5]하며 尸酢夫人할세 執柄하고 夫人이 受尸하실세 執足하시며 夫婦 相授受하되 不相襲處[6]하며 酢必易爵[7]하나니 明夫婦之別也니라

1) 不敢專(불감전) : 감히 전결(專決)하지 않는다. 곧 선조의 뜻에 따른다는 뜻.
2) 所命(소명) : 명(命)을 받은 사람.
3) 策(책) : 임금이 신하에게 명령을 선포할 때의 문서.

4) 校(교) : 두(豆)의 가운데 부분.
5) 鐙(등) : 두의 발.
6) 襲處(습처) : 손을 대었던 자리.
7) 易爵(역작) : 술잔을 바꾸다.

두(豆)

15. 어른과 어린이의 차례를 밝히다

무릇 제사를 지내고 나서 고기를 도마에 담아 나누는 데 있어서는 뼈가 붙은 고기를 위주로 하는데, 뼈가 있는 고기에는 귀하게 여기는 부분과 천하게 여기는 부분이 있다.

은왕조(殷王朝)에서는 넓적다리뼈를 귀하게 여겼고, 주왕조(周王朝)에서는 어깨뼈를 귀하게 여겼는데 앞부분의 뼈를 뒤의 뼈보다 귀하게 여겼다.

도마에 고기를 담는 것은 제사에는 반드시 은혜를 베풀어 줌이 있음을 밝히는 것이다.

그런 까닭에 귀한 사람은 귀하게 여기는 뼈를 취하고, 천한 사람은 천하게 여기는 뼈를 취하되 귀한 사람이 거듭 취하는 일이 없고, 천한 사람의 그릇이 비는 일이 없었는데 이것은 귀천(貴賤)이 균등하다는 것을 보이는 것이다.

은혜를 베풀어 주는 것이 균등하면 정치가 잘 행해지고, 정치가 잘 행해지면 계획한 일이 잘 이루어지고, 계획한 일이 잘 이루어지면 공(功)을 세우게 되는데, 공을 세울 수 있는 까닭을 알아두지 않으면 안 된다.

도마에 담는 것은 은혜를 베풀어 주는 것이 반드시 균등하다는 것을 밝히는 것이다. 정치를 잘하는 사람은 이와 같이 하므로 "정사의 균등함을 보이는 것"이라고 말한다.

무릇 제사를 지내고 나서 임금이 사람들에게 술잔을 하사할 때에 소(昭)의 계열을 한 줄로 하고 목(穆)의 계열을 한 줄로 하여, 소는 소의 사람끼리 연령순으로 술잔을 돌리고, 목은 목의 사람끼리 연령순으로 술잔을 돌린다. 그리고 제사를 담당하는 많은 관원들은 또 그들끼리 연령순으로 술잔을 받도록 규정되었다.

 이것을 "어른과 어린이의 차례가 있는 것을 보여주는 것."이라
이르는 것이다.

 凡爲俎者는 以骨爲主하나니 骨有貴賤하니 殷人은 貴髀[1]하고 周人은 貴
肩하니 凡前이 貴於後하니 俎者는 所以明祭之必有惠也라 是故로 貴者는
取貴骨하고 賤者는 取賤骨하여 貴者 不重[2]하며 賤者 不虛[3]는 示均也니
惠均則政行하고 政行則事成하고 事成則功立하나니 功之所以立者는 不
可不知也니라 俎者는 所以明惠之必均也니 善爲政者 如此하니 故로 曰
하되 見政事之均焉이라하니라

 凡賜爵[4]할세 昭爲一[5]이오 穆爲一하여 昭로 與昭齒하고 穆으로 與穆齒하
며 凡群有司 皆以齒하나니 此之謂長幼 有序라

1) 髀(비) : 넓적다리뼈. 대퇴골(大腿骨).

2) 不重(부중) : 거듭 받지 않는다는 뜻.

3) 不虛(불허) : 그릇이 비는 일이 없다는 뜻.

4) 賜爵(사작) : 제사지내고 나서 임금이 술을 하사한다는 뜻.

5) 昭爲一(소위일) : 소(昭) 계열의 사람을 한 줄로 한다.

I6. 윗사람과 아랫사람과의 교제

 대저 제사지내고 나서 남은 제물(祭物)을 운(輝)이나 포(胞)
나 적(翟)이나 혼(閽)과 같은 미천한 사람들에게까지 주는 것은
아랫사람에게 은혜를 베푸는 방법이다.

 오직 덕(德)이 있는 임금만이 능히 그것을 행할 수 있는 것이
다. 임금이 밝게 살펴야 족히 아랫사람의 실정을 보고, 어질어야
족히 그것을 줄 수가 있는 것이다.

 비(畀)라고 하는 말은 주는 것을 뜻하는 것이다. 자기가 가진
나머지를 아랫사람에게 주는 것이다.

 운(輝)은 갑옷을 만드는 관리로 천한 사람이고, 포(胞)는 가축
의 도살을 담당하는 관리로 천한 사람이고, 적(翟)은 악인(樂人)

으로 천한 사람이며, 혼(閽)은 문을 지키는 천한 사람이다.

옛날에는 형인(刑人)으로 하여금 문을 지키게 하지 않았는데 이 4가지를 담당하는 자는 관리 중 지극히 천한 자이다.

시동(尸童)은 또한 지극히 존귀한 존재인데, 지극히 존귀한 존재로서 이미 제사를 마친 끝에 지극히 천한 사람을 잊지 않고 제사지내고 난 음식의 나머지를 그들에게 주는 것이다.

그런 까닭에 밝은 임금이 위에 있으면 나라 안의 백성으로서 추위에 떨거나 굶주리는 사람이 없을 것이니 이것을 "윗사람과 아랫사람의 교제."라고 이르는 것이다.

夫祭에 有畀¹⁾ 煇胞翟閽²⁾者하니 惠下之道也라 唯有德之君이셔 爲能行此하시나니 明足以見之³⁾하시며 仁足以與之⁴⁾시니라 畀之爲言은 與也오 能以其餘로 畀其下者也라 煇者는 甲吏之賤者也오 胞者는 肉吏之賤者也오 翟者는 樂吏之賤者也오 閽者는 守門之賤者也라 古者에 不使刑人으로 守門하더니 此四守者는 吏之至賤者也라 尸又至尊하니 以至尊旣祭之末로 而不忘至賤하여 而以其餘로 畀之하니 是故로 明君이 在上하시면 則竟內之民이 無凍餒者矣니 此之謂上下之際라

1) 畀(비) : 준다는 뜻.
2) 煇胞翟閽(운포적혼) : 4가지 천한 관리. 운은 가죽을 손질하여 갑옷을 만드는 관리로 갑리(甲吏)라 하고, 포는 가축의 도살을 담당하는 관리로 육리(肉吏)라 하고, 적은 음악을 하는 관리로 악리(樂吏)라 하고, 혼은 문지기다.
3) 明足以見之(명족이견지) : 밝게 살펴야 족히 아랫사람의 실정을 본다는 뜻.
4) 仁足以與之(인족이여지) : 어진 사람이라야 족히 그것을 줄 수 있다는 뜻.

I7. 체제와 상제를 지내는 의의는 중대하다

무릇 제사에는 네 계절에 지내는 것이 있다. 봄의 제사는 약(礿)이라 하고, 여름의 제사는 체(禘)라 하고, 가을의 제사는 상(嘗)이라 하고, 겨울의 제사는 증(烝)이라 한다.

약제(礿祭)와 체제(禘祭)는 양기에 속하고, 상제(嘗祭)와 증

제(烝祭)는 음기에 속한다. 체제는 양기가 왕성하고, 상제는 음기가 왕성하므로 체제와 상제보다 더 중대한 제사는 없다.

옛날에 체제를 지낼 때 임금이 신하에게 작위(爵位)를 주고 의복을 하사(下賜)한 것은 양기의 작용에 순응한 것이요, 상제를 지낼 때 고을에 사냥의 명령을 내리고 추상같은 엄격한 형벌을 발한 것은 음기의 작용에 순응한 것이다.

그러므로 옛날 기록에 이르기를 "상제를 지내는 날에는 공실(公室)을 열어 상(賞)을 주고, 마른 풀을 벨 때가 되면 묵형(墨刑)을 행한다."고 하였으니, 추상같은 엄격한 형벌을 발하기 전까지는 백성이 감히 마른 풀을 베지 못했다.

그러므로 말하기를 "체제와 상제를 지내는 의의는 중대하다. 나라를 다스리는 근본이므로 알아 두지 않으면 안 된다."고 하였다.

제사의 의의를 밝히는 사람은 임금이요, 그 제사를 치르는 사람은 신하이다. 그 의의를 밝히지 못하면 임금으로서 온전하지 못하고, 그 제사를 잘 치르지 못하면 신하됨이 온전하지 못하다.

대저 의의라는 것은 그에 대한 의지를 굳게 하는 것으로 여러 가지의 덕(德)을 기르는 것이다. 그런 까닭에 그 덕이 왕성한 사람은 그 의지가 굳세고, 의지가 굳센 사람은 그 의의가 밝고, 그 의의가 밝은 사람은 그 제사에 경건한 마음을 가지는 것이다.

제사에 경건한 마음을 가지면 한 나라 안의 자손들로서 감히 경건한 마음을 가지지 않을 사람이 없다. 그런 까닭에 군자가 제사를 지내려면 반드시 자신이 직접 참석해야 하는데, 사고가 있으면 다른 사람으로 하여금 들어가서 대신 지내게 해도 된다.

비록 다른 사람으로 하여금 들어가서 대신 제사를 지내게 하더라도 임금이 그 의의를 잃지 않는 것은 임금이 그 의의를 밝게 알고 있기 때문이다.

그 덕이 천박한 사람은 그 의지가 굳세지 못하고 그 의의가 분명치 않은 상태로 제사를 지내는데, 그에게 반드시 공경하는 마음을 가지도록 하려 해도 공경하는 마음을 가지게 할 수 없다.

제사를 지내면서 공경하는 마음을 가지지 않으면 어찌 그것으로써 백성의 부모가 될 수 있겠는가.

凡祭有四時하니 春祭曰礿이오 夏祭曰禘오 秋祭曰嘗이오 冬祭曰烝이니라 礿禘는 陽義[1]也오 嘗烝은 陰義也라 禘者는 陽之盛也오 嘗者는 陰之盛也니 故로 曰하되 莫重於禘嘗이라하니라

古者에 於禘也에 發爵賜服은 順陽義也오 於嘗也에 出田邑[2] 發秋政[3]은 順陰義也니 故로 記에 曰하되 嘗之日에 發公室[4]은 示賞也라 草艾[5]則墨[6]하니 未發秋政하면 則民이 弗敢草[7]也니라

故로 曰하되 禘嘗之義大矣라 治國之本也니 不可不知也라 明其義者는 君也오 能其事者는 臣也니 不明其義하면 君人이 不全하시고 不能其事하면 爲臣이 不全하나니 夫義者는 所以濟志也니 諸德之發也라 是故로 其德이 盛者는 其志厚하고 其志厚者는 其義章[8]하고 其義章者는 其祭也 敬하나니 祭敬하면 則竟內之子孫이 莫敢不敬矣니라 是故로 君子之祭也는 必身親涖之하나니 有故則使人이 可也라 雖使人也나 君이 不失其義者는 君이 明其義故也라 其德이 薄者는 其志輕[9]하나니 疑於其義而求祭면 使之必敬也라도 弗可得已니 祭而不敬하면 何以爲民父母矣리오

1) 陽義(양의) : 양기(陽氣)의 뜻. 곧 양기에 속한다는 뜻.

2) 出田邑(출전읍) : 고을에 사냥의 명령을 내린다는 뜻. 전(田)은 사냥.

3) 秋政(추정) : 가을의 정사. 곧 엄격한 형벌을 내리다.

4) 公室(공실) : 국가의 창고를 뜻한다.

5) 草艾(초예) : 가을의 마른 풀을 벤다는 뜻.

6) 墨(묵) : 묵형(墨刑). 살갗에 먹물을 넣는 형벌.

7) 弗敢草(불감초) : 감히 가을의 마른 풀을 베지 못한다는 뜻.

8) 章(장) : 밝다.

9) 輕(경) : 굳세지 못하다는 뜻.

18. 가히 현자라 할 수 있다

대저 솥에 명(銘)이 있으니, 명(銘)이라는 것은 기물(器物)에다가 자기의 이름을 전하는 것이다. 자기의 이름을 써서 그것으

로써 선조의 아름다운 덕(德)을 일컬어, 자기의 이름과 아울러 후
세에 밝게 드러내는 것이다.

　선조되는 사람은 아름다운 덕이 있지 않을 수 없으며, 좋지 않
은 점도 있지 않을 수 없는 것이다. 명의 의의는 아름다운 덕을 일
컫고 좋지 않은 점은 일컫지 않는 것이다.

　이것은 효자(孝子)나 효손(孝孫)의 마음이므로 오직 어진 사
람만이 할 수 있는 것이다.

　명(銘)이라는 것은 그 선조의 유덕(有德)이나 선공(善功 : 선
행)이나 열훈(烈勳 : 큰 공로)이나 노력이나 경상(慶賞)이나 성명
(聲名) 등 천하에 알려진 것들을 논평해 기록하여 제기(祭器)에
새기는데, 자기의 이름도 새겨 선조의 제사에 사용하는 것이다.

　선조의 덕을 후세에 전하는 것은 효도를 숭상하는 것이요, 선조
를 사모하고 이에 따르려는 마음을 나타내어 후세의 자손에게 밝
게 보이는 것은 가르침이다.

　대저 명(銘)이란 것은 한 번 일컬어서 위아래의 사람들이 모두
교훈을 얻을 수가 있는 것이다. 그런 까닭에 군자의 기물(器物)
에 새겨져 있는 명(銘)을 보고, 그의 일컬어지는 것을 아름답게
여기고, 그의 만든 것을 아름답게 여긴다.

　또 만든 사람은 그의 선조의 좋은 것을 밝혀서 나타내고, 담겨
있는 인(仁)은 족히 후손에게 줄 수 있으며, 지혜는 족히 후손에
게 이롭게 할 수 있으므로 가히 현명한 사람이라고 할 수 있다.

　현명하면서도 그것을 자랑하지 않는 것은 공손하다고 이를 수
있는 것이다.

　夫鼎이 有銘[1]하니 銘者는 自名也니 自名以稱揚其先祖之美[2]하여 而
明著之後世者也라 爲先祖者 莫不有美焉하며 莫不有惡焉하니 銘之義
는 稱美而不稱惡하나니 此孝子孝孫之心也니 唯賢者 能之니라

　銘者는 論譔[3]其先祖之有德善功烈勳勞慶賞聲名하여 列於天下하여
而酌之祭器하여 自成其名焉하여 以祀其先祖者也니 顯揚先祖는 所以
崇孝也오 身比焉은 順也오 明示後世는 敎也라

夫銘者는 壹稱而上下 皆得焉耳矣니라 是故로 君子之觀於銘也에 旣
美其所稱하고 又美其所爲하나니 爲之者는 明足以見之[4]하며 仁足以與
之[5]하며 知足以利之니 可謂賢矣니라 賢而勿伐이면 可謂恭矣니라

1) 銘(명) : 금속(金屬)이나 돌로 만든 기물(器物)에 새겨 넣는 글.

2) 美(미) : 미덕(美德), 공덕(功德).

3) 論譔(논찬) : 논평(論評)하여 기록하다.

4) 明足以見之(명족이견지) : 선조의 밝은 것을 나타내기에 족하다.

5) 與之(여지) : 선조가 후손에게 명(銘)을 준다는 뜻.

19. 이것이 공회의 정명(鼎銘)이다

그러므로 위(衛)나라 공회(孔悝)의 솥에 새긴 명문(銘文)에
이르기를

"유월 정해(丁亥)일에 공(公)이 태묘(大廟)에 이르러 말하기
를 '숙구(叔舅)여, 그대의 선조인 장숙(莊叔)이 성공(成公)을
좌우에서 잘 보좌하여 받들었다. 성공이 장숙에게 명해 피난하여
초(楚)나라의 수도까지 갈 때 수행하게 하였고, 주(周)나라의 왕
궁(王宮)에 갇혀 있을 때에도 이를 따라 분주하게 다니기를 꺼
리지 않았다. 또 헌공(獻公)을 도와 인도하였으므로 헌공은 성숙
(成叔)에게 명하여 조부의 직무를 이어받게 하였다.

이에 그대의 아버지인 문숙(文叔)이 선조로부터 물려받은 충
절심(忠節心)을 일으켜 경대부나 사(士)에 솔선하여 몸소 위
(衛)나라를 구하려고 부지런히 공가(公家)를 위해 아침 저녁으
로 게을리하지 않았으므로 백성들이 모두 칭찬했다.' 라고 하였고
공은 또 말하기를 '숙구(叔舅)여, 그대에게 명문(銘文)을 주노
니, 그대는 아버지의 직무를 이어받아라.' 하니, 공회는 절하고 머
리를 조아리며 말하기를 '임금의 아름다운 대명(大命)에 보답하
여 하명하신 임무를 밝히고, 증제(烝祭)에는 이것을 이정(彝鼎)
에 새기겠습니다.' 라고 하였다."

이것이 위(衛)나라 공회(孔悝)의 정명(鼎銘)이다.

故로 衛[1]孔悝[2]之鼎銘[3]에 曰하되 六月丁亥에 公[4]이 假于大廟하시니 公曰하시되 叔舅[5]아 乃祖莊叔이 左右成公[6]한대 成公이 乃命莊叔하셔 隨難于漢陽[7]하며 即宮于宗周[8]하여 奔走無射[9]이라하시며

啓右[10]獻公한대 獻公이 乃命成叔[11]하셔 纂乃祖服[12]하라하시며

乃考文叔이 興舊耆欲[13]하여 作率慶士하여 躬恤衛國하여 其勤公家하여 夙夜不解한대 民이 咸曰休哉라하니라 公曰하되 叔舅아 予女銘[14]하노니 若이 纂乃考服하라

悝 拜稽首하여 曰하되 對揚以辟之勤大命施于烝彝鼎[15]하노이다하니 此衛孔悝之鼎銘也라

1) 衛(위) : 춘추시대(春秋時代)의 제후국(諸侯國).

2) 孔悝(공회) : 춘추 시대 위(衛)나라의 대부(大夫).

3) 鼎銘(정명) : 솥에 새긴 명문(銘文).

4) 公(공) : 장공(莊公)을 가리킨다.

5) 叔舅(숙구) : 공회(孔悝)를 가리킨다. 제후(諸侯)는 동성(同姓)인 대부(大夫)에게는 백부(伯父)·숙부(叔父)라 불렀고, 이성(異性)인 대부에게는 백구(伯舅)·숙구(叔舅)라 불렀는데, 공회는 이성(異姓)의 대부이다.

6) 左右成公(좌우성공) : 성공(成公)을 좌우에서 보좌하다. 성공은 한 때 진(晉)나라 문공(文公)에게 쫓겨 초(楚)나라로 망명했었다.

7) 漢陽(한양) : 초(楚)나라의 지명(地名).

8) 即宮于宗周(즉궁우종주) : 즉궁은 방 안에 갇히다는 뜻. 종주는 종주국(宗主國)인 주(周)나라.

9) 無射(무역) : 꺼리지 않다.

10) 啓右(계우) : 도와서 올바른 데로 인도하다.

11) 成叔(성숙) : 장숙(莊叔)의 손자.

12) 纂乃祖服(찬내조복) : 조부의 직무를 이어받다. 찬(纂)은 이어받다. 복(服)은 직무.

13) 舊耆欲(구기욕) : 선조로부터 물려받은 하고자 하는 뜻. 곧 충절심(忠節心).

14) 予女銘(여여명) : 그대에게 명문(銘文)을 주다. 여(女)는 여(汝).

15) 彝鼎(이정) : 항상 묘(廟)에 바쳐두는 솥이라는 뜻이다.

20. 군자가 부끄럽게 여겨야 할 3가지

옛날의 군자(君子)는 그 선조의 아름다운 점을 논평해서 명문(銘文)으로 기록하여 후세에 밝혀 드러내었다. 그에 의해 그 자신의 이름을 선조의 이름 끝에 적어 넣을 수가 있었으며, 그에 의해 나라를 무게있게 할 수 있었던 것이 이와 같았다.

자손으로서 종묘(宗廟)와 사직(社稷)을 지키는 자가 그 선조에게 아름다운 점이 없는데도 그것을 일컬으면 그것은 경솔한 짓이요, 좋은 점이 있는데도 알지 못하고 있으면 밝지 못한 것이며, 알고 있으면서 전하지 않으면 어질지 못한 것이다.

이 3가지는 군자로서 부끄럽게 여겨야 할 것이다.

古之君子 論譔其先祖之美하여 而明著之後世者也에 以比其身[1]하며 以重[2]其國家 如此하니 子孫之守宗廟社稷者 其先祖 無美而稱之면 是誣也오 有善而弗知면 不明也오 知而弗傳이면 不仁也니 此三者는 君子之所恥也니라

1) 比其身(비기신) : 그 자신의 이름을 선조의 이름 끝에 적어 넣는다는 뜻.
2) 重(중) : 무게있게 하다.

21. 주공에게 천자의 예를 한 것이다

옛날에 주공단(周公旦)이 천하에 공훈(功勳)을 세운 노고가 있었다. 주공(周公)이 이미 죽으니 성왕(成王)과 강왕(康王)은 주공이 세운 공훈의 노고를 추념(追念)하기 위해 노(魯)나라를 높이고자 하였다.

그러므로 노나라 제후에게는 제례(祭禮)를 이중(二重)으로 할 것을 허락하였으니, 외제(外祭)는 교제(郊祭)와 사제(社祭)가 그것이고, 내제(內祭)는 대상제(大嘗祭)와 대체제(大禘祭)가 그것이다.

대저 대상제와 대체제에는 악인(樂人)이 당상(堂上)으로 올라가 청묘(淸廟)의 시(詩)를 노래하고, 당하(堂下)에서는 피리로 상무(象武)의 곡(曲)을 연주하며, 무인(舞人)이 붉은 방패와 큰 도끼를 들고 대무(大武)의 춤을 추며, 팔일(八佾)로 대하(大夏)의 춤을 추는데, 이것들은 천자의 제례에서 행하는 악곡이다.

그것은 주공을 아름답게 여겨 높이기 위한 것이었다. 그러므로 그것으로써 노나라에 하사한 것이다. 그 자손이 계속 이어서 지금에 이르기까지 없어지지 않은 것이다. 이것은 주공(周公)의 덕(德)을 오래도록 세상에 밝히기 위한 까닭이며, 또 그 나라를 무게있게 한 것이다.

昔者에 周公旦[1] 有勳勞於天下하더시니 周公이 旣沒커시늘 成王[2]康王[3]이 追念周公之所以勳勞者하셔 而欲尊魯[4]라 故로 賜之以重祭[5]하시니 外祭則郊社 是也오 內祭則大嘗禘[6]是也라 夫大嘗禘에 升歌淸廟하고 下而管象하며 朱干玉戚으로 以舞大武하며 八佾으로 以舞大夏하나니 此 天子之樂也라 尊周公이라 故로 以賜魯也하시니 子孫이 纂之하여 至于今不廢하나니 所以明周公之德이며 而又以重其國也니라

1) 周公旦(주공단) : 주공(周公)은 주왕조(周王朝) 초기의 문왕(文王)의 아들이요, 무왕(武王)의 아우이며, 성왕(成王)의 숙부로서, 성인(聖人)으로 일컬어지며, 주왕조의 기초를 튼튼하게 하였다. 단(旦)은 그의 이름.

2) 成王(성왕) : 무왕(武王)의 아들로서 주왕조 2대왕.

3) 康王(강왕) : 성왕(成王)의 아들.

4) 尊魯(존로) : 노(魯)나라를 높이다. 노나라는 주공(周公)에게 봉한 나라.

5) 重祭(중제) : 외제(外祭)와 내제(內祭)의 2중(二重)의 제사. 외제는 천자의 제사다.

6) 大嘗禘(대상체) : 대규모의 상제(嘗祭)와 체제(禘祭).

제26편 경해(經解第二十六)

이 편은 6예(六藝 : 禮樂射御書數)의 정치와 교육의 득실(得失)을 기록한 것이며, 특히 예(禮)에 중점을 두고 해설했다.

1. 예가 뜻을 잃으면 번거로워진다

공자가 말하였다.

"그 나라에 들어가면 그 나라의 가르침을 알 수 있다. 그 사람됨이 온유(溫柔)하고 돈후(敦厚)한 것은 시(詩)의 가르침이요, 정사에 통달하고 멀리까지 내다보는 것은 서(書)의 가르침이요, 의리를 알아서 넓게 성정이 평이하고 진실한 것은 악(樂)의 가르침이요, 심성이 밝으면서 의리가 정미(精微)한 것은 역(易)의 가르침이요, 공손하고 검소하며 엄숙하고 삼가하는 것은 예(禮)의 가르침이요, 같은 말이나 사물을 모아 비교하고 그 가치를 판단하는 것은 춘추(春秋)의 가르침이다.

그러므로 시(詩)의 뜻을 잃으면 어리석어지고, 서(書)의 뜻을 잃으면 거짓되게 되고, 악(樂)의 뜻을 잃으면 사치스러워지고, 역(易)의 뜻을 잃으면 법을 어기게 되고, 예(禮)의 뜻을 잃으면 번거로워지고, 춘추(春秋)의 뜻을 잃으면 어지러워진다.

그 사람됨이 온유하고 돈후하면서도 어리석지 않으면 시(詩)에 조예가 깊은 사람이며, 정사에 통달하고 멀리까지 내다보면서도 거짓되지 않으면 서(書)에 조예가 깊은 사람이며, 의리를 알아서 넓게 성정이 평이하고 진실하면서도 사치스럽지 않으면 악(樂)

에 조예가 깊은 사람이며, 심성이 밝고 의리가 정미하면서도 법을 어기지 않으면 역(易)에 조예가 깊은 사람이며, 공손하고 검소하며 엄숙하고 삼가하면서도 번거롭지 않으면 예(禮)에 조예가 깊은 사람이며, 같은 말이나 사물을 모아 비교하고 가치를 판단하면서도 어지럽지 않으면 춘추(春秋)에 조예가 깊은 사람이다.

천자(天子)는 하늘과 땅과 더불어.함께하는 것이므로 덕(德)은 하늘과 땅에 짝하고 아울러 만물을 이롭게 하며, 더불어 일월(日月)과 함께 밝아서 사해(四海)를 밝게 비추되 아주 작은 것이라도 버리지 않는다.

조정에 있어서는 인성(仁聖)함과 예의의 차서를 말하고, 한가로이 있을 때에는 아(雅)와 송(頌)의 소리를 듣고, 걸어다닐 때에는 환패(環佩)의 소리가 있고, 수레에 올라서는 난화(鸞和)의 소리가 있고, 거처(居處)함에 예(禮)가 있고, 나아가고 물러나는 데에 법도가 있어서 모든 관원이 그 마땅함을 얻고, 모든 일이 그 차례를 얻는다.

『시경(詩經)』에 이르기를 '어지신 군자여, 그 거동이 어김이 없다네. 거동이 어김이 없는지라, 온 나라를 바로잡네.' 라 하였으니, 이것을 이르는 말이다.

호령(號令)을 내어서 백성이 기뻐하는 것을 화(和)라 이르고, 상하(上下)가 서로 친해지는 것을 인(仁)이라 이르고, 백성이 그 하고자 하는 바를 구하지 않고도 그것을 얻는 것을 신(信)이라 이르고, 하늘과 땅의 재해(災害)를 제거하는 것을 의(義)라 이르는데, 의(義)와 신(信)과 화(和)와 인(仁)은 패왕(覇王)의 그릇이다. 백성을 다스리려는 뜻이 있더라도 그 그릇이 없으면 이룰 수가 없다."

孔子 曰하시되 入其國하여 其教를 可知也니 其爲人也 溫柔敦厚는 詩教[1]也오 疏通知遠[2]은 書教也오 廣博易良[3]은 樂教也오 潔靜精微[4]는 易教也오 恭儉莊敬[5]은 禮教也오 屬辭比事[6]는 春秋教也라 故로 詩之失은 愚[7]오 書之失은 誣오 樂之失은 奢오 易之失은 賊[8]이오 禮之失은 煩이오 春

秋之失은 亂이니 其爲人也 溫柔敦厚而不愚하면 則深於詩者也오 疏通知遠而不誣하면 則深於書者也오 廣博易良而不奢하면 則深於樂者也오 潔靜精微而不賊하면 則深於易者也오 恭儉莊敬而不煩하면 則深於禮者也오 屬辭比事而不亂하면 則深於春秋者也니라

天子者는 與天地로 參이라 故로 德配天地하시며 兼利萬物하시며 與日月並明하셔 明照四海而不遺微小하시고 其在朝廷하션 則道仁聖禮義之序하시며 燕處에 則聽雅頌[9]之音하시며 行步에 則有環佩[10]之聲하며 升車에 則有鸞和之音하며 居處 有禮하시며 進退有度하셔 百官이 得其宜하며 萬事 得其序하나니 詩云[11]하되 淑人君子여 其儀不忒이로다 其儀不忒이라 正是四國이라하니 此之謂也라 發號出令而民說[12]을 謂之和오 上下 相親을 謂之仁이오 民不求其所欲而得之를 謂之信이오 除去天地之害를 謂之義니 義與信과 和與仁은 覇王之器也니 有治民之意하고 而無其器하면 則不成하나니라

1) 詩敎(시교) : 『시경(詩經)』의 가르침.

2) 疏通知遠(소통지원) : 정사에 통달하여 멀리 옛 시대의 일도 안다는 뜻.

3) 廣博易良(광박이량) : 의리를 알아서 넓게 성정이 화락하고 평이하며 순량(順良)하다는 뜻.

4) 潔靜精微(결정정미) : 심성이 밝으면서 의리가 정미(精微)하다는 뜻.

5) 恭儉莊敬(공검장경) : 공손하고 검소하며, 엄숙하고 삼간다는 뜻.

6) 屬辭比事(촉사비사) : 같은 말이나 사물(事物)을 모아 비교하여 그 가치를 판단한다는 뜻.

7) 詩之失愚(시지실우) : 『시경』의 뜻을 잃으면 어리석어진다는 말.

8) 賊(적) : 법을 어긴다는 뜻.

9) 雅頌(아송) : 아(雅)와 송(頌). 다 시가(詩歌)의 문체(文體).

10) 環佩(환패) : 허리에 찬 패옥(佩玉).

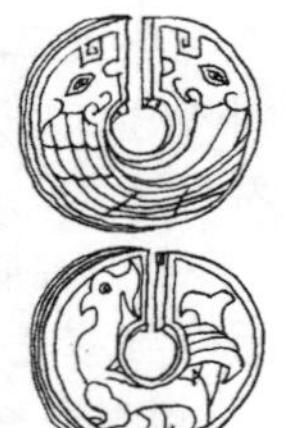

결(玦 : 패옥)

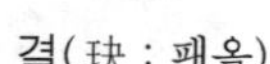
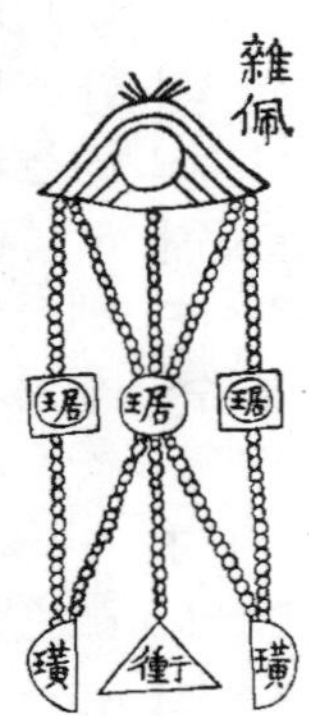

잡패(雜佩)

11) 詩云(시운) : 『시경(詩經)』 국풍(國風)에 나오는 말.
12) 說(열) : 기쁘다.

2. 예는 나라를 바로잡는 데 있다

예(禮)가 나라를 바로잡는 것은 마치 저울로 가볍고 무거운 것을 재고, 먹줄로 굽고 곧은 것을 만들고, 규구(規矩)로 각지고 둥근 것을 그리는 것과 같다.

그러므로 저울이 진실로 분명하다면 가볍고 무거운 것을 속일 수 없고, 먹줄이 진실로 곧다면 굽고 곧은 것을 속일 수 없고, 규구가 진실로 갖추어졌다면 각지고 둥근 것을 속일 수 없듯이, 군자(君子)가 예(禮)에 밝으면 간사(姦詐)한 것으로써 거짓을 꾸며 속이지 못한다.

그런 까닭에 예(禮)를 성대하게 하고 예에 따라 행하면 도(道)가 있는 선비라 이르고, 예를 성대하게 하지 않고 예에 따라 행하지 않으면 도가 없는 백성이라 이른다.

예(禮)는 공경하고 겸양하는 도(道)이다. 그러므로 그것으로써 종묘(宗廟)를 받들면 공경하는 것이 되고, 그것으로써 조정에 들어가면 귀하고 천한 자리가 있게 되고, 그것으로써 집에 거처하면 아버지와 아들 사이의 친함과 형제 사이의 화목함이 있게 되고, 그것으로써 향리(鄕里)에 처(處)하면 어른과 어린이의 차례가 있게 되는 것이다.

공자가 말하기를 "임금을 편안하게 하고, 백성을 다스리는 것으로는 예(禮)보다 더 좋은 것은 없다."라고 하였으니, 이것을 이르는 말이다.

禮之於正國也는 猶衡之於輕重也와 繩墨之於曲直也와 規矩¹⁾之於方圜²⁾也하니 故로 衡이 誠縣³⁾하면 不可欺以輕重이오 繩墨이 誠陳⁴⁾하면 不可欺以曲直이오 規矩 誠設⁵⁾하면 不可欺以方圜이오 君子 審禮하면 不可誣以姦詐니라

是故로 隆禮由禮[6]를 謂之有方[7]之士오 不隆禮不由禮를 謂之無方之
民이니 敬讓之道也라 故로 以奉宗廟則敬하고 以入朝廷則貴賤이 有位하
고 以處室家則父子 親하며 兄弟和하고 以處鄉里則長幼 有序하나니 孔
子 曰하시되 安上[8]治民은 莫善於禮라하시니 此之謂也라

1) 規矩(규구) : 정규(定規)와 자(尺). 그림쇠.

2) 方圜(방환) : 방은 모난 것, 환은 둥근 것.

3) 誠縣(성현) : 진실로 분명하다는 뜻. 진실로 곧다는 뜻.

4) 誠陳(성진) : 진실로 나란하다는 뜻.

5) 誠設(성설) : 진실로 갖추어지다의 뜻.

6) 隆禮由禮(융례유례) : 예(禮)를 성대하게 하고 예에 따라 행하다.

7) 有方(유방) : 도(道)가 있다는 뜻.

8) 上(상) : 임금.

3. 예(禮)는 혼란을 막기 위한 것이다

그러므로 조근(朝覲)의 예(禮)는 군주와 신하의 의(義)를 밝
히기 위한 것이며, 빙문(聘問)의 예는 제후들로 하여금 서로 존
경하게 하기 위한 것이며, 상제(喪祭)의 예는 신하나 아들에게
은혜가 있음을 밝히기 위한 것이며, 향음주(鄉飲酒)의 예는 장유
(長幼)의 차례를 밝히기 위한 것이며, 혼인(婚姻)의 예는 남녀
의 분별을 밝히기 위한 것이다.

대저 예라는 것은 어지러움을 막기 위해 생긴 것이다. 마치 방
죽이 물이 들어오는 것을 막는 것과 같다. 그러므로 묵은 방죽을
쓸데없는 것이라고 하여 무너뜨리는 자는 반드시 물의 피해가 있
고, 묵은 예(禮)를 쓸데없는 것이라고 하여 버리는 자는 반드시
어지러움과 근심이 있게 마련이다.

그러므로 혼인의 예를 없애면 부부 사이의 도리가 괴로워져서
음란하고 간사한 죄악이 많아지고, 향음주의 예를 없애면 장유
(長幼)의 차례를 잃어 다투는 옥사(獄事)가 빈번해지고, 상제
(喪祭)의 예를 없애면 신하나 아들에 대한 은혜나 의리가 각박

해져서 죽는 것을 돌보지 않고 삶을 잊는 자가 많아지고, 빙근(聘
覲)의 예를 없애면 임금과 신하의 지위를 잃어 제후의 행실이 나
빠져서 배반하고 찬탈하는 패역(悖逆)이 일어난다.

　그러므로 예(禮)의 교화(敎化)가 미묘하여, 사악함이 아직 그
모양이 갖추어지지 않았을 때 사악함을 막아서, 사람으로 하여금
날로 선(善)을 가까이 하여 죄악을 멀리하면서도 스스로 그것을
알지 못하게 하는 것이다.

　그런 까닭에 선왕(先王)이 그것을 존중한 것이다.

　『역경(易經)』에 이르기를 "군자는 처음을 삼가는 것이니, 처
음의 차이가 조금만 어긋나도 그 어그러짐이 천 리가 된다."라고
하였으니 이것을 이르는 말이다.

　故로 朝覲[1]之禮는 所以明君臣之義也오 聘問[2]之禮는 所以使諸侯로
相尊敬也오 喪祭之禮는 所以明臣子之恩[3]也오 鄕飮酒之禮는 所以明
長幼之序也오 昏姻之禮는 所以明男女之別也니 夫禮 禁亂之所由生
이 猶坊[4]이 止水之所自來也하니 故로 以舊坊으로 爲無所用而壞之者는
必有水敗하고 以舊禮로 爲無所用而去之者는 必有亂患이니라

　故로 昏姻之禮 廢하면 則夫婦之道 苦[5]하여 而淫辟[6]之罪多矣오 鄕飮
酒之禮 廢하면 則長幼之序 失하여 而爭鬪之獄이 繁矣오 喪祭之禮 廢하
면 則臣子之恩이 薄하여 而倍死忘生者 衆矣오 聘覲之禮 廢하면 則君臣
之位失하며 諸侯之行이 惡하여 而倍畔[7]侵陵[8]之敗[9] 起矣니 故로 禮之敎
化也 微[10]하니 其止邪也 於未形하여 使人으로 日徙善遠罪而不自知也
하나니 是以先王이 隆之也하시니 易에 曰하되 君子 愼始니 差若毫釐[11]하니
繆以千里[12]라하니 此之謂也라

1) 朝覲(조근) : 제후(諸侯)가 입조(入朝)하여 천자(天子)를 뵙는 일.
2) 聘問(빙문) : 제후들끼리 서로 방문하여 친선을 도모하는 일.
3) 臣子之恩(신자지은) : 신하에게 선왕(先王)의 은혜가 있고 아들에게 선조
　　의 은혜가 있다는 뜻.
4) 坊(방) : 방(防)과 통하여 방죽, 제방(堤防)의 뜻.
5) 道苦(도고) : 부부 사이의 도리가 괴로워진다는 뜻.

6) 淫辟(음벽) : 음난하고 간사하다.

7) 倍畔(배반) : 배반(背反).

8) 侵陵(침릉) : 침모(侵侮). 찬탈(簒奪).

9) 敗(패) : 패역(悖逆)이라는 뜻.

10) 微(미) : 미묘(微妙)함.

11) 毫釐(호리) : 지극히 작은 것. 아주 미세한 것.

12) 繆以千里(무이천리) : 어그러짐이 천리가 된다. 처음의 조그마한 잘못이 결
과적으로 큰 착오를 가져오게 된다는 뜻.

제27편 애공문(哀公問第二十七)

　　이 편에는, 노(魯)나라의 애공(哀公)이 공자(孔子)에게 예(禮)에 대한 질문을 하고 공자가 대답한 내용들이 수록되어 있다.

I. 대례(大禮)는 어떤 것입니까

　　애공(哀公)이 공자에게 묻기를

　　"대례(大禮)는 어떠한 것입니까. 그리고 군자가 예(禮)를 말하면서 어찌 그렇게 높이는 것입니까."

　　하니, 공자가 대답하였다.

　　"저 구(丘)는 소인이어서 예를 안다고 하기에 부족합니다."

　　이에 임금이 말하기를

　　"아닙니다. 선생께서는 그것을 말씀해 주십시오."

　　하니, 공자가 말하였다.

　　"저 구(丘)가 듣기로는, 백성의 생(生 : 삶)으로부터 말미암는 것이 예(禮)의 큰 것이 된다고 합니다. 예가 아니면 하늘과 땅의 신(神)을 섬기는 일에 절도가 없게 되고, 예가 아니면 군신(君臣)과 상하(上下)와 장유(長幼)의 지위를 분별할 수 없게 되고, 예가 아니면 남녀와 부자와 형제의 친함이나 혼인과 소삭(疏數 : 소원하고 친근함)의 사귐을 구별할 수가 없게 됩니다. 군자는 이런 것을 높이고 공경하는 것입니다.

　　그러한 뒤에라야 그 능히 할 수 있는 바로써 백성을 가르치고 그 회절(會節)을 없애지 않는 것입니다. 성사(成事)가 있은 연후에 그 조루(雕鏤)와 문장(文章)과 보불(黼黻)을 다스려 그것으로써 계승하는 것입니다.

그것에 순응한 연후에 그 상복을 입는 기간을 말하고, 그 솥과 도마를 갖추며, 돼지고기포를 차리고, 종묘(宗廟)를 세웁니다. 세시(歲時)에 공경하게 제사를 지내며 종족(宗族)의 서열(序列)을 바르게 하여, 그 거처에서 편안하게 합니다.

그 의복을 검소하게 하며, 그 궁실(宮室)을 낮게 하며, 수레에 장식을 하지 않으며, 그릇에 조각을 하지 않으며, 먹는 음식은 여러 가지 맛을 내지 않습니다. 그로써 백성과 더불어 이로움을 함께 하는 것이니, 옛날의 군자는 예를 행함이 이와 같았습니다."

애공이 또 묻기를

"지금의 군자는 어찌하여 그것을 행하지 못합니까."

하니, 공자가 대답하였다.

"지금의 군자는 재물을 좋아해 재물이 많아도 싫증을 느끼지 않고, 음덕(淫德) 행하는 일을 게을리하지 않고, 거칠고 게으르며 오만하여 지독하게 백성들의 재물이 다하도록 착취합니다. 대중의 의사를 거역하며, 도(道) 있는 사람을 해치고, 욕망을 채우기 위해 재물을 취하고자 구하여 바른 도리를 따지지 않습니다. 옛날의 백성을 거느리는 사람은 앞의 것을 따랐거늘, 지금의 백성을 거느리는 사람은 뒤의 것을 따르고 있으니, 지금의 군자는 예를 행하지 않는 것입니다."

哀公[1]이 問於孔子曰하시되 大禮[2]는 何如잇고 君子之言禮 何其尊也잇고 孔子 曰하시되 丘也는 小人이라 不足以知禮로이다 君曰하시되 否라 吾子 言之也하소서

孔子 曰하시되 丘는 聞之하니 民之所由生은 禮爲大하니 非禮면 無以節事天地之神也며 非禮면 無以辨君臣上下長幼之位也며 非禮면 無以別男女父子兄弟之親과 昏姻疏數[3]之交也니 君子 以此之爲尊敬然하나니이다

然後에 以其所能으로 敎百姓하여 不廢其會節[4]하며 有成事[5]然後에 治

其雕鏤文章[6]黼黻하여 以嗣하며 其順之然後에야 言其喪筭[7]하며 備其鼎俎하며 設其豕腊하며 脩其宗廟하여 歲時以敬祭祀하며 以序宗族하고 卽安其居하여 節醜[8]其衣服하며 卑其宮室하며 車不雕幾하며 器不刻鏤하며 食不貳味[9]하여 以與民同利니 昔之君子之行禮者 如此하더니이다

公曰하시되 今之君子는 胡莫之行也잇고 孔子 曰하시되 今之君子는 好實無厭하며 淫德不倦하며 荒怠敖慢하여 固民是盡[10]하며 午其衆[11]하여 以伐有道하며 求得當欲하고 不以其所하나니 昔之用民者는 由前하고 今之用民者는 由後라 今之君子 莫爲禮也니이다

1) 哀公(애공) : 노(魯)나라의 제후(諸侯).
2) 大禮(대례) : 가장 중요한 예(禮).
3) 疏數(소삭) : 소원하고 친근함. 곧 서로 오고가는 것을 뜻한다.
4) 會節(회절) : 예(禮)를 행하는 시기와 절기(節氣).
5) 成事(성사) : 날짜를 가려서 복서(卜筮)의 길(吉)한 것을 얻어 일이 이루어
　　지는 것.
6) 雕鏤文章(조루문장) : 조루는 제기(祭器)에 장식하는 것. 문장은 무늬 또는
　　문채(文采).
7) 喪筭(상산) : 복상(服喪)의 기간.
8) 節醜(절추) : 절(節)은 검소(儉素)한 것. 추(醜)는 조악(粗惡)한 것.
9) 食不貳味(식불이미) : 먹는 음식의 맛을 2가지로 내지 않는다. 곧 음식에 여
　　러 가지 반찬을 갖추지 않는다는 뜻.
10) 固民是盡(고민시진) : 지독하게 백성의 재물이 다하도록 착취한다는 뜻.
11) 午其衆(오기중) : 대중의 의사를 거역한다는 뜻. 오(午)는 역(逆).

2. 사랑함과 공경함이 정치의 근본이다

공자가 애공(哀公)을 모시고 앉아 있는데, 애공이 묻기를

"감히 묻겠는데, 인도(人道)는 무엇을 크게 여깁니까."

하니, 공자가 낯빛을 바르게 하면서 대답하였다.

"임금께서 이런 말씀을 하시기에 이른 것은 백성들의 복입니다. 진실로 신은 사양하지 않고 대답하겠습니다. 인도(人道)는 정

치를 크게 여기는 것입니다."

이에 애공이 또 묻기를

"감히 묻겠는데, 무엇을 정치라고 합니까."

하니, 공자가 대답하였다.

"정치라는 것은 바르다는 것입니다. 임금이 바르게 하면 백성이 정치를 따를 것입니다. 임금이 하는 것은 백성이 따르는 것입니다. 임금이 하지 않는 것을 백성이 어찌 따르겠습니까."

애공이 또 묻기를

"감히 묻겠는데, 정치를 한다는 것은 어떻게 하는 것입니까."

하니, 공자가 대답하였다.

"남편과 아내 사이에 분별이 있고, 아버지와 아들 사이에 친애함이 있고, 임금과 신하 사이에 엄정(嚴正)함이 있는 것이니, 이 3가지가 바르면 만물이 이에 따르는 것입니다."

애공이 또 묻기를

"과인(寡人)이 비록 변변치 못하지만, 원컨대 3가지 말의 도리를 듣고자 하는데, 들을 수가 있겠습니까."

하니, 공자가 대답하였다.

"옛날에 정치를 하는 것은 사람을 사랑하는 것을 크게 여겼으니, 사람을 사랑하여 다스리는 데에는 예(禮)를 크게 여겼고, 예를 다스리는 데에는 공경함을 크게 여겼고, 공경함이 지극한 것으로는 혼인을 크게 여겼습니다. 혼인은 공경함의 지극한 것입니다. 혼인은 이미 공경함이 지극한 것이므로 면복(冕服)으로 친히 맞이하는 것이니, 그것을 친하다고 하는 것입니다. 친하다고 하는 것은 친해지는 것입니다. 그런 까닭에 군자는 공경하는 마음을 일으켜서 친하기를 일삼는 것입니다. 공경하는 마음을 버리면 그것은 친함을 버리는 것입니다. 사랑하지 않으면 친해지지 않고, 공경하지 않으면 바르게 되지 않는 것입니다. 사랑함과 공경함은 정치의 근본이 되는 것입니다."

孔子 侍坐於哀公이러시니 哀公이 曰하시되 敢問人道는 誰爲大잇고 孔子

愀然作色而對曰하시되 君之及此言也는 百姓之德也니 固臣[1]은 敢無辭而對잇가 人道는 政이 爲大하니이다

　公曰하시되 敢問何謂爲政이잇고 孔子 對曰하시되 政者는 正也니 君이 爲正하면 則百姓이 從政矣니이다 君之所爲는 百姓之所從也니 君所不爲는 百姓이 何從이리잇고 公曰하시되 敢問爲政은 如之何잇고 孔子 對曰하시되 夫婦 別하며 父子 親하며 君臣이 嚴하여 三者 正하면 則庶物[2]이 從之矣니이다 公曰하시되 寡人이 雖無似[3]也나 願聞所以行三言之道하나니 可得聞乎잇가

　孔子 對曰하시되 古之爲政은 愛人이 爲大하고 所以治愛人은 禮爲大하고 所以治禮는 敬爲大하니 敬之至矣에 大昏[4]이 爲大하니이다 大昏이 至矣니 大昏이 旣至라 冕[5]而親迎은 親之也니 親之也者는 親之也라 是故로 君子는 興敬爲親하나니 舍敬하면 是遺親[6]也라 弗愛하면 不親하고 弗敬하면 不正하나니 愛與敬은 其政之本與인저

1) 臣(신) : 공자가 자신을 일컫는 말.

2) 庶物(서물) : 만물(萬物). 모든 것.

3) 無似(무사) : 변변치 못하다는 뜻. 못났다는 뜻.

4) 大昏(대혼) : 혼인(婚姻).

5) 冕(면) : 면복(冕服). 예복(禮服)을 갖춘다는 뜻.

6) 遺親(유친) : 친함을 버리다.

3. 예는 정치의 근본입니다

애공(哀公)이 공자에게 말하기를

"과인은 가르침이 있기를 원합니다. 혼례에서 면복(冕服) 차림으로 친히 맞이하는 것은 예를 너무 중하게 하는 것이 아닙니까."

하니, 공자가 얼굴빛을 바로잡으며 말하였다.

"혼례는 두 성(姓)의 좋음을 합하여 그것으로써 선성(先聖)의 뒤를 이어 하늘과 땅, 종묘와 사직(社稷)의 주인이 되는 것인데, 임금께서는 어찌 너무 중하게 행하는 것이라고 하십니까."

이에 애공이 또 말하기를

"과인은 고루(固陋)합니다. 고루하지 않으면 어찌 이런 말을

듣겠습니까. 과인은 묻고자 하는데 그 말을 들을 수가 없으니, 청컨대 조금이라도 가르쳐 주십시오.”

하니, 공자가 말하였다.

“하늘과 땅이 합하지 않으면 만물이 생겨나지 않는 것입니다. 혼인은 만세(萬世)에 계승될 것입니다. 임금께서는 어찌 너무 중하게 행하는 것이라고 하십니까.”

공자가 이어서 말하였다.

“안으로 그것으로써 종묘의 예(禮)를 다스리면 하늘과 땅의 신명(神明)에 짝하기에 족하고, 나가서 그것으로써 직언(直言)의 예를 다스리면 상하(上下)의 공경함을 세우기에 족하며, 일의 수치를 그것으로써 건지기에 족하고, 나라의 수치를 그것으로써 회복시키기에 족합니다. 정치를 하는 데에는 예를 먼저 하는 것이니, 예는 정치의 근본입니다.”

공자가 다시 이어서 말하였다.

“옛날 삼대(三代)의 명왕(明王)들의 정치에는 반드시 그 처자(妻子)를 공경해서 도(道)가 있었습니다. 처(妻)라고 하는 것은 어버이의 주인입니다. 감히 공경하지 않을 수 있겠습니까. 자식이라는 것은 어버이의 뒤입니다. 감히 공경하지 않을 수 있겠습니까. 군자는 공경하지 않음이 없는 것이나 자기 몸을 공경하는 것을 크게 여기는 것입니다.

몸이라는 것은 어버이에게서 뻗어나온 가지인데 감히 공경하지 않을 수 있겠습니까. 그 몸을 공경할 수 없으면 그것은 그 어버이를 손상시키는 것이고, 그 어버이를 손상시키면 그것은 그 뿌리를 손상시키는 것이고, 그 뿌리를 손상시키면 가지는 따라서 죽게 되는 것입니다.

이 3가지는 백성이 본받아야 할 것입니다.

몸으로써 몸에 미치며, 자식으로써 자식에게 미치며, 아내로써 아내에게 미치는 것인데 임금께서 이 3가지를 행하시면 천하에 교화(敎化)가 퍼질 것입니다. 이것이 태왕(大王)의 도(道)입니다. 이와 같이 하면 국가가 따르게 될 것입니다.”

公曰하시되 寡人이 願有言[1]然하나이다 冕而親迎이 不已重乎[2]잇가 孔子 愀然作色而對曰하시되 合二姓[3]之好하여 以繼先聖之後하여 以爲天地宗廟社稷之主하나니 君은 何謂已重乎잇고 公曰하시되 寡人이 固하니 不固하면 焉得聞此言也리잇고 寡人이 欲問하고 不得其辭하노니 請少進[4]하소서

孔子 曰하시되 天地不合하면 萬物이 不生하나니 大昏은 萬世之嗣也니 君은 何謂已重焉이시니잇고 孔子 遂言[5]曰하시되 內以治宗廟之禮하면 足以配天地之神明하고 出以治直言[6]之禮하면 足以立上下之物하며 敬恥를 足以振之하며 國恥[7]를 足以興之라 爲政은 先禮니 禮는 其政之本與인저 孔子 遂言曰하시되 昔三代明王之政에 必敬其妻子也 有道하니 妻也者는 親之主[8]也니 敢不敬與잇가 子也者는 親之後也니 敢不敬與잇가 君子 無不敬也나 敬身이 爲大하니 身也者는 親之枝也니 敢不敬與잇가 不能敬其身이면 是傷其親이오 傷其親이면 是傷其本이오 傷其本이면 枝從而亡하나니 三者[9]는 百姓之象也라 身以及身[10]하면 子以及子하며 妃以及妃하나니 君이 行此三者하시며 則愾[11]乎天下矣리니 大王之道也니 如此면 則國家 順矣리이다

1) 有言(유언) : 언(言)은 교(敎)로 풀이된다.

2) 不已重乎(불이중호) : 예를 너무 중대하게 행하는 것 아니냐는 뜻.

3) 二姓(이성) : 두 성(姓). 부부는 성(姓)을 달리하기 때문에 하는 말.

4) 請少進(청소진) : 조금 가르쳐 주기를 청한다는 뜻.

5) 遂言(수언) : 이어서 말하다. 말을 잇다.

6) 直言(직언) : 뜻이 분명치 않으나, 정언(正言)으로 풀이하기도 한다.

7) 國恥(국치) : 남의 나라의 침략을 당하는 등의 일. 국치는 임금의 수치이다. 물치는 사치(事恥)로 신하의 수치이다.

8) 親之主(친지주) : 어버이의 주인. 안에 있어서의 주인은 아내이기 때문에 하는 말이다.

9) 三者(삼자) : 아내와 자식과 자신을 뜻한다.

10) 身以及身(신이급신) : 몸으로써 몸에 미치다. 곧 내 몸을 공경해서 백성의 몸에까지 미친다는 뜻.

11) 愾(홀) : 이르다. 곧 교화(敎化)가 천하에 퍼진다는 말. 홀(迄)의 뜻.

4. 어떤 것이 몸을 공경하는 것입니까

애공(哀公)이 공자에게 묻기를

"감히 묻겠는데 어떻게 하는 것이 몸을 공경하는 것입니까."
하니, 공자가 대답하였다.

"군자의 잘못된 말이라도 곧 백성은 그것을 사(辭)로 만들어 받들며, 군자의 잘못된 행동이라도 곧 백성은 그것을 법칙으로 만들어 따릅니다. 군자가 하는 말이 잘못된 사(辭)가 아니며, 군자의 행동이 잘못된 법칙이 아니면 백성은 명령하지 않아도 공경하고 공순해집니다. 이와 같이 되면 그 몸을 공경할 수 있고, 그 몸을 공경할 수 있으면 그 어버이의 명예를 이룰 수가 있습니다."

애공이 또 묻기를

"감히 묻겠는데 어떻게 하는 것이 어버이의 명예를 이루는 것입니까."
하니, 공자가 대답하였다.

"군자라고 하는 것은 남이 이루어 주는 이름인데, 백성이 귀복하여 군자의 아들이라고 그를 이름하면 그것은 그 어버이로 하여금 군자가 되게 하는 것입니다. 이것이 그 어버이의 이름을 이루게 하는 것일 따름입니다."

공자가 이어서 말하였다.

"옛날에 정치를 하는 데에는 사람을 사랑하는 것을 크게 여겼습니다. 사람을 사랑할 수 없으면 그 몸이 있을 수 없고, 그 몸이 있을 수 없으면 국토(國土)에 편안하게 있을 수 없고, 국토에 편안하게 있을 수 없으면 천명(天命)을 즐길 수 없고, 천명을 즐길 수 없으면 그 몸을 이룰 수가 없습니다."

애공이 또 묻기를

"감히 묻겠는데 어떻게 하는 것이 몸을 이루는 것입니까."
하니, 공자가 대답하였다.

"사물을 잘못되지 않게 하는 것입니다."

애공이 또 묻기를

"감히 묻겠는데 군자는 어찌하여 하늘의 도를 귀하게 여깁니까."
하니, 공자가 대답하였다.

"그치지 않는 것을 귀하게 여기는 것입니다. 하늘의 도는 해와 달 같아서 동쪽과 서쪽으로 서로 따르면서 그치지 않으니, 이것이 하늘의 도이며, 막히지 않고 영구한 것으로 이것이 하늘의 도이며, 하지 않으면서도 만물을 이루는 것으로 이것이 하늘의 도이며, 이미 이루어져서 밝은 것으로 이것이 하늘의 도입니다."

애공이 말하기를

"과인은 어리석고 어두우니, 선생께서는 과인의 마음 속에 그 뜻을 새겨 주십시오."
하니, 공자는 엄숙하고 공경하는 모습으로 자리를 피해 고쳐 앉으면서 대답하였다.

"어진 사람은 사물에 대하여 어긋나는 일이 없고, 효자(孝子)는 사물에 대하여 어긋나는 일이 없습니다. 그런 까닭에 어진 사람이 어버이를 섬기는 것은 하늘을 섬기듯이 하며, 하늘을 섬기는 것은 어버이를 섬기듯이 하는 것입니다. 그런 까닭에 효자가 몸을 이루는 것입니다."

애공이 또 묻기를

"과인이 이미 이와 같은 말을 들었는데 나중에 죄가 없게 하려면 어떻게 해야 합니까."
하니, 공자가 대답하였다.

"임금의 말씀이 여기에 이르신 것은 신의 복(福)입니다."

公曰하시되 敢問何謂敬身이잇고 孔子 對曰하시되 君子 過言[1]이라도 則民이 作辭[2]하며 過動이라도 則民이 作則[3]하나니 君子 言不過辭하며 動不過則하면 百姓이 不命而敬恭하리니 如是하면 則能敬其身이오 能敬其身하면 則能成其親[4]矣리이다

公曰하시되 敢問何謂成親이잇고 孔子 對曰하시되 君子也者는 人之成名[5]也니 百姓이 歸之하여 名謂之君子之子면 是使其親으로 爲君子也니

是爲成其親之名也已니이다 孔子 遂言曰하시되 古之爲政은 愛人이 爲
大하니 不能愛人이면 不能有其身이오 不能有其身[6]이면 不能安土오 不
能安土면 不能樂天이오 不能樂天이면 不能成其身이니이다

公曰하시되 敢問何謂成身이잇고 孔子 對曰하시되 不過乎物[7]이니다

公曰하시되 敢問君子는 何貴乎天道也잇고 孔子 對曰하시되 貴其不已
니 如日月이 東西相從而不已也 是天道也며 不閉其久[8] 是天道也며 無
爲而物成[9] 是天道也며 已成而明 是天道也니다

公曰하시되 寡人은 惷愚[10]冥煩[11]하니 子 志之心也하소서

孔子 蹴然[12]辟席而對曰하시되 仁人이 不過乎物하며 孝子 不過乎物하
나니 是故로 仁人之事親也 如事天하며 事天이 如事親하니 是故로 孝子
成身하나니이다 公曰하시되 寡人이 旣聞此言也하고 無如後罪에 何잇고 孔子
對曰하시되 君之及此言也 是臣之福也로소이다

1) 過言(과언) : 잘못된 말.

2) 作辭(작사) : 사(辭)를 만들다. 백성은 군자의 말이 잘못된 말이라도 도리에
   맞는 것으로 알고, 그것을 성문화(成文化)하여 받든다는 뜻.

3) 作則(작칙) : 법칙으로 만들다. 군자의 행동이 잘못된 것이라도 군자의 행동
   이므로 백성은 그것을 옳은 것으로 알고 법칙으로 삼는다는 뜻.

4) 成其親(성기친) : 그 어버이를 이루다. 어버이의 명예를 온전하게 한다는 뜻.

5) 人之成名(인지성명) : 남이 이루어주는 이름. 곧 남이 군자라고 일컬어 군자
   가 되는 것이라는 뜻.

6) 不能有其身(불능유기신) : 그 몸이 있을 수 없다. 곧 남이 복종하지 않으므
   로 그 몸을 보전할 수 없다는 뜻.

7) 不過乎物(불과호물) : 사물을 잘못되지 않게 하다. 곧 사물의 도리에 벗어나
   지 않는다는 뜻.

8) 不閉其久(불폐기구) : 막히지 않고 영구하다.

9) 無爲而物成(무위이물성) : 하지 않으면서도 만물이 이루어지다. 곧 인위적
   (人爲的)으로 하지 않아도 저절로 된다는 뜻.

10) 惷愚(송우) : 어리석다는 뜻.

11) 冥煩(명번) : 사리에 어둡다. 우매(愚昧)하다.

12) 蹴然(축연) : 엄숙하고 공경하는 모양.

제28편 중니연거(仲尼燕居第二十八)

　이 편은 공자가 한가한 때에 그의 제자인 자장(子張), 자공(子貢), 자유(子游) 등에게 예에 관한 것을 설명한 내용이다. 편의 이름은 다른 뜻이 없이 처음에 나온 글자를 따서 붙인 것이다.
　이 편은 문장이 비록 유려하나 그 뜻이 산만한 곳이 많은 것으로 보아 공자의 말씀이 아니라고 석량(石梁) 왕씨(王氏)가 말했다.

1. 예란 무엇인가

　중니(仲尼)가 한가로이 있을 때 자장(子張)과 자공(子貢)과 언유(言游 : 子游)가 모시고 있었는데, 이런 저런 말을 하다가 이야기가 예(禮)에 이르러, 공자가 말하였다.
　"너희 세 사람은 거기 앉아라. 내 너희들에게 예에 대해 말하여 너희들로 하여금 예를 가지고 두루 베풀어서 절도(節度)에 맞지 않는 일이 없도록 하겠다."
　자공이 자리를 넘어서 대답하기를
　"감히 묻자옵건대 예(禮)란 어떠한 것입니까."
　하니, 공자가 말하였다.
　"공경하면서 예에 맞지 않으면 그것을 야(野)라 이르고, 공손하면서 예에 맞지 않으면 그것을 급(給)이라 이르며, 용감하면서 예에 맞지 않으면 그것을 역(逆)이라 이른다."
　공자가 계속하여 말하였다.
　"공손하면서 예에 맞지 않는 것은 인자함을 빼앗는 것이다."

공자가 또 말하였다.

"사(師)야, 너는 지나치고, 상(商)은 미치지 못한다. 자산(子産)은 사람들의 어머니와 같아서 능히 사람들을 먹일 수는 있으나 능히 가르치지는 못한다."

자공이 자리를 넘어서 말하기를

"감히 여쭙겠습니다. 장차 무엇으로써 중용적인 것이라고 할 수 있습니까."

하니, 공자가 말하였다.

"그것은 예(禮)이다. 그것은 예이니, 대저 예라는 것은 절제(節制)로써 중용을 이루는 것이다."

자공이 물러나니 언유(言游)가 나아가 묻기를

"감히 묻자오건대, 예라고 하는 것은 악(惡)을 다스리고 선(善)을 온전하게 하는 것입니까."

하니, 공자가 말하였다.

"그렇다."

언유가 다시 묻기를

"그렇다면 어떻게 하는 것입니까."

하니, 공자가 말하였다.

"교제(郊祭)와 사제(社祭)의 의의는 귀신을 공경하는 데 있고, 상제(嘗祭)와 체제(禘祭)의 예(禮)는 소목(昭穆)의 차례에 있고, 궤전(饋奠)의 예는 사상(死喪)을 치르는 데 있고, 사향(射鄕)의 예는 향당(鄕堂)에 있고, 사향(食饗)의 예는 빈객(賓客)에게 있다."

공자는 또 계속해서 말하였다.

"교제와 사제의 의의와, 상제와 체제의 예에 밝으면 나라를 다스리는 것이 손바닥을 가리키는 것과 같이 쉽다.

그런 까닭에 이것으로써 집에 거처하면 예가 있으므로 장유(長幼)가 분별되며, 이것으로써 규문(閨門) 안에 있으면 예가 있으므로 삼족(三族)이 화목하며, 이것으로써 조정에 나가면 예가 있으므로 관작(官爵)의 차서가 정연하며, 이것으로써 사냥을 하면 예가 있으므로 군사의 훈련이 잘 되며, 이것으로써 군대에 적용하면 예가 있으므로 무공(武功)이 이루어진다.

그런 까닭에 궁실(宮室)이 그 법도(法度)를 얻고, 양정(量鼎)이 그 규격(規格)을 얻고, 맛은 그 제때를 얻고, 음악은 그 절(節)을 얻고, 수레는 그 싣는 것을 얻고, 귀신은 그 흠향(歆饗)을 얻고, 상기(喪紀)는 그 슬픔을 얻고, 변설(辨說)은 그 무리를 얻고, 관(官)은 그 직책을 얻고, 정사(政事)는 그 베풂을 얻어, 한 몸에 보태어 앞에 놓아두면 무릇 대중의 움직임은 그 마땅함을 얻게 된다."

공자가 계속하여 말하였다.

"예란 무엇인가. 그것은 곧 사물을 다스리는 일이다. 군자는 그 일이 있으면 반드시 그것을 다스리게 되는데, 나라를 다스리되 예(禮)가 없으면 비유컨대 장님에게 옆에서 돕는 자가 없는 것과 같은 것이다.

창창(倀倀)해서 어디로 갈 것인가. 비유컨대 밤새도록 어두운 방 안에서 무엇을 찾는 것과 같은 것으로 촛불이 아니면 무엇을 볼 수 있을 것인가.

만약 예가 없다면 손과 발을 놓아둘 곳이 없고, 귀와 눈에 보태는 것이 없고, 나아가고 물러나는 것과 읍양(揖讓)하는 것을 절제할 수가 없다.

이런 까닭에 그것으로써 집에 거처하면 어른과 어린아이가 그 분별을 잃고, 규문(閨門) 안에서는 삼족(三族)이 그 화목을 잃고, 조정에 나가서는 관작(官爵)이 그 차례를 잃고, 사냥을 나가서나 군사 훈련을 하는데에 그 방책(方策)을 잃고, 군대에 있어서는 무공(武功)이 그 통제를 잃고, 궁실(宮室)에서는 그 법도를 잃고, 양정(量鼎)이 그 규격을 잃고, 맛이 그 제때를 잃고, 음악이 그 절(節)을 잃고, 수레가 그 싣는 것을 잃고, 귀신이 그 흠향(歆饗)을 잃고, 상기(喪紀)는 그 슬픔을 잃고, 변설(辨說)은 그 무리를 잃고, 관(官)은 그 직책을 잃고, 정사(政事)는 그 베푸는 것을 잃어, 한 몸에 보태어 앞에 놓아두면 무릇 대중의 움직임이 그 마땅함을 잃을 것이니, 이와 같으면 대중을 처음부터 화합하게 할 수가 없다."

　仲尼[1]燕居[2]어시늘 子張과 子貢과 言游[3] 侍러니 縱言[4]至於禮하여 子曰
하시되 居하라 女三人者아 吾語女禮하여 使女 以禮로 周流無不徧也케하리
라 子貢이 越席[5]而對曰하되 敢問何如잇고 子曰하시되 敬而不中禮를 謂之
野[6]오 恭而不中禮를 謂之給[7]이오 勇而不中禮를 謂之逆[8]이니라 子曰하시
되 給은 奪慈仁[9]하나니라

　子曰하시되 師[10]아 爾는 過하고 而商[11]也는 不及하나 子産[12]은 猶衆人之
母也하여 能食之하고 不能敎也하나니라 子貢이 越席而對曰하되 敢問將何
以爲此中者也잇고 子曰하시되 禮乎아 禮니 夫禮는 所以制中也니라

　子貢이 退커늘 言游 進曰하되 敢問禮也者는 領[13]惡而全好者與잇가 子
曰하시되 然하니라 然則何如잇고 子曰하시되 郊社之義는 所以仁鬼神也오 嘗
禘之禮는 所以仁昭穆也오 饋奠[14]之禮는 所以仁死喪也오 射鄕[15]之禮
는 所以仁鄕黨也오 食饗之禮는 所以仁賓客也니라

　子曰하시되 明乎郊社之義와 嘗禘之禮하면 治國은 其如指諸掌而已
乎인저 是故로 以之居處 有禮故로 長幼 辨也하며 以之閨門之內有禮故
로 三族[16]이 和也하며 以之朝廷이 有禮故로 官爵이 序也하며 以之田獵이
有禮故로 戎事 閑[17]也하며 以之軍旅 有禮故로 武功 成也하나니라

　是故로 宮室이 得其度하며 量鼎[18]이 得其象[19]하며 味得其時하며 樂得
其節하며 車得其式[20]하며 鬼神이 得其饗하며 喪紀得其哀하며 辨說이 得
其黨하며 官得其體하며 政事 得其施하며 加於身而錯於前에 凡衆之動이
得其宜니라

　子曰하시되 禮者는 何也오 卽事之治也니 君子 有其事하면 必有其治하
니 治國而無禮면 譬猶瞽之無相與인저 倀倀[21]乎其何之리오 譬如終夜有
求於幽室之中하되 非燭이면 何見이리오 若無禮면 則手足을 無所錯하며 耳
目을 無所加하며 進退揖讓을 無所制니 是故로 以之居處에 長幼 失其別
하며 閨門에 三族이 失其和하며 朝廷에 官爵이 失其序하며 田獵에 戎事失
其策하며 軍旅에 武功이 失其制하며 宮室이 失其度하며 量鼎이 失其象하
며 味失其時하며 樂失其節하며 車失其式하며 鬼神이 失其饗하며 喪紀失
其哀하며 辨說이 失其黨하며 官失其體하며 政事 失其施하며 加於身而錯

於前에 凡衆之動이 失其宜니 如此則無以祖洽於衆[22]也니라

1) 仲尼(중니) : 공자(孔子)의 자(字).

2) 燕居(연거) : 한가로이 있을 때.

3) 子張子貢言游(자장 자공 언유) : 공자의 제자들. 언유(言游)는 자유(子游)
　 를 이르는 말인데, 언(言)은 자유의 성(姓)이다.

4) 縱言(종언) : 이런 저런 여러 가지 일을 말한다는 뜻.

5) 越席(월석) : 자리를 넘다. 곧 질문하기 위해 자기 자리에서 자리를 옮겨 앉
　 는다는 뜻.

6) 野(야) : 촌스럽다는 뜻.

7) 給(급) : 아첨하는 모습. 자공의 변설이 이와 가깝다는 뜻.

8) 逆(역) : 어긋나고 싸운다는 뜻.

9) 給奪慈仁(급탈자인) : 급(給)은 아첨하는 모습으로서, 겉으로만 공경하는
　 척하고 실상은 예가 없는 것이니, 인자한 것을 빼앗는다는 뜻. 탈은 난(亂)의
　 뜻으로 어지럽힌다고도 풀이한다.

10) 師(사) : 자장(子張)을 가리킨다.

11) 商(상) : 자공(子貢)을 가리킨다.

12) 子産(자산) : 춘추시대 정(鄭)나라의 정치가. 성(姓)은 공손(公孫), 이름
　　 은 교(僑). 자산(子産)은 그의 자(字).

13) 領(영) : 다스리다. 치(治)의 뜻.

14) 饋奠(궤전) : 상례(喪禮) 때에 드리는 제전(祭奠).

15) 射鄕(사향) : 향사(鄕射)와 향음주례(鄕飮酒禮).

16) 三族(삼족) : 여기서는 아버지와 아들과 손자의 3대를 말한다.

17) 戎事閑(융사한) : 군사(軍事) 훈련이 잘된다는 뜻.

18) 量鼎(양정) : 양(量)은 물건의 크기. 정(鼎)은 물건의 무게.

19) 象(상) : 규격(規格).

20) 式(식) : 싣다. 재(載)의 뜻.

21) 倀倀(창창) : 갈 곳을 몰라 방황하는 모양.

22) 無以祖洽於衆(무이조흡어중) : 대중을 처음부터 화합하게 할 수가 없다는
　　 뜻. 조는 시(始)의 뜻. 흡은 합(合)의 뜻.

2. 대향에는 4가지가 있다

공자가 말하였다

"삼가 들어라. 너희 세 사람이여. 내 너희에게 예(禮)에 대해 말해 주겠다. 아직도 9가지가 있는데, 대향(大饗)에 4가지가 있으니, 진실로 이것을 알아 두어라. 비록 시골에서 지내더라도 그것을 섬기면 성인(聖人)이 된다.

두 임금이 서로 만나 절하고 사양하며 문으로 들어가는데, 문으로 들어가면 종(鐘)과 경(磬)의 음악이 연주된다. 절하고 사양하며 당(堂)에 오르는데 당에 오르면 음악이 끝난다.

악공(樂工)이 당에서 내려와 관악(管樂)으로 상무(象武)의 곡(曲)을 연주하며, 약(籥)으로 대하(大夏)의 곡을 연주하여 모든 곡이 차례로 연주된다. 그 천조(薦俎)를 벌려놓고, 그 예악(禮樂)을 차례로 진행하며, 그 백관(百官)을 갖추는데, 이와 같이 한 뒤에라야 군자는 인(仁)을 아는 것이다.

행동이 법규에 맞으며, 돌고 움직이는 것이 법도에 맞으며, 방울소리가 채자(采齊)에 맞으며, 객(客)이 나갈 때에는 옹(雍)의 시로써 노래하여 보내며, 상을 물릴 때는 진우(振羽)의 노래를 부른다. 그런 까닭에 군자는 사물을 대함에 있어 예(禮)가 존재하지 않음이 없다.

문에 들어갈 때 종(鐘)과 경(磬)을 울리는 것은 정(情)을 보이는 것이고, 당(堂)에 오른 뒤에 청묘(淸廟)의 시를 노래하는 것은 덕(德)을 숭상함을 보이는 것이며, 악공이 당에서 내려와 관악(管樂)으로 상무(象武)의 곡을 연주하는 것은 섬긴다는 뜻을 보이는 것이다. 그런 까닭에 옛날의 군자는 친히 만날 때는 서로 더불어 말이 필요하지 않았던 것이요, 예악(禮樂)으로써 서로의 뜻을 보였을 따름이다."

공자가 계속하여 말하였다.

"예(禮)라는 것은 도리요, 악(樂)이라는 것은 절도이다. 군자는 도리가 없으면 움직이지 않고, 절도가 없으면 행하지 않는다.
시(詩)를 하지 못하면 예가 어긋나고, 악(樂)을 하지 못하면 예
가 서투르게 되며, 덕(德)이 박(薄)하면 예가 공허하게 되는 것
이다."

공자가 이어서 말하였다.

"제도(制度)는 예에 있고, 훌륭한 행위도 예에 있으니, 그것을
행하는 것은 그 사람에 있는 것이다."

자공(子貢)이 자리를 넘어서 묻기를

"감히 여쭙겠습니다. 기(夔)는 그것을 잘하지 못하였습니까."
하니, 공자가 대답하였다.

"그는 옛날 사람이다. 그는 옛날 사람이었느니라. 예에는 통달
하면서 악(樂)에 통달하지 못하면 그것을 일러 서투르다 하고, 악
에는 통달하면서 예에 통달하지 못하면 그것을 일러 편벽되다고
하는데, 대저 기(夔)는 악에는 통달하면서 예에는 통달하지 못하
였다. 그래서 이런 이름이 전하는 것이지만 그는 옛날 사람이다."

子曰하시되 愼聽之하라 女三人[1]者아 吾語女禮하리니 猶有九焉하니 大饗
에 有四焉하니 苟知此矣면 雖在畎畝[2]之中하나 事之면 聖人已니라 兩君
이 相見하셔 揖讓而入門이어시든 入門而縣興[3]하며 揖讓而升堂이어시든 升
堂而樂闋하며 下管象武[4]하며 夏籥[5]序興[6]하며 陳其薦俎하며 序其禮樂하
며 備其百官이니 如此而后에 君子 知仁焉이니라 行中規하며 還中矩하며
和鸞[7]이 中采齊[8]하며 客出에 以雍[9]하며 徹以振羽[10]하나니 是故로 君子는
無物而不在禮矣니라 入門而金作[11]은 示情也오 升歌淸廟[12]는 示德也오
下而管象은 示事也니 是故로 古之君子 不必親相與言也오 以禮樂으로
相示而已니라

子曰하시되 禮也者는 理也오 樂也者는 節也니 君子는 無理어든 不動하며
無節이어든 不作하나니 不能詩하면 於禮에 繆하고 不能樂하면 於禮에 素하고
薄於德하면 於禮에 虛하나니라

子曰하시되 制度 在禮하고 文爲[13]在禮하니 行之는 其在人乎인저 子貢이
越席而對曰하되 敢問夔[14]其窮與잇가 子曰하시되 古之人與인저 古之人也

라 達於禮而不達於樂을 謂之素오 達於樂而不達於禮를 謂之偏이니 夫
夔 達於樂而不達於禮라 是以로 傳於此名[15]也하나 古之人也라

1) 三人(삼인) : 앞의 글의 계속이니 자장(子張)·자공(子貢)·자유(子游) 세
   사람의 제자를 가리킨다.
2) 畎畝(견묘) : 시골, 전원(田園)을 뜻한다.
3) 縣興(현흥) : 종(鐘)과 경(磬)의 음악이 연주되는 것을 뜻한다.
4) 下管象武(하관상무) : 악공(樂工)이 당(堂)에서 내려와 관악기(管樂器)로
   상무(象武)를 연주한다는 뜻. 상무(象武)는 곡(曲)의 이름.
5) 夏籥(하약) : 약(籥)으로 대하(大夏)의 곡을 연주한다는 뜻. 약은 피리의 일
   종, 대하(大夏)는 곡명(曲名).
6) 序興(서흥) : 차례로 연주된다는 뜻.
7) 和鸞(화란) : 화(和)와 난(鸞)은 둘다 수레에 다는 방울.
8) 采齊(채자) : 악장(樂章)의 이름.
9) 雍(옹) : 시(詩)의 이름.
10) 徹以振羽(철이진우) : 상을 물릴 때는 진우(振羽)를 노래한다는 뜻. 진우
    (振羽)는 곡명(曲名).
11) 金作(금작) : 종(鐘)과 경(磬)의 소리가 연주된다는 뜻.
12) 升歌淸廟(승가청묘) : 당(堂)에 올라 청묘(淸廟)의 시(詩)를 노래하다.
13) 文爲(문위) : 예절에 맞는 행동.
14) 夔(기) : 순(舜)임금의 신하로서, 음악의 체계를 처음 세운 사람.
15) 此名(차명) : 예에 밝지 못하다는 이름.

3. 행하고 그것을 즐기는 것이 악이다

자장(子張)이 정치에 대해 물어서 공자가 말하였다.

"사(師)야, 앞서 내가 너에게 말하지 않았더냐. 군자(君子)가
예악(禮樂)에 밝으면 그것을 들어서 정사에 시행할 따름이다."

이에 자장이 다시 물으니, 공자가 말하였다.

"사야, 너는 반드시 안석과 대자리를 펴며, 오르고 내리고 잔을
올리고 잔을 주고받은 연후라야 그것을 일러 예(禮)라고 생각하

느냐. 너는 반드시 춤추는 행렬을 만들고, 깃과 피리를 들고 춤을 추며, 종과 북을 울린 연후라야 그것을 일러 악(樂)이라고 생각하느냐. 말하고서 그것을 행동에 옮기는 것이 예(禮)요, 행하고서 그것을 즐기는 것이 악(樂)이다. 군자는 이 2가지를 힘써서 남면(南面)하여 설뿐이다.

대저 그런 까닭에 천하가 태평하여 제후가 조회(朝會)하며, 만물이 도리에 따라 어긋남이 없으며, 백관(百官)이 감히 맡은 일을 다하지 않는 일이 없는 것이다.

예가 일어나는 것은 대중이 다스려지는 것이요, 예가 퇴폐하는 것은 대중이 어지러워지는 것이다. 눈짐작으로 지은 집에도 오(奧)와 조(阼)가 있으며, 자리는 윗자리와 아랫자리가 있으며, 수레에는 왼쪽자리와 오른쪽자리가 있으며, 다닐 때에는 따르는 사람이 있으며, 서 있을 때에는 차례가 있는 것으로 이것이 옛날의 의리이다.

집에 오(奧)와 조(阼)가 없으면 집을 어지럽게 하는 것이요, 자리에 윗자리와 아랫자리가 없으면 자리를 어지럽게 하는 것이요, 수레에 왼쪽자리와 오른쪽자리가 없으면 수레를 어지럽게 하는 것이요, 다닐 때 따르는 사람이 없으면 길을 어지럽게 하는 것이요, 서 있을 때 차례가 없으면 위치를 어지럽게 하는 것이다.

옛날에 성제(聖帝)나 명왕(明王)이나 제후가, 귀하고 천한 것과, 어른과 어린아이와, 멀고 가까운 것과, 남자와 여자와, 밖과 안을 분별하여 감히 서로 분수에 넘치는 일이 없게 하였으니, 이것은 모두 이 길에서 말미암은 것이다.”

세 사람은 이미 이 말을 공자에게 듣고 나서 눈앞이 확 트이는 것 같이 밝아졌다.

子張이 問政한대 子曰하시되 師乎아 前에 吾語女乎인저 君子 明於禮樂하면 擧而錯之[1]而已니라 子張이 復問한대 子曰하시되 師아 爾以爲必鋪几筵하며 升降酌獻酬酢然後에사 謂之禮乎아 爾以爲必行綴兆[2]하며 興羽籥하며 作鐘鼓然後에사 謂之樂乎아 言而履之禮也오 行而樂之樂也니

君子 力此二者하여 以南面而立이라 夫是以로 天下 大平也하여 諸侯 朝하여 萬物이 服體[3]하며 而百官이 莫敢不承事矣니라

禮之所興은 衆之所治也오 禮之所廢는 衆之所亂也니 目巧之室[4]이나 則有奧阼[5]하며 席則有上下[6]하며 車則有左右[7]하며 行則有隨[8]하며 立則有序[9]하니 古之義也라

室而無奧阼하면 則亂於堂室也오 席而無上下하면 則亂於席上也오 車而無左右하면 則亂於車也오 行而無隨하면 則亂於塗也오 立而無序하면 則亂於位也니 昔聖帝明王諸侯 辨貴賤長幼遠近男女外內하셔 莫敢相踰越이 皆由此塗出也하니라 三子者 旣得聞此言也를 於夫子하고 昭然[10]若發矇矣러라

1) 擧而錯之(거이조지) : 그것을 들어서 정사에 시행한다는 뜻.

2) 綴兆(철조) : 춤추는 사람의 행렬.

3) 萬物服體(만물복체) : 모든 사물이 도리에 따라서 어긋나지 않는다는 뜻.

4) 目巧之室(목교지실) : 눈짐작으로 지은 집. 곧 규구(規矩)와 먹줄 따위를 써서 정확하게 지은 집이 아니라는 뜻.

5) 奧阼(오조) : 오(奧)는 집의 서남쪽 모퉁이에 있는 방으로 높은 사람이 거처하는 곳이고, 조(阼)는 집의 동쪽 계단으로 주인이 오르내리는 곳이다.

6) 上下(상하) : 상은 윗자리, 하는 아랫자리. 남쪽이나 서쪽이 윗자리다.

7) 左右(좌우) : 왼쪽자리와 오른쪽자리. 왼쪽이 높은 자리다.

8) 有隨(유수) : 종자(從子)로서 윗사람을 수행(隨行)하는 자가 있다는 말.

9) 有序(유서) : 귀천(貴賤)이나 장유(長幼)의 차례가 있다는 말.

10) 昭然(소연) : 밝은 모양.

제29편 공자한거(孔子閑居第二十九)

이 편은 공자가 한가하게 지낼 때 그의 제자인 자하(子夏)에게 삼왕(三王)의 덕과 삼무(三無)와 삼무사(三無事)에 대해 설명한 것이다.

1. 어떻게 해야 백성의 부모인가

공자가 한가롭게 있을 때 자하(子夏)가 모시고 있었는데, 자하가 묻기를

"감히 여쭙겠습니다. 『시경(詩經)』에 이르기를 '화락하신 임금님이여, 백성의 부모로다.' 라고 하였는데, 어떻게 해야 백성의 부모라고 이를 수 있는 것입니까."

하니, 공자가 말하였다.

"무릇 백성의 부모는 반드시 예악(禮樂)의 근본에 통달하여 오지(五至)를 이루고, 삼무(三無)를 행하여 널리 천하에 펴서 사방에 재앙의 조짐이 있으면 반드시 그것을 먼저 아는데, 이것을 일러 백성의 부모라고 한다."

자하가 또 묻기를

"백성의 부모라는 것에 대해서는 이미 그것을 들어서 알겠습니다. 감히 여쭙겠습니다. 무엇을 오지(五至)라고 이릅니까."

하니, 공자가 말하였다.

"뜻이 이르는 곳에 시(詩) 또한 이르며, 시가 이르는 곳에 예(禮) 또한 이르며, 예가 이르는 곳에 즐거움이 또한 이르며, 즐거

움이 이르는 곳에 슬픔이 또한 이르러서 슬픔과 즐거움이 서로 생
기게 하는 것이다. 그런 까닭에 눈을 바르고 밝게 떠서 그것을 보
려고 해도 볼 수가 없으며, 귀를 기울여서 그것을 들으려고 해도
들을 수가 없다. 뜻과 기(氣)가 하늘과 땅 사이에 가득 찼으니, 이
것을 일러 오지(五至)라 이르는 것이다.”

　　孔子 閒居어시늘 子夏 侍러니 子夏[1] 曰하되 敢問詩云[2]凱弟君子[3]여 民
之父母라하니 何如면 斯可謂民之父母矣잇고 孔子 曰하시되 夫民之父母
乎인저 必達於禮樂之原하여 以致五至而行三無하여 以橫[4]於天下하여 四
方有敗[5]에 必先知之하나니 此之謂民之父母矣니라
　　子夏 曰하되 民之父母는 旣得而聞之矣어니와 敢問何謂五至잇고 孔子
曰하시되 志之所至에 詩亦至焉하며 詩之所至에 禮亦至焉하며 禮之所至
에 樂亦至焉하며 樂之所至에 哀亦至焉하여 哀樂이 相生[6]하나니 是故로 正
明目而視之라도 不可得而見也며 傾耳而聽之라도 不可得而聞也오 志
氣塞乎天地[7]하니 此之謂五至니라

1) 子夏(자하) : 공자의 제자.
2) 詩云(시운) : 『시경(詩經)』 대아(大雅) 형작편(泂酌篇)에 있는 말.
3) 凱弟君子(개제군자) : 화락(和樂)하신 우리 임금님. 개제(凱弟)는 화락(和
　　樂)의 뜻, 군자는 여기서 임금을 가리킨다.
4) 橫(횡) : 광(廣)과 통한다.
5) 敗(패) : 재앙의 조짐(兆朕)을 말한다.
6) 哀樂相生(애락상생) : 슬픔과 즐거움이 서로 생기게 한다. 곧 임금이 백성의
　　삶을 즐거워하고 백성의 죽음을 슬퍼한다면 백성도 임금의 삶을 즐거워하고
　　임금의 죽음을 슬퍼하게 된다는 뜻.
7) 塞乎天地(색호천지) : 천지 사이에 가득 차다.

2. 삼무(三無)란 무엇입니까

자하(子夏)가 묻기를

“오지(五至)에 대해서는 이미 그것을 들어서 알겠습니다. 감히

여쭙겠습니다. 무엇을 삼무(三無)라 이릅니까."

하니, 공자가 말하였다.

"소리가 없는 음악과, 형체(形體)가 없는 예(禮)와, 복(服)이 없는 상(喪)을, 삼무(三無)라 이르는 것이다."

자하가 또 묻기를

"삼무에 대해서는 이미 그것을 들어서 대략 알겠습니다. 감히 여쭙겠습니다. 어떤 시(詩)가 거기에 가깝습니까."

하니, 공자가 말하였다.

"밤낮으로 그 천명(天命)을 좇아 너그럽고 편안히 하는 것은 소리 없는 음악이요, 위의(威儀)가 성대하여 선택할 것이 없는 것은 형체가 없는 예의이며, 무릇 백성에게 상(喪)이 있을 때 급히 달려가서 그것을 구제하는 것은 복(服)이 없는 상(喪)이다."

자하가 또 묻기를

"말씀이 크고 아름답고 성대합니다. 말씀이 여기서 다할 뿐입니까."

하니, 공자가 말하였다.

"어찌 그렇겠느냐. 군자가 그것을 익혀 행하려면 오기(五起)가 있어야 한다."

　　子夏 曰하되 五至는 旣得而聞之矣어니와 敢問何謂三無잇고 孔子 曰하시되 無聲之樂과 無體之禮와 無服之喪이 此之謂三無니라 子夏 曰하되 三無는 旣得略而聞之矣어니와 敢問何詩近之잇고 孔子 曰하시되 夙夜에 其命宥密은 無聲之樂也[1]오 威儀逮逮[2]不可選也는 無體之禮也[3]오 凡民有喪에 匍匐救之는 無服之喪也[4]라

　　子夏 曰하되 言則大矣美矣盛矣니 言盡於此而已乎잇가 孔子 曰하시되 何爲其然也리오 君子之服之[5]也 猶有五起[6]焉하니라

1) 夙夜～無聲之樂也(숙야～무성지악야) :『시경(詩經)』주송(周頌) 호천유성명편(昊天有成命篇)의 구절. 문왕(文王)과 무왕(武王)이 밤낮으로 천명(天命)을 받들어 애써서 너그럽고 편안한 정치를 베풀어 백성을 안정시켰다는 내용. 임금이 어진 정치를 행하면 백성이 기뻐하는 것이 음악을 즐기는 것

과 같으니, 소리 없는 음악에 비유한 것이다. 기명유밀(其命宥密)은 그 천명 (天命)을 좇아 너그럽고 편안하게 하다의 뜻으로 유(宥)는 너그러움, 밀(密) 은 편안하다의 뜻이다.

2) 逮逮(체체) : 성대(盛大)한 모양.

3) 威儀~無體之禮也(위의~무체지예야) : 어진 사람의 위의(威儀)가 성대한 것이 스스로 상도(常度)가 있어 선택할 것이 없다는 뜻에서 형체 없는 예(禮) 에 비유한 것이다.

4) 凡民~無服之喪也(범민~무복지상야) : 범민~구지(救之)는 『시경(詩 經)』 패풍(邶風) 곡풍편(谷風篇)의 구절. 사람이 죽었을 때 급하게 달려가 서 돕게 되는데 그것은 유복친(有服親)의 경우가 아니라도 그렇게 하는 것 이니, 복(服)이 없는 상(喪)에 비유한 것이다.

5) 君子之服之(군자지복지) : 군자가 그것을 익히다.

6) 起(기) : 안에서 발동하여 밖으로 나가고, 가까운 데서 먼 데로 미친다는 뜻.

3. 오기(五起)란 무엇입니까

자하(子夏)가 묻기를

"오기(五起)는 무엇입니까."

하니, 공자가 말하였다.

"소리 없는 음악은 기(氣)와 지(志)가 어긋나지 않고, 형체 없 는 예(禮)는 위의(威儀)가 침착하고, 복(服) 없는 상(喪)은 마 음 속으로 남을 헤아려 몹시 슬퍼한다.

소리 없는 음악은 기(氣)와 지(志)가 이미 얻어지고, 형체 없 는 예는 위의가 엄숙하고, 복(服) 없는 상(喪)은 베풀어서 사방 의 나라에 미친다.

소리 없는 음악은 기와 지가 이미 따르고, 형체 없는 예는 상하 (上下)가 화동(和同)하고, 복 없는 상은 그것으로써 만방(萬邦) 을 기른다.

소리 없는 음악은 날로 사방에 들리고, 형체 없는 예는 날로 진보 하고 달마다 발전하고 복 없는 상은 지순한 덕(德)이 몹시 밝다.

소리 없는 음악은 기와 지가 이미 일어나고, 형체 없는 예는 베풀어 사해(四海)에 미치고, 복 없는 상은 자손에게 베풀어진다.

子夏 曰하되 何如잇고 孔子 曰하시되 無聲之樂은 氣志不違하고 無體之禮는 威儀遲遲[1]하고 無服之喪은 內恕[2]孔悲하고 無聲之樂은 氣志旣得하고 無體之禮는 儀威翼翼[3]이오 無服之喪은 施及四國하며 無聲之樂은 氣志旣從이오 無體之禮는 上下 和同이오 無服之喪은 以畜萬邦하며 無聲之樂은 日聞四方이오 無體之禮는 日就月將[4]이오 無服之喪은 純德孔明하며 無聲之樂은 氣志旣起오 無體之禮는 施及四海오 無服之喪은 施于孫子니라

1) 遲遲(지지) : 침착하고 장중한 모양. 절박감(切迫感)이 없는 모양.
2) 內恕(내서) : 속으로 생각하다. 나를 미루어 남을 생각한다는 뜻. 마음 속으로 헤아리다.
3) 翼翼(익익) : 엄숙한 모양. 공경하고 삼가하는 모양.
4) 月將(월장) : 달로 발전하다.

4. 이것을 3가지 사사로움이 없는 것이라 한다

자하(子夏)가 묻기를

"삼왕(三王)의 덕(德)은 하늘과 땅 같다고 합니다. 감히 여쭙겠습니다. 어떠한 것이라야 그것이 하늘과 땅 같다고 할 수 있는 것입니까."

하니, 공자가 말하였다.

"3가지 사사로움이 없는 것을 받들어서 천하를 위해 노력하였던 것이다."

자하가 묻기를

"감히 여쭙겠습니다. 무엇을 3가지 사사로움이 없는 것이라고 하는 것입니까."

하니, 공자가 말하였다.

"하늘은 사사로이 덮는 일이 없고, 땅은 사사로이 싣는 일이 없

고, 해와 달은 사사로이 비추는 일이 없는 것으로 이 3가지를 받들어서 천하를 위해 노력하였다. 이것을 일러 3가지 사사로움이 없는 것이라고 한다.

그 시(詩)에 있어 말하기를 '하늘의 명을 어기지 않아 탕왕에 이르러 왕업을 이루셨네. 탕왕은 알맞게 태어나시고 성스러움 날로 더해만 가네. 밝게 이르러 침착하였으며 하느님을 이에 공경하시니 하늘이 온 세상의 법도가 되도록 하셨네.'라고 하였으니, 이것이 탕왕의 덕이다.

하늘에 사시(四時)가 있다. 봄·여름·가을·겨울과 바람·비·서리·이슬이 하늘의 가르침이 아닌 것이 없다. 땅은 신기(神氣)를 실었다. 신기는 바람과 번개인데 바람과 번개의 작용은 흔적을 흘려 모든 물질이 드러나게 하는 것이다. 모든 물질은 땅의 가르침이 아닌 것이 없다.

청명(淸明)의 덕이 몸에 있어 기지(氣志)가 신(神)과 같다. 하고자 하는 것이 장차 이르려면 하늘이 반드시 먼저 그 조짐을 보여준다. 하늘이 때 맞추어 비를 내리려면 산천(山川)이 구름을 내보내는 것이 그것이다.

그 시(詩)에 있어서 이르기를 '높이 치솟은 산봉우리 하늘에 닿을 듯하네. 이 봉우리에 신령님이 내려오셔 보씨와 신씨를 낳으셨네. 이 신씨와 보씨는 오직 주나라의 기둥이로세. 사방의 나라 울타리이시며 온 세상에 덕을 베풀었네.'라고 하였으니, 이것이 문왕(文王)과 무왕(武王)의 덕이다.

삼대(三代)의 왕은 반드시 그 아름다운 명성(名聲)이 먼저 들렸다. 시(詩)에 이르기를 '밝으신 천자께서는 아름다운 명성이 그치지 않고.'라고 했으니 삼대(三代)의 덕이요, '어지신 그 덕을 널리 펴시어 천하를 만족하게 하셨네.'라고 하였으니, 이것은 태왕(大王)의 덕이다."

자하가 벌떡 일어나 벽을 등지고 서서 말하였다.

"제자(弟子)가 감히 승복하지 않겠습니까."

子夏 曰하되 三王[1]之德이 參[2]於天地하시니 敢問何如면 斯可謂參天地矣잇고 孔子 曰하시되 奉三無私[3]하셔 以勞天下하시니라 子夏 曰하되 敢問何謂三無私잇고 孔子 曰하시되 天無私覆하며 地無私載하며 日月이 無私照하니 奉斯三者하셔 以勞天下하시니 此之謂三無私니 其在詩曰[4]하되 帝命不違[5]하여 至於湯齊[6]어늘 湯降不遲[7]하셔 聖敬日齊[8]하셔 昭假遲遲[9]하셔 上帝是祗하신대 帝命式于九圍[10]라하니 是湯之德也라

天有四時하니 春秋冬夏와 風雨霜露 無非教也며 地載神氣하나니 神氣風霆이니 風霆이 流形하여 庶物이 露生하나니 無非教也니라

清明[11]이 在躬하여 氣志如神이라 嗜欲[12]將至에 有開必先[13]하나니라 天降時雨에 山川出雲하나니라 其在詩曰[14]하되 嵩高維嶽이 峻極于天하니 維嶽이 降神하여 生甫及申[15]이로다 維申及甫 爲周之翰[16]하여 四國于蕃[17]이며 四方于宣이라하니 此 文武之德也라 三代之王也에 必先其令聞하시니 詩云[18]하되 明明天子여 令聞不已라하니 三代之德也오 弛其文德하셔 協此四國이라하니 大王[19]之德也라 子夏 蹶然[20]而起하여 負墻而立曰하되 弟子는 敢不承乎잇가

1) 三王(삼왕) : 하(夏)나라 우왕(禹王), 은(殷)나라 탕왕(湯王), 주(周)나라 문왕(文王)과 무왕(武王)을 아울러서 이르는 말. 주나라 문왕과 무왕은 함께 일컫는다.

2) 參(참) : 같다는 뜻으로 풀이된다.

3) 三無私(삼무사) : 3가지 사사로움이 없다는 것.

4) 詩曰(시왈) : 『시경(詩經)』 상송(商頌) 장발편(長發篇).

5) 帝命不違(제명불위) : 선조 이래로 하늘의 명(命)을 어기지 않았다는 뜻.

6) 至於湯齊(지어탕제) : 탕왕(湯王)과 더불어 가지런하게 되었다는 뜻.

7) 湯降不遲(탕강부지) : 탕왕의 태어남이 알맞았다는 뜻. 탕강은 탕왕의 출생을 말한다. 탕왕을 신(神)으로 높여 '내려왔다'고 표현한 것이다.

8) 日齊(일제) : 날로 더해 간다는 뜻.

9) 昭假遲遲(소격지지) : 밝은 덕이 천제에게까지 알려지다.

10) 帝命式于九圍(제명식우구위) : 상제(上帝)가 드디어 탕왕에게 명하여 구주(九州)의 왕이 되게 하였다는 뜻.

11) 清明(청명) : 청정광명(清淨光明)한 덕(德)을 말한다.

12) 耆欲(기욕) : 하고자 하는 것.

13) 有開必先(유개필선) : 상제(上帝)가 먼저 그 조짐을 나타낸다는 뜻.

14) 詩曰(시왈) : 『시경(詩經)』 대아(大雅) 숭고편(崧高篇).

15) 甫及申(보급신) : 보씨와 신씨. 보(甫)는 중산보(仲山甫), 신(申)은 신백
(申伯)을 말한다.

16) 翰(한) : 간(幹)과 같은 뜻으로, 줄기 또는 기둥의 뜻.

17) 四國于蕃(사국우번) : 사방의 나라를 지키는 울타리라는 뜻.

18) 詩云(시운) : 『시경(詩經)』 대아(大雅) 강한편(江漢篇).

19) 大王(태왕) : 문왕(文王)의 조부인 고공단보(古公亶父).

20) 蹶然(궐연) : 기뻐서 벌떡 일어서는 모양.

제30편 방기(坊記第三十)

　이 편은 육예(六藝)의 뜻을 기록한 것이다. 방(坊)은 방(防)의 뜻이다. 육예(六藝)의 실수를 방지하기 위한 것으로 선왕(先王)들의 제도로써 민중의 실수를 예방하는 것에 대해 논했다.

1. 군자는 명령으로 욕망을 막는다

　공자가 말하였다.

　"군자(君子)의 도(道)는 비유컨대 둑과 같이 막는 것이라 할까. 백성의 부족한 점을 막는 것이다. 크게 그것을 막아도 백성은 오히려 그것을 넘으려고 하므로 군자는 예(禮)로써 백성의 악덕을 막으며, 형벌로써 방탕함을 막으며, 명령으로써 욕망을 막는다."

　공자가 말하였다.

　"소인(小人)은 가난하면 구차하고, 부유하면 교만하다. 구차하면 도둑질하게 되고, 교만하면 어지러워진다.

　예(禮)라는 것은 사람의 정(情)을 참작하여 절문(節文)을 삼아서 적절하게 백성을 제한하는 둑으로 삼는다.

　그러므로 성인(聖人)이 부귀(富貴)를 제어(制御)하는 데는 백성으로 하여금 부유해도 교만해지지 않도록 하며, 가난해도 구차한 데에 이르지 않도록 하며, 귀해져도 윗사람에게 불만을 품지 않도록 하였다. 이로써 어지러움이 없어지도록 한 것이다."

　子 言之하시되 君子之道는 辟¹⁾ 則坊²⁾ 與신저 坊民之所不足者也라 大

爲之坊하여도 民猶踰之하나니 故로 君子는 禮以坊德[3]하며 刑以坊淫하며 命以坊欲하나니라

子 云하시되 小人은 貧斯約[4]하며 富斯驕라 約斯盜하며 驕斯亂하나니 禮者는 因人之情而爲之節文[5]하여 以爲民坊者也라 故로 聖人之制富貴也에 使民으로 富不足以驕하며 貧不至於約하며 貴不慊於上하나니 故로 亂益亡이니라

1) 辟(비) : 비유하다. 비(譬).

2) 坊(방) : 막다. 방(防). 둑. 제방.

3) 坊德(방덕) : 덕을 막다. 여기서의 덕은 덕이 부족한 것. 곧 악덕을 막는다는 뜻이니, 덕을 기른다는 뜻과 같다.

4) 貧斯約(빈사약) : 가난하면 구차하다.

5) 節文(절문) : 지나친 것은 절약하고, 미치지 못하는 것은 꾸민다는 뜻. 일을 알맞게 제한하여 꾸민다는 뜻.

2. 예는 의심스러운 것을 밝히는 것이다

공자가 말하였다.

"가난하면서도 도(道) 즐기기를 좋아하고, 부유하면서도 예(禮) 행하기를 좋아하며, 가족이 많으면서도 편안하게 해주는 자가 천하에 몇이나 되는가.

시(詩)에 이르기를 '백성들이 망하기를 바라니 괴로운 독약에 편안한 것이라네.' 라고 하였다.

그러므로 제후의 나라를 제어(制御)하는 데는 천승(千乘)을 넘지 못하게 하고, 도성(都城)을 제어하는 데는 백치(百稚)를 넘지 못하게 하였으며, 대부 집안의 부를 제어하는 데에는 백승(百乘)을 넘지 못하게 하였다. 이와 같이 백성을 막았어도 제후 중에는 오히려 배반하는 자가 있었다."

공자가 말하였다.

"대저 예(禮)라는 것은 의심스러운 것을 밝히고 은미(隱微)한 것을 분별하여 그것으로써 백성을 막는 것이다. 그러므로 귀하고

천한 데에는 등급이 있고, 의복에는 신분에 따른 분별이 있으며, 조정에서는 지위에 따른 순서가 있으면, 백성에게 사양하는 바가 있게 되는 것이다."

공자가 말하였다.

"하늘에는 두 해가 없으며, 땅에는 두 왕(王)이 없으며, 집안에는 두 주인이 없으며, 높은 자리에는 두 윗사람이 없는 것은 백성에게 군신(君臣)의 분별이 있음을 보이는 것이다.

춘추(春秋)에서는 초(楚)나라와 월(越)나라 왕의 상(喪)을 일컫지 않았으며, 예(禮)에서는 제후를 군(君)이라 하고 천(天)이라 일컫지 않았고, 대부(大夫)를 임금이라 일컫지 않았으니, 그것은 백성의 의혹(疑惑)을 두려워해서다.

시(詩)에 이르기를 '저 갈단(曷旦)을 보아라. 오히려 아직도 그것을 근심하네.' 라고 하였다."

공자가 말하였다.

"임금이 자기와 같은 성(姓)씨인 사람과 더불어 같은 수레를 타지 않으며, 다른 성씨를 가진 사람과는 같은 수레를 타되 같은 옷을 입지 않는 것은 백성에게 혐의가 없음을 보이는 것이다. 이것으로써 백성을 막아도 백성은 오히려 임금과 같은 성씨를 가진 사람을 추대하여 그 임금을 시해(弑害)한다."

子 云하시되 貧而好樂하며 富而好禮며 衆[1]而以寧者 天下에 其幾矣오 詩云[2]하되 民之貪亂[3]이라 寧爲荼毒[4]이라하니 故로 制國하되 不過千乘[5]하며 都城을 不過百雉[6]하며 家富[7]를 不過百乘하나니 以此坊民하여도 諸侯 猶有畔者[8]하니라

子 云하시되 夫禮者는 所以章疑別微하여 以爲民坊者也니 故로 貴賤이 有等하며 衣服이 有別하며 朝廷이 有位하면 則民有所讓이니라

子 云하시되 天無二日하며 土無二王하며 家無二主하며 尊無二上은 示民有君臣之別也라 春秋[9] 不稱楚越之王喪[10]하며 禮에 君不稱天[11]하며 大夫를 不稱君[12]은 恐民之惑也니 詩云[13]하되 相彼盍旦[14]하고 尙猶患之라하도다

子 云하시되 君이 不與同姓으로 同車하며 與異姓으로 同車하되 不同服은 示民不嫌也니 以此坊民이라도 民이 猶得同姓以弑[15] 其君하나니라

1) 衆(중) : 가족이 많은 것을 뜻한다.

2) 詩云(시운) : 『시경(詩經)』 대아(大雅) 상유편(桑柔篇).

3) 貪亂(탐란) : 어지러운 것을 바란다. 곧 차라리 망하기를 바란다는 뜻.

4) 荼毒(도독) : 쓰고 괴로운 독약.

5) 千乘(천승) : 제후(諸侯)가 보유하는 전차(戰車)의 수(數).

6) 百雉(백치) : 치(雉)는 높이 10자, 길이 30자를 말한다.

7) 家富(가부) : 가(家)는 대부(大夫)의 집안을 뜻한다. 대부 집안의 부유함.

8) 畔者(반자) : 배반하는 자. 반역하는 자.

9) 春秋(춘추) : 오경(五經)의 하나인 역사책.

10) 不稱楚越之王喪(불칭초월지왕상) : 초나라나 월나라에서는 임금을 왕이라 참칭하였는데, 그것을 인정할 수 없으므로, 그들이 죽은 것은 죽었다는 사실만을 기록하고 상(喪)에 대해서는 일컫지 않았다는 말. 그것을 기록하려면 모왕(某王)이라 일컫지 않을 수 없기 때문이다.

11) 君不稱天(군불칭천) : 군(君)이라고 하지 천(天)을 일컫지 않는다. 제후는 군(君)이라고는 일컫지만, 천왕(天王)이라 일컫지는 않는다.

12) 大夫不稱君(대부불칭군) : 대부의 신하는 대부를 임금이라 일컫지 않고 주인이라 부른다.

13) 詩云(시운) : 이 시(詩)는 일시(逸詩)다.

14) 盍旦(갈단) : 밤이면 아침이 되기를 바라면서 운다고 하는 새. 밤을 낮으로 뒤집기를 원하는 것이니, 반역의 뜻을 품은 것으로 본다.

15) 弑(시) : 임금을 죽이는 일.

3. 자기의 임금을 과군(寡君)이라 한다

공자가 말하였다.

"군자가 귀한 것을 사양하고 천한 것을 사양하지 않으며, 부유를 사양하고 가난을 사양하지 않으면, 어지러움이 더욱 없어질 것이다. 그러므로 군자는 식록(食祿)이 자기의 재주보다 지나치기

를 바라기보다는 차라리 자기 재주가 식록을 지나치기를 바라는
것이다."

공자가 말하였다.

"군자가 제사에 쓴 상주(觴酒)와 두육(豆肉)을 어른에게 사양
하여 나쁜 것을 받는 행동을 보여도 백성은 오히려 연장자(年長
者)를 범(犯)한다. 군자가 잔치에 참석해서 윗자리를 사양하여
아랫자리에 앉아도 백성은 오히려 귀한 자리를 범한다. 군자가 조
정의 벼슬자리를 사양하여 천한 자리로 나아가도 백성은 오히려
임금의 자리를 범한다.

시(詩)에 이르기를 '좋지 못한 백성들은 서로를 일방적으로 원
망한다네. 벼슬을 받고도 사양할 줄 몰라 제 몸 망침에 이른다네.'
라고 하였다."

공자가 또 말하였다.

"군자가 남을 귀하게 여기고 자기를 천하게 여기며 남을 먼저
하고 자기를 뒤로 하면, 백성이 사양하는 마음을 일으키게 된다.
그러므로 남의 임금을 일컬어 임금이라 하고, 자기의 임금을 일
컬어서 과군(寡君)이라고 하는 것이다."

子 云하시되 君子 辭貴不辭賤하며 辭富不辭貧하며 則亂益亡하나니 故
로 君子 與其使食浮於人[1]也론 寧使人浮於食이니라

子 云하시되 觴酒豆肉[2]에 讓而受惡이라도 民猶犯齒[3]하며 衽席之上에
讓而坐下라도 民猶犯貴하며 朝廷之位에 讓而就賤이라도 民猶犯君하나니
詩云[4]하되 民之無良이 相怨一方하나니 受爵不讓이라 至于己斯亡이라하니
라 子 云하시되 君子 貴人而賤己하며 先人而後己하면 則民이 作讓하나니 故
로 稱人之君曰君이오 自稱其君曰寡君[5]하나니라

1) 使食浮於人(사식부어인) : 식록(食祿)으로 하여금 자기 재주보다 지나치게
   하다.

2) 觴酒豆肉(상주두육) : 상주는 제사에 쓰고 난 술을 잔에 담은 것. 두육은 제
   사에 쓰고 난 고기를 접시에 담은 것.

3) 齒(치) : 연치(年齒). 연장자(年長者). 술과 고기는 늙은이를 봉양하는 것으

로 연장자에게 좋은 것을 주고 젊은이는 나쁜 것을 차지해야 한다.

4) 詩云(시운) : 『시경(詩經)』 소아(小雅) 각궁편(角弓篇).

5) 寡君(과군) : 과덕지군(寡德之君). 남에게 자기 임금을 겸양하여 일컫는 말.

4. 군자는 말을 간략하게 한다

공자가 말하였다.

"이익과 녹봉(祿俸)을 죽은 사람에게 먼저 하고 산 사람에게는 나중에 하면 백성이 배반하지 않으며, 나라 밖에 나가 있는 사람에게 먼저 하고 나라 안에 있는 사람에게는 나중에 하면 백성에게 일을 부탁할 수 있다.

시(詩)에 이르기를 '가신 임을 생각하여 이 내 몸을 도와주었네.'라고 하였다. 이것으로써 백성을 막아도 백성은 오히려 죽은 사람을 배반하여 그 유족이 울며 호소할 곳이 없게 만든다."

공자가 말하였다.

"국가를 가진 사람이 사람을 귀하게 여기고 녹봉(祿俸)을 천하게 여기면 백성은 사양하는 마음을 일으키고, 기예(技藝)를 숭상하고 수레를 천하게 여기면 백성들은 기예를 할 마음을 일으키게 된다. 그러므로 군자(君子)는 말을 아끼고, 소인(小人)은 말을 앞세우는 것이다."

子 云하시되 利祿을 先死者하고 而後生者하면 則民이 不偝[1]하고 先亡者[2]하고 而後存者[3]하면 則民可以託하니 詩云[4]하되 先君之思로 以畜[5]寡人이라하니 以此坊民하여도 民이 猶偝死[6]而號無告하나니라

子 云하시되 有國家者 貴人而賤祿하면 則民이 興讓하고 尙技而賤車하면 則民이 興藝하나니 故로 君子는 約言하고 小人은 先言하나니라

1) 民不偝(민불배) : 백성이 배반하지 않는다.

2) 亡者(망자) : 국가를 위해 나라 밖에 나가 있는 사람.

3) 存者(존자) : 나라 안에 있는 사람.

4) 詩云(시운) : 『시경(詩經)』 패풍(邶風)의 연연편(燕燕篇).

5) 畜(휵) : 돕는다는 뜻으로 쓰였다.
6) 偝死(배사) : 죽은 사람을 배반한다.

5. 잘못된 일을 자기 책임으로 돌리면…

공자가 말하였다.

"위에서 백성의 말을 채택하면 아랫사람은 윗사람이 베푸는 것을 하늘처럼 여긴다. 위에서 백성의 말을 채택하지 않으면 백성들이 악덕을 범(犯)하며, 아랫사람이 윗사람의 베푸는 것을 하늘처럼 여기지 않으면 어지러워진다

그러므로 군자가 믿는 마음과 사양하는 마음으로써 백성에게 임하면 백성이 예(禮)에 보답하는 마음이 중(重)해진다.

시(詩)에 이르기를 '옛 어른들 말씀에 나무꾼들에게 물으라고 하였네.' 라고 하였다."

공자가 말하였다.

"잘된 일은 남의 공으로 돌리고 잘못된 일은 자기의 책임으로 돌리면 백성이 다투지 않을 것이며, 잘된 일은 남의 공으로 돌리고 잘못된 일은 자기의 책임으로 돌리면 원망하는 일이 더욱 없어질 것이다.

시(詩)에 이르기를 '거북점과 시초점을 쳐 나쁘다는 점괘 안 나왔네.' 라고 하였다."

공자가 말하였다.

"잘한 일은 남의 공으로 돌리고 잘못된 일은 자기의 책임으로 돌리면 백성이 잘된 일을 양보할 것이다.

시(詩)에 이르기를 '점을 쳐보신 임금께서 이 호경에 도읍을 정하셨네. 거북점을 쳐서 일을 결정하였거늘 무왕이 이루셨네.' 라고 하였다."

子 云하시되 上이 酌民言[1]하면 則下 天上施[2]하고 上이 不酌民言하면 則犯也하며 下 不天上施하면 則亂也하나니 故로 君子 信讓[3]하여 以涖百姓하

면 則民之報禮重하나니 詩云[4]하되 先民이 有言하되 詢于芻蕘[5]라하시다

子 云하시되 善則稱人하고 過則稱己하면 則民이 不爭하며 善則稱人하고 過則稱己하면 則怨이 益亡하나니 詩云[6]하되 爾卜爾筮에 履無咎言이라하나니라

子 云하시되 善則稱人하고 過則稱己하면 則民이 讓善하나니 詩云[7]하되 考卜惟王이 度是鎬京[8]하셔 惟龜正之어늘 武王이 成之라하니라

1) 上酌民言(상작민언) : 위에서 백성의 말을 채택하다. 상(上)은 임금을 가리키고, 민언(民言)은 백성들의 여론.

2) 下天上施(하천상시) : 아랫사람은 윗사람이 베푸는 것을 하늘처럼 여긴다.

3) 信讓(신양) : 믿는 마음과 사양하는 마음.

4) 詩云(시운) : 『시경(詩經)』 대아(大雅)의 판편(板篇).

5) 芻蕘(추요) : 꼴 베고 나무하는 사람들을 가리키는 말.

6) 詩云(시운) : 『시경(詩經)』 위풍(衛風)의 맹편(氓篇).

7) 詩云(시운) : 『시경(詩經)』 대아(大雅)의 문왕유성편(文王有聲篇).

8) 鎬京(호경) : 주왕조(周王朝)의 도읍.

6. 우리 임금의 덕(德)이로다

공자가 말하였다.

"잘된 일은 임금의 공으로 돌리고 잘못된 일은 자기의 책임으로 돌린다면 백성이 충성된 일을 하게 된다.

군진(君陳)에 이르기를 '너에게 좋은 계획과 좋은 도리(道理)가 있으면 궁중 안으로 들어가 너의 임금에게 고하고, 너는 밖에서 그것을 선포하여 말하기를 이 계획과 이 도리는 오직 우리 임금의 덕(德)이로다 라고 하라. 아아, 이것이 오직 진실로 임금의 이름을 나타내는 것이다.' 라고 하였다."

공자가 말하였다.

"잘된 일은 어버이의 공으로 돌리고 잘못된 일은 자기의 책임으로 돌리면 백성이 효도를 하게 된다.

태서(大誓)에 말하기를 '내가 주(紂)를 이기더라도 나 무(武)의 공이 아니고 오직 나의 문덕(文德) 있는 아버지가 죄가 없어

서이다. 만일 주(紂)가 나를 이긴다면 나의 문덕 있는 아버지에
게 죄가 있어서가 아니라 오직 나 소자(小子)가 어질지 못하기
때문이다.'라고 하였다."

공자가 말하였다.

"군자(君子)는 그 어버이의 허물을 잊어버리고 그 아름다운 점
만을 공경한다.

『논어(論語)』에 말하기를 '3년 동안 아버지의 도(道)를 고치
지 않아야 효(孝)라고 말할 수 있다.'고 하였으며, 고종(高宗)이
3년 동안 아버지의 상복(喪服)을 입고 있으면서 정치에 대한 말
을 한 마디도 하지 않다가 3년 뒤에 상복을 벗고 나서 비로소 말
을 하니, 백성들이 기뻐했다.'고 하였다."

子 云하시되 善則稱君하고 過則稱己하면 則民이 作忠하나니 君陳[1]에 曰
하되 爾有嘉謀嘉猷[2]어든 入告爾君于內하고 女乃順之于外[3] 曰하되 此謀
此猷는 惟我君之德이라하나니 於乎是惟良顯哉인저하니라

子 云하시되 善則稱親하고 過則稱己하면 則民이 作孝하나니 大誓[4]에 曰
하되 予克紂[5]라도 非予武라 惟朕[6]文考 無罪며 紂克予라도 非朕文考[7] 有
罪라 惟予 小子無良이라하니라

子 云하시되 君子 弛其親之過하고 而敬其美하나니 論語에 曰하되 三年을
無改於父之道라아 可謂孝矣라하며 高宗을 云하되 三年을 其惟不言[8]하시나
言乃讙[9]이라하니라

1) 君陳(군진) : 주서(周書)의 편명(篇名). 좋은 일은 임금의 공으로 일컫는 의
   리를 증명한 글이다.
2) 嘉謀嘉猷(가모가유) : 가모는 좋은 계획. 가유는 좋은 도리(道理).
3) 順之于外(순지우외) : 밖에서는 모두 임금의 명령에 의한 듯이 한다는 뜻.
4) 大誓(태서) : 주서(周書)의 편명(篇名). 무왕(武王)이 주왕(紂王)을 토벌
   할 때 신하들에게 맹세한 글이다.
5) 予克紂(여극주) : 내가 주(紂)를 이기다. 여(予)는 무왕(武王)이 자신을 가
   리키는 말이요, 주(紂)는 은왕조(殷王朝)의 마지막 임금인 주왕(紂王)이다.
6) 朕(짐) : 천자가 자신을 일컫는 1인칭 대명사.

7) 文考(문고) : 문덕(文德)을 가리킨다. 고(考)는 죽은 아버지.

8) 三年其惟不言(삼년기유불언) : 3년상을 치르는 동안 정치에 대한 말은 한 마디도 안 했다는 뜻.

9) 言乃讙(언내환) : 비로소 말을 하니 백성들이 기뻐했다는 뜻.

7. 효자는 섬기는 일에 끝이 없다

공자가 말하였다.

"명령에 좇아도 분하게 여기지 않으며, 서서히 간(諫)하여도 게으르지 않으며, 수고로워도 원망하지 않으면 효(孝)라 이를 수 있다.

시(詩)에 이르기를 '효자는 어버이를 섬기는 일을 끊이지 않는다.' 라고 하였다."

공자가 말하였다.

"부모의 친족과 화목하면 효(孝)라 이를 수 있다. 그러므로 군자는 화목한 것으로 말미암아 종족(宗族)을 합한다.

시(詩)에 이르기를 '이 의좋은 형제는 너그럽고 너그러이 지내지만 의좋지 않은 형제들은 서로 배 아파 한다네.' 라고 하였다."

공자가 말하였다.

"아버지의 뜻을 같이 하여 그 수레에 탈 수는 있지만, 그 옷을 입을 수는 없으니, 군자는 그것으로써 효(孝)를 넓히는 것이다."

공자가 말하였다.

"소인(小人)도 다 그 어버이를 봉양할 수는 있는 것이니 군자가 어버이를 공경하지 않는다면 무엇으로써 소인과 분별되겠는가."

공자가 말하였다.

"부자(父子)가 자리를 같이 하지 않는 것은 공경하는 마음을 두텁게 하는 것이다.

『서경(書經)』에 이르기를 '그 임금이 임금 노릇을 못하면 그 조상을 욕되게 하는 것이다.' 라고 하였다."

子 云하시되 從命不忿하며 微諫[1]不倦하며 勞而不怨하면 可謂孝矣니 詩云[2]하되 孝子 不匱[3]라하니라 子 云하시되 睦於父母之黨하면 可謂孝矣니 故로 君子는 因睦以合族하나니 詩云하되 此令[4]兄弟는 綽綽[5] 有裕어늘 不令兄弟는 交相爲瘉[6]라하니라

子 云하시되 於父之執[7]에 可以乘其車오 不可以衣其衣니 君子 以廣孝也니라 子 云하시되 小人이 皆能養其親하나니 君子 不敬하면 何以辨이리오

子 云하시되 父子 不同位는 以厚敬也니 書云[8]하되 厥辟이 不辟[9]이면 忝厥祖[10]라하니라

1) 微諫(미간) : 아버지의 허물에 대하여, 아버지의 뜻에 거슬리지 않게 서서히 간(諫)하는 일.
2) 詩云(시운) : 『시경(詩經)』 대아(大雅) 기취편(旣醉篇).
3) 不匱(불궤) : 끊이지 않는다. 곧 어버이를 섬기는 일에 끝이 없는 것.
4) 令(영) : 사이가 좋다는 뜻. 우애가 있다.
5) 綽綽(작작) : 너그러운 모양. 여유있는 표정.
6) 瘉(유) : 헐뜯는다는 뜻.
7) 父之執(부지집) : 아버지의 뜻을 같이 한다는 뜻.
8) 書云(서운) : 『서경(書經)』 태갑편(太甲篇).
9) 厥辟不辟(궐벽불벽) : 그 임금이 임금 노릇을 못한다. 궐(厥)은 기(其)와 같고, 벽(辟)은 군(君)과 같다.
10) 忝厥祖(첨궐조) : 그 조상을 욕되게 하다.

8. 아버지와 아들은 자리를 같이 하지 않는다

공자가 말하였다.

"부모가 살아있으면 자신을 늙었다고 일컫지 않으며, 부모에 대한 효도를 말하고 자식에 대한 자애(慈愛)는 말하지 않으며, 부모의 곁에서는 재롱은 부리되 탄식은 하지 않는 것이다. 군자가 이것으로써 백성을 막아도 백성은 오히려 효도에는 박(薄)하고 자식 사랑에는 후(厚)하다."

공자가 말하였다.

"백성 가운데 어른인 사람이 조정에서 늙은이를 공경하면 백성
은 효도하는 마음을 일으킨다."

공자가 말하였다.

"제사에 시동(尸童)이 있는 것과 종묘(宗廟)에 신주(神主)가
있는 것은 백성에게 일이 있음을 보이는 것이요, 종묘를 수리하
고 제사지내는 일을 공손하게 하는 것은 백성에게 효도를 추구하
게 가르치는 것이다. 이것으로써 백성을 막아도 백성은 오히려 그
어버이를 잊는다."

　子 云하시되 父母 在커시든 不稱老하며 言孝[1]하고 不言慈[2]하며 閨門之
內[3]에 戲而不歎[4]이니 君子 以此坊民하여도 民이 猶薄於孝하고 而厚於
慈하나니라 子 云하시되 長民者 朝廷에 敬老하면 則民이 作孝하나니라 子 云
하시되 祭祀之有尸也와 宗廟之有主也는 示民有事也오 脩宗廟하며 敬
祀事는 敎民追孝[5]也니 以此坊民하여도 民이 猶忘其親하나니라

1) 言孝(언효) : 부모에 대한 효도를 말하다.
2) 不言慈(불언자) : 자식에 대한 자애(慈愛)를 말하지 않다.
3) 閨門之內(규문지내) : 부모의 곁을 뜻한다.
4) 戲而不歎(희이불탄) : 희롱은 하되 탄식은 하지 않는다. 곧 부모를 기쁘게는
　　하되 근심스럽게는 하지 않는다는 뜻.
5) 追孝(추효) : 효도를 추구하다.

9. 공경하면 제기(祭器)를 쓴다

공자가 말하였다.

"공경하면 제기(祭器)를 쓰는 것이다. 그러므로 군자는 박(薄)
하여 예에 미치지 못한다고 하여 예(禮)를 폐(廢)하지 않고, 화
려하여 예가 너무 화려하다고 하여 예를 없애지 않는다.

그러므로 사례(食禮)에 주인이 친히 음식을 주면 객(客)이 그
음식으로 제사를 지내고, 주인이 친히 음식을 주지 않으면 객이
제사를 지내지 않는다. 그러므로 군자는 진실로 예가 없으면 비

록 화려하더라도 먹지 않는다.

　『역(易)』에 이르기를 '동쪽 이웃에서 소를 잡아 제사지내는 것
은 서쪽 이웃에서 소박하게 약제(禴祭)를 지내고 진실로 그 복
을 받는 것만 같지 못하다.'라고 하였으며, 시(詩)에 이르기를
'이미 술로써 취하고, 이미 덕(德)으로써 배부르다.'라고 하였다.
이것으로써 백성에게 보여도 백성은 오히려 이익을 얻기 위해 다
투고 의(義)를 잊는 것이다."

　子 云하시되 敬則用祭器[1]하나니 故로 君子는 不以菲[2]로 廢禮하며 不以
美[3]로 沒禮하나니 故로 食禮에 主人이 親饋[4]어든 則客이 祭하고 主人이 不親
饋어든 則客이 不祭하나니 故로 君子는 苟無禮면 雖美나 不食焉하나니 易[5]에
曰하되 東隣殺牛[6] 不如西隣之禴祭[7]아 寔受其福이라하며 詩云[8]하되 旣醉
以酒하며 旣飽以德이라하니 以此示民하여도 民이 猶爭利而忘義하나니라

1) 敬則用祭器(경즉용제기) : 공경하면 제기를 쓴다. 제기를 쓰는 것은 공경함
　　을 나타내는 것이다.
2) 菲(비) : 박(薄)하다. 박하여 예에 미치지 못하는 것.
3) 美(미) : 화려하다. 화려하여 도가 지나친 것.
4) 親饋(친궤) : 친히 음식을 주다.
5) 易(역) : 『역경(易經)』 기제(旣濟)괘의 九五의 효사(爻辭).
6) 東隣殺牛(동린살우) : 동쪽 이웃에서 소를 잡다. 동린은 주왕(紂王)의 나라.
　　살우는 소를 잡아서 성대하게 제사를 지낸다는 뜻.
7) 西隣之禴祭(서린지약제) : 서쪽 이웃에서 약제를 지내다. 서쪽 이웃은 문왕
　　(文王)의 나라. 약제는 돼지를 사용하여 소박하게 지내는 제사.
8) 詩云(시운) : 『시경(詩經)』 대아(大雅) 기취편(旣醉篇).

10. 예의가 모두 법도에 맞다

공자가 말하였다.

　"7일 동안 산재를 하고 3일 동안 치재를 하고서, 한 사람을 받
들어 시동(尸童)을 삼아 지나가는 사람에게 빠른 걸음으로 걷게

하는 것은 공경을 가르치는 것이다. 단술은 방에 두고, 제주(醴
酒)는 당(堂)에 두고, 징주(澄酒)는 아래에 두는 것은 백성에게
탐하지 않음을 보이는 것이다. 시동이 3번 마시고 많은 손님이 한
번 마시는 것은 백성에게 상하(上下)가 있음을 보이는 것이다.

　그 술과 고기로 말미암아 가족과 친척을 모으는 것은 그것으로
써 백성에게 화목함을 가르치는 것이다. 그러므로 당(堂) 위에서
는 방을 보고, 당 아래에서는 위를 본다.

　시(詩)에 이르기를 '예의가 모두 법도에 맞고, 웃으며 담소하
는 것도 때에 알맞네.' 라고 하였다."

　子 云하시되 七日戒[1]하고 三日齊[2]하여 承一人焉하여 以爲尸하여 過之者
趨走는 以敎敬也오 醴酒 在室하고 醍酒[3] 在堂하고 澄酒[4] 在下는 示民
不淫[5]也오 尸飮三하고 衆賓이 飮一은 示民有上下也오 因其酒肉하여 聚
其宗族은 以敎民睦也니 故로 堂上은 觀乎室[6]하고 堂下는 觀乎上하나니 詩
云[7]하되 禮儀 卒度[8]하며 笑語卒獲이라하니라

1) 戒(계) : 재계(齊戒)의 산재(散齊).
2) 齊(재) : 재계의 치재(致齊).
3) 醍酒(제주) : 붉은 청주(淸酒).
4) 澄酒(징주) : 맑은 술. 가장 맛이 좋다. 예주(醴酒 : 단술)·제주·징주의 3
　　가지 술은 그 질박한 것을 숭상하고 그 맛좋은 것을 숭상하지 않는다.
5) 不淫(불음) : 탐하지 않다. 음은 탐(貪)의 뜻.
6) 觀乎室(관호실) : 방을 보다. 방에 있는 사람들의 예의를 보고 본받는다는 뜻.
7) 詩云(시운) : 『시경(詩經)』소아(小雅) 초자편(楚茨篇).
8) 卒度(졸도) : 모두 법도에 맞는다는 뜻.

11. 빈례는 나아갈 적마다 사양한다

공자가 말하였다.

　"빈례(賓禮)는 매번 나아갈 때마다 사양하고, 상례(喪禮)는 매
번 더할 때마다 멀어진다. 중류(中霤)에서 목욕시키고, 창 밑에

서 반함(飯含)하고, 문 안에서 소렴(小斂)하고, 동쪽 계단에서
대렴(大斂)하고, 객(客)의 자리에서 빈장(殯葬)하고, 뜰에서 조
전(祖奠)하고, 묘(墓)에서 장사지내는 것은 멀어지는 것을 보이
기 위한 까닭이다.

　은왕조(殷王朝) 때에는 광(壙)에서 조상(弔喪)하였고, 주왕
조(周王朝) 때에는 집에서 조상하였는데, 그것은 백성에게 배반
하지 않음을 보인 것이다."

　공자가 말하였다.

　"죽는 것은 백성의 마지막 일이다. 나는 주왕조에서 조상하던
법을 따를 것이다. 이것으로써 백성을 막더라도 제후의 죽음에서
조차 오히려 장사지내는 예의를 지키지 않는 자가 있는 것이다."

　子 云하시되 賓禮[1]는 每進以讓하고 喪禮는 每加以遠하나니 浴於中霤하
고 飯[2]於牖下하고 小斂於戶內하고 大斂於阼하고 殯[3]於客位하고 祖[4]於庭
하고 葬於墓는 所以示遠也오 殷人은 弔於壙하고 周人은 弔於家하니 示民
不偝也라 子 云하시되 死는 民之卒事[5]也니 吾從周하리니 以此坊民하여도
諸侯 猶有薨而不葬[6]者하니라

1) 賓禮(빈례) : 빈객(賓客)에 대한 예절.

2) 飯(반) : 반함(飯含).

3) 殯(빈) : 빈장(殯葬).

4) 祖(조) : 조전(祖奠).

5) 卒事(졸사) : 마지막 일. 죽음.

6) 薨而不葬(훙이부장) : 훙(薨)하여도 장사지내지 않다. 훙(薨)은 제후의 죽
　　음을 이르는 말. 제후가 죽어도 그 기일을 지키지 않는다는 뜻.

12. 빈객의 자리에서 조상을 받는다

　공자가 말하였다.

　"객(客)이 오르내리는 계단으로부터 올라가서 빈(賓)의 자리
에서 조상(弔喪)을 받는 것은 백성에게 효도를 추구하는 것을 가

르치는 것이다. 아직 상례(喪禮)를 마치기 이전에는 임금이라고 일컫지 않는데 이것은 백성에게 다투지 않는 것을 보이는 것이다.

그러므로 노(魯)나라의 역사책인 『춘추(春秋)』에 진(晉)나라의 상례(喪禮)를 기록하여 말하기를 '그 임금의 아들인 해제(奚齊)와 임금인 탁(卓)을 죽였다.'고 하였으니, 이것으로써 백성을 막아도 자식이 오히려 그 아버지를 시해(弑害)하는 자가 있었다."

子 云하시되 升自客階[1]하며 受弔於賓位는 敎民追孝也오 未沒喪[2]이어든 不稱君은 示民不爭[3]也니 故로 魯春秋에 記晉喪[4]曰하되 殺其君[5]之子 奚齊[6]와 及其君卓[7]이라하니 以此坊民하여도 子 猶有弑其父者하니라

1) 升自客階(승자객계) : 객(客)이 오르내리는 계단으로 오르다. 임금은 동쪽 계단인 조계(阼階)로 오르내리고, 객(客)은 서쪽 계단인 객계로 오르내리는 것이 예인데, 상주는 임금의 위를 계승했지만 아직 상중(喪中)이므로 감히 조계로 오르지 못하고 객계로 오른다는 뜻이다.

2) 未沒喪(미몰상) : 아직 상례(喪禮)를 마치기 전.

3) 不爭(부쟁) : 다투지 않다. 곧 사양하는 마음을 말한다.

4) 晉喪(진상) : 진(晉)나라의 상례(喪禮).

5) 君(군) : 임금. 진(晉)나라의 헌공(獻公)을 가리킨다.

6) 奚齊(해제) : 헌공의 뒤를 이어 임금이 된 사람. 임금이건만 아직 헌공의 상례(喪禮)를 마치기 전이므로 임금이라 일컫지 않고 임금의 아들 해제라고 한 것이다. 해제는 이극(里克)에 의해 시해(弑害)되었다.

7) 君卓(군탁) : 임금인 탁(卓). 탁(卓)은 해제의 뒤를 이어 임금이 되었는데, 상례를 마친 뒤이므로 임금인 탁(卓)이라 하였다. 탁도 이극에 의해 시해됨.

13. 그 임금에 대해 두 마음을 가진다

공자가 말하였다.

"효도로써 임금을 섬기며, 공경하는 마음으로써 어른을 섬기는 것은 백성에게 두 마음을 가지지 않아야 한다는 것을 보이는 것이다.

　　그러므로 임금의 아들이 임금이 있을 때에는 벼슬할 것을 꾀하지 않으며, 오직 점을 치는 날에만 이군(二君)이라 일컫는다.
　　아버지의 상(喪)이 3년이요, 임금의 상도 3년인 것은 백성에게 임금의 존귀함을 의심하지 않는다는 것을 보이는 것이다.
　　부모가 살아있으면 감히 그 몸을 마음대로 하지 못하고, 감히 그 재물을 사사로이 하지 못하는 것은 백성에게 상하(上下)가 있음을 보이는 것이다.
　　그러므로 천자에게 사해(四海) 안에서 객례(客禮)로 대우하는 일이 없고, 누구도 감히 그 앞에서 주인 노릇을 하지 못한다.
　　그러므로 임금이 그 신하에게 가서는 동쪽 계단으로부터 올라가서 당(堂)에 자리를 잡는 것은 백성에게 임금이 있을 때는 그 집을 감히 마음대로 하지 못하는 것을 보이는 것이다.
　　부모가 살아있으면 남에게 물건을 줄 때 수레와 말을 주지 못하는 것은 백성에게 감히 부모가 살아있을 때에는 재산을 자기 마음대로 하지 못한다는 것을 보이는 것이다. 이것으로써 백성을 막아도 백성은 오히려 그 부모를 잊고 그 임금에 대하여 두 마음을 가지는 것이다."

　　子 云하시되 孝以事君[1]하며 弟[2]以事長은 示民不貳[3]也니 故로 君子 有君이어시든 不謀仕하며 唯卜之日에 稱二君[4]하나니라
　　喪父三年하고 喪君三年은 示民不疑[5]也오
　　父母 在커시든 不敢有[6]其身하며 不敢私其財也는 示民有上下也니
　　故로 天子는 四海之內에 無客禮하셔 莫敢爲主焉이니 故로 君이 適其臣하셔 升自阼階하시며 卽位於堂은 示民不敢有其室[7]也오 父母 在커시든 饋獻은 不及車馬는 示民不敢專也니 以此坊民하여도 民이 猶忘其親而貳其君[8]하나니라

1) 孝以事君(효이사군) : 임금 섬기기를 부모에게 효도하듯이 한다는 뜻.

2) 弟(제) : 공경하는 마음. 제(悌).

3) 不貳(불이) : 두 마음을 가지지 않는다는 뜻.

4) 二君(이군) : 임금의 대리. 이(二)는 부(副)의 뜻.

5) 不疑(불의) : 임금의 존귀함을 의심치 않는다. 임금은 골육의 친함이 없기 때
   문에 복이 없지만 임금은 존귀한 존재이기 때문에 제도가 적용되지 않는다.
6) 有(유) : 마음대로 한다는 뜻.
7) 不敢有其室(불감유기실) : 천자에 대해서는 감히 자기 방이라도 자기 마음
   대로 하지 못한다는 뜻.
8) 貳其君(이기군) : 임금에게 두 마음을 가진다.

14. 재물을 먼저하고 예를 뒤에 하면

공자가 말하였다.

"예(禮)가 폐백(幣帛)보다 먼저인 것은 백성에게 일을 먼저하
고 녹(祿)은 뒤에 생각하게 하고자 하는 것이다. 재물을 먼저 생
각하고 예를 뒤로 미루면 백성이 이로움만 생각하고 사양하는 일
없이 원하는 대로 행하게 된다. 그렇게 되면 백성이 서로 다툰다.

그러므로 군자는 자기에 물건을 보낸 사람이 있을 때 사정이 있
어 예를 갖추어서 받을 수가 없으면 그 보낸 물건을 받지 않는다.

역(易)에 말하기를 '경작(耕作)하지 않고 수확을 거두려 하고,
김을 매어주지 않고 농사 지으려는 것은 흉(凶)한 일이다.' 라고
하였다.

이것으로써 백성을 막아도 백성은 오히려 봉록을 귀하게 여기
고 행동하는 것을 천하게 여긴다."

子 云하시되 禮之先幣帛也는 欲民之先事而後祿也니 先財而後禮하면
則民이 利하고 無辭而行情[1]하면 則民이 爭하나니 故로 君子 於有饋者에 弗
能見[2]하면 則不視[3]其饋하나니 易에 曰하되 不耕穫[4]하며 不菑畬[5]라 凶이라
하니 以此坊民하여도 民이 猶貴祿而賤行하나니라

1) 行情(행정) : 뜻대로 행하다. 마음대로 하다. 원하는 대로 하다.
2) 弗能見(불능견) : 받을 수가 없다. 곧 부득이한 사정이 있어서 예를 갖추어
   받을 수가 없다는 뜻.
3) 不視(불시) : 보지 않다. 곧 받지 않는다는 뜻.

4) 不耕穫(불경확) : 경작하지 않고 수확을 거두다.

5) 不菑畬(불치여) : 김을 매지 않고 농사짓는다는 뜻.

15. 군자는 이익을 다 차지하지 않는다

공자가 말하였다.

"군자는 이익을 다 차지하지 않고 백성에게 남겨준다.

시(詩)에 이르기를 '저기 버려진 볏단이 있네. 여기 버려진 벼 이삭이 있네. 저 불쌍한 과부의 몫이로다.' 라고 하였다. 그러므로 군자는 벼슬을 하면 농사짓지 않으며, 사냥을 하면 물고기를 잡지 않으며, 음식을 먹을 때 힘들여 진미(珍味)를 찾지 않는다. 대부(大夫)는 양가죽을 깔고 앉지 않으며, 사(士)는 개가죽을 깔고 앉지 않는다.

시(詩)에 이르기를 '순무를 캐고 무를 캐는 것은 뿌리 때문이 아니요, 좋은 마음씨 변치 않을진대 그대와 죽음도 함께 하리라.' 라고 하였다.

이것으로써 백성을 막아도 백성은 오히려 의(義)를 잊고 이로움을 다투어, 그것으로써 그 몸을 망치는 것이다."

子 云하시되 君子는 不盡利하여 以遺民하나니 詩云[1]하되 彼有遺秉[2]하고 此有不斂穧[3]하니 伊寡婦之利라하니 故로 君子 仕則不稼하며 田[4]則不漁하며 食時하고 不力珍하며 大夫 不坐羊[5]하며 不士坐犬하나니 詩云[6]하되 采葑采菲[7]를 無以下體면 德音莫違[8]하여 及爾同死[9]라하니 以此坊民하여도 民이 猶忘義而爭利하여 以亡其身하나니라

1) 詩云(시운) : 『시경(詩經)』 소아(小雅) 대전편(大田篇).

2) 遺秉(유병) : 버려진 곡식. 버려진 볏단.

3) 不斂穧(불렴제) : 거두지 않은 벼이삭. 떨어진 벼이삭.

4) 田(전) : 사냥.

5) 不坐羊(부좌양) : 양가죽에 앉지 않는다. 곧 양의 고기만 먹고 가죽까지 차지하지 않는다는 뜻.

6) 詩云(시운) : 『시경(詩經)』 패풍(邶風) 곡풍편(谷風篇).

7) 采葑采菲(채봉채비) : 순무와 무를 뽑다.

8) 德音莫違(덕음막위) : 덕음(德音)을 어기지 않는다. 사랑이 변치 않는다

9) 及爾同死(급이동사) : 그대와 함께 죽음도 같이 하겠다.

16. 예는 백성의 음란을 막는다

공자가 말하였다.

"대저 예(禮)는 백성의 음란을 막는 것이며, 백성들에게 남녀의 분별을 밝히고, 백성으로 하여금 혐의(嫌疑)가 없게 하여, 그것으로써 백성의 기강(紀綱)을 삼으려는 것이다.

그러므로 남녀가 중매가 없으면 사귀지 않으며, 납폐(納幣)가 없이는 서로 만나보지 않는데, 그것은 남녀의 분별이 없어질 것을 두려워해서이다.

시(詩)에 이르기를 '도끼자루를 베려면 어떻게 하오. 도끼 아니면 할 수 없지요. 아내를 얻으려면 어떻게 하오. 중매가 아니면 할 수 없지요.'라고 하고, 또 '삼씨를 심을 때 어찌하나. 가로 세로 이랑을 파네. 장가를 들려면 어찌하나. 반드시 부모에게 고해야지.'라고 하였다.

이것으로써 백성을 막아도 백성은 오히려 그 몸을 스스로 바치는 자가 있다."

子 云하시되 夫禮는 坊民所淫하며 章民之別[1]하여 使民無嫌하여 以爲民紀者也니 故로 男女 無媒어든 不交하며 無幣[2]어든 不相見은 恐男女之無別也니 詩云[3]하되 伐柯[4]如之何오 匪斧면 不克이며 取妻如之何오 匪媒면 不得이라하며 蓺麻如之何오 橫從其畝며 取妻如之何오 必告父母라하니 以此坊民하여도 民이 猶有自獻其身[5]하나니라

1) 民之別(민지별) : 별(別)은 남녀간의 분별을 말한다.

2) 幣(폐) : 폐백(幣帛). 납폐(納幣).

3) 詩云(시운) : 『시경』 빈풍(豳風) 벌가편(伐柯篇)과 제풍(齊風) 남산편(南

山篇)의 일부 문장.

4) 伐柯(벌가) : 도끼자루를 베다.

5) 自獻其身(자헌기신) : 스스로 그 몸을 바치다. 곧 중매나 납폐를 기다리지 않
고 스스로 남자에게로 간다는 뜻.

17. 아내는 동성에서 취하지 않는다

공자가 말하였다.

"아내를 취하는데 동성(同姓)을 취하지 않는 것은, 그것으로써 분별을 두텁게 하기 위한 것이다. 그러므로 첩(妾)을 사는데 그 성(姓)을 알지 못하면 점을 쳐서 첩이 동성인지 아닌지 구분했다. 이것으로써 백성을 막아도 노(魯)나라의 역사책인 『춘추(春秋)』에는 오히려 부인(夫人)의 성을 버리고 오씨(吳氏)라고 했으며, 그가 죽어서는 맹자(孟子)가 죽었다고 하였다."

공자가 말하였다.

"예(禮)에 제사가 아니면 남녀가 술잔을 주고받지 않는다. 이것으로써 백성을 막아도 양후(陽侯)는 오히려 목후(繆侯)를 죽이고 그 부인(夫人)을 몰래 빼앗았다. 그러므로 대향(大饗)에는 부인의 예(禮)를 없앤 것이다."

공자가 말하였다.

"과부의 자식은 재예(才藝)가 뛰어나지 않으면 벗으로 삼지 않는 것이며, 군자는 피하여 멀리하는 것이다. 그러므로 붕우(朋友)를 사귈 때는 주인이 없으면 큰 연고가 있지 않는 한 그 문 안으로 들어가지 않는 것이다. 이것으로써 백성을 막아도 백성은 오히려 여색(女色)을 덕(德)보다 두텁게 여기고 있다."

子 云하시되 取妻하되 不取同姓은 以厚別也니 故로 買妾하되 不知其姓則卜之하나니 以此坊民하여도 魯春秋에 猶去夫人之姓曰吳[1]라하고 其死曰孟子 卒[2]이라하니라

子 云하시되 禮에 非祭어든 男女 不交爵[3]하나니 以此坊民하여도 陽侯[4] 猶

殺繆侯[5]而竊其夫人하니 故로 大饗에 廢夫人之禮하니라

　子 云하시되 寡婦之子 不有見焉[6]이어든 則弗友也는 君子 以辟遠也니 故로 朋友之交에 主人이 不在어든 不有大故면 則不入其門하나니 以此坊民하여도 民이 猶以色厚於德하나니라

1) 去夫人之姓曰吳(거부인지성왈오) : 부인의 성을 버리고 오씨(吳氏)라고 하다. 노(魯)나라 소공(昭公)은 그 부인으로 동성(同姓)인 희씨(姬氏)를 오(吳)나라에서 맞이했는데, 동성이므로 부인을 희씨라고 하지 못하고 오나라 사람이므로 오씨(吳氏)라고 했다.

2) 死曰孟子卒(사왈맹자졸) : 죽어서는 맹자가 죽었다고 하다. 희씨(姬氏)가 죽었다고 해야 마땅한 것이지만, 동성(同姓)인 희씨를 밝힐 수가 없어 맹씨(孟氏)라고 한 것이다.

3) 不交爵(불교작) : 술잔을 주고받지 않는다.

4) 陽侯(양후) : 누구인지 분명하지 않다.

5) 繆侯(목후) : 누구인지 분명하지 않다.

6) 不有見焉(불유현언) : 나타나는 것이 없다. 재예(才藝)가 뛰어나지 못하다.

18. 백성의 기강을 삼다

공자가 말하였다.

"덕(德) 좋아하기를 여색(女色)을 좋아하듯이 한다.

제후는 아랫사람의 딸을 아내로 맞이하지 않는다. 그러므로 군자가 여색을 멀리하는 것은 그것으로써 백성의 기강을 삼기 위한 것이다.

남자와 여자가 주고받는 일을 직접하지 않고, 부인을 위해 수레를 몰 때에는 왼손을 앞으로 낸다.

고자매(姑姉妹)나 딸이 이미 시집갔다가 친정에 돌아오면 남자가 자리를 같이 하여 함께 앉지 않으며, 과부는 밤에 소리내어 울지 않으며, 부인이 앓고 있을 때 문병을 하지만 그 병의 정도에 대해서는 묻지 않는다. 이것으로써 백성을 막아도 백성은 오히려 음란하고 방탕하여 족속을 어지럽게 한다."

공자가 말하였다.

"혼례(婚禮)에서 사위가 친영(親迎)하여 장인과 장모를 뵈면, 장인과 장모는 딸을 앞으로 나오게 하여 경계하고 사위에게 넘겨주는데, 그것은 부도(婦道)를 어길까 두려워해서이다.

이것으로써 백성을 막아도 부인으로서 오히려 남편을 따르지 않는 자가 있는 것이다."

子 云하시되 好德이 如好色이니라

諸侯 不下漁色[1]하나니 故로 君子 遠色은 以爲民紀니 故로 男女 授受에 不親[2]하며 御婦人則進左手[3]하며 姑姉妹女子子 已嫁而反커든 男子 不與同席而坐하며 寡婦 不夜哭[4]하며 婦人이 疾이어든 問之하되 不問其疾하나니 以此坊民하여도 民이 猶淫洗而亂於族하나니라

子 云하시되 昏禮에 壻 親迎하여 見於舅姑[5]어든 舅姑 承子[6]하여 以授壻는 恐事之違[7]也니 以此坊民이라도 婦 猶有不至[8]者하니라

1) 不下漁色(불하어색) : 아랫사람의 딸을 아내로 맞지 않는다는 뜻. 아랫사람은 대부(大夫)나 사(士)를 뜻한다.

2) 授受不親(수수불친) : 무엇을 직접 주거나 받지 않는다는 뜻.

3) 進左手(진좌수) : 왼손을 앞으로 하다. 보통은 오른손이 앞으로 나온다.

4) 不夜哭(불야곡) : 과부는 밤에 소리내어 울지 않는다. 과부가 밤에 소리내어 울면 남자가 그리워서 우는 것으로 오해를 받을까 두려워서이다.

5) 舅姑(구고) : 장인과 장모

6) 承子(승자) : 딸을 불러서 앞으로 나오게 하여 경계한다는 뜻.

7) 事之違(사지위) : 부도(婦道)를 어긴다는 뜻.

8) 不至(부지) : 남편을 따르지 않는다는 뜻.

제31편 중용(中庸第三十一)

이 편은 주희(朱熹)가 별도로 분리하여 『중용(中庸)』장구(章句)라 이름지어, 4서(四書 : 대학, 중용, 논어, 맹자)로 규정하여 한 권의 책으로 분리하였다.

별도의 책으로 분리된 것을 '자유문고'에서는 동양학총서 제6번으로 넣어 새로 번역하여 출간하였다.

예기대전(禮記大全) 제6권

제32편 표기(表記第三十二)

이 편은 군자의 덕(德)이 밖으로 나타난 것을 기록한 것이다. 공자의 인(仁)에 대한 설명이 가장 세밀하게 기술된 것으로 그 편명을 '표기(表記)'라고 하였다.

1. 군자의 도는 숨어도 드러난다

공자가 말하였다.

"돌아갈 것인가. 군자는 숨어 있어도 도는 드러나며, 잘난 체하지 않아도 장엄하며, 사납게 하지 않아도 위엄이 있으며, 말하지 않아도 신의가 있는 것이다."

공자가 말하였다.

"군자는 다른 사람에 대해 바른 동작을 잃지 않으며, 다른 사람에 대해 바른 안색을 잃지 않으며, 다른 사람에 대해 바른 말을 잃지 않는다. 그런 까닭에 군자의 용모는 매우 경외(敬畏)스럽고, 안색은 매우 조심스러우며, 말은 매우 신의가 있다.

보형(甫刑)에 말하기를 '공경하고 경계하여 몸에 욕이 될 말이 있지 않게 하라.'라고 하였다."

공자가 말하였다.

"석의(裼衣)와 습의(襲衣)를 서로 바꿔 입지 않는 것은 백성이 서로 예(禮)를 더럽히지 못하게 하고자 하는 것이다."

공자가 말하였다.

"제사에는 공경을 다해야 하고 계속해서 하는 데에는 즐거움으로써 하지 않아야 한다.

　조정에서는 맡은 일을 처리하는 데 온 힘을 다해야 하고, 계속하여 하는 데에도 게으르게 하지 않아야 한다."

　子 言之하시되 歸乎[1]인저 君子는 隱而顯[2]하며 不矜而莊하며 不厲而威하며 不言而信이니라

　子曰하시되 君子는 不失足於人[3]하며 不失色[4]於人하며 不失口[5]於人하나니 是故로 君子는 貌足畏也며 色足憚也며 言足信也니 甫刑[6]에 曰하되 敬忌하여 而罔有擇言이 在躬이라하니라

　子曰하시되 裼襲[7]之不相因也는 欲民之毋相瀆也니라

　子曰하시되 祭極敬하고 不繼之以樂하며 朝極辨[8]하고 不繼之以倦이니라

1) 歸乎(귀호) : 돌아갈 것인가. 천하를 주유(周游)한 끝에 뜻을 이루지 못하고
　　탄식한 말.
2) 隱而顯(은이현) : 숨어도 드러나다. 곧 몸을 숨겨도 그 도(道)는 나타나다.
3) 不失足於人(불실족어인) : 다른 사람에 대해 바른 동작을 잃지 않는다. 여기
　　서의 족(足)은 바른 동작(動作)을 뜻한다.
4) 色(색) : 바른 안색(顔色).
5) 口(구) : 바른 말을 뜻한다.
6) 甫刑(보형) : 보후(甫侯)가 형벌에 대하여 말한 것. 『서경』 여형(呂刑)편.
7) 裼襲(석습) : 석의(裼衣)와 습의(襲衣). 석의는 가죽옷 위에 입는 옷. 습의
　　는 옷 위에 입는 덧옷. 습의는 예가 성대한 것으로 옥(玉)이나 거북껍질 등을
　　들었을 때 껴입는 것. 석의는 예가 성대하지 않은 것.
8) 朝極辨(조극변) : 조정에서 맡은 일 처리하는 데 온 힘을 다하다.

2. 군자는 삼가하는 것으로 화를 피한다

공자가 말하였다.

　"군자는 삼가하는 것으로써 화(禍)를 피하며, 덕을 두텁게 쌓음으로써 곤란을 겪지 않으며, 공손한 것으로써 부끄러움을 멀리한다."

공자가 말하였다.

"군자는 장엄하고 공경하면 날로 굳세지고, 안일하고 방자하면 날로 게을러진다. 군자는 하루라도 그 몸으로 하여금 경솔하고 천박하게 하여 하루 해를 넘기지 못하는 것 같이 하지 않는다."

공자가 말하였다.

"재계하여 그것으로써 귀신을 섬기며, 날과 달을 가려서 그것으로써 임금을 뵙는데, 그것은 백성이 공경하지 않을 것을 두려워해서이다."

공자가 말하였다.

"소인은 남을 업신여겨, 죽음에 이르더라도 공경하여 두려워해야 하는 것을 알지 못하는 것이다."

공자가 말하였다.

"사령(辭令)이 없으면 서로 접(接)하지 않고, 예물(禮物)이 없으면 서로 만나보지 않는데, 그것은 백성이 서로 버릇없이 굴지 않게 하고자 해서이다.

『역경(易經)』에 이르기를 '처음 점칠 때에는 좋고 나쁜 것을 고(告)한다. 2번 3번 거듭해서 점치면 어지러워진다. 어지러워지면 좋고 나쁜 것을 고하지 않는다.' 라고 하였다."

子曰하시되 君子는 愼以辟禍하며 篤以不揜[1]하며 恭以遠恥니라

子曰하시되 君子 莊敬하면 日强하고 安肆하면 日偸[2]하나니 君子는 不以一日을 使其躬으로 儳焉[3]하여 如不終日[4]하나니라

子曰하시되 齊戒하여 以事鬼神하며 擇日月하여 以見君은 恐民之不敬也니라

子曰하시되 狎侮하여 死焉而不畏也하나니라

子曰하시되 無辭[5]어든 不相接也하며 無禮어든 不相見也는 欲民之毋相褻也니 易에 曰[6]하되 初筮[7]어든 告하고 再三이면 瀆이라 瀆則不告라하니라

1) 不揜(불엄) : 곤박(困迫)하지 않다는 뜻. 고생스럽지 않다. 곤란을 겪지 않다.

2) 偸(투) : 게을러진다는 뜻.

3) 儳焉(참언) : 천하고 비루하다. 경솔하고 천한 모양.

4) 如不終日(여부종일) : 소인은 무례하게 굴어 하루를 넘기지 못하는 것 같이
   한다.
5) 辭(사) : 사령(辭令).
6) 易曰(역왈) :『역경(易經)』몽괘(蒙卦)에 있는 말.
7) 初筮(초서) : 처음 점치는 일.

3. 인은 천하의 의표(儀表)이다

공자가 말하였다.

"인(仁)이라는 것은 천하의 의표(儀表 : 본보기)요, 의(義)라
는 것은 천하의 제(制)요, 보(報)라는 것은 천하의 이(利)이다."

공자가 말하였다.

"덕(德)으로써 덕을 갚으면 백성이 교화되어 착한 일을 권하
는 바가 있고, 원한으로써 원한을 갚으면 백성이 징계(懲戒)하는
바가 있다.

시(詩)에 이르기를 '말에 대답이 없을 수가 없고 덕을 갚지 않
음이 없다네.' 라고 하였으며, 태갑(太甲)에 말하기를 '백성은 임
금이 아니면 서로 바로잡아 주면서 살 수가 없고, 임금은 백성이
아니면 사방을 다닐 수가 없다.' 라고 하였다."

공자가 말하였다.

"덕으로써 원한을 갚는 것은 몸을 너그럽게 하는 사람이요, 원
한으로써 덕을 갚는 것은 형벌을 받아 마땅한 백성이다."

공자가 말하였다.

"욕심이 없고 인(仁)을 좋아하는 사람과 두려움이 없고 불인
(不仁)을 미워하는 사람은 천하에 한 사람뿐이다. 그런 까닭에
군자는 도(道)를 의논하기를 자기로부터 하고, 법을 제정하기를
백성들을 위하여 한다."

子 言之하시되 仁者는 天下之表[1]也오 義者는 天下之制[2]也라 報者는
天下之利也라

子曰하시되 以德報德하면 則民有所勸하고 以怨報怨하면 則民有所懲하나니 詩曰[3]하되 無言不讎하며 無德不報라하며 太甲에 曰하되 民非后[4]면 無能胥以寧하고 后 非民이면 無以辟四方[5]이라하니라 子 曰하시되 以德報怨은 則寬身之仁[6]也오 以怨報德은 則刑戮之民也라

子曰하시되 無欲而好仁者와 無畏而惡不仁者는 天下에 一人而已矣니 是故로 君子는 議道自己하고 而置法[7]以民하나니라

1) 表(표) : 의표(儀表). 본보기.

2) 制(제) : 사람의 마음을 두텁게 한다는 뜻.

3) 詩曰(시왈) :『시경(詩經)』대아(大雅) 억편(抑篇)의 문장.

4) 后(후) : 임금.

5) 辟四方(벽사방) : 사방의 임금 노릇을 한다. 사방을 다스리다.

6) 仁(인) : 인(人)과 통한다.

7) 置法(치법) : 법을 제정하다.

4. 인(仁)에는 3가지가 있다

공자가 말하였다.

"인(仁)에는 3가지가 있다. 인(仁)과 더불어 공(功)을 한 가지로 하고 정(情)을 달리한다. 인과 더불어 공을 한 가지로 해도 그 인을 아직 알 수 없고, 인과 더불어 허물을 한 가지로 한 연후라야 그 인을 알 수가 있다. 어진 사람은 인에 편안하고, 지혜로운 사람은 인을 이롭게 여기며, 죄를 두려워하는 사람은 인을 억지로 행하려고 한다.

인이라는 것은 오른쪽이고 도(道)라는 것은 왼쪽이며, 인이라는 것은 인(人)이요, 도(道)라는 것은 의(義)다. 인에 두터운 사람은 의에 박(薄)하므로 친하되 존경하지 않으며, 의에 두터운 사람은 인에 박하므로 존경은 하되 친하지는 않는 것이다.

도(道)에는 지(至)가 있고, 의(義)가 있고, 고(考)가 있다. 도에 이르름이 있으면 왕자(王者)가 될 수 있고, 의가 있으면 패자(覇者)가 될 수 있으며, 고(考)가 있으면 그것으로써 잃는 일이

없는 것이다."

　子曰_{하시되} 仁이 有三¹⁾_{하니} 與仁同功而異情_{하니} 與仁同功_{하면} 其仁을 未可知也오 與仁同過然後_{에야} 其仁을 可知也_{니라} 仁者는 安仁_{하고} 知者는 利仁²⁾_{하고} 畏罪者는 强仁³⁾_{하나니} 仁者는 右也오 道者는 左也며 仁者는 人也오 道者는 義也라 厚於仁者는 薄於義_{하여} 親而不尊_{하고} 厚於義者는 薄於仁_{하여} 尊而不親_{하나니라}

　道 有至_{하며} 有義_{하며} 有考_{하니} 至道는 以王⁴⁾_{하고} 義道는 以覇⁵⁾_{하고} 考道는 以爲無失⁶⁾_{이니라}

1) 仁有三(인유삼) : 인(仁)에는 3가지가 있다. 3가지는 아래의 안인(安仁) · 이인(利仁) · 강인(强仁)을 가리킨다.

2) 利仁(이인) : 인(仁)을 이롭게 여긴다는 뜻.

3) 强仁(강인) : 억지로 인(仁)을 행하려고 한다는 뜻.

4) 至道以王(지도이왕) : 지도(至道)로써 왕이 되다. 도에 이르름이 있다는 것은 인의를 겸하였다는 말로, 인의를 갖추었기 때문에 왕자(王者)가 될 수 있다는 뜻.

5) 義道以覇(의도이패) : 의도(義道)는 의를 갖추었다는 말로 의가 있으면 인이 없는 것이니 왕자는 되지 못하고 패자(覇者)가 될 수 있다는 뜻.

6) 考道以爲無失(고도이위무실) : 고도(考道)는 고가 있다는 말로 인의 중 한 가지를 취하여 이룸으로써 잃는 일이 없다는 뜻.

5. 의에는 길고 짧고 크고 작은 것이 있다

공자가 말하였다.

"인(仁)에는 많은 것이 있고, 의(義)에는 길고 짧고 크고 작은 것이 있다. 마음 속으로 남을 불쌍하게 여기는 것은 사람을 사랑하는 어진 마음이요, 법에 따라 힘써 그것을 행하는 것은 인(仁)을 구하는 것이다.

시(詩)에 이르기를 '풍수에는 풀이 있는데 무왕께서 어찌 일하지 않으시리오 그 자손에게 좋은 과업 물려주어 착한 아들 즐겁게 하셨네.' 하였으니, 이것은 여러 세대에 걸친 인(仁)이다.

국풍(國風)에 말하기를 '이 내 몸 버림받고 떠나니 뒷일 걱정한들 무슨 소용 있으리오.' 라고 하였으니, 이것은 몸을 마치는 인(仁)이다."

공자가 말하였다.

"인(仁)의 그릇이 됨은 무겁고, 그 길이 됨은 멀다. 인의 그릇은 무거워 그것을 들려고 해도 힘이 감당할 수 없고, 인의 길을 가려고 해도 너무 먼 까닭에 이르를 수가 없다. 그러므로 수많은 인(仁) 가운데서 한 가지라도 취하는 것이 있으면 인(仁)이라 하였으니, 대저 인(仁)의 전체를 힘쓰는 것은 또한 어렵지 아니한가. 그런 까닭에 군자가 의(義)로써 사람을 헤아리면 사람을 얻기 어렵고, 보통 사람으로써 사람을 비교하면 현자(賢者)를 알아볼 수가 있는 것이다."

子 言之하시되 仁有數[1]하고 義有長短小大하니 中心憯怛[2]은 愛人之仁也오 率法而强之[3]는 資仁[4]者也며 詩云[5]하되 豐水有芑[6]하니 武王이 豈不仕[7]리오 詒厥孫謀[8]하셔 以燕翼子[9]라하니 數世之仁也오 國風[10]에 曰하되 我今不閱[11]이어니 皇恤我後[12]아하니 終身之仁也라

子曰하시되 仁之爲器 重하며 其爲道 遠하여 擧者 莫能勝也[13]하며 行者 莫能致也[14]하니 取數多者 仁也니 夫勉於仁者 不亦難乎아 是故로 君子 以義度人하면 則難爲人하고 以人望人[15]하면 則賢者를 可知已矣니라

1) 仁有數(인유수) : 인(仁)에는 많은 것이 있다는 뜻. 수(數)는 많다는 뜻.

2) 憯怛(참달) : 가엾다. 불쌍하다.

3) 率法而强之(솔법이강지) : 솔법은 법을 따르다. 강지는 힘써 그것을 행하다.

4) 資仁(자인) : 인(仁)을 구하다.

5) 詩云(시운) : 『시경(詩經)』 대아(大雅) 문왕유성편(文王有聲篇)의 문장.

6) 豐水有芑(풍수유기) : 풍수(豐水)는 지명. 기(芑)는 나물의 이름. 여기서 기(芑)는 많은 현자(賢者)에 비유된다.

7) 豈不仕(기불사) : 어찌 등용하지 않았겠는가의 뜻.

8) 詒厥孫謀(이궐손모) : 자손을 위하여 좋은 계책을 편다는 뜻.

9) 燕翼子(연익자) : 자손이 길이 편안하다는 뜻.

10) 國風(국풍) :『시경(詩經)』패풍(邶風) 곡풍(谷風)편의 한 부분.

11) 我今不閱(아금불열) : 내 몸이 세상에 용납되지 않는다는 뜻. 내 몸이 세상
에서 버림받다.

12) 皇恤我後(황휼아후) : 자손의 일을 걱정할 겨를이 없다는 뜻. 내 뒤를 걱정
할 수 없다.

13) 擧者莫能勝也(거자막능승야) : 그것을 들려 해도 너무 무거워 들 수 없다.

14) 行者莫能致也(행자막능치야) : 행하려고 해도 구하여 이를 수가 없다는 뜻.

15) 以人望人(이인망인) : 보통 사람으로써 사람을 비교하다. 망(望)은 비교하
다로 풀이된다.

6. 마음 속이 인에 편안한 사람은…

공자가 말하였다.

"마음 속이 인(仁)에 편안한 사람은 천하에 한 사람뿐이다.

대아(大雅)에 말하기를 '덕이 가볍기는 털과 같으나 백성은 덕
을 드는 이 없었다네. 내가 헤아려 꾀해 보건데 중산보가 들었으
니 사랑하지만 도울 수 없네.' 라고 하였다.

소아(小雅)에 말하기를 '높은 산을 우러러 보고 큰 길을 가야
한다네.' 라고 하였다."

공자가 말하였다.

"시(詩)에 나타난 인(仁)을 좋아함이 이와 같다. 도(道)를 향
해 가다가 힘이 다하면 중도에 그만두어도, 몸이 늙은 것을 잊고
남은 해가 부족한 것도 알지 못한다. 마음을 오로지 하여 날로 힘
쓰고 힘쓰다가 죽은 뒤에야 그만두는 것이다."

子曰하시되 中心安仁者는 天下에 一人而已矣니라 大雅[1]에 曰하되 德輶
如毛하나 民鮮克擧之하나니 我儀圖之한덴 惟仲山甫[2] 擧之니 愛莫助之
로다하며 小雅[3]에 曰하되 高山仰止며 景仁仁止[4] 라하여늘 子曰하시되 詩之好
仁이 如此하다 鄕[5]道而行하여 中道而廢하여 忘身之老也하여 不知年數之

不足⁶⁾也_{하여} 俛焉⁷⁾日有孶孶⁸⁾_{하여} 斃而后已_{니라}

1) 大雅(대아) :『시경(詩經)』대아 증민(蒸民)편의 문장.

2) 仲山甫(중산보) : 번(樊)나라의 제후.

3) 小雅(소아) :『시경(詩經)』소아 거할(車舝)편의 문장.

4) 景仁仁止(경인인지) : 경행행지(景行行止)의 잘못.

5) 鄕(향) : 향(向)과 같다.

6) 年數之不足(연수지부족) : 이미 늙어서 앞으로의 날짜가 많지 않다는 뜻.

7) 俛焉(면언) : 마음을 오로지 하여 무슨 일을 행한다는 뜻.

8) 孶孶(자자) : 힘쓰고 힘쓰는 모양.

7. 공손한 것은 예에 가깝다

공자가 말하였다.

"인(仁)이 이루어지기 어렵게 된 것이 오래되어서 사람마다 그 좋아해야 할 것을 잃었다. 그러므로 어진 사람의 잘못은 말하기가 쉽다."

공자가 말하였다.

"공손한 것은 예(禮)에 가깝고, 검소한 것은 인(仁)에 가깝고, 신의(信義)는 정(情)에 가깝다. 공경하고 사양하는 것으로써 이것을 행하면 비록 잘못이 있더라도 그것이 심하지는 않다. 대저 공손하면 잘못이 적고, 정(情)이 있으면 믿을 수가 있고, 검소하면 받아들이기가 쉬운 것이다. 이렇게 하고서도 잘못이 있는 자는 또한 드물지 않겠는가. 시(詩)에 말하기를 '온순하고 공손한 사람은 오직 덕(德)의 터전이라네.' 라고 하였다."

子曰_{하시되} 仁之難成이 久矣라 人人이 失其所好_{하나니} 故로 仁者之過는 易辭也¹⁾_{니라} 子曰_{하시되} 恭은 近禮_{하고} 儉은 近仁_{하고} 信은 近情²⁾_{하니} 敬讓以行此_{하면} 雖有過나 其不甚矣_{니라} 夫恭은 寡過_{하고} 情은 可信_{하고} 儉은 易容也³⁾_니 以此로 失之者 不亦鮮乎아 詩云⁴⁾_{하되} 溫溫恭人은 維德之基_{라하니라}

1) 易辭也(이사야) : 말하기가 쉽다. 곧 어진 사람은 혹 잘못이 있더라도 그 본
　　성이 착하므로 변명을 하는데 많은 말을 필요로 하지 않는다는 뜻.
2) 信近情(신근정) : 신(信)은 정(情)에 가깝다. 이 말은 정은 신에 가깝다는
　　정근신(情近信)이어야 옳다.
3) 易容也(이용야) : 받아들이기가 쉽다. 곧 사귀기가 쉽다는 뜻.
4) 詩云(시운) :『시경(詩經)』대아(大雅) 억편(抑篇)의 문장.

8. 오직 군자만이 할 수 있는 것

공자가 말하였다.

"인(仁)이 이루어지기 어렵게 된 것이 오래되어서 오직 군자
(君子)만이 그것을 할 수 있다. 그런 까닭에 군자는 자기가 할 수
있는 것으로써 남을 괴롭게 하지 않고, 남이 할 수 없는 것으로써
남을 부끄럽게 하지 않는다. 그런 까닭에 성인(聖人)이 백성의
행동을 제어(制御)하는 데에는 자기의 기준으로써 제어하지 않
고, 백성으로 하여금 힘쓸 것을 권하고 부끄러워 하는 바를 가지
게 하여, 그것으로써 그 말을 행하게 한다.

예(禮)로써 그것을 절제(節制)하게 하고, 신(信)으로써 그것
을 맺게 하고, 용모(容貌)로써 그것을 문식(文飾)하게 하고, 의
복을 갖추어 그것을 맞게 하고, 붕우(朋友)로써 그것을 지극하게
하는데, 이것은 모두 백성이 인(仁)의 도(道)에 오로지 하나가
됨이 있게 하고자 해서이다.

『시경』소아(小雅)에 말하기를 '사람에 대하여 부끄럽지 않으
며 하늘에 대하여 두렵지 아니한가.' 라고 하였다."

그런 까닭에 군자(君子)는 그 옷을 입으면 용모를 바르게 하여
군자다운 용모로써 문식(文飾)한다. 그 용모가 군자답게 꾸며지
면 군자다운 말로써 더욱 문식하는데, 군자다운 말을 이루면 군
자다운 덕(德)으로써 그 행동을 채운다.

그런 까닭에 군자는 그 옷을 입고서 그 용모가 알맞지 않은 것
을 부끄러워하며, 그 용모가 있으면서 그 말이 이루어지지 않는

것을 부끄러워하며, 그 말이 있으면서 그 덕이 없는 것을 부끄러
워하며, 그 덕이 있으면서 그 행동이 없는 것을 부끄러워한다.

　그런 까닭에 군자는 상복을 입으면 슬퍼하는 빛이 있고, 검은
옷을 입고 큰 갓을 쓰면 공경하는 빛이 있고, 갑옷과 투구를 갖추
면 욕되게 하지 못할 빛이 있다.

　시(詩)에 이르기를 '흰 물새는 어살에 있어도 그 날개를 적시지
않았네. 저 소인배들은 그 옷들이 어울리지도 않네.' 라고 하였다."

　子曰하시되 仁之難成이 久矣라 唯君子아 能之하나니 是故로 君子는 不以
其所能者로 病人[1]하며 不以人之所不能者로 愧人하나니 是故로 聖人之
制行[2]也는 不制以已하여 使民으로 有所勸勉愧恥하여 以行其言하고 禮以
節之하며 信以結之하며 容貌以文[3]之하며 衣服以移之[4]하며 朋友以極之
하나니 欲民之有壹也[5]니 小雅에 曰[6]하되 不愧于人이며 不畏于天가하니라

　是故로 君子 服其服[7]이면 則文以君子之容하고 有其容이면 則文以君
子之辭하고 遂其辭면 則實以君子之德하나니 是故로 君子 恥服其服而
無其容하며 恥有其容而無其辭하며 恥有其辭而無其德하며 恥有其德而
無其行하나니 是故로 君子 衰絰則有哀色하고 端冕則有敬色하고 甲冑則
有不可辱之色하나니 詩云[8]하되 維鵜在梁하니 不濡其翼이로다 彼其之子
不稱其服[9]이라하니라

1) 病人(병인) : 남을 병들게 하다. 곧 남을 괴롭힌다는 뜻.

2) 制行(제행) : 백성의 행동을 제어(制御)한다는 뜻.

3) 文(문) : 문식(文飾).

4) 衣服以移之(의복이이지) : 이(移)는 칭(稱)과 같다. 맞는다는 뜻. 의복으로
　써 그 덕(德)에 맞게 한다는 뜻.

5) 欲民之有壹也(욕민지유일야) : 백성이 인(仁)의 도(道)에 오로지 하나가 됨
　이 있게 하고자 한다.

6) 小雅曰(소아왈) : 『시경(詩經)』 소아(小雅)의 하인사편(何人斯篇).

7) 服其服(복기복) : 그 옷을 입다. 앞의 복(服)은 입는다, 뒤의 복은 옷의 뜻.

8) 詩云(시운) : 『시경(詩經)』 조풍(曹風) 후인편(候人篇)의 문장.

9) 不稱其服(불칭기복) : 그 옷에 어울리지 않는다는 뜻. 소인을 비웃는 말투다.

9. 군자가 말하는 바의 의(義)

공자가 말하였다.

"군자가 말하는 바의 의(義)라는 것에 따르면 귀하거나 천하거나, 모두 천하에서 섬기는 것이 있는 것이다. 천자는 몸소 밭을 갈아서 자성(粢盛)과 거창(秬鬯)을 만들어 그것으로써 상제(上帝)를 섬기는 것이며, 그러므로 제후는 부지런히 천자를 도와 섬기는 것이다."

공자가 말하였다.

"아랫사람이 윗사람을 섬기는데 있어 비록 자기에게 백성을 보호하는 큰 덕(德)이 있더라도 감히 스스로 백성에게 임금 노릇하려는 마음을 가지지 않는 것은 인(仁)의 두터움이다. 그런 까닭에 군자는 공순하고 검소함으로써 인을 행할 것을 구하고, 믿음직스럽고 겸양함으로써 예(禮)를 행할 것을 구하며, 스스로 그 일을 숭상하지 않고, 스스로 그 몸을 높이지 않는다.

지위에 절제가 있고 욕심을 적게 하며, 현자(賢者)에게 양보하여 자기를 낮추고 남을 존경하며, 찬찬한 마음으로 의(義)를 두려워하여 그것으로써 임금 섬기기를 구하여 얻으면 이것으로부터 하고 얻지 못하더라도 이것으로부터 하여 하늘의 명을 경청하는 것이다.

시(詩)에 이르기를 '무성한 칡덩굴 나뭇가지를 휘감았네. 점잖으신 군자여, 복을 구함에 사특하지 않네.' 라고 하였으니, 그것은 순(舜)임금·우왕(禹王)·문왕(文王)·주공(周公)을 이르는 것이었다. 백성에게 임금 노릇하는 큰 덕이 있고, 임금을 섬기는 찬찬한 마음이 있다고 하겠다.

시(詩)에 이르기를 '이 문왕께서는 삼가하고 조심하여 밝게 하늘을 섬기시고, 많은 복을 누릴 것을 생각하여 그 덕 어긋남이 없어, 온 나라의 주인이 되셨네.' 라고 하였다."

　　子 言之하시되 君子之所謂義者는 貴賤이 皆有事於天下니 天子 親耕하셔 粢盛秬鬯으로 以事上帝하실새 故로 諸侯 勤以輔事於天子하나니라

　　子曰하시되 下之事上也[1]에 雖有庶民之大德하나 不敢有君民之心[2]은 仁之厚也니 是故로 君子는 恭儉以求役仁[3]하며 信讓以求役禮[4]하며 不自尚其事하며 不自尊其身하며 儉於位而寡於欲하며 讓於賢하며 畢已而尊人하며 小心[5]而畏義하여 求以事君하여 得之自是하며 不得自是하여 以聽天命하나니 詩云[6]하되 莫莫葛藟[7] 施于條枝[8]로다 凱弟君子[9] 求福不回[10]라하니 其舜禹文王周公之謂與인저 有君民之大德하고 有事君之小心하시니라 詩云[11]하되 惟此文王이 小心翼翼[12]하셔 昭事上帝하셔 聿懷多福하시니 厥德이 不回라 以受方國이라하니라

1) 下之事上也(하지사상야) : 아랫사람이 윗사람을 섬기다.

2) 不敢有君民之心(불감유군민지심) : 감히 그 임금을 배격하고 스스로 백성들에게 임금 노릇할 마음을 가지지 않는다는 뜻.

3) 役仁(역인) : 역(役)은 위(爲)와 같으니, 인(仁)을 행한다는 뜻

4) 役禮(역례) : 예(禮)를 행하다.

5) 小心(소심) : 찬찬한 마음. 세심(細心).

6) 詩云(시운) : 『시경(詩經)』 대아(大雅) 한록편(旱麓篇)의 문장.

7) 莫莫葛藟(막막갈류) : 막막은 무성한 모양. 갈류는 칡덩굴.

8) 施于條枝(이우조지) : 가지와 줄기에 감기다. 조는 가지, 지(枝)는 줄기.

9) 凱弟君子(개제군자) : 즐겁고 편안한 임금이라는 뜻.

10) 不回(불회) : 어긋남이 없다는 뜻.

11) 詩云(시운) : 『시경(詩經)』 대아(大雅) 대명편(大明篇)의 문장.

12) 翼翼(익익) : 삼가는 모양.

10. 군자는 스스로를 낮춘다

공자가 말하였다.

"선왕(先王)이 시호(諡號)로써 이름을 높이고, 악을 버리고 선

을 취함으로써 선(善)을 오로지 하나로 하게 한 것은, 이름이 행동보다 떠오르는 것을 부끄럽게 여겨서였다.

그런 까닭에 군자는 스스로 그 일을 크게 여기지 않고 스스로 그 공(功)을 높이지 않음으로써 실정에 알맞는 것을 구하며, 지나친 행동을 따르지 않음으로써 두터운 데에 처하기를 구하며, 남의 선(善)을 밝히고 남의 공을 칭찬함으로써 어진 사람의 아래에 처하기를 구한다. 그런 까닭에 군자는 비록 스스로를 낮추더라도 백성이 그를 공경하고 존경한다."

공자가 말하였다.

"후직(后稷)이 천하에 공업(功業)이 있는 것은 어찌 한 손이나 한 발로 이룬 것이겠는가. 오직 행동이 이름보다 떠오르게 하고자 함이었으니, 그러므로 스스로 편인(便人)이라 하였다."

子曰하시되 先王이 謚以尊名하시며 節1)以壹惠2)는 恥名之浮於行也니 是故로 君子는 不自大其事하며 不自尙其功하여 以求處情하며 過行弗率하여 以求處厚하며 彰人之善하고 而美人之功하여 以求下賢하나니 是故로 君子 雖自卑而民이 敬尊之하나니라 子曰하시되 后稷3)의 天下之爲烈也는 豈一手一足哉리오만 惟欲行之浮於名也실세 故로 自謂便人4)이라하시니라

1) 節(절): 절취(節取). 악을 버리고 선을 취하는 것.

2) 惠(혜): 선(善)과 같다.

3) 后稷(후직): 주왕조(周王朝)의 선조로서, 순(舜)임금 때 후직(后稷)이라는 벼슬을 했는데, 뒤에 벼슬의 이름이 사람의 이름으로 굳었다.

4) 便人(편인): 백성들의 일에 익숙한 사람이라는 뜻.

11. 민중의 부모가 되는 조건이 있다

공자가 말하였다.

"군자(君子)의 이른바 인(仁)이라고 하는 것은 그것이 어려운 것인가.

시(詩)에 이르기를 '점잖으신〔凱弟〕임금님은 백성들의 부모

이시네.'라고 하였는데, 개(凱)는 굳센 것으로써 가르치고, 제
(弟)는 기쁜 것으로써 편안하게 하는 것이다.

즐거워하여 거친 일이 없으며, 예(禮)가 있어 친하며, 위엄이
있고 씩씩하여 편안하며, 효도하고 자애로워 공경해서, 백성에 대
하여 아버지의 존엄함과 어머니의 친함이 있게 하는 것이다.

이와 같이 한 뒤에라야 백성의 부모가 될 수 있다. 지극한 덕
(德)을 가진 이가 아니면 그 누가 이와 같이 할 수 있겠는가.

요즘 아버지가 아들을 친하게 여기는 기준은 현명하면 친히 하
고 무능하면 멀리 하며, 어머니가 아들을 친하게 여기는 기준은
현명하면 친히 하고 무능하면 불쌍하게 여긴다.

어머니는 친하기는 하되 존경하지는 않고, 아버지는 존경은 하
되 친하지는 않다. 물은 백성에게 있어 친근하되 존경하는 대상
은 되지 않고, 불은 존경하는 대상은 되지만 친하지는 않다.

땅은 백성에게 있어 친근한 대상이기는 하되 존경할 대상은 되
지 않고, 하늘은 존경하는 대상이지만 친근하지는 않다. 정령(政
令)은 백성이 친하게 여기지만 존경하지 않고, 귀신은 존경하지
만 친하게 여기지 않는다."

子 言之하시되 君子之所謂仁者는 其難乎인저 詩云[1]하되 凱弟君子[2]여
民之父母라하니 凱以强敎之하고 弟以說安之하여 樂而毋荒하며 有禮而
親하며 威莊而安하며 孝慈而敬하여 使民으로 有父之尊하며 有母之親하나
니 如此而后에 可以爲民父母矣니 非至德이면 其孰能如此乎리오

今父之親子也는 親賢而下[3]無能하고 母之親子也는 賢則親之하고 無
能則憐之하나니 母는 親而不尊하고 父는 尊而不親하며 水之於民也에 親
而不尊하고 火는 尊而不親하며 土之於民也에 親而不尊하고 天은 尊而不
親하며 命[4]之於民也에 親而不尊하고 鬼는 尊而不親하니라

1) 詩云(시운) : 『시경(詩經)』 대아(大雅) 형작편(泂酌篇)의 문장.

2) 凱弟君子(개제군자) : 화락(和樂)한 군자. 점잖으신 군자.

3) 下(하) : 멀리 한다. 소원(疏遠)하게 여기다.

4) 命(명) : 임금의 정령(政令).

12. 각 왕조의 일반적인 폐습

공자가 말하였다.

"하나라 사람들의 도(道)는 명(命)을 존중하여 귀(鬼)를 섬기고 신(神)을 공경하였으나 그것을 멀리 하였고, 사람을 가까이 하여 충성하게 해서 녹(祿)을 먼저하고 위엄(威嚴)을 뒤로 하였으며, 상(賞)을 먼저하고 벌(罰)을 뒤로 하여 친하기는 하지만 존경하지는 않았다. 그 백성들의 일반적인 폐습은 둔하고 어리석었으며, 교만하고 거칠었으며, 소박하고 꾸미는 일은 없었다.

은나라 사람들은 신(神)을 존경하여 백성을 이끌어 신을 섬기게 하고 귀신을 먼저 하고 예(禮)를 뒤로 하였으며, 벌(罰)을 먼저하고 상(賞)을 뒤로 하여 존경은 하되 친하지는 않았다. 그 백성들의 일반적인 폐습은 방탕하면서 조용하지 않았으며, 이기려고만 하여 부끄러움이 없었다.

주나라 사람들은 예(禮)를 존중하고 베푸는 일을 숭상하였으며, 귀(鬼)를 섬기고 신(神)을 공경하였으나 그것을 멀리하였고, 사람을 가까이 하여 충성케 해서 그 상과 벌을 벼슬의 차례로 하여 친하기는 하되 공경하지는 않았다. 그 백성들의 일반적인 폐습은 이로움을 구하고 간교하였으며, 꾸미는 일이 많고 부끄러워하지 않았으며, 남을 해롭게 하여도 덮어두는 것이었다."

子曰하시되 夏道는 尊命하여 事鬼敬神而遠之[1]하고 近人而忠焉[2]하여 先祿而後威하며 先賞而後罰하여 親而不尊[3]하니 其民之敝[4] 惷而愚[5]하며 喬而野[6]하며 朴而不文[7]하고 殷人은 尊神하여 率民以事神하여 先鬼而後禮하며 先罰而後賞하여 尊而不親하니 其民之敝 蕩而不靜하며 勝而無恥하고 周人은 尊禮尙施하여 事鬼敬神而遠之하고 近人而忠焉하여 其賞罰이 用爵列[8]하여 親而不尊하니 其民之敝 利而巧하며 文而不慚하며 賊而蔽[9]하니라

1) 遠之(원지) : 멀리 하다. 종묘(宗廟) 등의 사당을 궁실(宮室) 밖에 두는 것.

2) 近人而忠焉(근인이충언) : 조정(朝廷)을 궁실(宮室) 안에 두는 것을 뜻한다.

3) 親而不尊(친이부존) : 백성이 윗사람을 친하게는 여기되 존경할 줄은 모른다.

4) 敝(폐) : 정치가 쇠퇴한 시기의 습속.

5) 憃而愚(송이우) : 둔(鈍)하고 어리석다. 우매하다.

6) 喬而野(교이야) : 교만하고 거칠다. 야(野)는 거칠다. 촌스럽다는 뜻.

7) 朴而不文(박이불문) : 소박하고 꾸미지 않다. 문은 문식(文飾).

8) 用爵列(용작렬) : 벼슬의 차등으로 상벌을 나타내다.

9) 賊而蔽(적이폐) : 남을 해치고도 덮어둔다. 곧 잘못을 깨닫지 못한다는 뜻.

13. 각 왕조(王朝) 시대의 도(道)

공자가 말하였다.

"하왕조(夏王朝)의 도(道)는 사령(辭令)을 모독하지 않고, 갖추어짐을 구하지 않았으며, 백성에게 크게 바라지 않아서, 백성이 그 어버이를 싫어하지 않았다.

은왕조(殷王朝) 시대에는 예(禮)를 모독하지 않고, 백성에게 갖추어지기를 구하였다.

주왕조(周王朝) 시대에는 백성에게 강요하여 신(神)을 모독하지 않게 하였고, 상작(賞爵)과 형벌(刑罰)을 매우 살폈다."

공자가 말하였다.

"순임금 시대와 하나라의 도(道)는 백성에게 원망이 적었고, 은나라와 주나라 시대의 도는 그 폐단을 이겨내지 못하였다."

공자가 말하였다.

"순임금 시대와 하나라의 질박함과, 은나라와 주나라 시대의 꾸밈은 지극한 것이었다. 순임금 시대와 하나라의 꾸밈은 그 질박함을 이기지 못하고, 은나라와 주나라 시대의 질박함은 그 꾸밈을 이기지 못하였다."

子曰하시되 夏道는 未瀆辭하여 不求備[1]하며 不大望[2]於民하여 民未厭其親하고 殷人은 未瀆禮하여 而求備於民하고 周人은 强民하여 未瀆神이오 而賞爵刑罰이 窮矣[3]니라

子曰하시되 虞[4]夏之道는 寡怨於民하고 殷周之道는 不勝其敝하니라 子曰하시되 虞夏之質과 殷周之文이 至矣니 虞夏之文은 不勝其質하고 殷周之質은 不勝其文하니라

1) 不求備(불구비) : 백성들에게 행동이 갖추어지기를 바라지 않았다는 뜻.
2) 大望(대망) : 크게 바라다. 곧 조세(租稅)의 부담을 적게 하였다는 뜻.
3) 窮矣(궁의) : 몹시 따지다. 매우 살피다.
4) 虞(우) : 순(舜)임금 시대를 가리키는 말이다.

14. 선정을 편 순임금에게는 미치지 못한다

공자가 말하였다.

"후세에 비록 선정(善政)을 펴는 사람이 있다 하더라도 순(舜)임금에게는 미치지 못할 뿐이다.

천하에 임금 노릇을 하여 살아서는 사사로움이 없고, 죽어서는 그 아들에게 후(厚)함이 없으며, 백성을 자식처럼 여겨 부모의 마음으로 돌보아 백성들을 애처롭고 불쌍히 여기는 사랑이 있었고, 충성과 이(利)의 가르침이 있었다.

백성들을 친하게 하고 존경하였으며, 편안하게 하고 공경하였으며, 위엄이 있으면서도 사랑하고, 부(富)하면서도 예(禮)가 있었으며, 은혜를 베풀어 능히 나누어 주었다.

그 군자는 인(仁)을 높이고 의(義)를 두려워하며, 낭비(浪費)하는 것을 부끄러워하고 재물을 가볍게 여기며, 충성하여 범(犯)하지 않으며, 의리가 있고 순종하며, 예절이 있고도 조용하며, 너그럽고도 분별이 있었다.

보형(甫刑)에 말하기를 '덕으로 위압하시니 두려워하게 되고 덕으로 밝히시니 모든 것이 밝아졌다.' 라고 하였으니, 순임금이 아니고는 그 누가 이와 같이 할 수 있겠는가."

子言之曰하시되 後世에 雖有作者[1]나 虞帝[2]는 弗可及也已矣니라 君天下하셔 生無私하시며 死不厚其子하시며 子民如父母하시되 有憯怛之愛[3]하

시며 有忠利之敎하셔 親而尊하시며 安而敬하시며 威而愛하시며 富而有禮하시며 惠而能散하시니 其君子 尊仁畏義하며 恥費輕實[4]하며 忠而不犯하며 義而順하며 文[5]而靜하며 寬而有辨하니 甫刑[6]에 曰하되 德威惟威하며 德明惟明이라하니 非虞帝면 其孰能如此乎리오

1) 作者(작자) : 선정(善政)을 펴는 사람이라는 뜻이다.
2) 虞帝(우제) : 순(舜)임금.
3) 憯怛之愛(참달지애) : 애처로워 하고 불쌍히 여기는 사랑.
4) 輕實(경실) : 재물을 가볍게 여기다. 실(實)은 재물을 뜻한다.
5) 文(문) : 여기서는 예절을 뜻한다.
6) 甫刑(보형) : 『서경』의 여형편.

15. 임금을 섬기는 데에는…

공자가 말하였다.

"임금을 섬기는 데에는 먼저 그 말에 의하고, 절하여 스스로 그 몸을 바쳐 그것으로써 그 믿음을 이룬다. 그런 까닭에 임금이 그 신하를 책망함이 있을 때에는 신하는 자기의 말에 죽음으로써 책임을 진다. 그러므로 녹(祿)을 받는 것이 일에 속임이 없어야 그 죄를 받는 것이 더욱 적어지는 것이다."

공자가 말하였다.

"임금을 섬기는 데에는 자기의 큰 말이 받아들여지면 큰 이익을 바라고, 작은 말이 받아들여지면 작은 이익을 바란다. 그러므로 군자는 작은 말로써 하여 큰 녹(祿)을 받지 않고, 큰 말로써 하여 작은 녹을 받지 않는다.

『역경(易經)』에 말하기를 '군자는 집에서 밥 먹지 않으면(조정에서 녹봉을 받다) 길(吉)하다.' 라고 하였다."

공자가 말하였다.

"임금을 섬기는 데에는 사사로운 것으로 통하지 않고, 실제가 아닌 말을 숭상하지 않고, 그 사람이 아니면 섬기지 않는다.

소아(小雅)에 말하기를 '그대 자리 삼가 받들어 정직한 사람

과 함께 하면 신령께서도 이를 알아 너에게 좋은 복을 주시리라.'
라고 하였다."

子 言之하시되 事君하되 先資其言[1]하고 拜自獻其身하여 以成其信이니
是故로 君有責於其臣하며 臣有死於其言[2]하나니 故로 其受祿이 不誣[3]하
며 其受罪益寡니라
子曰하시되 事君하되 大言[4]이 入則望大利[5]하고 小言이 入則望小利니
故로 君子는 不以小言으로 受大祿하며 不以大言으로 受小祿하나니 易에
曰[6]하되 不家食이라 吉[7]이라하니라
子曰하시되 事君하되 不下達[8]하며 不尚辭[9]하며 非其人이어든 弗自니 小
雅에 曰[10]하되 靖共爾位하여 正直是與하면 神之聽之하여 式穀以女라하니라

1) 先資其言(선자기언) : 먼저 그 말에 의한다. 곧 미리 생각해 두었던 계획이
   나 의견 등을 말로 나타낸다는 뜻.
2) 臣有死於其言(신유사어기언) : 신하는 그 말에 죽음이 있다. 곧 그 말을 실
   행하지 못하면 죽는다는 뜻.
3) 受祿不誣(수록불무) : 녹(祿)을 받는 것이 일에 속임이 없다. 곧 할 만큼의
   일을 하고 거기에 맞는 녹을 받는다는 뜻. 그래야 죄를 적게 받는다.
4) 大言(대언) : 천하의 안위(安危)나 백성의 이해(利害)에 관한 큰 말.
5) 大利(대리) : 천하에 미치고 만세(萬世)에 미치는 큰 이익.
6) 易曰(역왈) : 『역경(易經)』 대축괘사(大畜卦辭)에 있는 말.
7) 不家食吉(불가식길) : 군자는 집에서 밥을 먹지 않아야 길(吉)하다. 곧 군자
   는 조정의 녹을 먹어야 한다는 말.
8) 不下達(불하달) : 사사로운 것으로 통하지 않는다는 뜻.
9) 不尚辭(불상사) : 실제가 아닌 말을 숭상하지 않다.
10) 小雅曰(소아왈) : 『시경(詩經)』 소아(小雅) 소명편(小明篇).

16. 대신은 사방의 일을 염려한다

공자가 말하였다.
"임금을 섬기는 데 있어 사이가 멀면서 간(諫)하는 것은 망령

된 일이요, 가까우면서도 간하지 않으면 그것은 시리(尸利 : 이익만 탐내는 것)이다."

공자가 말하였다.

"가까운 신하는 화평한 것을 지키고, 재상(宰相)은 모든 관리를 바로잡으며, 대신(大臣)은 사방의 일을 염려한다."

공자가 말하였다.

"임금을 섬기는 데에는 간하고자 해도 임금의 잘못을 드러내어 말하려고는 하지 않는다.

시(詩)에 이르기를 '마음으로 사랑하는데 어찌 고하지 않으랴만 마음 속에 품고 있는데 어느 날인들 잊으랴.'라고 하였다."

공자가 말하였다.

"임금을 섬기는 데에는 나아가기는 어렵게 하고 물러나기를 쉽게 하면 곧 지위에 순서가 있고, 나아가기를 쉽게 하고 물러나기를 어렵게 하면 어지러워진다. 그러므로 군자는 3번 읍(揖)하고서 나아가고 한 번 사양하고서 물러남으로써 어지러움을 멀리 하는 것이다."

子曰하시되 事君하되 遠而諫하면 則諂也[1]오 近而不諫하면 則尸利[2]也니라 子曰하시되 邇臣[3]은 守和하고 宰[4]는 正百官하고 大臣은 慮四方이니라

子曰하시되 事君하되 欲諫不欲陳[5]이니 詩云[6]하되 心乎愛矣어니 瑕不謂矣리오 中心藏之하니 何日忘之리오하니라

子曰하시되 事君하되 難進而易退하면 則位有序하고 易進而難退하면 則亂也니 故로 君子 三揖而進하고 一辭而退는 以遠亂也니라

1) 諂也(첨야) : 망령되다.
2) 尸利(시리) : 자신의 이익만을 도모하는 일.
3) 邇臣(이신) : 가까이서 모시는 신하. 근신(近臣).
4) 宰(재) : 재상(宰相).
5) 不欲陳(불욕진) : 진(陳)하려고 하지 않다. 진(陳)은 임금의 잘못을 드러내어 말하는 일.
6) 詩云(시운) : 『시경(詩經)』소아(小雅) 습상편(隰桑篇).

17. 그것은 녹을 탐하는 것이다

공자가 말하였다.

"임금을 섬기는 데 있어 3번 벼슬을 내놓고서도 국경을 나가지 않으면, 그것은 녹(祿)을 탐하는 것이다. 남들이 비록 녹을 구하는 것이 아니라고 말하더라도 나는 믿지 않는다."

공자가 말하였다.

"임금을 섬기는 데에는 시작할 때는 삼가고 마칠 때는 공경스럽게 해야 한다."

공자가 말하였다.

"임금을 섬기되 귀할 수도 천할 수도 있으며, 부유할 수도 가난할 수도 있으며, 살 수도 있고 죽을 수도 있는 것이므로, 가히 어지러워지지 않게 해야 한다."

子曰하시되 事君하되 三違[1]而不出竟[2]하면 則利祿[3]也니 人雖曰不要[4]나 吾弗信也하리라

子曰하시되 事君하되 愼始而敬終이니라 子曰하시되 事君하되 可貴可賤이며 可富可貧이며 可生可殺이어니와 而不可使爲亂이니라

1) 三違(삼위) : 3번이나 벼슬을 내놓는다는 뜻.
2) 不出竟(불출경) : 국경을 나가지 않다. 경(竟)은 경(境)과 같다.
3) 利祿(이록) : 녹(祿)을 탐(貪)하다.
4) 不要(불요) : 녹을 구하지 않다. 요(要)는 필요로 하다, 구한다는 뜻.

18. 군대에서는 어려운 일을 피하지 않는다

공자가 말하였다.

"임금을 섬기되 군대에 있어서는 어려운 일을 피하지 않고, 조정에서는 욕된 일을 사양하지 않는 것이다. 그 지위에 처하여 그 일을 이행하지 않으면 어지러운 것이다. 그러므로 임금이 그 신

하를 부리는 데 신하가 뜻을 얻으면 삼가고 생각해서 임금의 명령을 따르고, 아니면 깊이 생각해서 임금의 명령을 따르다가 일을 마치고 물러나는 것이 신하로서의 충후(忠厚)한 도리이다.

『역경(易經)』에 말하기를 '황제나 제후를 섬기지 않고 그 자신의 일을 높이 숭상한다.'라고 하였다."

공자가 말하였다.

"오직 천자라야 하늘에서 명(命)을 받고, 사(士)는 임금에게서 명을 받는다. 그러므로 임금의 명이 의리에 알맞으면 신하는 그 명에 순종함이 있고, 임금의 명이 의리를 거스르면 신하는 그 명에 거스름이 있는 것이다.

시(詩)에 이르기를 '까치도 쌍쌍이 날고 메추리도 짝지어 나는데 이 못난 이 어질지 못한 이를 나는 왜 임금으로 삼았느냐.'라고 하였다."

子曰하시되 事君하되 軍旅에 不辟難하며 朝廷에 不辭賤[1]이니 處其位而不履其事하면 則亂也니라 故로 君이 使其臣에 得志則愼慮而從之하고 否則孰慮而從之하여 終事而退함이 臣之厚也니 易에 曰[2]하되 不事王侯라야 高尙其事라하도다

子曰하시되 唯天子아 受命于天하고 士는 受命于君하나니 故로 君命이 順[3]하면 則臣有順命하고 君命이 逆하면 則臣有逆命하나니 詩曰[4]하되 鵲之姜姜[5]이며 鶉之奔奔[6]이어늘 人之無良을 我以爲君가하니라

1) 賤(천) : 천한 일. 곧 욕된 일.
2) 易曰(역왈) : 『역경(易經)』고괘(蠱卦)의 말.
3) 君命順(군명순) : 임금의 명이 의리에 맞다.
4) 詩曰(시왈) : 『시경(詩經)』용풍(鄘風) 순지분분편(鶉之奔奔篇).
5) 姜姜(강강) : 서로 따르며 나는 모양. 『시경』에는 강강(疆疆)으로 되어 있다.
6) 奔奔(분분) : 메추리가 다투어 나는 모양.

19. 소인의 교제는 단술과 같다

공자가 말하였다.

"군자는 말로써 사람의 실제를 다 내보이는 것 같이 하지 않는다. 그러므로 천하에 도(道)가 있으면 행동에 지엽(枝葉)이 있어 무수한 선행이 있고, 천하에 도가 없으면 말에만 지엽이 있어 말만 무성해지는 것이다.

그런 까닭에 군자는 상(喪)을 당한 사람의 곁에 있을 때 부의(賻儀)를 할 수 없으면 비용에 대하여 묻지 않으며, 병 있는 사람 곁에 있을 때 물건을 보낼 수 없으면 먹고 싶어 하는 것을 묻지 않으며, 객(客)이 있어 객사를 마련해 줄 수 없으면 묵는 곳에 대하여 묻지 않는다. 그러므로 군자의 교제는 물과 같고 소인(小人)의 교제는 단술과 같아, 군자는 담담한 것으로써 교제를 이루고 소인은 달콤한 것으로써 교제를 무너뜨린다.

소아(小雅)에 말하기를 '참소하는 말이 매우 달콤하여 변란이 이로써 늘어가네.' 라고 하였다."

子曰하시되 君子 不以辭로 盡人[1]이니 故로 天下 有道하면 則行有枝葉[2]하고 天下 無道하면 則辭有枝葉[3]이니라

是故로 君子 於有喪者之側에 不能賻焉이어든 則不問其所費하며 於有病者之側에 不能饋焉이어든 則不問其所欲하며 有客不能館이어든 則不問其所舍하나니 故로 君子之接은 如水하고 小人之接은 如醴하여 君子는 淡以成하고 小人은 甘以壞하나니 小雅에 曰[4]하되 盜言孔甘[5]이라 亂是用餤이라하니라

1) 不以辭盡人(불이사진인) : 말로써 사람의 실제를 다 보지 않는다는 뜻.

2) 行有枝葉(행유지엽) : 행동함에 여러 가지 선행(先行)이 있다는 뜻. 지엽(枝葉)은 나무의 가지와 잎처럼 무성한 선행을 뜻한다.

3) 辭有枝葉(사유지엽) : 말만 무성하게 늘어놓는다는 뜻.

4) 小雅曰(소아왈) : 『시경(詩經)』 소아(小雅) 교언편(巧言篇).

5) 盜言孔甘(도언공감) : 도언은 소인(小人)이 참소하는 말. 공감은 매우 달다.

20. 군자는 입으로 칭찬하지 않는다

공자가 말하였다.

"군자는 입으로써 남을 칭찬하지 않는다. 그러면 백성이 충성스런 마음을 일으킨다. 그러므로 군자는 남의 추운 것에 대하여 물으면 그에게 옷을 입혀 주고, 남의 배고픈 것에 대하여 물으면 그에게 먹을 것을 주고, 남의 아름다움을 칭송하면 그에게 벼슬을 준다.

국풍(國風)에 말하기를 '마음 속의 근심이여, 나에게 돌아와 집에서 쉴지어다.' 라고 하였다."

공자가 말하였다.

"입으로만 은혜롭고 실제로는 돌아오는 것이 없으면 원망으로 인한 재앙이 그 몸에 미친다. 그런 까닭에 군자는 승낙만 하고 그것을 실천하지 않는 것에 대한 책망을 가지기보다 차라리 승낙하지 않고 원망을 받는다.

국풍(國風)에 말하기를 '말씨와 웃음이 부드러웠고 믿음으로 굳게 맹세할 때는 이처럼 변할 줄 생각지 못했네.' 라고 하였다."

공자가 말하였다.

"군자는 안색(顏色)으로써 남을 친히 하지 않는다. 정(情)은 없으면서 모양만 친한 것은 소인(小人)에게 있어서는 담을 뚫고 들어가 물건을 훔치는 좀도둑이로다."

공자가 말하였다.

"정은 믿고자 하고, 말은 교(巧)하고자 하는 것이다."

子曰하시되 君子 不以口로 譽人[1]하면 則民이 作忠하나니 故로 君子 問人之寒則衣之하고 問人之飢則食之하고 稱人之善則爵之하나니 國風에 曰[2]하되 心之憂矣로니 於我에 歸說[3]이라하니라

子曰하시되 口惠而實不至[4]하면 怨菑及其身하나니 是故로 君子 與其有

諾責[5]也로 寧有已怨[6]이니 國風에 曰[7]하되 言笑晏晏[8]하며 信誓旦旦[9]할세 不思其反하니 反是不思라 亦已焉哉엣다하니라

子曰하시되 君子는 不以色으로 親人하나니 情疏而貌親하면 在小人則穿窬之盜[10]也與인저 子曰하시되 情欲信이오 辭欲巧[11]니라

1) 譽人(예인) : 남을 지나치게 칭찬하다.

2) 國風曰(국풍왈) :『시경(詩經)』조풍(曹風) 부유편(蜉蝣篇).

3) 於我歸說(어아귀세) : 나에게로 돌아와 쉬라. 세(說)는 쉰다는 뜻.

4) 口惠而實不至(구혜이실부지) : 말로만 은혜롭고 실제 돌아오는 것이 없다.

5) 諾責(낙책) : 승낙만 하고 실행하지 않는 것에 대한 책망을 가지다.

6) 已怨(이원) : 승낙하지 않고 받는 원망.

7) 國風曰(국풍왈) :『시경(詩經)』위풍(衛風) 맹편(氓篇).

8) 晏晏(안안) : 화락한 모양.

9) 旦旦(단단) : 밝은 모양.

10) 穿窬之盜(천유지도) : 담을 뚫고 들어가 물건을 훔치는 좀도둑.

11) 巧(교) : 이의(理義)에 순응(順應)하여 잘하는 말.

21. 삼대의 명왕은 천지신명을 섬겼다

공자가 말하였다.

"옛날 삼대(三代)의 명왕(明王)들은 모두 하늘과 땅의 신명(神明)을 섬겼으며, 복서(卜筮)를 쓰지 않은 이가 없으며, 감히 사사로이 친숙한 방법으로써 상제(上帝)를 섬기지 않았다. 그런 까닭에 이미 정해진 시일(時日)을 폐하지 못하고, 복서(卜筮)를 어기지 않았으며, 복서는 서로 겹치지 않았다.

큰 일에는 정해진 시일이 있고, 작은 일에는 정해진 시일이 없고, 서(筮)가 있으며, 바깥 일은 강일(剛日)을 쓰고, 안의 일은 유일(柔日)을 쓰는 것이다. 여기에는 거북점과 시초점을 어기지 않는 것이다."

공자가 말하였다.

"희생과 예악(禮樂)과 곡식의 제물이 있으니, 이것으로써 귀신

을 해롭게 하는 일이 없고, 백성에게 원망받는 일이 없는 것이다."

子 言之하시되 昔三代[1]明王이 皆事天地之神明하시되 無非卜筮之用하셔 不敢以其私로 褻事上帝하시니 是以로 不犯日月[2]하며 不違卜筮하며 卜筮 不相襲[3]也하니라

大事[4]엔 有時日이오 小事엔 無時日코 有筮하며 外事는 用剛日하고 內事는 用柔日하나니라 不違龜筮라 子曰[5]하시되 牲牷禮樂齊盛이 是以로 無害乎鬼神하며 無怨乎百姓이니라

1) 三代(삼대) : 하(夏)·은(殷)·주(周)의 세 왕조(王朝) 시대.
2) 不犯日月(불범일월) : 이미 정해진 시일(時日)을 폐(廢)하지 못한다는 뜻.
3) 不相襲(불상습) : 서로 겹치지 않다. 곧 2번, 3번 거듭 행하지 않는다는 뜻.
4) 大事(대사) : 큰 제사.
5) 子曰(자왈) : 이 두 글자는 그 위의 구절인 불위귀서(不違龜筮) 앞에 있어야 할 것이라는 설이 있다.

22. 후직의 제사는 갖추기가 쉽다

공자가 말하였다.

"후직(后稷)의 제사는 갖추기가 쉽다. 그 축사(祝辭)는 공순하게 하고, 그 바라는 것은 크지 않고도 그 녹(祿)은 자손에게 미친다.

시(詩)에 말하기를 '후직이 비로소 제사지냄으로써 후손 아무런 죄 허물없이 대대로 지금까지 이어온 거라네.' 라고 하였다."

공자가 말하였다.

"대인(大人)의 그릇은 위엄이 있고 공경스럽다. 천자는 서(筮)가 없고, 제후는 수서(守筮)가 있다. 천자는 순수하는 도중에서는 서(筮)를 쓰고, 제후는 그 나라가 아니면 서를 하지 않으며, 거택(居宅)과 침실을 고치는 데는 점을 치고, 천자는 태묘(太廟)에 처하는 것을 점치지 않는 것이다."

공자가 말하였다.

"군자는 공경하면 제기(祭器)를 쓴다. 그것으로써 제후가 입조 (入朝)하는 시일(時日)을 폐하지 않고, 바치는 물건도 거북점과 시초점이 정한 대로 어기지 않아, 그것으로써 공경하여 그 군장 (君長)을 섬긴다. 이것으로써 윗사람은 백성을 더럽히지 않고, 아 랫사람은 윗사람에게 버릇없게 굴지 않는 것이다."

子曰하시되 后稷之祀는 易富也[1]니 其辭[2] 恭하며 其欲이 儉하며 其祿이 及子孫하니 詩曰[3]하되 后稷이 兆祀하므로 庶無罪悔하여 以迄于今이라하니라
子曰하시되 大人之器[4]는 威敬하니 天子 無筮[5]하시고 諸侯 有守筮[6]하며 天子 道以筮[7]하고 諸侯 非其國不以筮[8]하며 卜宅寢室하고 天子 不卜하 셔 處大廟니라
子曰하시되 君子 敬則用祭器니 是以로 不廢日月[9]하며 不違龜筮[10]하여 以敬事其君長하나니 是以로 上不瀆於民하며 下不褻[11]於上이니라

1) 易富也(이부야) : 갖추기가 쉽다. 곧 제물을 많이 쓰지 않는다는 뜻. 부(富) 는 비(備)와 같다.

2) 辭(사) : 축사(祝辭).

3) 詩曰(시왈) : 『시경(詩經)』 대아(大雅) 생민편(生民篇).

4) 大人之器(대인지기) : 귀서(龜筮)를 말한다.

5) 天子無筮(천자무서) : 천자는 존엄하므로 서(筮)를 쓰지 않는다.

6) 有守筮(유수서) : 나라 안에 머물며 나라를 지킬 때는 서(筮)를 쓴다는 뜻.

7) 道以筮(도이서) : 순수(巡守)하는 도중에는 서(筮)를 쓰기도 한다는 뜻.

8) 非其國不以筮(비기국불이서) : 타국에 가 있을 때는 서(筮)로 점치지 않는 다는 뜻.

9) 不廢日月(불폐일월) : 제후가 조회에 드는 시일을 폐하지 않는다는 뜻.

10) 不違龜筮(불위귀서) : 제후가 바치는 물건을 거북점과 시초점이 정한 대로 어기지 않는다는 뜻.

11) 不褻(불설) : 버릇없이 굴지 않는다.

제33편 치의(緇衣第三十三)

이 편은 『시경』 국풍(國風) 치의(緇衣)편의 정(鄭)나라 무공(武公)을 아름답게 여긴 시의 제목으로, 어진 사람을 많이 좋아하는 것을 기특하게 여겨 『시경』의 편명을 가져다 편명으로 삼았다고 했다.
일설에는 공손니자(公孫尼子)가 지었다고도 했다.

1. 문왕을 거울삼으면 백성이 따른다

공자가 말하였다.

"윗사람이 되어 섬기기가 쉽고, 아랫사람이 되어 알기가 쉬우면 형벌이 번거롭지 않다."

공자가 말하였다.

"어진 것을 좋아하기를 치의(緇衣)와 같이 하고 악한 이를 미워하기를 항백(巷伯)과 같이 하면 벼슬을 더럽히지 않고도 백성이 성실해지고, 형벌을 시행하지 않고도 백성이 다 복종한다. 대아(大雅)에 말하기를 '문왕을 거울삼아 따르면 온 세상이 믿고 따르리.'라고 하였다."

子 言之曰하시되 爲上이 易事[1]也며 爲下 易知也면 則刑不煩矣리라

子曰하시되 好賢이 如緇衣[2]하고 惡惡[3]이 如巷伯[4]이면 則爵이 不瀆而民이 作愿[5]하며 刑不試而民咸服이니 大雅에 曰[6]하되 儀刑文王이면 萬國이 作孚라하도다

1) 易事(이사) : 섬기기 쉽다. 곧 윗사람이 까다롭거나 사납지 않다는 뜻.

2) 緇衣(치의) :『시경』치의편(緇衣篇). 국풍(國風)의 편명(篇名).

3) 惡惡(오악) : 악한 것을 미워하다.

4) 巷伯(항백) :『시경』항백편(巷伯篇). 소아(小雅)의 편명.

5) 作愿(작원) : 성실하게 되다.

6) 大雅曰(대아왈) :『시경(詩經)』대아(大雅) 문왕편(文王篇).

2. 백성이 임금을 사모하는 마음을 가진다

공자가 말하였다.

"대저 백성을 덕(德)으로써 가르치고 예(禮)로써 가지런히 하면 백성이 임금을 사모하는 마음을 가지게 되며, 정치로써 가르치고 형벌로써 가지런히 하면 백성이 달아날 마음을 가진다. 그러므로 백성의 임금된 자가 백성을 자식처럼 사랑하면 백성이 친해지고, 믿음으로써 맺으면 백성이 배반하지 않고, 공손한 것으로써 임(臨)하면 백성이 순종하는 마음을 가진다.

보형(甫刑)에 말하기를 '묘나라의 임금은 선을 쓰지 않고 형벌로 제재하였으니, 5가지 잔악한 형벌을 제정하여 이것을 법이라고 하였다.' 라고 하였다. 그래서 백성이 악덕(惡德)을 가져서 드디어 그 세대(世代)가 끊어진 것이다."

子曰하시되 夫民이 教之以德하며 齊[1]之以禮면 則民有格心[2]하고 教之以政하며 齊之以刑이면 則民有遯心[3]이니 故로 君民者 子以愛之면 則民이 親之하고 信以結之면 則民이 不倍하고 恭以涖之면 則民이 有孫心이니라 甫刑에 曰하되 苗民[4]이 匪用命[5]이오 制以刑하여 惟作五虐之刑[6]曰法이라하니 是以民有惡德하여 而遂絕其世也하니라

1) 齊(제) : 정제(整齊)하다. 가지런히 하다.

2) 有格心(유격심) : 임금을 사모하는 마음을 가진다는 뜻.

3) 有遯心(유둔심) : 달아날 마음을 가진다.

4) 苗民(묘민) : 묘(苗)나라의 임금. 임금을 민(民)이라고 한 것은 포악하여 일반 백성과 같았으므로 낮추어 부르는 말.

5) 匪用命(비용명) : 선(善)으로써 백성을 다스리지 않았다는 뜻. 비(匪)는 비
  (非), 명(命)은 선(善)과 같다.
6) 五虐之刑(오학지형) : 5가지 포악한 형벌. 5가지는 얼굴에 글자를 새겨넣는
  형벌·귀를 베는 형벌·코를 베는 형벌·성기를 잘라내는 형벌·사형.

3. 백성의 본보기

공자가 말하였다.

"아랫사람이 윗사람을 섬기는 데에는 그 명령하는 바를 따르지
않고 그 행하는 바를 따른다. 윗사람이 그 무엇을 좋아하면 아랫
사람은 반드시 더 심한 것이 있다. 그러므로 윗사람은 좋아하고
싫어하는 바를 삼가지 않을 수 없는 것이며, 이것이 백성의 본보
기인 것이다."

공자가 말하였다.

"우왕(禹王)이 천자가 된 지 3년에 백성이 모두 인(仁)을 이
루었으니, 어찌 반드시 다 어진 사람이었으랴.

시(詩)에 이르기를 '혁혁(赫赫)한 사윤(師尹)이여, 백성이 모
두 그대를 보고 있네.'라 하였고, 보형(甫刑)에 말하기를 '한 사
람의 선행(善行)이 있으면 만백성이 이에 힘입게 된다.'라 하였
으며, 대아(大雅)에 말하기를 '임금께서 믿음을 이루셔 백성의
본보기가 되신 것이네.'라고 하였다."

子曰하시되 下之事上也 不從其所令하고 從其所行하나니 上好是物[1]하
면 下必有甚者矣니라 故로 上之所好惡은 不可不愼也니 是民之表也라
子曰하시되 禹立[2] 三年에 百姓이 以仁遂焉하니 豈必盡仁이리오 詩云[3]하되
赫赫師尹[4]이여 民具爾瞻이라하며 甫刑에 曰하되 一人有慶[5]이면 兆民[6]이 賴
之라하며 大雅에 曰[7]하되 成王之孚하여 下土之式이라하도다

1) 是物(시물) : 그 물건. 그 무엇. 곧 선(善)이나 악(惡)의 행동.
2) 禹立(우립) : 우왕(禹王)이 천자가 되다.
3) 詩云(시운) : 『시경(詩經)』 소아(小雅) 절남산편(節南山篇).

4) 師尹(사윤) : 주(周)나라 태사(太師)인 윤씨(尹氏)를 말한다.
5) 一人有慶(일인유경) : 한 사람의 경사. 한 사람은 천자, 경사는 선행(善行).
6) 兆民(조민) : 만백성.
7) 大雅曰(대아왈) : 『시경(詩經)』 대아(大雅) 하무편(下武篇).

4. 윗사람이 인(仁)을 좋아하면

공자가 말하였다.

"윗사람이 인(仁)을 좋아하면 아랫사람이 인(仁)을 남보다 먼저 행하려고 다툰다. 그러므로 백성의 어른이 되는 사람이 뜻을 밝히고 가르침을 곧게 하고 인(仁)을 높여, 그것으로써 백성을 자식처럼 사랑하면, 백성은 자기의 행동을 이룸으로써 그 윗사람을 기쁘게 한다.

시(詩)에 이르기를 '곧고 큰 덕행을 두었으면 천하가 잘 다스려지리라.' 라고 하였다."

공자가 말하였다.

"왕의 말이 사(絲 : 실)와 같으면 그 나온 것은 윤(綸 : 굵은 실)과 같고, 왕의 말이 윤과 같으면 그 나온 말이 불(綍 : 굵은 밧줄)과 같다. 그러므로 대인은 근거없는 말에 의지하지 않는 것이다.

말로는 할 수 있고 행할 수는 없는 것을 군자는 말하지 않으며, 행할 수는 있고 말할 수는 없는 것을 군자는 행하지 않는다. 군자가 그렇게 하면 백성이 말하여 행동하는데 위태롭지 않고, 행동하여 말하는데 위태롭지 않다.

시(詩)에 이르기를 '그대의 몸가짐 삼가고 삼가하여 거동에 허물이 없어야 하네.' 라고 하였다."

子曰하시되 上이 好仁하면 則下之爲仁이 爭先人하나니 故로 長民者 章志貞敎하여 尊仁하여 以子愛百姓하면 民致行己[1]하여 以說其上[2]矣니라 詩云[3]하되 有梏[4]德行하면 四國이 順之라하니라

子曰하시되 王言이 如絲[5]하면 其出이 如綸[6]하고 王言이 如綸하면 其出이

如綍[7]하나니 故로 大人[8]은 不倡游言[9]하셔 可言也오 不可行을 君子 弗言也하며 可行也오 不可言을 君子 弗行也하면 則民이 言不危行하고 而行不危言矣니 詩云[10]하되 淑愼爾止하여 不愆[11]于儀라하니라

1) 民致行己(민치행기) : 백성이 자기의 행(行)을 이루다. 곧 백성이 모두 착한 일을 하는 데에 힘쓴다는 뜻.

2) 說其上(열기상) : 임금을 기쁘게 하다.

3) 詩云(시운) : 『시경』 대아 억(抑)편의 문장.

4) 梏(곡) : 깨닫다. 각(覺)과 같은 뜻.

5) 絲(사) : 생사(生絲). 가느다랗다는 뜻.

6) 綸(윤) : 수실. 굵어진다는 뜻.

7) 綍(불) : 새끼줄. 더욱 굵어진다는 뜻.

8) 大人(대인) : 임금을 가리킨다.

9) 不倡游言(불창유언) : 유언(游言)을 외치지 않는다. 유언은 근거없는 떠도는 말. 유언(流言).

10) 詩云(시운) : 『시경(詩經)』 대아(大雅) 억편(抑篇).

11) 愆(건) : 허물. 과(過)와 같다.

5. 군자는 인도하는 것을 말로써 한다

공자가 말하였다.

"군자는 사람을 인도하는 데에는 말로써 하고, 사람을 경계하는 데에는 행동으로써 한다. 그러므로 말은 반드시 그 마치는 바를 생각하고, 행동은 반드시 그 폐단이 되는 바를 생각하면 백성은 말을 삼가고 행동을 조심한다.

시(詩)에 이르기를 '그대의 언행을 삼가고, 그대의 위의를 공손하게 하라.' 라고 하였고, 대아(大雅)에 말하기를 '심원(深遠)한 덕을 지닌 문왕이시여, 끊임없이 이어 빛나시네.' 라고 하였다."

공자가 말하였다.

"백성의 어른이 되는 사람은 의복이 예법(禮法)에 어긋나지 않고, 행동에 떳떳함이 있어 그것으로써 그 백성을 가지런히 하면

백성의 덕(德)이 한결같아진다.

시(詩)에 이르기를 '저 서울 양반 여우갖옷 입은 것이 번쩍번쩍. 얼굴엔 위엄이 있고 말씨도 조리가 있네. 이제 호경(鎬京)에 돌아가면 모든 백성이 우러르리라.' 라고 하였다."

子曰하시되 君子 道人以言하고 而禁人[1]以行하나니 故로 言必慮其所終하고 而行必稽其所敝하면 則民이 謹於言而愼於行이니 詩云[2]하되 愼爾出話하며 敬爾威儀라하고 大雅에 曰[3]하되 穆穆[4]文王이여 於緝熙敬止[5]라하니라

子曰하시되 長民者 衣服이 不貳[6]하며 從容有常하여 以齊其民하면 則民德이 壹하나니 詩云[7]하되 彼都人士여 狐裘黃黃[8]이로다 其容不改하며 出言有章하며 行歸于周[12]하니 萬民所望이라하니라

1) 禁人(금인) : 사람을 경계하다.

2) 詩云(시운) : 『시경(詩經)』 대아(大雅) 억편(抑篇).

3) 大雅曰(대아왈) : 『시경(詩經)』 대아(大雅) 문왕편(文王篇).

4) 穆穆(목목) : 심원(深遠)한 모양.

5) 緝熙敬止(즙희경지) : 끊임없이 이어 빛난다는 뜻.

6) 不貳(불이) : 예법(禮法)에 어긋나지 않는다는 뜻.

7) 詩云(시운) : 『시경(詩經)』 소아(小雅) 도인사편(都人士篇).

8) 黃黃(황황) : 누런 모양. 잡(雜)되지 않은 빛깔이라는 뜻.

6. 임금이 신하를 의심하지 않는다

공자가 말하였다.

"윗사람이 되어서는 바라보아 알 수 있고 아랫사람이 되어서는 말로 한 것을 기록하여 알면, 임금은 그 신하를 의심하지 않고 신하는 그 임금에게 의혹을 품지 않는다.

윤고(尹告)에 말하기를 '오직 이윤(伊尹)은 몸소 탕왕(湯王)에게 미치어 모두 한결같은 덕이 있다.' 라고 하였다. 시(詩)에 이르기를 '어지신 군자여, 그 거동이 어김이 없다네.' 라고 하였다."

공자가 말하였다.

　“나라를 가진 사람은 선(善)을 밝히고 악(惡)을 감추어 그것
으로써 백성에게 후(厚)한 것을 보이면 백성의 정(情)이 두 마
음을 품지 않는다.
　시(詩)에 이르기를 ‘그대의 지위를 편안히 삼가하여 바르고 곧
은 이를 좋아하네.’ 라고 하였다.”

　子曰하시되 爲上하여 可望而知也며 爲下하여 可述而志[1]也면 則君不疑
於其臣하며 而臣이 不惑於其君矣니 尹吉[2]에 曰하되 惟尹[3]이 躬及湯[4]으
로 咸有壹德[5]이라하며 詩云[6]하되 淑人君子여 其儀不忒이라하니라
　子曰하시되 有國家者 章善癉惡하여 以示民厚하면 則民情이 不貳[7]하나
니 詩云[8]하되 靖共[9]爾位하여 好是正直이라하니라

1) 述而志(술이지) : 말한 것을 기록하여 알다. 지(志)는 알다.
2) 尹吉(윤길) : 윤고(尹告)라야 맞는다. 이윤(伊尹)이 태갑(太甲)에게 고
　　(告)한 글인데, 지금은 전하지 않는다.
3) 尹(윤) : 이윤(伊尹). 은(殷)나라의 시조인 탕왕(湯王)을 섬긴 어진 재상.
4) 湯(탕) : 탕왕(湯王). 성왕(聖王) 은왕조의 시조.
5) 咸有壹德(함유일덕) : 다 한결같은 덕이 있다.
6) 詩云(시운) : 『시경(詩經)』 조풍(曹風) 시구편(鳲鳩篇).
7) 不貳(불이) : 둘이 아니다. 어긋나지 않다. 두 마음을 품지 않는다.
8) 詩云(시운) : 『시경(詩經)』 소아(小雅) 소명편(小明篇).
9) 靖共(정공) : 편안하게 삼가다.

7. 윗사람이 의심을 품으면 백성이 미혹된다
　공자가 말하였다.
　“윗사람이 의심스러우면 백성이 미혹되고, 아랫사람이 알기 어
려우면 임금이 수고로워진다. 그러므로 백성에게 임금 노릇하는
사람은 좋아하는 것을 밝혀 그것으로써 백성에게 풍속을 보이고,
싫어하는 것을 삼가해 그것으로써 백성의 음란한 것을 막으면, 백
성이 미혹되지 않는다.

신하가 본보기가 될 행동을 하고 말을 거듭하지 않으며, 임금의 미치지 못하는 바를 돕지 않으며, 임금이 알지 못하는 바를 번거롭게 여기지 않으면 임금은 수고롭지 않다.

시(詩)에 이르기를 '하늘이 버리면 백성들은 모두 고생을 한다.' 라고 하였고, 소아(小雅)에 말하기를 '그들과 함께 일할 수 없으니 임금님만 병들어가네.' 라고 하였다."

子曰하시되 上人이 疑하면 則百姓이 惑하고 下 難知하면 則君長이 勞하나니 故로 君民者 章好하여 以示民俗하며 愼惡하여 以御民之淫하면 則民이 不惑矣오 臣이 儀行하고 不重辭하며 不援其所不及[1]하며 不煩其所不知[2]하면 則君이 不勞矣니 詩云[3]하되 上帝板板[4]하여 下民이 卒癉[5]이라하며 小雅에 曰[6]하되 匪其止共[7]이오 維王之邛이라하니라

1) 其所不及(기소불급) : 그 임금의 힘으로 미치지 못하는 것.
2) 其所不知(기소부지) : 그 임금의 지혜로는 알 수 없는 것.
3) 詩云(시운) : 『시경(詩經)』 대아(大雅) 판편(板篇).
4) 上帝板板(상제판판) : 하늘도 떳떳한 길에서 벗어났다로 풀이된다.
5) 下民卒癉(하민졸단) : 백성은 시달려서 괴로워한다는 뜻.
6) 小雅曰(소아왈) : 『시경(詩經)』 소아(小雅) 교언편(巧言篇).
7) 匪其止共(비기지공) : 그것은 그들의 직책을 다한 것이 아니라는 뜻.

8. 형벌을 더럽혀서는 안 된다

공자가 말하였다.

"정치가 행해지지 않고 가르침이 이루어지지 않으면, 작록(爵祿)을 권하기에 부족하고 형벌(刑罰)을 부끄러워하기에 부족하다. 그러므로 윗사람은 그것으로써 형벌을 더럽히고 작록을 가벼이 여겨서는 안 된다.

강고(康誥)에 말하기를 '공경하여 형벌을 밝혀라.' 라고 하였고, 보형(甫刑)에 말하기를 '형벌을 펴서 이를 이끌어야 하는 것 아닌가.' 라고 하였다."

子曰하시되 政之不行也와 敎之不成也는 爵祿이 不足勸[1]也며 刑罰이
不足恥也니 故로 上不可以褻刑而輕爵이니 康誥[2]에 曰하되 敬明乃罰이
라하며 甫刑에 曰하되 播刑之不迪[3]이라하니라

1) 不足勸(부족권) : 권하기에 부족하다. 곧 권할 것이 못된다는 뜻.
2) 康誥(강고) :『상서(尚書)』의 편명(篇名).
3) 播刑之不迪(파형지부적) : 형벌을 펴서 이를 이끌어야 하는 것 아닌가. 곧 옳
   지 못한 자에게 형벌을 행한다는 뜻.

9. 그것이 백성의 본보기이다

공자가 말하였다.

"대신(大臣)이 임금과 친하지 못하고 백성이 편안하지 못하면,
그것은 충성하는 마음과 공경하는 마음이 부족하고, 부귀(富貴)
가 너무 지나치기 때문이다.

대신이 다스리지 않으면 가까운 신하가 권세를 빼앗는다. 그러
므로 대신은 공경하지 않으면 안 되는 것이다. 그것이 백성의 본
보기이다. 근신은 삼가지 않으면 안 되는 것이다. 그것이 백성의
도(道)이다.

임금은 작은 것으로써 큰 것을 꾀하지 말고, 먼 것으로써 가까
운 것을 말하지 말고, 안의 일로써 밖의 일을 도모하지 말아야 하
는데, 그렇게 하면 대신은 임금을 원망하지 않으며, 근신이 임금
을 미워하지 않으며, 원신(遠臣)은 임금에게 감추지 않는다.

섭공(葉公)의 고명(顧命)에 말하기를 '소신(小臣)이 꾀로써
대신(大臣)의 일을 실패하게 하지 말고, 사랑받는 첩은 정식으
로 맞아들인 부인(夫人)을 미워하지 말고, 총애받는 신하는 장
사(莊士)와 대부(大夫)와 경사(卿士)를 미워하지 말라.' 라고
하였다."

子曰하시되 大臣이 不親하며 百姓이 不寧은 則忠敬이 不足하여 而富貴已
過也라 大臣이 不治하고 而邇臣이 比矣[1]니 故로 大臣은 不可不敬也니 是

民之表也오 邇臣은 不可不愼也니 是民之道也라 君이 毋以小로 謀大하며 毋以遠으로 言近하며 毋以內로 圖外하면 則大臣이 不怨하며 邇臣이 不疾하며 而遠臣이 不蔽矣니라 葉公[2]之顧命[3]에 曰하되 毋以小[4]謀로 敗大作하며 毋以嬖御人[5]으로 疾莊后[6]하며 毋以嬖御士[7]로 疾莊士[8]大夫卿士라하니라

1) 邇臣比矣(이신비의) : 이신(邇臣)은 근신(近臣). 비(比)는 비주(比周). 곧 대신(大臣)의 권세를 빼앗는다는 뜻.
2) 葉公(섭공) : 섭현(葉縣)의 섭공 자고(子高).
3) 顧命(고명) : 죽을 때 회고(回顧)하고 남기는 말.
4) 小(소) : 소신(小臣). 패대(敗大)의 대(大)는 대신(大臣)을 말한다.
5) 嬖御人(폐어인) : 총애받는 첩(妾).
6) 莊后(장후) : 엄숙한 후(后). 정식 예를 갖춰 맞아들인 후(后).
7) 嬖御士(폐어사) : 총애받는 가까운 신하.
8) 莊士(장사) : 엄숙한 선비. 정식 예를 갖춰 등용된 사(士).

10. 대인이 어진 사람과 친하지 않으면 안 된다

공자가 말하였다.

"대인(大人)이 그 어진 사람과 친하지 않고 그 천박한 사람을 믿으면, 백성이 그것으로 해서 친한 사람을 잃고, 그것으로 해서 가르침이 번거로워진다.

시(詩)에 이르기를 '저들이 나를 구하여 본받을 때는 나를 얻지 못한 듯하더니 나를 잡아서는 원수같이 여겨 나의 힘을 쓰지 않는구려.'라고 하였으며, 군진(君陳)에 말하기를 '아직 성인(聖人)을 보지 못했을 때에는 내가 보지 못할까 생각되더니, 이미 성인을 보고 나서는 또한 성인을 따르지 못하겠구나.'라고 하였다."

子曰하시되 大人이 不親其所賢하고 而信其所賤이라 民이 是以親失하며 而教 是以煩하나니 詩云[1]하되 彼求我則할세 如不我得이러니 執我仇仇[2]하여 亦不我力이라하며 君陳[3]에 曰하되 未見聖하연 若己弗克見하다가 既見聖하연 亦不克由聖이라하니라

1) 詩云(시운) : 『시경(詩經)』 소아(小雅) 정월편(正月篇).
2) 仇仇(구구) : 원수로 여기는 모양.
3) 君陳(군진) : 『서경』 주서(周書)의 편명(篇名).

11. 군자는 입에 빠지고 소인은 물에 빠진다

공자가 말하였다.

"소인(小人)은 물에 빠지고, 군자(君子)는 입에 빠지고, 대인(大人)은 백성에게 빠지는데, 모두 그 친근한 데에 있는 것이다.

대저 물은 사람에게 가까워서 사람을 빠지게 하고, 그의 덕(德)은 가까이하기는 쉽지만 친하기는 어려우니, 그래서 사람을 빠지게 하기가 쉽다.

입은 소비하여 번거로우니 입에서 나가게 하기는 쉽고 뉘우치기는 어려우니, 그래서 사람을 빠지게 하기가 쉽다.

대저 백성은 인도(人道)를 막고 비루한 마음이 있어서, 공경해야 하고 거만하지 말아야 한다. 그래서 사람을 빠지게 하기가 쉬우므로 군자는 삼가지 않을 수가 없다.

태갑(太甲)에 말하기를 '그분(탕왕)의 명령을 어겨 스스로 망하는 일이 없도록 하소서. 사냥을 관장하는 관리가 쇠뇌의 시위를 당겨놓고 가서 살펴 화살의 꼬리가 각도에 맞으면 쏘는 것이다.'라고 하였다.

열명(兌命)에 말하기를 '입으로부터 수치스러운 일은 생기는 것이고, 갑옷과 투구로부터 싸움은 일어나는 것입니다. 의상은 장롱 속에 간직하였다가 덕이 있는 이에게 내리고, 방패와 창은 그 사람됨을 살펴 내리십시오.'라고 하였다.

또 태갑(太甲)에 말하기를 '하늘이 짓는 재앙은 피할 수 있지만, 스스로 지은 재앙에서는 도망할 수 없다.'라고 하였다.

윤고(尹告)에 말하기를 '이윤이 몸소 먼저 서쪽에 도읍하였던 하(夏)나라를 가보았더니, 임금은 임금으로서의 일을 다하고 재상은 재상으로서의 일을 모두 잘하고 있었습니다.'라고 하였다."

子曰하시되 小人[1]은 溺於水[2]하고 君子[3]는 溺於口하고 大人[4]은 溺於民하나니 皆在其所褻也니라 夫水는 近於人而溺人하고 德은 易狎而難親也라 易以溺人하고 口는 費而煩하여 易出難悔라 易以溺人하고 夫民은 閉於人[5]而有鄙心하여 可敬不可慢이라 易以溺人하나니 故로 君子는 不可以不愼也니라

太甲에 曰하되 毋越厥命[6]하여 以自覆也하소서 若虞機張이어든 往省括于度則釋이라하며 兌命[7]에 曰하되 惟口는 起羞하며 惟甲冑는 起兵하며 惟衣裳을 在笥하며 惟干戈를 省厥躬이라하며 太甲에 曰하되 天作孽른 可違也어니와 自作孽른 不可以逭이라하며 尹吉[8]에 曰하되 惟尹이 躬先見于西邑夏[9]하니 自周有終하되 相[19]亦惟終이라하니라

1) 小人(소인) : 백성을 가리킨다.

2) 溺於水(익어수) : 물에 빠지다. 목욕하고 씻는 종류.

3) 君子(군자) : 사대부(士大夫)를 가리킨다.

4) 大人(대인) : 천자 또는 제후(諸侯)를 가리킨다.

5) 人(인) : 인도(人道).

6) 命(명) : 교명(敎命).

7) 兌命(열명) : 『상서(尙書)』의 편명(篇名). 열명(說命)과 같다.

8) 尹吉(윤길) : 윤고(尹告)의 잘못이다. 『서경』 태갑(太甲)편에 있는 말.

9) 西邑夏(서읍하) : 서읍의 하. 서읍(西邑)은 서쪽의 도읍(都邑)이라는 뜻으로 하왕조의 도읍인 안읍(安邑)을 뜻한다. 하(夏)는 하왕조(夏王朝).

12. 백성은 군주로써 마음을 삼는다

공자가 말하였다.

"백성은 임금으로써 마음을 삼고, 임금은 백성으로써 체(體)를 삼는 것이다. 마음이 씩씩하면 몸이 부드럽고, 마음이 엄숙하면 용모가 공손하다. 마음으로 좋아하면 몸이 반드시 편안하고, 임금이 좋아하면 백성도 반드시 좋아하는 것이다. 마음은 몸으로써 온전하고, 또한 몸으로써 상(傷)한다. 임금은 백성으로써 존재하고, 또한 백성으로써 멸망한다.

시(詩)에 이르기를 '옛날에 나에게 선왕(先王)이 있었는데, 그

말씀이 밝고 또 맑았네. 국가가 이로써 편안하고, 도읍이 이로써
이루어졌으며, 서민(庶民)이 이로써 살았네. 누가 능히 국가의 성
법(成法)을 잡을 수 있는가. 스스로 바르게 하지 않고, 마침내 백
성을 수고롭게만 하네.' 라고 하였다.

　군아(君雅)에 말하기를 '여름에 덥고 비가 오면 미천한 백성
들은 원망하고 탄식하며, 겨울에 심하게 추위도 미천한 백성들은
원망하고 탄식한다.' 라고 하였다."

　子曰하시되 民은 以君爲心[1]하고 君은 以民爲體[2]하나니 心莊則體舒하고
心肅則容敬하며 心好之하면 身安之하고 君好之하면 民必欲之하나니 心以
體全하면 亦以體傷하고 君以民存하면 亦以民亡하나니 詩云[3]하되 昔吾有
先正[4]이 其言이 明且淸하여 國家 以寧하며 都邑이 以成[5]하며 庶民이 以生
하더니 誰能秉國成고 不自爲正하여 卒勞百姓하나다하며 君雅[6]에 曰하되 夏
日暑雨에 小民이 惟曰怨資[7]하며 冬祈寒에 小民이 亦惟曰怨이라하니라

1) 民以君爲心(민이군위심) : 백성은 임금으로써 마음을 삼다. 곧 백성은 모든
　　것에서 다 임금을 따른다는 뜻.
2) 君以民爲體(군이민위체) : 임금은 백성으로써 체(體)를 삼다. 곧 임금은 모
　　든 것을 다 백성과 한 가지로 한다는 뜻.
3) 詩云(시운) : 이것은 일시(逸詩)다.
4) 先正(선정) : 선왕(先王)이라는 말과 같다.
5) 成(성) : 성법(成法).
6) 君雅(군아) : 『서경』 주서(周書)의 편명(篇名).
7) 資(자) : 한탄한다는 뜻.

13. 어진 군자는 거동이 한결같다

공자가 말하였다.

　"아랫사람이 윗사람을 섬김에 있어서는 몸이 바르지 않고 말
이 미덥지 않으면, 뜻이 한결같지 않으며 행동에 일치됨이 없는
것이다."

공자가 말하였다.

"말에는 징험이 있고 행동에는 법칙이 있어야 하는 것이다. 그렇게 살면, 살아서는 뜻을 빼앗을 수 없고 죽어서는 이름을 빼앗을 수 없다. 그러므로 군자는 많이 들어서 그 좋은 것을 지키며, 많이 기록해서 좋은 것을 익히며, 정밀하게 알아서 그것을 간략하게 하여 행한다.

군진(君陳)에 말하기를 '출입을 반복해 그대의 보좌관들에게 문의하면 여러 사람들의 말이 같을 것이다.'라 하였고, 시(詩)에 이르기를 '어지신 군자여, 그 거동이 어김이 없다네.'라고 하였다."

子曰하시되 下之事上也에 身不正하며 言不信하면 則義不壹¹⁾하며 行無類²⁾也하나니 子曰하시되 言有物³⁾而行有格⁴⁾也라 是以生則不可奪志오 死則不可奪名이니 故로 君子는 多聞하여 質⁵⁾而守之하며 多志⁶⁾하여 質而親之하며 精知하여 略而行之하나니 君陳에 曰하되 出入을 自爾師로 虞⁷⁾하여 庶言이 同⁸⁾이라하며 詩云⁹⁾하되 淑人君子 其儀一也라하니라

1) 義不壹(의불일) : 뜻이 한결같지 않다. 곧 따르기도 하고 어기기도 한다는 뜻.
2) 行無類(행무류) : 행동에 일치함이 없다. 착하기도 하고 그렇지 않기도 하다.
3) 言有物(언유물) : 말에는 징험이 있어야 한다는 뜻.
4) 行有格(행유격) : 행동에는 법칙이 있어야 한다는 뜻.
5) 質(질) : 질정(質正).
6) 志(지) : 기록한다는 뜻.
7) 出入自爾師虞(출입자이사우) : 출입을 반복해 보좌관들에게 문의해 계획한다.
8) 庶言同(서언동) : 모든 사람의 말이 같다.
9) 詩云(시운) : 『시경(詩經)』조풍(曹風) 시구편(鳲鳩篇).

14. 군자는 지향하는 바가 있다

공자가 말하였다.

"오직 군자라야 능히 그 올바른 것을 좋아할 수 있고, 소인(小人)은 그 올바른 것을 싫어하므로, 군자의 붕우(朋友)는 지향하

는 바가 있고 그 미워하는 것에 방향이 있다. 그런 까닭에 가까운 사람은 미혹하지 않고 먼 사람은 의심하지 않는다.

시(詩)에 이르기를 '군자의 좋은 짝일레라.' 라고 하였다."

공자가 말하였다.

"가난하고 비천한 사람과의 사귐 끊기를 가볍게 여기고 부유하고 귀한 사람과의 사귐 끊기를 무겁게 여기면, 어진 사람을 좋아하는 마음이 굳지 못하고 악한 사람을 미워하는 마음이 뚜렷하지 못한 것이다. 남이 비록 이롭지 못하다고 하더라도 나는 믿지 않을 것이다.

시(詩)에 이르기를 '제사를 돕는 빈객들이 위엄과 예의 다 지키네.' 라고 하였다."

子曰하시되 唯君子아 能好其正하고 小人은 毒[1]其正하나니 故로 君子之朋友 有鄉[2]하며 其惡 有方하니 是故로 邇者 不惑하고 而遠者 不疑也니 詩云[3]하되 君子好仇[4]라하니라 子曰하시되 輕絶貧賤하고 而重絶富貴하면 則好賢이 不堅하고 而惡惡이 不著也니 人雖曰不利나 吾不信也하리라 詩云[5]하되 朋友攸攝[6]이 攝以威儀라하니라

1) 毒(독) : 싫어한다는 뜻.

2) 有鄉(유향) : 향(向)하는 바가 있다. 향(鄉)은 향(向)과 같다.

3) 詩云(시운) : 『시경(詩經)』 주남(周南) 관저편(關雎篇).

4) 好仇(호구) : 좋은 짝. 좋은 배필.

5) 詩云(시운) : 『시경(詩經)』 대아(大雅) 기취편(旣醉篇).

6) 攸攝(유섭) : 서로 점검한다는 뜻.

15. 은혜가 덕에 합당하지 않으면…

공자가 말하였다.

"사사로이 베푸는 은혜가 덕(德)에 합당하지 않으면 군자는 스스로 머무르지 않는다.

시(詩)에 이르기를 '손님이 나를 좋아하여 내게 큰 도리를 보

여 주었네.' 라고 하였다."

공자가 말하였다.

"진실로 수레가 있으면 반드시 그 가로대나무를 보고, 진실로
옷이 있으면 반드시 그 해진 데를 본다. 사람이 진실로 혹 말하거
든 반드시 그 소리를 듣고, 진실로 혹 행하거든 반드시 그 이루어
짐을 본다.

『시경』의 갈담(葛覃)편에 말하기를 '옷 해입고 좋아하네.' 라
고 하였다."

子曰私惠오 不歸德¹⁾하면 君子 不自留焉하나니 詩云²⁾하되 人之好我라
示我周行³⁾이라하니라

子曰하시되 苟有車하면 必見其軾⁴⁾하고 苟有衣하면 必見其敝⁵⁾하나니 人이
苟或言之면 必聞其聲하고 苟或行之면 必見其成이니 葛覃⁶⁾에 曰하되 服
之無射이라하니라

1) 不歸德(불귀덕) : 덕(德)으로 돌아가지 않다. 곧 덕에 합당하지 않다는 뜻.
2) 詩云(시운) : 『시경』 대아(大雅) 기취(旣醉)편의 문장.
3) 周行(주행) : 큰 도리.
4) 必見其軾(필견기식) : 수레에는 반드시 식(軾)이 있다는 뜻.
5) 必見其敝(필견기폐) : 옷에는 반드시 해진 데가 있다는 뜻.
6) 葛覃(갈담) : 『시경(詩經)』 주남(周南)의 갈담편(葛覃篇).

16. 군자는 말을 적게 한다

공자가 말하였다.

"말을 좇아서 그것을 행하면 말을 꾸며서는 안 되고, 행동을 좇
아서 그것을 말하면 행동을 꾸며서는 안 된다. 그러므로 군자는
말을 적게 하고 행동으로써 그 믿음을 이루면, 백성이 그 좋은 점
을 크게 과장할 수 없고 그 나쁜 점을 작게 축소할 수가 없다.

시(詩)에 이르기를 '흰 구슬의 반점은 오히려 갈면 없어지지
만 말 한 번 잘못한 것은 어찌할 도리가 없다네.' 라고 했고, 소아

(小雅)에 말하기를 '진실하신 군자님이시여, 정말 큰 일을 이루시리라.' 라고 하였으며, 군석(君奭)에 말하기를 '옛날에 상제(上帝)께서는 대체로 나라를 편안하게 하신 문왕의 덕을 거듭 관찰하시고, 큰 명을 그분 몸에 모으신 것이오.' 라고 하였다."

子曰하시되 言從而行之[1]하면 則言不可飾[2]也오 行從而言之하면 則行不可飾也니 故로 君子 寡言而行以成其信하면 則民不得大其美[3]하며 而小其惡[4]이니 詩云[5]하되 白圭之玷은 尙可磨也어니와 斯言之玷은 不可爲也라하며 小雅[6]에 曰하되 允也君子여 展也[7]大成이라하며 君奭[8]에 曰하되 在昔上帝周[9]하여 田觀[10]文王之德하여 其集大命于厥躬[11]이라하니라

1) 言從而行之(언종이행지) : 말을 좇아서 그것을 행하다.
2) 言不可飾(언불가식) : 말은 꾸며서는 안 된다. 곧 말이 좋아서 행하는 것이니, 말을 꾸밀 필요가 없다는 뜻.
3) 大其美(대기미) : 그 좋은 점을 크게 과장한다는 뜻.
4) 小其惡(소기악) : 그 나쁜 점을 작게 축소한다는 뜻.
5) 詩云(시운) : 『시경(詩經)』 대아(大雅) 억편(抑篇)의 문장.
6) 小雅(소아) : 『시경(詩經)』 소아(小雅) 거공편(車攻篇).
7) 展也(전야) : 진실의 뜻. 전(展)은 성(誠)과 같다.
8) 君奭(군석) : 『서경』 주서(周書)의 편명(篇名).
9) 周(주) : 쪼개다. 할(割)과 같다.
10) 田觀(전관) : 전(田)은 신(申)의 잘못. 관(觀)은 권(勸)의 잘못.
11) 其集大命于厥躬(기집대명우궐궁) : 대명(大命)을 문왕(文王)에게 내려 천하를 차지하게 하였다는 뜻.

17. 복서(卜筮)는 할 것이 못 된다

공자가 말하였다.

"남인(南人)의 말에 이르기를 '사람에게 일정한 행함이 없으면 복서(卜筮)를 할 것이 못 된다.' 라고 하였는데, 옛날에 남긴 말인가.

거북점이나 시초점으로도 오히려 알 수 없거늘 하물며 사람에 있어서이더냐.

시(詩)에 이르기를 '내 점치는 거북도 미워서 내 좋은 계획을 알려 주지 않네.'라 하였고, 열명(兌命)에 말하기를 '작록(爵祿)이 악덕(惡德)에 미치게 하지 않으면 백성이 일어나서 바른 일을 할 것이다. 악덕이 제사를 지내는 것은 불경(不敬)이 되는 것이니, 일이 번거로우면 어지럽고, 신(神)을 섬기면 어렵다.'라고 하였으며, 『역경(易經)』에서 말하기를 '그 덕이 항상하지 아니한 것이라면 혹은 부끄러움을 받는 것이요, 그 덕이 항상하면 바른 것이니 부인은 길하고 남편은 흉한 것이다.'라고 하였다."

子曰하시되 南人[1]이 有言曰하되 人而無恒[2]하면 不可以爲卜筮라하니 古之遺言與인저 龜筮 猶不能知也하곤 而況於人乎더니 詩云[3]하되 我龜旣厭[4]이라 不我告猶[5]라하며 兌命에 曰하되 爵無及惡德이면 民立而正事하고 純而祭祀[6]면 是爲不敬이니 事煩則亂이라 事神이 則難이라하며 易[7]에 曰하되 不恒其德이면 或承之羞오 恒其德이 偵이니 婦人은 吉이오 夫子[8]는 凶이라하니라

1) 南人(남인) : 은대(殷代)에 복서(卜筮)를 담당하던 사람.
2) 無恒(무항) : 떳떳한 행동이 없다. 일정한 행동이 없다.
3) 詩云(시운) : 『시경(詩經)』 소아(小雅)의 소민편(小旻篇).
4) 我龜旣厭(아귀기염) : 점을 너무 쳐서 거북도 아마 나에게 싫증을 느낄 것이라는 뜻.
5) 不我告猶(불아고유) : 나에게 길흉(吉凶)의 도(道)를 말하지 않는다. 유(猶)는 길흉의 도라는 뜻.
6) 純而祭祀(순이제사) : 악덕(惡德)한 사람이 제사를 지낸다는 뜻.
7) 易(역) : 『역경』 항괘(恒卦)의 九三효사와 六五효사.
8) 夫子(부자) : 남자. 남편.

제34편 분상(奔喪第三十四)

　이 편은 상주(喪主)가 외지(外地)에 있다가 상(喪)을 당했다는 소식을 듣고 고향으로 급히 돌아오는 예를 말한 것이다.
　이 편은 곡례(曲禮)의 정편(正篇)으로 있던 것이었는데 중요한 부분은 분실되었다.
　한(漢)나라 때 고문(古文)을 얻어 예의 전문가가 그것을 읽고 뒤에 예기에 포함시킨 것이다.

1. 분상(奔喪)하는 예의

　분상(奔喪)의 예(禮)는 처음으로 친족의 상(喪)을 당했다는 소식을 들으면 곡(哭)을 하는 것으로써 소식을 전해 준 사자(使者)에게 답한다. 그리고 슬픔이 다하면 돌아가신 까닭을 묻고, 다시 슬픔이 다하기까지 곡을 한다.
　드디어 길을 떠남에 있어서는 하루에 100리를 가되 밤에는 가지 않는다. 오직 부모의 상(喪)을 당해서는 새벽에 별을 보면서 길을 떠나고 저녁에는 별을 보고서야 객사(客舍)에 든다.
　만약 곧 떠날 수 없을 경우에는 상복(喪服)을 갖추어 입고 뒤에 떠난다. 묵고 있던 나라를 지나서 국경에 이르러서는 슬픔이 다하도록 곡을 하고 나서 멈추되, 곡을 하는 데에는 저잣거리나 백성을 다스리는 일을 하는 곳은 피하며, 자기 나라 국경을 바라보면서 곡을 한다.

奔喪[1]之禮는 始聞親喪하고 以哭으로 答使者[2]하되 盡哀하고 問故하고 又哭盡哀하고 遂行하여 日行百里하고 不以夜行이니 唯父母之喪엔 見星而行[3]하고 見星而舍[4]니 若未得行이어든 則成服[5]而后에 行하여 過國至竟[6]하여 哭盡哀而止하고 哭辟市朝[7]하고 望其國竟하고 哭이니라

1) 奔喪(분상) : 외지(外地)에서 친족의 상(喪)에 대한 소식을 듣고 달려가는 일을 말한다.

2) 使者(사자) : 친상의 소식을 전하는 사람.

3) 見星而行(견성이행) : 별을 보고 가다. 곧 아직 날이 밝기 전인 새벽에 길을 떠난다는 뜻.

4) 舍(사) : 객사(客舍)에 든다는 뜻.

5) 成服(성복) : 상복(喪服)을 갖추어 입다.

6) 過國至竟(과국지경) : 묵던 나라를 지나서 자기 나라 국경에 이르다.

7) 市朝(시조) : 시는 저잣거리. 조는 조정으로 백성을 다스리는 일을 하는 자리.

2. 윗옷을 벗어 한쪽 어깨를 드러낸다

집에 이르러서는 문의 왼쪽으로 들어가며, 서쪽 계단을 통해 올라가 빈소(殯所)의 동쪽에서 서쪽을 향해 앉아서 슬픔이 다하도록 곡(哭)을 하고 나서 머리를 묶고 윗옷을 벗어 한쪽 어깨를 드러낸다.

당(堂)에서 내려와 동쪽을 통해 자리에 나아가 서쪽을 향해 곡을 하며 성용(成踊)한다. 서동(序東)에서 수질(首經)과 요질(腰經)을 하고 옷을 덧입으며, 교대(絞帶)를 띤다.

제자리로 돌아와서는 빈객(賓客)에게 절하고, 성용하고 나서 빈객을 보내고는 제자리로 돌아간다.

至於家하여 入門左하여 升自西階하여 殯東에 西面坐하여 哭盡哀하고 括髮袒[1]하고 降堂東卽位하여 西鄕哭成踊[2]하고 襲經于序東[3]하여 絞帶[4]反位하고 拜賓成踊하고 送賓反位하나니라

1) 括髮袒(괄발단) : 괄발(括髮)은 풀어서 흐르는 머리를 묶는 일, 단(袒)은 윗

옷의 한쪽 어깨를 벗어서 드러내는 일.

2) 踊(용) : 죽음을 슬퍼하여 뛰는 것처럼 행동하는 의식.

3) 襲経于序東(습질우서동) : 습(襲)은 옷을 덧입는 일, 질(経)은 수질(首経)
   과 요질(腰経), 서동(序東)은 동당(東堂)의 담의 동쪽.

4) 絞帶(교대) : 저마(苧麻)로 꼰은 띠.

3. 빈객(賓客)을 맞이하는 절차

빈객으로 뒤늦게 온 이가 있으면, 그에게도 절하고 성용하며 빈
객을 보내는 것은 모두 처음과 같이 하는데, 상주 이외의 친족과
형제가 다 문을 나오고, 문을 나와서는 곡을 멈춘다.

빈궁(殯宮)을 닫고는 상을 돕는 사람이 의려(倚廬)에 나갈 것
을 알린다. 우곡(又哭)에 다시 풀었던 머리를 묶고 어깨를 드러
내고서 성용(成踊)하며, 삼곡(三哭)에도 풀었던 머리를 묶고 어
깨를 드러내고서 성용한다.

3일(三日)에 성복(成服)하는데, 빈객에게 절하고 빈객을 보내
는 일은 모두 처음과 같이 한다.

有賓이 後至者[1]어든 則拜之成踊하고 送賓이 皆如初하되 衆主人[2]兄弟
皆出門하나니 出門哭止어든 闔門[3]하고 相者 告就次[4]하나니라 於又哭[5]에 括
髮하며 袒成踊하고 於三哭[6]에 猶括髮袒成踊하고 三日[7]에 成服하나니 拜賓
送賓이 皆如初하나라

1) 賓後至者(빈후지자) : 빈객으로서 뒤늦게 온 사람.

2) 衆主人(중주인) : 여러 주인. 곧 상주 이외의 친족들.

3) 闔門(합문) : 빈궁(殯宮)의 문을 닫는 일.

4) 告就次(고취차) : 의려(倚廬)에 나갈 것을 알린다. 차는 의려(倚廬)의 뜻.

5) 又哭(우곡) : 집에 이른 다음 날 아침에 하는 곡.

6) 三哭(삼곡) : 우곡(又哭) 다음 날 아침에 하는 곡. 곧 집에 온 지 사흘째 되
   는 날에 하는 곡.

7) 三日(삼일) : 삼곡(三哭)의 다음날.

4. 분상하는 사람이 상주가 아닐 경우

분상(奔喪)하는 사람이 상주가 아니면 상주가 그를 위하여 빈객에게 절하고 빈객을 보낸다. 분상한 사람이 재최(齊衰)로부터 그 이하의 친족이면 문에 들어와 왼쪽으로 해서 마당 가운데에 이르러 북면(北面)하여 슬픔이 다하도록 곡(哭)을 하고 나서, 동당(東堂)의 담 동쪽에서 머리를 묶고 수질(首経)과 요대를 하고, 제자리에 나아가서 어깨를 드러내고 상주와 더불어 곡을 하고 성용(成踊)을 한다.

우곡(又哭)과 삼곡(三哭)에서도 모두 머리를 묶어 고깔을 쓰고 어깨를 드러내며, 빈객이 있으면 상주가 빈객에게 절하고 빈객을 보내고 한다. 남자와 여자가 분상하는 사람을 기다리는 데에는 모두 아침과 저녁으로 곡하는 위치에서 하며 자리에는 변동이 없다.

奔喪者 非主人[1]이어든 則主人이 爲之拜賓送賓이니 奔喪者 自齊衰以下는 入門左하여 中庭北面하여 哭盡哀하며 免麻[2]于序東하고 卽位袒하여 與主人으로 哭成踊하며 於又哭三哭에 皆免袒하고 有賓이어든 則主人이 拜賓送賓하며 丈夫婦人之待之也에 皆如朝夕哭位하여 無變也니라

1) 非主人(비주인) : 주인이 아니다. 주인은 상주(喪主)를 뜻하는 것이니, 비주인(非主人)은 여러 친족을 뜻한다.

2) 免麻(문마) : 문(免)은 상을 당해 관(冠)을 벗고 풀어진 머리를 묶는 의식인데, 관 대신 고깔을 쓴다. 마(麻)는 수질(首経)과 요대를 뜻한다.

5. 어머니의 상을 당해 분상하는 경우

어머니의 상(喪)을 당해 분상(奔喪)하여 집에 와서는 서쪽을 보고 곡(哭)을 하고 풀어진 머리털을 묶고 윗옷을 벗어 한쪽 어깨를 드러낸다.

　　당에서 내려와 동쪽으로 해서 제자리로 나아가 서쪽을 향하여 곡을 하고 성용(成踊)하며, 당의 벽 동쪽에서 옷을 덧입고 머리를 묶고 수질(首経)과 요대를 띤다.

　　빈객에게 절하고 빈객을 보내는 절차는 모두 아버지의 상(喪)에 분상(奔喪)하는 예(禮)와 같게 하는데, 우곡(又哭)에 있어서는 머리털을 묶지 않는다.

　　여자는 분상하여 동쪽 계단으로 올라가서 빈궁(殯宮)의 동쪽에서 서쪽을 보고 앉아서 슬픔이 다하도록 곡을 하고, 벽의 동쪽에서 북상투를 틀고 나서 제자리로 나아가 상주와 더불어 다시 용(踊)을 한다.

　　奔母之喪하되 西面哭盡哀하고 括髮袒하고 降堂東卽位하여 西鄕哭成踊하며 襲免経于序東하고 拜賓送賓을 皆如奔父之禮하며 於又哭[1]에 不括髮이니라

　　婦人은 奔喪하되 升自東階하여 殯東에 西面坐하여 哭盡哀하고 東髽[2]하고 卽位하여 與主人拾踊[3]이니라

1) 又哭(우곡) : 여기서는 다음 다음 날 아침에 하는 곡을 뜻한다.
2) 東髽(동좌) : 동(東)은 당상(堂上) 동쪽 벽의 동쪽, 곧 동서(東序)를 뜻하고, 좌는 여자가 상중(喪中)에 머리를 묶는 것을 뜻하는 것이니, 동서(東序)에 가서 머리를 묶는다는 뜻이다.
3) 拾踊(겁용) : 겁(拾)은 갱(更)과 같으니, 다시 성용을 한다는 뜻이다.

6. 빈소에 당도하지 못했을 때의 행동

　　분상(奔喪)하는 사람이 빈소(殯所)에 미처 당도하지 못했을 경우에는 먼저 묘(墓)로 가서 북쪽을 보고 앉아서 슬픔을 다하여 곡을 한다.

　　여러 아들이 그를 기다리는데 묘의 왼쪽에 나아가 자리잡게 하고, 분상하는 사람이 여자인 경우에는 묘의 오른쪽에 자리잡게 하여, 성용(成踊)하고 슬픔을 다하게 하여 머리털을 묶고 동쪽으로

해서 상주의 자리에 나아가 수질(首経)과 요대와 교대(絞帶)를 두르고, 곡하고 성용하게 한다. 빈객에게 절하고 제자리로 돌아와 성용(成踊)하면 상을 돕는 사람이 일이 끝났음을 알린다.

드디어 관(冠)을 쓰고 돌아와서는 문의 왼쪽으로 들어가서 북쪽을 보고 곡하여 슬픔을 다하며, 풀어진 머리를 묶고 윗옷을 벗어 한쪽 어깨를 드러내고 성용(成踊)한다.

동쪽으로 해서 자리에 나아가 빈객에게 절하고 또 성용하며, 빈객이 나가면 상주가 절하여 보낸다.

빈객으로서 뒤에 온 사람이 있으면 그에게 절하고 성용하며, 빈객을 보내는 데에는 처음과 같게 하는데, 상주 이외의 친족과 형제들이 다 문을 나오며 문을 나와서는 곡을 멈춘다.

그러면 상을 돕는 사람이 의려(倚廬)로 갈 것을 알린다. 우곡(又哭)에 있어서도 풀어진 머리를 묶고 성용(成踊)하며, 삼곡(三哭)에 있어서도 또한 풀어진 머리를 묶고 성용한다. 3일(三日)에 성복(成服)하며, 오곡(五哭)에 있어서 상을 돕는 사람이 일이 끝났음을 알린다.

어머니를 위한 상(喪)에서 아버지의 경우와 다른 것은 한 번 풀어진 머리를 묶고 그 나머지는 머리를 묶은 상태에서 일을 마치는 것이다. 그 밖에는 아버지의 상(喪)을 듣고 달려왔을 때의 예(禮)와 같다.

奔喪者 不及殯[1]이어든 先之墓[2]하여 北面坐하며 哭盡哀니 主人[3]之待之也에 卽位於墓左하고 婦人은 墓右하여 成踊하고 盡哀括髮하고 東卽主人[4]位하여 経絞帶哭成踊하고 拜賓反位成踊이어든 相者 告事畢이니

遂冠歸[5]하여 入門左하여 北面哭盡哀하고 括髮袒成踊하고 東卽位하여 拜賓成踊하며 賓出이어든 主人이 拜送이리라 有賓이 後至者어든 則拜之成踊하고 送賓如初하되 衆主人兄弟皆出門하며 出門哭止어든 相者 告就次하며 於又哭에 括髮成踊하며 於三哭에 猶括髮成踊하고 三日成服[6]하며 於五哭[7]에 相者 告事畢[8]이니라

爲母하여 所以異於父者는 壹括髮하고 其餘는 免以終事니 他如奔父

之禮하나니라

1) 不及殯(불급빈) : 빈소(殯所)에 미처 당도하지 못하였다는 뜻.

2) 先之墓(선지묘) : 먼저 묘로 가다. 지(之)는 간다는 뜻.

3) 主人(주인) : 여기서는 중주인(衆主人)이라는 뜻으로, 상주(喪主) 이외의
   여러 아들을 가리킨다.

4) 主人(주인) : 여기서는 상주(喪主).

5) 冠歸(관귀) : 관(冠)을 쓰고 돌아오다. 길을 가면서 머리를 묶을 수 없기 때문.

6) 三日成服(삼일성복) : 삼일(三日)은 우곡(又哭)의 다음 다음 날이고 삼곡
   은 다음이니, 곧 사곡(四哭)의 날이다. 사곡에 상복(喪服)을 입는다.

7) 五哭(오곡) : 분상자(奔喪者)는 오곡(五哭)으로써 빈궁(殯宮)에서의 곡을
   마친다.

8) 告事畢(고사필) : 일이 끝났음을 알린다. 오곡으로써 빈궁에서 할 일은 끝났
   다는 뜻.

7. 재최 이하의 상을 당하면 하는 행동

　재최(齊衰) 이하의 상(喪)을 당하고 미처 빈소에 당도하지 못
했을 경우에는, 먼저 묘(墓)에 가서 서쪽을 보고 곡하여 슬픔을
다하며 동쪽에서 관을 벗고 풀어진 머리를 묶고는 삼베옷을 입으
며, 자리로 나아가 주인과 더불어 곡하고 성용(成踊)하며, 복을
덧입는다.

　빈객이 있으면 주인이 빈객에게 절하고 빈객을 보내며, 빈객으
로서 뒤늦게 온 이가 있으면 그에게 절하여 맞이하는 것이 처음
과 같으며, 상을 돕는 자가 일이 끝났음을 알린다.

　관을 쓰고 돌아왔을 경우에는 문의 왼쪽으로 들어와서 북쪽을
보고 곡하여 슬픔을 다한다. 관을 벗고 머리를 묶고 어깨를 드러
내고 성용(成踊)하며, 동쪽으로 해서 자리에 나아가 빈객에게 절
하고 성용하며, 빈객이 나가면 상주가 절하여 보낸다.

　우곡(又哭)에는 머리를 묶고 한쪽 어깨를 드러내고 성용하며,
삼곡(三哭)에도 또한 머리를 묶고 한쪽 어깨를 드러내고 성용하

며, 삼일에 성복(成服)하며, 오곡(五哭)에는 상을 돕는 자가 일
이 끝났음을 알린다.

　齊衰以下는 不及殯이어든 先之墓하여 西面[1]哭盡哀하고 免麻[2]于東方
하고 即位하여 與主人으로 哭成踊襲하고 有殯이어든 則主人이 拜賓送賓하고
賓有後至者어든 拜之如初하고 相者 告事畢하여든 遂冠歸하여 入門左하여
北面哭盡哀하고 免袒成踊하고 東即位하여 拜賓成踊하며 賓出커든 主人이
拜送하며 於又哭에 免袒成踊하며 於三哭에 猶免袒成踊하고 三日成服하
며 於五哭에 相者 告事畢하나니라

1) 西面(서면) : 북쪽을 보지 않고 서쪽을 보는 것은 친상(親喪)과 다른 점이다.
2) 免麻(문마) : 문(免)은 관(冠)을 벗고 머리를 묶는 일. 마(麻)는 삼베로 된
　　수질(首絰)과 요대(腰帶) 따위의 옷.

8. 상의 소식을 듣고도 분상할 수 없을 경우

　상(喪)의 소식을 듣고도 분상(奔喪)할 수 없는 경우이면, 곡을
하여 슬픔을 다하고 나서 상(喪)을 당하게 된 까닭을 묻고, 또 곡
하고 슬픔을 다한다.

　그리고는 곧 자리를 만들어 풀어서 흐르는 머리를 묶고 한쪽 어
깨를 드러내고 성용(成踊)하며, 복(服)을 덧입고 질(絰)을 두르
고 교대(絞帶)를 띠고 자리에 나아가 빈객에게 절하고 다시 자
리로 돌아와 성용하며, 빈객이 나가면 상주가 문 밖까지 나와서
절하여 보내고 자리로 돌아온다.

　만약 빈객으로서 뒤늦게 오는 이가 있으면 그에게 절하고 성용
하며, 빈객을 보내는 일은 처음과 같게 한다.

　우곡(又哭)에는 풀어져 흐트러진 머리를 묶고 한쪽 어깨를 드
러내고 성용하며, 삼곡(三哭)에도 또한 풀어져 흐트러진 머리를
묶고 한쪽 어깨를 드러내고 성용하며, 삼일에 성복(成服)하며, 오
곡(五哭)에 빈객에게 절하고 빈객을 보내는 일은 처음과 같다.

聞喪하고 不得奔喪이어든 哭盡哀하고 問故[1]하고 又哭[2]盡哀하고 乃爲位하여 括髮袒成踊하며 襲絰[3]絞帶即位하여 拜賓反位成踊하며 賓出커든 主人이 拜送于門外하고 反位하며 若有賓이 後至者어든 拜之成踊하고 送賓如初하며 於又哭에 括髮袒成踊하며 於三哭에 猶括髮袒成踊하고 三日成服하며 於五哭에 拜賓送賓을 如初니라

1) 問故(문고) : 죽은 형편. 상(喪)을 당하게 된 까닭을 묻다.

2) 又哭(우곡) : 또 곡을 하다. 여기서는 다음 날 아침에 행하는 우곡(又哭)의 뜻이 아니다.

3) 絰(질) : 수질(首絰)과 요대(腰帶)를 아울러 이르는 말.

9. 상을 마친 뒤에 돌아왔을 때의 행동

만약 상을 마친 뒤에 돌아왔을 경우에는 곧 묘(墓)로 가서 곡하고 성용(成踊)하며, 동쪽을 향하여 풀어져 흐트러진 머리를 묶고 한쪽 어깨를 드러내고 질(絰)을 하여 빈객에게 절하고 성용하며, 빈객을 보내고 나서 제자리로 돌아와 또 곡하여 슬픔을 다하고는 드디어 의식을 거두는데, 집에서는 곡을 하지 않는다.

상주로서 그를 기다리던 사람은 변함없이 복(服)을 입고 나중에야 온 그와 더불어 곡을 하되 용(踊)은 하지 않는다.

재최(齊衰) 이하로부터 다른 것은 관을 벗고 머리를 묶고 삼베옷을 입는 것이다.

若除喪而后에 歸어든 則之墓하여 哭成踊하며 東括髮袒絰하여 拜賓成踊하며 送賓反位하여 又哭盡哀하고 遂除[1]니 於家에 不哭하며 主人之待之也 無變於服[2]하고 與之哭하되 不踊이니라

自齊衰以下 所以異者는 免麻[3]니라

1) 除(제) : 의식(儀式)을 거둔다는 뜻.

2) 無變於服(무변어복) : 변함없는 복(服)을 입다. 곧 처음 묘에 나갔을 때 입은 복을 그대로 입는다는 뜻.

3) 異者免麻(이자문마) : 다른 것은 관을 벗고 머리를 묶고 삼베옷을 입는 것이

다. 곧 관을 벗고 머리를 묶으며 삼베옷을 입을 뿐 풀었던 머리를 묶어 매지
않는 것이 다르다는 뜻.

10. 외지(外地)에서 자리를 마련하는 법

무릇 외지(外地)에서 자리를 마련하는 것은 부모 상의 경우가
아니다. 재최(齊衰) 이하는 다 자리에 나아가 곡하고 슬픔을 다
하며, 동쪽에서 관을 벗고 머리를 묶고 질(絰)하며, 자리에 나아
가 한쪽 어깨를 드러내고 성용(成踊)하고 복을 덧입으며, 빈객에
게 절하고 자리로 돌아와서 곡하고 성용하며, 빈객을 보내고 자리
로 돌아오면 상을 돕는 사람이 의려(倚廬)로 나갈 것을 알린다.
삼일에 오곡(五哭)을 마치고 상주가 나가서 빈객을 보내면 상
주 외의 친척과 형제들이 다 문을 나가서 곡을 멈추는데, 상을 돕
는 사람이 일이 끝났음을 알린다. 그리고 성복(成服)하고 빈객에
게 절한다. 만약에 자리를 마련한 집이 먼 곳에 있으면 성복을 하
고 간다.

凡爲位[1]는 非親喪[2]이니 齊衰以下를 皆即位哭盡哀하고 而東免絰即位
하여 袒成踊하며 襲하고 拜賓反位哭成踊하며 送賓反位어든 相者 告就次하
며 三日에 五哭卒하며 主人이 出送賓이어든 衆主人兄弟皆出門하여 哭止어
든 相者 告事畢하며 成服拜賓이니 若所爲位家 遠이어든 則成服而往이니라

1) 爲位(위위) : 자리를 마련하다. 곧 외지(外地)에서 분상(奔喪)할 수 없을 경
   우에 외지에 자리를 마련한다는 뜻.
2) 非親喪(비친상) : 부모의 상(喪)이 아니다. 재최(齊衰) 이하의 상을 말한다.

11. 사람에 따라 달라지는 곡의 위치

재최(齊衰)는 고향을 바라보며 곡을 하고, 대공(大功)은 문을
바라보며 곡을 하고, 소공(小功)은 문에 이르러 곡을 하고, 시마
(總麻)는 자리에 나아가 곡을 한다.

아버지의 일가에 대하여는 사당(祠堂) 안에서 곡을 하고, 어머니나 아내의 일가에 대하여는 침실(寢室)에서 곡을 하고, 스승에 대하여는 사당 문 밖에서 곡을 하고, 벗에 대하여는 침실 문 밖에서 곡을 하고, 알고 지내는 사람에 대하여는 한데(밖)에 장막을 치고 곡을 한다.

무릇 자리를 마련하고는 전(奠)을 올리지 않는다.

齊衰[1]는 望鄕而哭하고 大功[2]은 望門而哭하고 小功[3]은 至門而哭하고 緦麻[4]는 卽位而哭이니라

哭父之黨하되 於廟하고 母妻之黨으란 於寢하고 師란 於廟門外하고 朋友란 於寢門外하고 所識으란 於野張帷[5]니 凡爲位는 不奠하나니라

1) 齊衰(재최) : 기년(期年), 곧 만 1년 입는 상복(喪服).
2) 大功(대공) : 9개월 동안 입는 상복.
3) 小功(소공) : 5개월 동안 입는 상복.
4) 緦麻(시마) : 3개월 동안 입는 상복.
5) 野張帷(야장유) : 바깥에다 장막을 친다는 뜻.

12. 신분에 따라 곡하는 횟수

곡(哭)은 천자에게는 9번을 하고, 제후에게는 7번을 하고, 경대부(卿大夫)에게는 5번을 하고, 사(士)에게는 3번을 한다.

대부가 제후를 위해 곡을 할 경우에는 감히 빈객에게 절하지 못하며, 여러 신하가 다른 나라에 있으면서 자리를 마련하여 곡을 할 경우에도 감히 빈객에게 절을 하지 못한다.

제후와 더불어 형제가 되는 사람도 또한 자리를 마련하여 곡을 하는데 무릇 자리를 마련하는 사람은 한 번 한쪽 어깨를 드러낸다.

哭을 天子는 九[1]오 諸侯[2]는 七이오 卿大夫는 五오 士는 三이니 大夫 哭諸侯하되 不敢拜賓하며 諸臣이 在他國하여 爲位而哭하되 不敢拜賓하며 與諸侯爲兄弟어든 亦爲位而哭이니 凡爲位者는 壹袒[3]하나니라

1) 哭天子九(곡천자구) : 외지에서 상(喪)을 듣고 미처 달려가지 못하면 자리
   를 마련하여 곡(哭)하는 날짜를 말한다.
2) 諸侯(제후) : 죽은 제후를 말한다.
3) 壹袒(일단) : 한 번 단(袒)한다. 곧 상(喪)을 들었을 때만 단하고, 그 다음 날
   에는 단을 하지 않는다는 뜻.

13. 알고 지내는 사람을 조문할 경우

알고 지내는 사람을 조상(弔喪)하는 경우에는 먼저 집에서 곡
을 하고 난 다음에 묘(墓)로 가서 모두 그를 위하여 성용(成踊)
하는데, 상주를 따라 북쪽을 바라보고 용(踊)한다.

무릇 상례(喪禮)에는 아버지가 생존해 있으면 아버지가 상주
가 되고, 아버지가 돌아가고 형제가 함께 살고 있으면 각기 그 상
(喪)을 주관한다. 어버이가 같으면 장자(長子)가 그것을 주관하
고, 어버이가 같지 않으면 친한 사람이 그것을 주관한다.

所識者에 弔하되 先哭于家하고 而後에 之墓하여 皆爲之成踊이니 從主
人하여 北面而踊이니라

凡喪에 父 在커시든 父 爲主하고 父 沒커시든 兄弟同居라도 各主其喪[1]이
니 親同[2]이어든 長者 主之하고 不同[3]이어든 親者 主之니라

1) 各主其喪(각주기상) : 각기 그 상(喪)을 주관한다. 곧 그 처자(妻子)의 상
   을 주관한다는 뜻.
2) 親同(친동) : 자식들의 아버지와 어머니가 다 같은 경우.
3) 不同(부동) : 아버지는 같되 어머니가 같지 않은 서자(庶子)의 경우와 같다.

14. 촌수가 먼 형제의 상을 들었을 경우

촌수(寸數)가 먼 형제의 상(喪)을 들었을 경우, 이미 상을 마
친 뒤에 상(喪)의 소식을 들었으면 관을 벗어 머리를 묶고 한쪽
어깨를 드러내고 성용(成踊)하며, 빈객에게 절을 할 때는 왼손을

위로 얹는다.

복(服)이 없는데 자리를 마련하는 경우는 오직 형수와 시숙 사이뿐인데, 여자의 경우 내려서(손아랫사람) 복이 없는 사람은 베옷만 입는다.

무릇 분상(奔喪)의 경우 대부(大夫)로서 온 이가 있으면 한쪽 어깨를 드러내고 그에게 절을 하며, 성용(成踊)한 뒤에 복을 덧입는다. 사(士)로서 온 이가 있으면 복을 덧입고 난 뒤에 그에게 절한다.

聞遠兄弟[1]之喪하고 旣除喪而后에 聞喪이어든 免袒成踊하고 拜賓이어든 則尙左手[2]니라

無服而爲位者는 唯嫂叔[3]과 及婦人이 降而無服者에 麻니라

凡奔喪에 有大夫 至어든 袒拜之成踊而后에 襲하고 於士엔 襲而后에 拜之니라

1) 遠兄弟(원형제) : 촌수(寸數)가 먼 형제. 곧 재종형제(再從兄弟) 등.
2) 尙左手(상좌수) : 두 손을 모을 때 왼손을 위로 얹는다는 뜻.
3) 嫂叔(수숙) : 형수(兄嫂)와 시숙(媤叔)의 사이.

제35편 문상(問喪第三十五)

이 편은 문상(問喪)하는 예절을 밝혀 놓았다.

앞부분에는 문상할 때 애통해 하는 상황을 기술하였고 뒷부분에는 상례의 의의를 풀어 놓았다.

1. 어버이가 돌아간 처음에는 관을 벗는다

어버이가 돌아간 처음에는 관(冠)을 벗고 비녀와 머리싸개만 하고 맨발로 옷자락을 허리에 끼고 손을 엇갈려 가슴에 대고 곡(哭)을 하며, 애타하고 슬퍼하는 마음과 아프고 괴로운 생각에 신(腎)이 상하고 간(肝)이 마르고 폐(肺)가 타서 물과 미음이 입에 들어가지 않아도 사흘 동안 밥을 짓기 위한 불을 때지 않는다.

그래서 이웃과 마을에서 그를 위해 미음과 죽을 쑤어 그에게 마시고 먹게 한다. 무릇 슬프고 애통함이 마음 속에 있으므로 형상이 변하여 밖으로 나타나고, 아프고 괴로움이 마음에 잠겨 있으므로 입에는 단 맛이 없고, 몸은 편안하거나 즐겁지 않은 것이다.

親이 始死커시든 雞斯[1]徒跣[2]하며 扱上衽[3]하고 交手哭[4]하며 惻怛之心[5]과 痛疾之意[6]에 傷腎乾肝焦肺하여 水漿을 不入口하며 三日을 不擧火라 故로 隣里爲之糜粥하여 以飮食之하나니 夫悲哀在中이라 故로 形變於外也하며 痛疾이 在心이라 故로 口不甘味하며 身不安美也니라

1) 雞斯(계사) : 계사(筓纚)의 잘못. 계(筓)는 머리에 꽂는 비녀, 사(纚)는 머리털을 싸는 헝겊으로, 관(冠)을 벗고 비녀와 머리싸개만 한다는 뜻. 일설(一

說)에는 이것을 따르지 않고, 계사(雞斯)의 뜻을 알 수 없다고 하기도 한다.

2) 徒跣(도선) : 맨발.

3) 扱上衽(급상임) : 옷자락을 허리에 낀다는 뜻.

4) 交手哭(교수곡) : 손을 엇갈려 가슴에 대고 곡을 한다는 뜻.

5) 惻怛之心(측달지심) : 애타하고 슬퍼하는 마음.

6) 痛疾之意(통질지의) : 아프고 괴로운 생각.

2. 사모하는 마음은 효자의 뜻이다

사흘 되는 날에 염(斂)을 하는데, 주검이 침상에 있으면 시(尸)
라 하고 관(棺)에 있으면 구(柩)라고 한다.

주검을 옮기고 영구를 들어 올리면 곡을 하고 용(踊)을 하는 것
을 헤아릴 수 없이 한다. 애타하고 슬퍼하는 마음과 아프고 괴로
운 생각으로, 비애의 감정과 번민으로 답답한 기운이 성하다.

그러므로 한쪽 어깨를 드러내고 용(踊)을 하는데, 몸을 움직여
마음을 편안히 하고 기운을 내리게 하려는 것이다.

여자는 한쪽 어깨를 드러내기가 마땅하지 않으므로 가슴을 풀
고 심장을 두드리며 작용(爵踊)을 하여 답답한 가슴을 치는 것
이 담장이 무너지는 것과 같은 것이다. 비애와 아프고 괴로워하
는 마음의 지극함이다.

그러므로 말하기를 "가슴을 두드리며 뛰고 곡하여 울면서 슬프
게 그를 보낸다."라고 하였다. 죽은 사람의 형체는 배웅하여 보내
고 정기를 맞이하여 돌아오는 것이다.

그 가는 것을 보내 망망연(望望然)하고 급급연(汲汲然)하여
좇아가되 미치지 못함이 있는 것 같으며, 그 돌아와서 곡을 하는
모양은 황황연(皇皇然)하여 구하는 것이 있되 얻지 못하는 것 같
이한다.

그러므로 그 가는 것을 보내는 것은 사모하는 것과 같고, 그 돌
아올 때는 의심스러운 것과 같아서 구하되 얻는 것이 없으며, 문
에 들어와도 보이지 않으며, 당(堂)으로 올라가도 또한 보이지 않

으며, 방에 들어가도 보이지 않아, 잃었구나, 돌아가셨다! 다시는 볼 수가 없을 뿐이다. 그러므로 곡을 하여 눈물을 흘리며 가슴을 두드리며 용(踊)을 하여 슬픔을 다하고 그치는 것이다.

마음이 원망스럽고 비통하여 한숨 지으며 마음이 애절하고 뜻이 비통할 뿐이다.

종묘(宗廟)에서 그를 제사지내 귀신으로써 그것을 흠향하게 하는 것은 행여 다시 돌아오기를 희구하기 때문이요, 묘혈을 만들고 돌아와서 감히 거처하는 방으로 들어가지 못하고 의려(倚廬)에 거처하는 것은 어버이가 밖에 있는 것을 슬퍼함이요, 거적 자리에서 자고 흙덩이를 베고 눕는 것은 어버이가 흙 속에 있는 것을 슬퍼함이다.

곡하고 눈물 흘리는 것이 때가 없고 복(服)을 3년 동안 계속 입는 것으로, 사모하는 마음은 효자의 뜻이며, 인정의 열매이다.

三日而斂하나니 在牀曰尸오 在棺曰柩니 動尸[1]擧柩[2]커든 哭踊無數니 惻怛之心과 痛疾之意[3]에 悲哀志懣氣盛할세 故로 袒而踊之하나니 所以 動體安心下氣也니라

婦人은 不宜袒일세 故로 發胸擊心爵踊[4]하여 殷殷田田[5]하여 如壞牆然하나니 悲哀痛疾之至也라 故로 曰하되 辟踊[6]哭泣하여 哀以送之라하니 送形而往[7]하고 迎精而反[8]也니라

其往送也에 望望然[9]汲汲然[10]하여 如有追而弗及也하며 其反哭也에 皇皇然[11]하여 若有求而弗得也하나니 故로 其往送也에 如慕하고 其反也에 如疑하여 求而無所得之也하며 入門而弗見也하며 上堂又弗見也하며 入室又弗見也하여 亡矣喪矣라 不可復見已矣일세 故로 哭泣辟踊하여 盡哀而止矣니라

心이 悵焉愴焉惚焉愾焉하여 心絶志悲而已矣니라 祭之宗廟하여 以鬼享之는 徼幸復反也[12]오 成壙而歸하여 不敢入處室하여 居於倚廬는 哀親之在外也오 寢苫枕塊[13]는 哀親之在土也니 故로 哭泣無時하여 服勤三年하나니 思慕之心은 孝子之志也며 人情之實也니라

1) 動尸(동시) : 시체를 옮기다. 곧 염(斂)을 하기 위해 시체를 옮기는 일.

2) 擧柩(거구) : 구(柩)를 들어올리다. 곧 장례를 치르기 위해 영구를 드는 일.

3) 痛疾之意(통질지의) : 아프고 괴로운 생각.

4) 爵踊(작용) : 작(雀)과 같으니, 참새가 뛰는 것처럼 발을 땅에서 떼지 않고 제자리걸음으로 뛰면서 슬퍼하는 일.

5) 殷殷田田(은은전전) : 은은은 근심으로 가슴이 답답한 모양. 전전은 가슴을 치는 소리의 표현.

6) 辟踊(벽용) : 가슴을 두드리며 제자리걸음으로 뛰는 일.

7) 送形而往(송형이왕) : 형체를 배웅하여 보내다. 곧 시체를 장사지낸다는 뜻.

8) 迎精而反(영정이반) : 정기를 맞이하여 돌아오다. 영혼을 모시고 돌아온다.

9) 望望然(망망연) : 자주 멀리 바라보는 듯한 모양.

10) 汲汲然(급급연) : 무슨 일에 마음을 쏟아 쉴 사이가 없는 모양.

11) 皇皇然(황황연) : 구해도 얻지 못하여 허둥거리는 모양.

12) 徼幸復反也(요행복반야) : 행여 다시 돌아오기를 희구하다.

13) 寢苫枕塊(침점침괴) : 침점은 거적자리에서 자다. 침괴는 흙덩어리를 베다.

3. 죽은 지 사흘 뒤에 염을 하는 까닭

어떤 사람이 묻기를 "죽은 지 사흘 뒤에 염(斂)을 하는 것은 무슨 까닭입니까." 하자 대답하였다.

"효자는 어버이가 죽으면 슬프고 애통하며, 마음이 답답한 것이다. 그러므로 땅에 엎드리면서 곡을 하고 장차 다시 살아날 것 같이 여기니 어찌 빼앗듯이 당장에 염을 할 수 있으리오.

그러므로 말하기를 '사흘 뒤에 염을 하는 것은 그것으로써 살아나기를 기다리는 것이다.' 하였다. 사흘이 되어도 살아나지 않으면 또한 살아나지 않는 것이다.

효자(孝子)의 마음도 또한 더욱 쇠약해지며, 집안 형편에 맞는 장례 비용의 헤아림과 의복을 갖추는 일도 또한 이루며, 친척으로 멀리 있는 사람도 또한 올 수 있을 것이다. 그런 까닭에 성인(聖人)이 그것을 위해 결단을 내려 사흘로써 예(禮)의 제도를 삼은 것이다."

或이 問曰하되 死커시든 三日而后에 斂者는 何也오 曰孝子 親死커시든 悲哀志懣[1]하나니 故로 匍匐[2]而哭之하여 若將復生然하나니 安可得奪而斂之也리오 故로 曰하되 三日而后에 斂者는 以俟其生也니 三日而不生하면 亦不生矣니라 孝子之心이 亦益衰矣며 家室之計[3]와 衣服[4]之具 亦可以成矣며 親戚之遠者 亦可以至矣니 是故로 聖人이 爲之斷決하셔 以三日로 爲之禮制也하시니라

1) 志懣(지만) : 마음이 답답하다.

2) 匍匐(포복) : 배를 땅에 대고 엎드려서 기는 일.

3) 家室之計(가실지계) : 집안 형편에 맞는 장례의 비용을 헤아린다는 뜻.

4) 衣服(의복) : 상복(喪服)을 뜻한다.

4. 대머리는 문(免)을 하지 않는다

어떤 사람이 묻기를 "관(冠)을 쓴 사람은 윗옷을 벗고 한쪽 어깨를 드러내는 일을 하지 않는 것은 무슨 까닭입니까." 하고 묻자 대답하였다.

"관은 지극히 존귀한 것이어서 윗옷을 벗고 한쪽 어깨를 드러낸 몸으로 관을 쓰고 있을 수 없는 것이므로 그것을 위하여 관을 벗고 머리를 묶는 것으로써 대신하는 것이다.

그러나 대머리를 가진 사람이 관을 벗고 머리를 묶지 않고 꼽추가 어깨를 드러내지 않으며 절름발이가 용(踊)을 하지 않는 것은 슬퍼하지 않아서가 아니라, 몸에 고질(錮疾)이 있어서 예(禮)를 갖출 수가 없기 때문이다.

그러므로 말하기를 '상례(喪禮)는 오직 슬픔을 위주로 한다.'고 한다. 여자는 곡을 하고 눈물을 흘리며 슬퍼하고 애통해 하여 가슴을 치며 마음 아파하고, 남자는 곡을 하고 눈물을 흘리며 슬퍼하고 애통해 하여 머리를 조아려 땅에 닿도록 굽혀 체면을 차리지 않는 것이니 이것은 슬픔의 지극함이다."

或이 問曰하되 冠者 不肉袒[1]은 何也오 曰冠은 至尊也하여 不居肉袒之

體也할세 故로 爲之免하여 以代之也니 然則禿者[2] 不免하며 傴者[3] 不袒하며 跛者[4] 不踊은 非不悲也언만 身有錮疾이라 不可以備禮也일세니 故로 曰하되 喪禮는 唯哀爲主矣라하니 女子는 哭泣悲哀하여 擊胸傷心하고 男子는 哭泣悲哀하여 稽顙觸地無容하나니 哀之至也라

1) 肉袒(육단) : 윗옷을 벗어 살을 드러내는 일.

2) 禿者(독자) : 대머리를 가진 사람.

3) 傴者(구자) : 꼽추. 곱사등이.

4) 跛者(파자) : 절름발이.

5. 동자도 상주가 되면 상장을 짚는다

어떤 사람이 묻기를 "문(免)하는 것은 어떤 이유에서 입니까." 하고 묻자 대답하였다.

"관(冠)을 쓰지 않은 사람이 하는 것이다. 예(禮)에 이르기를 '동자(童子)는 시마복(緦麻服)을 입지 않지만 오직 상주(喪主)가 되면 시마복을 입는다.'라고 하였으니, 시마복을 입은 사람은 문(免)을 하는 것이다. 동자라도 상주가 되면 문도 하고 상장(喪杖)도 짚는다."

어떤 사람이 묻기를 "상장(喪杖)이라는 것은 무엇입니까." 하고 묻자 대답하였다.

"대나무나 오동나무가 한 가지이다. 그러므로 아버지를 위하여는 저장(苴杖)을 짚는데 저장은 대나무로 만든 것이요, 어머니를 위하여는 삭장(削杖)을 짚는데 삭장은 오동나무로 만든 것이다."

어떤 사람이 묻기를 "상장(喪杖)을 짚는 것은 무엇 때문입니까."하고 묻자 대답하였다.

"효자가 어버이를 잃으면 곡하고 눈물 흘리는 일이 헤아릴 수 없이 많으며, 힘써 3년 동안 상복(喪服)을 입어서 몸이 병들고 여위니 상장으로써 병든 몸을 부축하는 것이다.

아버지가 생존해 있으면 감히 상장을 짚지 않는 것은 높은 이가 있기 때문이요, 당상(堂上)에서 상장을 짚지 않는 것은 높은

이의 처소를 피하는 것이요, 당상에서 빠른 걸음으로 걷지 않는
것은 허둥거리지 않는 것을 보이는 것이다.
　이것은 효자의 뜻이며, 인정의 열매이며, 예의(禮義)의 본보기
이다. 하늘에서 내려온 것이 아니며, 땅에서 솟아나온 것도 아니
며, 오직 인정일 따름이다.”

　或이 問曰하되 免者는 以何爲也오 曰하되 不冠者[1]之所服[2]也라 禮에 曰
하되 童子는 不緦하나니 唯當室[3]이 緦라하니 緦者는 其免也니 當室이면 則免
而杖矣니라
　或이 問曰하되 杖者는 何也오 曰하되 竹과 桐이 一也[4]니 故로 爲父苴杖[5]
하나니 苴杖은 竹也오 爲母削杖[6]하나니 削杖은 桐也라 或이 問曰하되 杖者는
以何爲也오 曰하되 孝子 喪親하여 哭泣無數하며 服勤三年하여 身病體羸라
以杖扶病也하나니 則父 在[7]커시든 不敢杖矣는 尊者[8] 在故也오 堂上不杖
은 辟尊者之處也오 堂上不趨는 視不遽[9]也니 此 孝子之志也며 人情之
實也며 禮義之經[10]也니 非從天降也며 非從地出也라 人情而已矣니라

1) 不冠者(불관자) : 관을 쓰지 않은 사람. 상(喪)을 당하면 관을 벗고 문(免)
　　하는데, 여기서는 동자(童子)를 말하는 것이므로, 아직 어린 사람이라는 뜻.
2) 所服(소복) : 입는 것. 여기서는 쓰는 것.
3) 當室(당실) : 부형(父兄)이 없어서 상주(喪主)가 된 경우.
4) 竹桐一也(죽동일야) : 대나무나 오동나무나 효자의 뜻은 한 가지다.
5) 苴杖(저장) : 검은 지팡이.
6) 削杖(삭장) : 깎아서 만든 지팡이.
7) 父在(부재) : 아버지가 생존해 있다. 곧 아버지가 살아 있는데 어머니의 상
　　(喪)을 당했을 경우를 말하는데, 이럴 경우에는 상장(喪杖)을 짚지 않는다.
8) 尊者(존자) : 높은 이. 여기서는 아버지를 가리킨다.
9) 不遽(불거) : 허둥거리지 않다.
10) 經(경) : 본보기라는 뜻.

제36편 복문(服問第三十六)

이 편은 제35편 문상(問喪)에 이어 상복(喪服)의 의의를 논하였으므로 복문(服問)이라 하였다. 그런데 질문하는 자는 없고 대답하는 말만 있다.

1. 계모의 친척을 위해서는 복을 입지 않는다

전(傳)에 말하였다.

"가벼운 것을 따르면서 무겁게 하는 것이 있는데 공자(公子)의 아내가 그 황고(皇姑 : 시어머니)를 위해 복을 입는 것이다.

무거운 것을 따르면서 가볍게 하는 것이 있는데 아내의 부모를 위해 복을 입는 것이다.

복을 입지 않는 것을 따르면서 복을 입는 일이 있는데 공자의 아내가 공자의 외형제(外兄弟)를 위해 복을 입는 것이다.

복을 입는 것을 따르면서 복을 입지 않는 일이 있는데 공자가 그 아내의 부모를 위해서는 복을 입지 않는 경우이다."

전(傳)에 말하였다.

"어머니가 집을 나갔으면 계모(繼母)의 친척을 위하여 복(服)을 입고, 어머니가 죽었으면 그 어머니의 친척을 위하여 복을 입는데, 그 어머니의 친척을 위하여 복을 입으면 계모의 친척을 위하여는 복을 입지 않는 것이다."

傳에 曰[1]하되 有從輕而重하니 公子[2]之妻 爲其皇姑[3]오

有從重而輕하니 爲妻之父母오

有從無服而有服하니 公子之妻 爲公子之外兄弟[4]오

有從有服而無服하니 公子 爲其妻之父母니라

傳에 曰[5]하되 母 出[6]하면 則爲繼母之黨하여 服하고 母死하면 則爲其母之黨하여 服하나니 爲其母之黨하여 服하면 則不爲繼母之黨하여 服이니라

1) 傳曰(전왈) : 대전(大傳)의 글을 인용한 것이다.

2) 公子(공자) : 제후(諸侯)의 서자(庶子).

3) 皇姑(황고) : 공자(公子)의 아내가 그 시모(媤母)를 존칭하여 부르는 말.

4) 外兄弟(외형제) : 종형제(從兄弟). 외종형제(外從兄弟)라고도 한다.

5) 傳曰(전왈) : 구전(舊傳)의 글을 인용한 것.

6) 母出(모출) : 어머니가 집을 나가다. 곧 아버지와 이혼한 어머니.

2. 마질을 벗고 연관(練冠)을 쓴다

3년의 상(喪)에 이미 연제(練祭 : 소상)를 마치고, 기년(期年)의 상이 있어 이미 장례를 마쳤으면, 먼저 띠었던 갈포(葛布)의 띠를 그대로 띠고, 기년에 두르는 질(絰)을 두르고, 그 공최(功衰)를 입는다. 대공(大功)의 상(喪)이 있으면 또한 그와 같이 하고 소공(小功)의 상에서도 변함이 없다.

마(麻)를 입는 대공 이상의 상을 당했을 때는 삼뿌리로 엮은 마질(麻絰)을 3년상의 갈질(葛絰)로 바꿀 수가 있다.

이미 3년상의 소상을 지내고 다시 삼을 씻고 뿌리를 끊어 엮은 수질(首絰)을 띠는 소공의 복을 입게 되어 염할 때에는 이미 갓을 벗고 마질을 두르고 일을 끝냈으면 마질을 제거한다.

일이 있을 때마다 마질을 두르는 것이 옳다면 반드시 마질을 하고, 이미 마질을 두르고 행해야 할 일이 끝나면 마질을 벗고 연관(練冠)을 쓴다.

三年之喪을 旣練[1]矣오 有期之喪[2]이 旣葬矣어든 則帶其故葛帶하고 絰期之絰하고 服其功衰[3]하나니 有大功之喪이어든 亦如之하고 小功이어든 無

變也니라

麻之有本者[4] 變三年之葛하나니라

旣練하고 遇麻斷本者[5]하여 於免에 絰之하고 旣免去絰하며 每可以絰이어든 必絰하고 旣絰則去之니라

1) 練(연) : 연제(練祭). 소상(小祥). 연제를 지낸 후에는 연관을 쓴다.

2) 期之喪(기지상) : 기년(期年)의 상. 기년(期年)은 만 1년.

3) 功衰(공최) : 아버지의 상(喪)에 입는 상복(喪服).

4) 麻之有本者(마지유본자) : 삼의 뿌리로 엮은 것. 곧 대공(大功) 이상의 복을 뜻한다.

5) 麻斷本者(마단본자) : 삼을 씻고 뿌리를 끊어내고 엮은 마질. 소공 이하의 상에 쓰는 수질이므로 여기서는 소공 이하의 상을 가리킨다.

3. 뿌리가 있는 것으로 태를 삼는다

소공(小功)에는 상(喪)의 연관(練冠)을 바꾸지 않는다. 만일 갓을 벗고 머리를 묶었으면 그 시마복(緦麻服)과 소공의 질(絰)을 그대로 두르고, 그 처음의 갈대(葛帶)에 의한다.

시(緦)의 마(麻)는 소공(小功)의 갈(葛)로 고치지 않고, 소공의 마(麻)는 대공(大功)의 갈(葛)로 고치지 않으니, 뿌리가 있는 것으로써 태(稅)를 삼는다.

상(殤)의 장상(長殤)과 중상(中殤)은 3년의 갈(葛)로 고치게 하는데, 상(殤)의 달 계산이 끝나면 다시 3년의 갈(葛)로 돌아온다. 이것은 마(麻)를 무겁게 하는 것이 아니라, 상(殤)에는 졸곡(卒哭)에서의 태(稅)가 없음을 위한 것이다. 하상(下殤)에는 그렇게 하지 않는다.

小功은 不易喪之練冠이니 如免이어든 則絰其緦小功之絰하고 因其初葛帶하며 緦之麻는 不變小功之葛하고 小功之麻는 不變大功之葛하나니 以有本으로 爲稅[1]니라

殤長中[2]은 變三年之葛하되 終殤之月筭[3]而反三年之葛하나니 是非重

麻라 爲其無卒哭[4]之稅니 下殤[6]則否니라

1) 以有本爲稅(이유본위태) : 뿌리가 있는 것으로 태(稅)를 삼는다. 뿌리를 그 대로 꼬아서 짠 마질로 태(稅)를 삼는 것. 태(稅)는 시일이 지난 뒤에 그 상 (喪)을 알고 복을 입는 것.

2) 殤長中(상장중) : 상(殤)의 장상(長殤)과 중상(中殤). 상(殤)은 나이가 어 려서 죽은 요사(夭死). 장상(長殤)은 16에서 19세 사이에 죽는 것, 중상(中 殤)은 12세에서 15세 사이에 죽는 것.

3) 月筭(월산) : 달수를 계산하는 것. 산(筭)은 산(算)으로, 월산(月算).

4) 卒哭(졸곡) : 삼우제(三虞祭)를 지낸 뒤에 지내는 제사. 또는 죽은 지 석 달 되는 정일(丁日)이나 해일(亥日)에 지내는 제사. 여기서는 후자다.

5) 下殤(하상) : 8세에서 11세 사이의 어린 나이에 죽는 것. 이 경우는 복이 없다.

4. 천자를 위해 3년의 복을 입는다

제후는 천자를 위해 3년의 복(服)을 입고, 부인(夫人)은 외종 (外宗)이 제후를 위하여 입는 복과 같이 하는데, 세자(世子)는 천자를 위하여 복을 입지 않는다.

제후가 상주(喪主)가 되는 것은 부인인 아내와 태자(太子)와 적부(適婦)의 상을 당했을 때이다.

대부(大夫)의 맏아들은 제후인 임금과 부인과 태자(太子)를 위하여 사(士)가 상복을 입는 것과 같이 한다.

君[1]이 爲天子하여 三年하고 夫人[2]은 如外宗[3]之爲君也하니 世子는 不 爲天子하여 服이니라

君所主는 夫人妻와 太子와 適婦[4]와라

大夫之適子는 爲君과 夫人과 太子하여 如士服하니라

1) 君(군) : 임금. 제후(諸侯).

2) 夫人(부인) : 제후의 정실 아내에 대한 호칭.

3) 外宗(외종) : 큰 집의 맏며느리. 곧 종부(宗婦).

4) 適婦(적부) : 맏며느리. 곧 태자(太子)의 아내.

5. 임금의 어머니가 부인이 아닐 경우

임금의 어머니가 부인(夫人)이 아닐 경우에는 모든 신하들은 복(服)이 없고, 오직 근신(近臣)과 시중드는 신하와 수레를 탈 때 옆에 모시고 타는 사람만이 복을 입는데, 그 복은 오직 임금이 입는 복을 따른다.

공(公)이 경대부(卿大夫)를 위하여는 석최(錫衰)로써 거(居)하고 밖에 나갈 때도 또한 그와 같이 하는데, 일을 당하면 피변(皮弁)에다 질(経)을 한다. 대부끼리 서로를 위해서도 또한 그러한데 그 아내를 위하여 조문하러 갈 때에는 복을 하고, 나올 때에는 복을 하지 않는다.

君之母 非夫人[1]이어든 則群臣이 無服하고 唯近臣及僕驂乘[2]이 從服하나니 唯君所服을 服也니라

公[3]이 爲卿大夫하셔 錫衰[4]以居하고 出亦如之하시되 當事[5]則弁経이니라 大夫 相爲하여 亦然하니 爲其妻하연 往則服之하고 出則否니라

1) 非夫人(비부인) : 부인이 아니다. 곧 첩(妾)이라는 뜻.
2) 僕驂乘(복참승) : 복(僕)은 어자(御者), 참승은 수레를 탈 때 높은 이의 옆에서 모시고 타는 사람.
3) 公(공) : 임금. 제후(諸侯).
4) 錫衰(석최) : 부드럽고 고운 베로 지은 상복(喪服).
5) 當事(당사) : 일을 당하다. 곧 빈렴(殯斂)의 일을 당하는 경우.

6. 상복은 5가지 종류이다

무릇 사람을 만나는 경우에도 질(経)을 벗는 일이 없으니, 비록 조정에 나아가 임금에게 조회(朝會)할 때에라도 질을 벗지 않고 오직 공문(公門)에 나가서만 재최(齊衰)를 벗는 일이 있다.

전(傳)에 말하기를 "군자(君子)는 남의 상(喪)을 빼앗지 않으

며 또한 나의 상을 빼앗겨도 안 된다.”고 하였다.

또 전(傳)에 말하기를 “죄(罪)가 많지만 형벌은 5가지요, 상
(喪)이 많지만 복(服)은 5가지이니, 위로 붙이고 아래로 붙이면
등렬(等列)이 비슷하게 된다.”고 하였다.

凡見人하되 無免絰[1]하나니 雖朝於君이라도 無免絰하고 唯公門[2]에 有
稅[3]齊衰하니 傳에 曰하되 君子 不奪人之喪[4]하며 亦不可奪喪[5]也니라

傳에 曰하되 辠多而刑五[6]오 喪多而服五[7]라 上附下附하나니 列也니라

1) 無免絰(무면질) : 질(絰)을 면(免)함이 없다. 곧 질을 벗는 일이 없다는 뜻.
  여기서의 면(免)은 음이 면으로 벗다의 뜻.

2) 公門(공문) : 대궐의 문.

3) 稅(태) : 면(免)과 같다. 벗다.

4) 不奪人之喪(불탈인지상) : 남의 상(喪)을 빼앗지 않는다. 곧 남이 입을 복
  (服)을 자기가 입지 않는다는 뜻.

5) 不可奪喪(불가탈상) : 상을 빼앗겨서는 안 된다. 곧 자기가 입을 복을 남이
  입게 해서는 안 된다는 뜻.

6) 刑五(형오) : 형벌의 5가지. 오형(五刑). 곧 살갗에 먹물을 넣는 형벌, 코를
  베는 형벌, 발꿈치를 베는 형벌, 성기를 자르는 형벌, 죽이는 형벌.

7) 服五(복오) : 복(服)의 5가지. 곧 참최(斬衰), 재최(齊衰), 대공(大功), 소
  공(小功), 시마(緦麻).

제37편 간전(間傳第三十七)

　이 편을 간전(間傳)이라고 이름한 것은 상복(喪服)의 사이에서 무겁고 가벼운 것의 마땅한 것을 기록했기 때문이다. 또 상복에는 왜 무겁고 가벼운 것이 있는가를 기록하였다.

1. 슬픔은 얼굴과 몸에서 발로되는 것

　참최(斬衰)는 어찌하여 암삼의 베로 만든 복(服)을 입는가. 암삼은 색이 검고 모양이 나쁜 것이다. 안에서 일어나는 지극한 슬픔을 밖으로 나타내 보이려는 까닭이다.

　참최를 당한 사람의 용모는 암삼과 같고, 재최(齊衰)를 당한 사람의 용모는 수삼(모시풀)과 같고, 대공(大功)을 당한 사람의 용모는 풀죽어 있는 것과 같고, 소공(小功)과 시마(緦麻)를 당한 사람의 용모는 평상시의 용모라 하더라도 되는 것인데, 이것은 슬픔이 얼굴과 몸에 나타나는 것이다.

　참최의 곡(哭)은 기절했다가 다시 깨어나지 못하는 듯이 하고, 재최의 곡은 기절했다가 깨어나는 듯이 하고, 대공의 곡은 한 번 소리를 내어 3번 꺾고 여운이 있는 듯이 하고, 소공과 시마에는 슬픈 얼굴을 지으면 되는 것인데, 이것은 슬픔이 소리로 나타나는 것이다.

　참최에는 응대는 하되 대답하지 않고, 재최에는 대답은 하되 말하지 않고, 대공에는 말은 하되 의논하지 않고, 소공과 시마에는 의논은 하되 즐기지는 않는데, 이것은 슬픔이 말에 나타나는 것이다.

斬衰는 何以服苴[1]오 苴는 惡貌也니 所以首其內而見諸外也라 斬衰는 貌若苴하고 齊衰는 貌若枲[2]하고 大功은 貌若止[3]하고 小功緦麻는 容貌可也[4]니 此는 哀之發於容體者也라

斬衰之哭은 若往而不反[5]하고 齊衰之哭은 若往而反[6]하고 大功之喪은 三曲而偯[7]하고 小功緦麻는 哀容이 可也니 此는 哀之發於聲音者也라

斬衰는 唯而不對[8]하고 齊衰는 對而不言하고 大功은 言而不議[9]하고 小功緦麻는 議而不及樂이니 此는 哀之發於言語者也라

1) 苴(저) : 암삼. 씨가 있는 마(麻)로서, 빛깔은 검푸르다. 지극한 근심이 있는 사람의 안색을 상징한다. 참최는 가장 무거운 상이다.

2) 枲(시) : 모시풀. 수삼. 빛깔이 붉고 푸르며 검은 빛이 돈다. 재최는 참최보다 약간 가벼움을 상징한다.

3) 止(지) : 머물러 있다. 감정이 정지된 상태로 무표정하여 풀이 죽어 있는 것을 뜻한다.

4) 容貌可也(용모가야) : 평상시의 용모를 지녀도 된다는 뜻.

5) 往而不反(왕이불반) : 왕(往)은 가다. 곧 죽다. 기절하다의 뜻이요, 불반(不反)은 깨어나지 않다. 또는 되살아나지 않는다는 뜻.

6) 往而反(왕이반) : 기절했다가 깨어난다는 뜻.

7) 三曲而偯(삼곡이의) : 삼곡(三曲)은 한 번 소리를 내어 3번 꺾는 것. 의(偯)는 소리의 여운을 길게 끄는 것. 흐느껴 우는 것.

8) 唯而不對(유이부대) : 유(唯)는 응대하는 소리. 응대는 해도 다른 말로 그 이상의 대꾸를 하지 않는 것.

9) 言而不議(언이불의) : 불의(不議)는 의논하지 않다. 곧 이런 저런 다른 이야기를 하지 않는다는 뜻.

2. 슬픔이 음식에서 발로되는 것

참최(斬衰)에는 사흘 동안 먹지 않고, 재최(齊衰)에는 이틀 동안 먹지 않고, 대공(大功)에는 세 끼를 먹지 않고, 소공(小功)과 시마(緦麻)에는 두 끼를 먹지 않는데, 선비가 염(斂)을 하는 동안에는 한 끼도 먹지 않는다.

　그러므로 부모의 상에는 이미 빈장(殯葬)이 끝나면 죽을 먹되 아침에 1일(一溢 : 한 줌)의 쌀로 죽을 끓여 먹고 저녁에 1일의 쌀로 죽을 끓여 먹으며, 재최의 상에는 거친 밥에 물을 마시고 채소와 과일을 먹지 않으며, 대공의 상에는 식초와 간장을 먹지 않으며, 소공과 시마에는 단술과 술을 먹지 않는 것인데, 이것은 슬픔이 음식에 나타나는 것이다.

　斬衰는 三日을 不食하고 齊衰는 二日을 不食하고 大功은 三不食[1]하고 小功緦麻는 再不食하고 士 與斂焉이어든 則一不食하나니 故로 父母之喪에 旣殯하고 食粥하되 朝一溢[2]米하고 莫一溢米하며 齊衰之喪에 疏食水飮하고 不食菜果하며 大功之喪에 不食醯醬[3]하며 小功緦麻는 不飮醴酒하나니 此는 哀之發於飮食者也라

1) 三不食(삼불식) : 3번을 먹지 않다. 곧 세 끼를 먹지 않는다는 뜻.
2) 一溢(일일) : 분량의 단위. 일(溢)은 일(鎰)과 같으니, 1승(一升)의 24분의 1이다. 곧 한 줌의 쌀로 아주 적은 분량을 말한다.
3) 醯醬(혜장) : 혜(醯)는 초, 장(醬)은 간장.

3. 슬픔이 거처하는 데에서 발로하는 것

　부모의 상에 이미 우제(虞祭)와 졸곡(卒哭)을 지냈으면 거친 밥에 물은 마시되 채소와 과일은 먹지 않으며, 만 1년이 되어 소상(小祥)을 지내고는 채소와 과일을 먹으며, 또 만 1년이 되어 대상(大祥)을 지냈으면 식초와 간장을 상에 올릴 수 있으며, 한 달을 건너뛰어 담제(禫祭)를 지내는데 담제를 지내고는 단술과 술을 마실 수 있다.
　처음으로 술을 마시는 사람은 먼저 단술을 마시고, 처음으로 고기를 먹는 사람은 먼저 말린 고기를 먹는다.
　부모의 상에는 여막(廬幕)에 거처하면서 거적자리를 깔고 흙덩이를 베고 자며, 질(絰)과 대(帶)를 벗지 않는다.
　재최(齊衰)의 상에는 악실(堊室)에 거처하면서 거칠게 엮은

부들자리에서 자며, 대공(大功)의 상에는 침실에 자리를 깔고 자고, 소공(小功)과 시마(緦麻)의 상에는 침상에서 자도 된다. 이것은 슬픔이 거처하는 데에 나타나는 것이다.

부모의 상에 이미 우제와 졸곡을 지내면 문 위에 가로 댄 나무를 조금 버티고, 주위의 풀을 가지런히 깎아 햇빛이 들어오게 하고, 부들자리를 거칠게 엮는다.

만 1년이 되어 소상을 지내면 악실에 거처하면서 자는 데에 자리를 깔며, 또 만 1년이 되어 대상을 지내면 침실로 돌아와 거처한다. 한 달을 건너뛰어 담제를 지내는데, 담제를 지내고는 침상에서 잔다.

父母之喪에 旣虞卒哭하고 疏食水飮하여 不食菜果하며 期[1]而小祥하고 食菜果하며 又期而大祥하고 有醯醬하며 中月而禫[2]하고 禫而飮醴酒하나니 始飮酒者는 先飮醴酒하고 始食肉者는 先食乾肉하나니라

父母之喪에 居倚廬[3]하여 寢苫枕塊하며 不稅絰帶[4]하고 齊衰之喪에 居堊室[5]하여 芐翦을 不納[6]하며 大功之喪에 寢有席하고 小功緦麻는 牀이 可也니 此는 哀之發於居處者也라

父母之喪에 旣虞卒哭하고 柱楣[7]翦屛[8]하고 芐翦을 不納하며 期而小祥하고 居堊室하여 寢有席하며 又期而大祥하고 居復寢하며 中月而禫하나니 禫而牀하나니라

1) 期(기) : 기년(期年). 만 1년.

2) 中月而禫(중월이담) : 달을 격하여 담제(禫祭)를 지내다. 중월(中月)은 달을 격하다. 곧 한 달을 건너뛴다는 뜻.

3) 倚廬(의려) : 여막(廬幕).

4) 不稅絰帶(불탈질대) : 수질(首絰)과 요대(腰帶)를 벗지 않는다. 탈(稅)은 탈(脫)과 같다.

5) 堊室(악실) : 벽에 진흙만 바른, 거칠게 꾸민 방.

6) 芐翦不納(하전불납) : 하(芐)는 부들풀로 엮은 부들자리. 전불납은 부들자리의 가장자리를 가지런히 깎아서 안으로 엮어 넣지 않았다는 뜻으로, 거칠게 엮은 부들자리라는 뜻이다.

7) 柱楣(주미) : 문 위에 가로 댄 나무.

8) 翦屛(전병) : 햇빛이 들어오도록 주위의 풀을 깎는다는 뜻.

4. 부모 상에 입는 의복

참최(斬衰)에는 상복을 3승(三升)의 베로 하고, 재최(齊衰)에는 4승·5승·6승의 베로 하고, 대공(大功)에는 7승·8승·9승의 베로 하고, 소공(小功)에는 10승·11승·12승의 베로 하고, 시마(緦麻)에는 15승의 베로 그 반을 버리는데 올에는 손질을 하고 천에는 손질을 하지 않아서 시(緦)라고 하는데, 이것은 슬픔이 의복에 나타나는 것이다.

참최에 3승의 상복으로 이미 우제(虞祭)와 졸곡(卒哭)을 지냈으면 6승의 성포(成布)와 7승으로 만든 관(冠)을 받아 바꿔 착용하고, 어머니를 위한 소최(疏衰)에 4승의 상복은 7승의 성포와 8승의 관을 받아 착용하고, 마(麻)를 벗고 갈(葛)을 입는데, 갈대(葛帶)는 삼중(三重)이다.

만 1년이 되어 소상(小祥)을 지내면 연관(練冠)에다 전연(緣緣)의 복(服)을 입고 요질(腰絰)을 벗지 않는다.

남자는 수질(首絰)을 벗고, 여자는 요대(腰帶)를 벗는데, 남자는 어찌하여 수질을 벗고 여자는 어찌하여 요대를 벗는가.

남자는 수질을 무겁게 여기고 여자는 요대를 무겁게 여기기 때문이다. 복을 벗는 사람은 무겁게 여기는 것을 먼저 하고, 복을 바꾸는 사람은 가벼운 것을 바꾼다.

또 만 1년이 되어 대상(大祥)을 지내면 소호(素縞)와 마의(麻衣)를 입고 한 달을 건너뛰어 담제(禫祭)를 지내는데, 담제에는 섬(纖)을 입고, 패물(佩物)은 무엇이나 할 수가 있다.

斬衰는 三升[1]이오 齊衰는 四升五升六升이오 大功은 七升八升九升이오 小功은 十升十一升十二升이오 緦麻는 十五升에 去其半[2]하나니 有事其縷[3]하고 無事其布[4]曰緦니 此는 哀之發於衣服者也라

斬衰三升을 旣虞卒哭이어든 受以成布六升[5]하고 冠七升이오 爲母疏衰
四升을 受以成布七升하고 冠八升이오 去麻服葛[6]하되 葛帶三重[7]이오 期而
小祥이어든 練冠縓緣[8]하고 要絰을 不除하나니라 男子는 除乎首하고 婦人은 除
乎帶하나니 男子는 何爲除乎首也며 婦人은 何爲除乎帶也오 男子는 重首
하고 婦人은 重帶하나니 除服者는 先重者하고 易服者[9]는 易輕者하나니라

又期而大祥이니 素縞[10]麻衣[11]하고 中月而禫하나니 禫而纖[12]하고 無所
不佩[13]하나니라

1) 三升(삼승) : 1승(一升)은 한 폭의 천에 베의 올이 80개가 들어가는 것이다.
   3승이면 240올인데, 이것은 몹시 거친 베다.

2) 十五升去其半(십오승거기반) : 15승이면 한 폭의 천에 1200올인데, 그 반을
   버리면 600올이 된다. 이것은 비교적 정교한 베다.

3) 有事其縷(유사기루) : 그 올에 손질, 곧 가공을 한다는 뜻.

4) 無事其布(무사기포) : 그 천에는 손질을 하지 않는다는 뜻.

5) 受以成布六升(수이성포육승) : 성포(成布)는 6승 이상의 천으로 지은 복
   (服)으로 3승의 거친 복을 벗고 6승의 고운 복을 받는다는 뜻.

6) 去麻服葛(거마복갈) : 마로 만든 질(絰)을 벗고 갈로 만든 질을 두른다는 뜻.

7) 三重(삼중) : 세 겹으로 꼬아 만든 것.

8) 縓緣(전연) : 가장자리를 분홍천으로 싸서 돌
   린 옷.

9) 易服者(역복자) : 상복을 바꾸어 입는 사람. 곧
   상을 당한 중에 다시 다른 상을 당하여 상복
   을 바꾸어 입어야 하는 사람.

10) 素縞(소호) : 희고 고운 명주의 관(冠)에다
    가장자리를 흰 베로 싸서 선을 돌린 옷.

11) 麻衣(마의) : 15승(十五升)의 베로 만든 심
    의(深衣).

12) 纖(섬) : 가로 넣은 올이 검고 세로 넣은 올이
    흰 천으로 지은 옷.

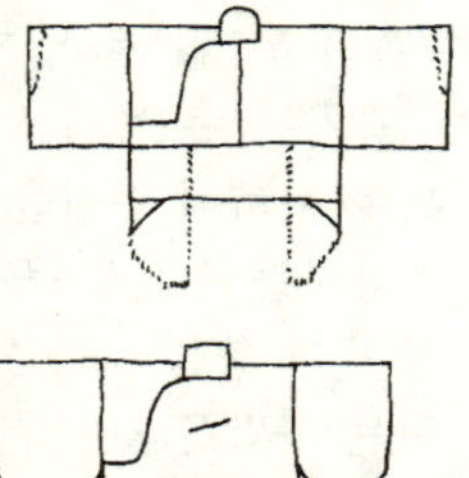

심의(深衣)

13) 無所不佩(무소불패) : 패물(佩物)은 차지 못
    하는 것이 없다. 곧 패물은 무엇이나 찰 수 있다는 말.

5. 어찌하여 가벼운 것을 바꾸는가

복(服)을 바꾸는 사람은 어찌하여 가벼운 것을 바꾸는가.

참최(斬衰)의 상(喪)에 이미 우제(虞祭)와 졸곡(卒哭)을 지내고 나서 재최(齊衰)의 상을 만나면 가벼운 상복으로 갈아 있는 것이요, 무거운 상(참최)의 복은 계속 껴입는 것이다.

이미 연제(練祭)를 지내고 나서 대공(大功)의 상을 만나면 마(麻)와 갈(葛)이 겹친다.

재최의 상에 이미 우제와 졸곡을 마치고 나서 대공의 상을 만나면 마(麻)와 갈(葛)을 아울러서 입는다.

참최(斬衰)의 갈(葛)이 재최(齊衰)의 마(麻)와 더불어 같고, 재최의 갈이 대공(大功)의 마와 더불어 같고, 대공의 갈이 소공(小功)의 마와 더불어 같고, 소공의 갈이 시마(緦麻)의 마와 더불어 같은데, 마(麻)가 같으면 그것을 아울러 입는다.

그것을 아울러 입되 무거운 것을 입고 있으면 가벼운 것으로 바꾸는 것이다.

易服者는 何爲易輕者也오 斬衰之喪에 旣虞卒哭하고 遭齊衰之喪이어든 輕者 包[1]하고 重者 特[2]이니라

旣練이오 遭大功之喪이어든 麻葛을 重[3]이니라

齊衰之喪이 旣虞卒哭하고 遭大功之喪이어든 麻葛을 兼服之하나니라

斬衰之葛이 與齊衰之麻로 同하고 齊衰之葛이 與大功之麻로 同하고 大功之葛이 與小功之麻로 同하고 小功之葛이 與緦之麻로 同하니 麻同則兼服之하나니 兼服之하되 服重者則易輕者也니라

1) 輕者包(경자포) : 포는 새 것으로 헌 것을 싼다는 뜻. 재최의 마(麻)는 참최의 갈(葛)에 비해 가벼우므로 마로써 갈을 바꾸면 포(包)하는 것이 된다.
2) 重者特(중자특) : 무거운 상(喪)의 하나를 위주로 하는 것이므로 특(特)이라고 한다.
3) 麻葛重(마갈중) : 마(麻)와 갈(葛)이 겹치다.

제38편 삼년문(三年問第三十八)

이 편은 상복(喪服)을 입는 연월(年月)이 유래된 것을 잘 알 수 있는 내용을 기술하였다고 정현(鄭玄)은 말했다.

1. 3년의 상(喪)은 무엇인가

3년의 상(喪)은 무엇인가.

말하기를 "정(情)에 맞도록 예문(禮文)을 만들어서 그것으로써 무리를 장식해서 친하고 서먹한 것과 귀하고 천한 것의 절차를 구별하는 것으로 덜하고 더할 수가 없는 것이다. 그러므로 말하기를 '바꿀 수 없는 도(道)' 라고 한다."고 하였다.

상처가 큰 사람은 그 치유기간이 오래 가고 아픔이 심한 사람은 그 낫는 것이 더디다.

3년이란 것은 정에 맞도록 예문(禮文)을 만든 것이니 지극히 애통한 까닭이다. 참최(斬衰)에는 검푸른 대지팡이를 짚으며, 여막(廬幕)에 거처하며, 죽을 먹으며, 거적자리에 누워 흙덩어리를 베고 자는데, 이것은 지극한 애통을 장식하기 위한 까닭이다.

3년의 상(喪)은 25개월로 끝난다. 애통의 정이 다하지 않으며 사모하는 마음을 잊을 수가 없건만, 그러나 복(服)을 이것으로써 끝맺는 것은, 죽은 이를 보내는 것이 끝이 있고 생시(生時)로 돌아오는 일에 절도가 있는 것이 아니겠는가.

三年之喪은 何也오 曰稱情[1]而立文[2]하여 因以飾群하여 別親疏貴賤

之節하여 而弗可損益也[3]니 故로 曰하되 無易之道[4]也라하나라 創鉅者[5]는 其日이 久하고 痛甚者는 其愈 遲하니 三年者는 稱情而立文이니 所以爲 至痛極也오 斬衰苴杖[6]하며 居倚廬하며 食粥하며 寢苫枕塊는 所以爲至 痛節也라 三年之喪이 二十五月而畢하나니 哀痛이 未盡하며 思慕 未忘하나 然而服을 以是로 斷之者는 豈不送死 有已[7]며 復生이 有節也哉리오

1) 稱情(칭정) : 정(情)에 맞도록 한다는 뜻.
2) 立文(입문) : 예문(禮文)을 세우다. 곧 예(禮)를 만들다.
3) 弗可損益也(불가손익야) : 덜하고 더할 수가 없다.
4) 無易之道(무역지도) : 바꿀 수 없는 도(道).
5) 創鉅者(창거자) : 상처가 큰 사람. 거(鉅)는 거(巨)와 같다.
6) 苴杖(저장) : 검푸른 대지팡이.
7) 有已(유이) : 끝이 있다.

2. 부모의 죽음에 슬픔이 가장 많은 것은 인간

무릇 하늘과 땅 사이에 살아 있는 것으로서 혈기(血氣)가 있는 무리들은 반드시 아는 것이 있으며, 아는 것이 있는 무리들은 그 무리를 사랑할 줄을 모르는 것이 없다.

지금 큰 새나 짐승은 그 무리나 짝을 잃으면 달을 넘기고 때를 넘겼을 때에는 반드시 돌아와서 돌며, 그 고향을 지날 때에는 날개를 돌이키고 울부짖으며, 발로 땅을 차며, 주춤거리며 오락가락 하다가 거기를 떠난다.

작은 것은 제비나 참새에 이르기까지라도 오히려 잠시동안을 지저귀며 슬퍼하다가 그런 뒤에야 거기를 떠나간다.

그러므로 혈기가 있는 종류들이 사람보다 더 잘 아는 것은 없다. 그러므로 사람은 그 부모에 대하여 죽을 때까지 슬픔이 다함이 없는 것이다.

凡生天地之間者 有血氣之屬은 必有知하고 有知之屬은 莫不知愛其 類하나니 今是大鳥獸 則失喪其群匹하고 越月踰時焉하여 則必反巡[1]過

其故鄕하여 翔回[2]焉하며 鳴號焉하며 蹢躅[3]焉하며 踟躕[4]焉하여 然後에 乃
能去之하고 小者 至於燕雀하여도 猶有啁噍之頃[5]焉하여 然後에야 乃能去
之하나니 故로 有血氣之屬者는 莫知於人하니 故로 人이 於其親也에 至死
不窮하나니라

1) 反巡(반순) : 돌아와서 돌다.
2) 翔回(상회) : 날개를 펴고 빙빙 돌다.
3) 蹢躅(척촉) : 발로 땅을 차는 모양.
4) 踟躕(지주) : 주춤거리며 오락가락하는 모양.
5) 啁噍之頃(주초지경) : 잠시동안 지저귀며 슬퍼하다.

3. 꾸밈이 있는 군자를 따른 것이다

장차 저 간사하고 음탕한 사람으로 인해 근심을 갖게 된다.

저들은 아침에 부모가 죽어도 저녁에 그것을 잊어버리는데, 그
래도 그것을 따른다면 그것은 일찍이 새나 짐승만도 못한 것이다.

대저 어찌 서로 더불어 무리지어 살게 되면 어지럽지 않을 수
있겠는가.

장차 저 꾸밈이 있는 군자(君子)로 인해 몸을 닦게 되는데, 3년
의 상(喪)이 25개월로 끝나는 것은 마치 사두마차(四頭馬車)가
문틈으로 지나가는 것과 같은 것이다. 그런데도 이러한 것을 따
르는 것은 슬픔이 다함이 없다는 의미이다.

그러므로 선왕(先王)이 그것을 위하여 중도(中道)를 세우고
예절(禮節)을 마련하여 한결같이 예문(禮文)을 이루어 상(喪)
을 벗게 한 것이다.

將由夫患[1]邪淫之人與인댄 則彼朝死[2]而夕忘之하나니 然而從之면 則
是曾鳥獸之不若也니 夫焉能相與群居而不亂乎리오

將由夫修飾之君子與인댄 則三年之喪이 二十五月而畢함이 若駟之
過隙[3]하니 然而遂之[4]면 則是無窮也라 故로 先王焉爲之立中制節[5]하셔
壹使足以成文理[6]면 則釋之[7]矣시니라

1) 患(환) : 근심. 해독(害毒).

2) 朝死(조사) : 아침에 부모가 죽는다는 뜻.

3) 若駟之過隙(약사지과극) : 사(駟)는 사두마차(四頭馬車). 극(隙)은 틈. 곧
   빈 틈. 사두마차가 빈 틈을 지나가는 것과 같다. 곧 매우 빠른 시간이라는 뜻.

4) 遂之(수지) : 그것을 따르다. 곧 정(情)대로 하다가는 제상(除喪)할 날이 없
   게 된다는 뜻이다.

5) 立中制節(입중제절) : 중도(中道)를 세우고 예절(禮節)을 마련하다.

6) 文理(문리) : 예문(禮文).

7) 釋之(석지) : 상(喪)을 벗다. 제상(除喪).

4. 어찌하여 기년으로 정하였는가

그러면 어찌하여 기년(期年)으로 하였는가.

말하기를, 지친(至親)은 기년으로써 끊었는데, 그것은 어째서
인가. 말하면 하늘과 땅이 이미 바뀌고, 사시(四時)가 이미 변하
였으니, 그 하늘과 땅의 중간에 있는 것은 다시 시작하지 않는 것
이 없다. 그래서 그것을 상징하는 것이다.

그러면 어찌하여 3년으로 하였는가.

말하기를, 융후(隆厚)한 것을 더하여 그렇게 하는 것이다. 거
기에 배(倍)로 하는 것이므로 2번 기년(期年)으로 하게 하는 것
이다.

9개월 이하는 어째서인가. 말하기를 그것은 은혜가 거기에 미
치지 못하기 때문에 그렇게 하게 하는 것이다.

然則何以至期¹⁾也오 曰하되 至親은 以期로 斷이니라 是何也오 曰하되 天
地則已易²⁾矣며 四時則已變矣며 其在天地之中者 莫不更始焉할세 以
是로 象之也니라

然則何以三年³⁾也오 曰하되 加隆焉爾也니 焉使倍之라 故로 再期也니라

由九月以下⁴⁾는 何也오 曰하되 焉使弗及也라

1) 期(기) : 기년(期年)의 상(喪). 조부모와 형제의 상에 해당한다. 재최(齊衰).

2) 天地則已易(천지즉이역) : 천지는 1년에 한 번씩 옮겨져 바뀐다는 뜻.

3) 三年(삼년) : 3년의 상(喪). 부모의 상에 해당한다. 참최(斬衰).

4) 九月以下(구월이하) : 대공(大功)·소공(小功)·시마(緦麻)를 가리킨다.

5. 3년상은 지극히 융성한 것이다

그러므로 3년으로써 융성하다 하고, 시마(緦麻)와 소공(小功)으로써 덜어져 약해진다고 하고, 기년(期年)과 9개월로써 중간이라고 하는데, 위로는 하늘을 본뜨고, 아래로는 땅에서 법(法)을 취하고, 중간으로는 사람에게서 취하였으니, 사람이 모여 살면서 화합하는 기운과 예법의 한결같은 이치가 다하는 것이다.

그러므로 3년의 상(喪)은 사람의 도리에서 지극히 문채(文彩)로운 것으로서 대저 이것을 지극히 융성한 것이라 이르는 것이다. 이것은 모든 제왕들이 같은 것이요, 옛날이나 지금이나 한결같은 것으로서, 아직 그 말미암아 온 것을 아는 이가 있지 않다.

공자가 말하였다.

"자식이 태어나서 3년이 지난 뒤에라야 부모의 품에서 떠나는 것이다. 대저 3년의 상(喪)은 천하의 공통되는 상법(喪法)이다."

故로 三年以爲隆하고 緦小功以爲殺[1]하고 期九月以爲間하여 上取象於天하며 下取法於地하며 中取則於人하니 人之所以群居和壹之理[2]盡矣니라 故로 三年之喪은 人道之至文者也니 夫是之謂至隆이니 是百王[3]之所同이며 古今之所壹也니 未有知其所由來者也니라 孔子 曰하시되 子生三年然後에야 免於父母之懷니 夫三年之喪은 天下之達喪[4]也라하시니라

1) 殺(쇄) : 감쇄(減殺). 덜어져 약해지다.

2) 和壹之理(화일지리) : 화기(和氣)와 예법(禮法)이 한결같은 이치라는 뜻.

3) 百王(백왕) : 모든 성왕(聖王).

4) 達喪(달상) : 공통되는 상법(喪法).

제39편 심의(深衣第三十九)

15승(1,200올)의 베로 짠 베를 잿물에 빨아 다듬어서 만든 옷을 심의(深衣)라고 하며 이 옷은 제후·대부·사(士)가 집안에 있을 때 저녁에 입는 옷이다.

이 편에서는 이 심의의 제도를 기록하였다.

1. 심의(深衣)는 정해진 제도가 있다

옛날부터 심의(深衣)에 대해서는 대개 정해진 제도가 있어서, 그것으로써 그림쇠와 곱자와 먹줄과 저울추와 저울대에 응하였다. 짧아도 살갗이 보이지 않고 길어도 땅에 닿지 않으며, 깃을 이어서 가장자리에 꿰매고 허리를 꿰맨 것은 아래옷 넓이의 절반으로 한다.

겨드랑이 솔기의 높고 낮음은 팔꿈치를 움직일 수 있도록 하고, 소매의 길고 짧음은 소매를 돌려 구부려서 팔꿈치에 닿도록 한다. 띠는 아래로 배꼽을 덮지 않고 위로 겨드랑이를 감추지 않게 하며, 뼈가 없는 데에 닿아야 한다.

古者에 深衣[1] 蓋有制度하여 以應規矩繩權衡[2]하더니 短毋見膚[3]하고 長毋被土[4]하며 績衽鉤邊하고 要縫半下[5]하니라

袼之高下 可以運肘며 袂之長短 反詘[6]之하여 及肘하며 帶는 下毋厭髀[7]하며 上毋厭脅하고 當無骨者니라

1) 深衣(심의) : 15승(升)의 베를 잿물에 빨아 다듬어서 만드는 옷. 길흉과 상

관 없이 입으며 남녀의 것이 따로 없다.

2) 規矩繩權衡(규구승권형) : 규(規)는 그림쇠, 구(矩)는 곱자, 승(繩)은 먹줄, 권(權)은 저울추, 형(衡)은 저울대.

3) 短毋見膚(단무현부) : 짧아도 살갗이 보이지 않는다.

4) 長毋被土(장무피토) : 길어도 땅에 닿지 않는다.

5) 要縫半下(요봉반하) : 허리를 꿰맨 것은 아래옷 넓이의 절반으로 한다는 뜻. 요(要)는 요(腰)와 같다.

6) 反詘(반굴) : 소매를 돌려서 구부린다는 뜻.

7) 厭䏶(염비) : 배꼽을 덮지 않다.

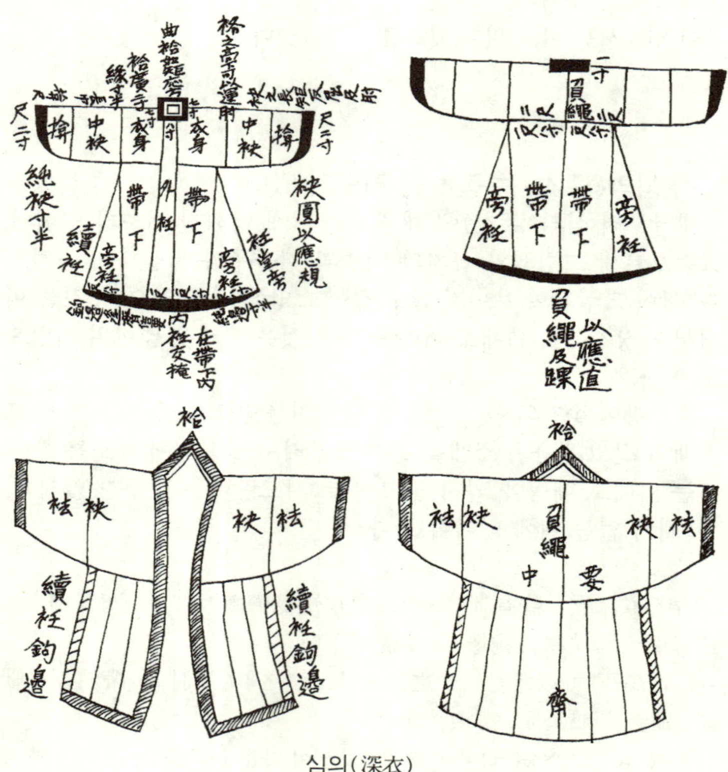

심의(深衣)

2. 5가지의 법에 응하는 심의의 제도

열두 폭(幅)을 제정(制定)하여 그것으로써 열두 달에 응(應)하게 한다. 소매를 둥글게 하여 그림쇠에 응하게 하고, 굽은 깃은 곱자처럼 모난 것에 응하게 하고, 등판의 이음매는 발뒤꿈치에 미치게 하여 곧은 것에 응하게 하고, 아랫단은 저울추와 저울대와 같이 하여 평평한 것에 응하게 하였다.

그러므로 그림쇠처럼 한 것은 다니는 데 손을 들어 그것으로써 몸을 가지는 태도를 나타내고, 등판의 이음매로 모난 것을 껴안은 것은 그것으로써 그 정치를 곧게 하여, 그 의리를 바르게 방정하게 하라는 것이다.

그러므로 『역경(易經)』에 말하기를 "곤(坤)의 육이(六二)가 움직이는 것은 곧고도 모난 것이다."라고 하였다.

아랫단의 바느질을 저울추와 저울대와 같이 하는 것은 그것으로써 뜻을 편안히 하고 마음을 평정하게 하라는 것이다. 5가지 법을 이미 베풀었으므로 성인(聖人)이 그것을 입는다.

그러므로 그림쇠와 곱자는 그 사사로움이 없는 것을 취하고, 먹줄은 그 곧은 것을 취하고, 저울추와 저울대는 그 평평한 것을 취하는 것이었으므로 선왕(先王)이 그것을 귀하게 여긴 것이다.

그러므로 문복(文服)이 될 수도 있고 무복(武服)이 될 수도 있으며, 그것을 입고 빈상(擯相 : 손님 접대)을 할 수도 있고 군려(軍旅)도 다스릴 수 있으며, 완전하고 또 낭비하지 않으니, 선의(善衣)의 다음 가는 옷이다.

부모와 조부모(祖父母)가 다 살아 계시면 옷의 단을 무늬있는 비단으로 하고, 부모만 살아 계시면 옷의 단을 푸른빛으로 하고, 만일 고자(孤子)일 때에는 옷의 단을 흰 것으로 한다.

소매끝에 선을 두르거나 동정에 단을 댈 때에는 넓이를 각각 한 치 반으로 한다.

制十有二幅하여 以應十有二月하며 袂圜하여 以應規하며 曲袷如矩하여 以應方하며 負繩及踝[1]하여 以應直하며 下齊[2]如權衡하여 以應平하니라

故로 規者는 行擧手하여 以爲容[3]이오 負繩抱方者는 以直其政하며 方其義也니 故로 易에 曰하되 坤六二之動은 直以方也라 下齊 如權衡者는 以安志而平心也니 五法[4]에 已施라

故로 聖人이 服之하시니 故로 規矩는 取其無私오 繩은 取其直이오 權衡은 取其平이니 故로 先王이 貴之니 故로 可以爲文[5]이며 可以爲武[6]이며 可以擯相[7]이며 可以治軍旅하며 完且弗費하니 善衣[8]之次也니라

具父母와 大父母[9]어든 衣純을 以繢하고 具父母어든 衣純을 以靑하고 如孤子[10]는 衣純을 以素하나니 純袂緣純邊하되 廣이 各寸半이니라

1) 負繩及踝(부승급과) : 부승(負繩)은 등판의 이음매, 과(踝)는 발뒤꿈치이며, 등판의 이음매가 발뒤꿈치에 닿게 한다는 뜻.

2) 下齊(하제) : 아랫단.

3) 爲容(위용) : 몸을 가지는 태도를 나타낸다는 뜻.

4) 五法(오법) : 5가지 법. 곧 규구승권형(規矩繩權衡)에 각각 응하게 하는 법.

5) 可以爲文(가이위문) : 그것으로써 문복(文服)이 될 수가 있다.

6) 武(무) : 무복(武服).

7) 擯相(빈상) : 대부(大夫)와 사(士)가 상견(相見)할 때의 예(禮). 치군려(治軍旅)가 무사(武事)인 것에 대하여, 빈상(擯相)은 문사(文事)다.

8) 善衣(선의) : 조복(朝服)이나 제복(祭服)을 가리킨다.

9) 大父母(대부모) : 조부모(祖父母).

10) 孤子(고자) : 30세 미만으로 아버지가 없는 사람.

제40편 투호(投壺第四十)

이 편은 주인과 손〔賓〕이 잔치에서 서로의 기예를 겨루고 그 기예
를 강론하는 예절을 기록한 것이다.

1. 투호(投壺)의 예절

투호(投壺)의 예(禮)는 주인이 화살을 받들고, 사사(司射)가
중(中)을 받들고, 사람으로 하여금 호(壺)를 잡게 한다.

주인이 청하여 말하기를

"저에게 구부러진 화살과 못생긴 병이 있어 청컨대 그것으로써
손님을 즐겁게 해드리고자 합니다."

하면, 손〔賓〕이 말한다.

"선생에게 맛있는 술과 좋은 안주가 있어서 제가 이미 대접을
받았는데, 또 거듭 즐겁게 해 주시겠다고 하시니 감히 사양하겠
습니다."

그러면 주인이 또 말하기를

"구부러진 화살이요, 못생긴 병이어서 사양하실 것이 못되오니
감히 굳이 청합니다."

하면, 손이 또 말한다.

"저는 이미 대접을 받았는데도 또 거듭 즐겁게 해 주시겠다고
하시니 감히 굳이 사양하겠습니다."

그러면 주인이 또 말하기를

"구부러진 화살에 못생긴 병이어서 사양하실 것이 못되오니, 감

히 굳이 청합니다.”

라고 하면 손이 말한다.

“제가 굳이 사양해도 승낙을 받지 못하오니 감히 공경하여 따르지 않겠습니까.”

投壺之禮는 主人이 奉矢[1]하고 司射[2] 奉中[3]하고 使人이 執壺[4]하나니 主人이 請曰하되 某有枉矢哨壺[5]하니 請以樂賓하나이다 賓曰하되 子有旨酒嘉肴하여 某旣賜矣[6]어늘 又重以樂할새 敢辭하나이다 主人이 曰하되 枉矢哨壺는 不足辭也[7]니 敢固以請하나이다 賓曰하되 某旣賜矣어늘 又重以樂하실새 敢固辭하나이다 主人曰하되 枉矢哨壺는 不足辭也니 敢固以請하나이다 賓曰하되 某 固辭不得命[8]하니 敢不敬從가하나니라

1) 矢(시) : 화살. 투호(投壺)에서 병에다 던져 넣는 것.

2) 司射(사사) : 투호의 예(禮)를 맡은 사람.

3) 中(중) : 투호에 쓰는 산(算)가지를 담는 그릇.

4) 壺(호) : 투호에서 화살을 던져서 넣는 병.

5) 枉矢哨壺(왕시초호) : 왕시는 구부러진 화살. 겸양(謙讓)하는 말이다. 초호는 못생긴 병이라는 뜻으로 이것 또한 겸양하는 말이다.

6) 旣賜矣(기사의) : 이미 대접을 받았다는 뜻.

7) 不足辭也(부족사야) : 사양할 것이 못된다.

8) 不得命(부득명) : 승낙을 받지 못하다. 명(命)은 승낙으로 풀이된다.

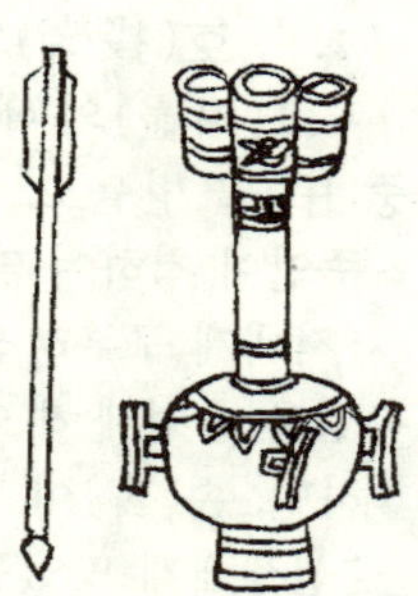

시(矢)와 호(壺)

2. 투호를 시작하는 예절

손〔賓〕이 2번 절하며 화살을 받으려고 하면 주인이 조금 비켜서면서 절을 사양한다고 말하고, 주인이 동쪽 계단 위에서 절하며 화살을 보내면 객이 조금 비켜서면서 절을 사양한다고 말한다.

이미 절을 하고 화살을 받으면 앞으로 나아가 두 기둥 사이로 갔다가 물러나 제위치로 돌아와서 읍(揖)하고 손에게 자리에 앉

게 한다.

　사사(司射)가 나아가 병을 놓을 곳을 마련하는데, 병과 손의 자리 사이는 화살 2개 반의 거리로 한다. 제자리로 돌아와서 중(中)을 설치하고 동면(東面)하여 8개의 산가지를 들고 일어선다.

　그리고는 손에게 청하여 말하기를

　"순투(順投)는 넣으시고, 비투(比投)는 계산하지 마십시오. 이긴 사람은 이기지 못한 사람에게 술을 마시게 합니다. 정작(正爵)이 이미 행해지면, 청컨대 승자를 위하여 말을 세우겠습니다. 하나의 말에 2개의 말이 따르고, 3개의 말이 이미 서면, 청컨대 산가지가 많은 것을 경하(慶賀)하겠습니다."

　라고 하는데, 주인에게 청하는 것도 또한 이와 같이 한다.

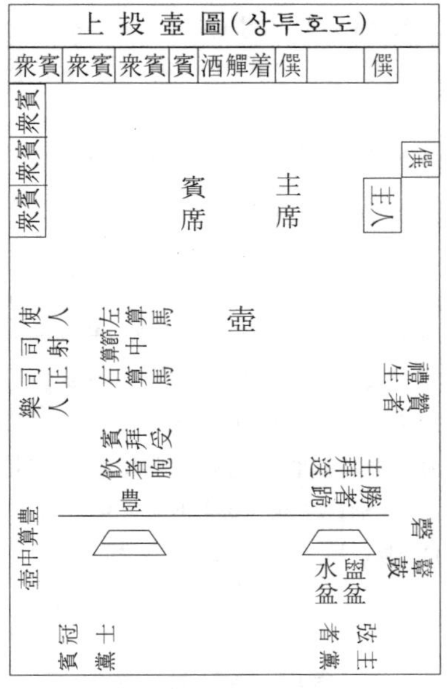

投壺主賓就筵全圖(투호주빈취연전도)

賓이 再拜受어든 主人이 般還曰하되 辟[1]라하고 主人이 阼階[2] 上에 拜送이어든 賓이 般還曰辟라하나니라

　已拜受矢하고 進卽兩楹間하고 退反位하여 揖賓就筵이어든

　司射 進度壺[3]하되 間以二矢半[4]하고 反位하여 設中[5]하고 東面하여 執八算興[6]하여

　請賓曰하되 順投[7] 爲入이오 比投[8]는 不釋하여 勝이 飮不勝者[9]니 正爵[10]이 旣行이어든 請爲勝者하여 立馬[11]하되 一馬 從二馬하여 三馬 旣立이어든 請慶多馬라하나니 請主人하되 亦如之니라

1) 般還曰辟(반선왈피) : 조금 비켜서면서 절을 사양하겠다고 말한다는 뜻.

2) 阼階(조계) : 동쪽에 있는 계단. 주인이 오르내리는 계단이다.

3) 度壺(도호) : 병을 놓을 자리를 마련한다는 뜻.

4) 間以二矢半(간이이시반) : 병과 손님 자리의 사이는 화살 2개 반의 거리로 한다는 뜻.

5) 設中(설중) : 중은 산가지를 담는 그릇. 곧 산가지 담는 그릇을 설치한다는 뜻.

6) 執八算興(집팔산흥) : 8개의 산가지를 들고 일어서다. 한 번의 경기에 주인과 객이 함께 8개의 화살을 던지는 것이므로, 8개의 산가지를 들고 승부의 수를 계산하는 것이다.

7) 順投(순투) : 화살이 제대로 병에 들어가는 것.

8) 比投(비투) : 주인과 손이 교대로 화살을 던지는데, 상대가 던지기 전에 연거푸 던지는 일. 이런 경우에는 화살이 들어가도 인정하지 않는다.

9) 勝飮不勝者(승음불승자) : 승자(勝者)가 패자에게 술을 마시게 하다.

10) 正爵(정작) : 정당한 예로 마시게 하는 술잔.

11) 馬(마) : 말. 곧 산가지를 말한다.

3. 투호를 끝마친 후에는

현자(弦者)에게 명(命)하기를

"이수(貍首)를 연주하여 화살 던지는 시간이 한결같게 하라."

라고 하면, 태사(太師)가 대답한다.

"그렇게 하겠습니다."

좌우의 사람들에게 화살이 갖추어졌다고 말하고 번갈아 던질 것을 청한다. 들어간 것이 있으면 사사(司射)가 앉아서 산가지 하나를 놓는다. 손의 일당(一黨)은 오른쪽에 있고, 주인의 일당은 왼쪽에 있는다.

화살 던지기가 끝나면 사사가 산가지를 들고 말하기를

"좌편과 우편이 다 화살 던지기를 끝냈으니, 청컨대 계산하겠습니다. 산가지 2개를 한 전(純)으로 하고 한 전씩 집어서 일산(一算)을 남는 것으로 하겠습니다."

라고 하고는 드디어 남는 산(算)으로써 고하여 말한다.

"아무개는 아무개보다 많기가 몇 전(純)입니다."

남으면 남는다고 말하고, 같으면 좌우가 같다고 말한다.

작자(酌者)에게 명(命)하기를

"청컨대, 술잔에 술을 따라라."

라고 하면 작자가 대답한다.

"그렇게 하겠습니다."

벌주(罰酒)를 마시는 사람은 모두 꿇어앉아서 술잔을 받들고 말하기를

"사관(賜灌)"

이라고 하며, 이긴 사람도 또한 꿇어앉아서 말하기를

"경양(敬養)"

이라고 한다.

命弦者[1]曰하되 請奏貍首[2]하되 間若一[3]하라 大師[4] 曰諾이라하나니라

左右 告矢具하고 請拾投[5]니 有入者어든 則司射 坐而釋一筭焉하나니 賓黨은 於右[6]오 主黨은 於左니라

卒投[7]어든 司射 執筭曰하되 左右 卒投하니 請數二筭爲純[8]하여 一純以取하되 一筭爲奇[9]라하고 遂以奇筭으로 告曰하되 某賢[10]於某를 若干純이라하고 奇則曰奇오 鈞則曰左右 鈞이라하나니라

命酌[11]曰하되 請行觴[12]하라 酌者 曰하되 諾이라하나니 當飮者 皆跪하여 奉觴曰하되 賜灌[13]이라하고 勝者는 跪하여 曰하되 敬養[14]이라하나니라

1) 弦者(현자) : 현악기(絃樂器)를 연주하는 사람. 곧 악공(樂工).

2) 貍首(이수) : 일시(逸詩)의 편명(篇名).

3) 間若一(간약일) : 투호의 절도로 삼아 화살 던지는 시간이 한결같게 하라.

4) 大師(태사) : 악공(樂工)의 우두머리.

5) 拾投(습투) : 번갈아 던진다는 뜻.

6) 右(우) : 사사(司射)의 앞 조금 남쪽. 좌는 사사의 앞 조금 북쪽을 말한다.

7) 卒投(졸투) : 화살 던지기가 끝났다는 뜻.

8) 二筭爲純(이산위전) : 산가지 2개를 1전(一純)으로 한다. 순(純)은 전(全).

9) 爲奇(위기) : 남는 것으로 한다. 기(奇)는 남는 것.

10) 賢(현) : 많다는 뜻으로 풀이된다.

11) 酌(작) : 술을 따르는 사람. 작자(酌者).

12) 行觴(행상) : 술잔에 술을 따르다.

13) 賜灌(사관) : 내려주신 술이라는 뜻으로, 승자(勝者)의 재주를 기리는 뜻.

14) 敬養(경양) : 공경하여 봉양(奉養)한다는 뜻으로 역시 존경하는 말이다.

4. 이긴 사람에게 경하하다

정작(正爵)이 이미 행해지면, 말을 세우겠다고 청한다. 말은 각기 그 산가지에 세우되 하나의 말에 두 말이 따라서 경하(慶賀)하는데, 경하하는 예(禮)에 말하기를

"세 말이 이미 갖추어졌으니, 청컨대 많은 말을 경하합니다."

라고 하면, 손과 주인이 다 말한다.

"좋다."

정작(正爵)이 이미 행해지면 말을 거두겠다고 청한다.

산가지의 많고 적은 것은 그 자리를 보는데, 화살은 방 안에서는 5부(五扶)요, 당상(堂上)에서는 7부(七扶)요, 마당 가운데에서는 9부(九扶)이다. 산가지의 길이는 1자 2치이며, 병의 모가지 길이는 7치이며, 병의 배의 길이는 5치이며, 병 입구의 지름은 2치 반이며, 용량(容量)은 1말 5되를 담을 수 있다. 병의 안에는 팥으로 채우는데, 그 화살이 튀어나오기 때문에 튀어나오는 것을 막기 위한 것이다. 병은 자리에서 2개 반의 거리에 놓고, 화살은 산뽕나무나 가시나무로 만드는데 그 껍질을 벗기지 않고 만든다.

正爵이 旣行이어든 請立馬[1]하나니 馬 各直其筭하여 一馬 從二馬以慶하나니 慶禮에 曰하되 三馬 旣備하니 請慶多馬하노이다 賓主 皆曰하되 諾이라하고 正爵이 旣行이어든 請徹馬하나니라

筭多少를 視其坐하며 籌[2]는 室中엔 五扶[3]오 堂上엔 七扶오 庭中엔 九扶니라 筭長이 尺二寸이오 壺頸脩[4] 七寸이오 腹脩 五寸이오 口徑이 二寸半이오 容斗五升하나니 壺中에 實小豆[5]焉은 爲其矢之躍而出也라 壺 去

席二矢半이니 矢以柘若棘⁶⁾하되 毋去其皮니라

1) 請立馬(청입마) : 말을 세우자고 청하다. 여기까지로서
   승부가 끝났으므로 사사(司射)가 말을 세우라고 청하는
   것이다.
2) 籌(주) : 화살.
3) 扶(부) : 네 숟가락 정도의 넓이.
4) 壺頸脩(호경수) : 병 모가지의 길이.
5) 小豆(소두) : 팥.
6) 柘·棘(자·극) : 자는 산뽕나무로 단단하고 무
   겁다. 극은 가시나무.

녹중(鹿中)

5. 거만하지 말고 희롱하지 말라

노(魯)나라에서 제자(弟子)에게 명령하는 말이 있다.

"거만하지 말고 희롱하지 말며, 어른에게 등을 보이고 서지 말며, 멀리 서서 말하지 말라. 어른에게 등을 보이고 서거나 멀리 서서 말하는 자에게는 상례(常例)의 벌배(罰杯)가 있을 것이다."

그리고 설(薛)나라에도 제자에게 명령하는 말이 있다.

"거만하지 말고 희롱하지 말며, 어른에게 등을 보이고 서지 말며, 멀리 서서 말하지 말라. 이와 같은 자에게는 벌을 줄 것이다."

고(鼓)는 ○□○○□□○○○□반(半)○□○□○○○□□□○는 노고(魯鼓)이다. ○□○○○□□○□○○□□○□○○○□□○반(半)○□○○○□□○는 설고(薛鼓)이다.

반(半) 이하를 취하는 것은 투호(投壺)의 예(禮)로 삼고, 이것을 다 쓰는 것은 사례(射禮)로 삼는다.

사사(司射)와 정장(庭長) 및 관사(冠士)와 서 있는 사람은 모두 손의 일당(一黨)에 속하는 것이요, 악인(樂人)과 사자(使者)와 동자(童子)는 모두 주인의 일당에 속한다.

노고(魯鼓)는 ○□○○□○○ 반(半) ○□○○□○○○○□○□○이다. 설고(薛鼓)는 ○□○○○○□○□○○○□○□○○□○ 반(半) ○□○□○○○○□○이다.

魯令弟子[1]辭에 曰하되 毋幠[2] 毋敖[3]하며 毋偝立[4]하며 毋踰言[5]하라 偝立踰言하면 有常爵[6]어라하고 薛[7]令弟子辭에 曰하되 毋幠毋敖하며 毋偝立하며 毋踰言하라 若是者는 浮[8]라하니

鼓는 ○□○○□□○□○○○□ 半 ○□○□○○○□□○□○는 魯鼓이다 ○□○○○□□○□○○□□○□○○□□○ 半 ○□○○○□□○는 薛鼓이다

取半以下爲投壺禮하고 盡用之爲射禮

司射와 庭長[9]과 及冠士[10]와 立者는 皆屬賓黨하고 樂人과 及使者[11]와 童子는 皆屬主黨이니라

魯鼓는 ○□○○□□○○ 半 ○□○○□○○○○○□○□○이다 薛鼓는 ○□○○○○□○□○□○○○□○□○○□□ 半 ○□○□○○○○□○이다

〔○와 □는 사례(射禮)와 투호례 때 고(鼓)와 비(鼙)를 치는 음절(音節)을 기록한 것인데, ○는 비(鼙) 곧 마상고(馬上鼓)를 쳐서 내는 음절, □는 고(鼓) 곧 북을 쳐서 내는 음절이다.〕

1) 弟子(제자) : 여기서는 나이 어린 사람이라는 뜻이다.

2) 毋幠(무무) : 거만하지 말라.

3) 敖(오) : 희롱한다는 뜻으로 풀이된다.

4) 偝立(배립) : 어른에게 등을 보이고 서는 것.

5) 踰言(유언) : 멀리 서서 말하는 것.

6) 常爵(상작) : 상례(常例)의 벌배(罰杯). 벌주(罰酒).

7) 薛(설) : 제후국(諸侯國)의 이름.

8) 浮(부) : 벌(罰). 벌주(罰酒).

9) 庭長(정장) : 사정(司正).

10) 冠士(관사) : 외인(外人)으로 와서 투호(投壺)를 보는 사람 중에 이미 관례(冠禮)를 한 사람.

11) 使者(사자) : 주인의 심부름을 하는 사람.

제41편 유행(儒行第四十一)

이 편은 공자(孔子)가 노(魯)나라의 애공(哀公)을 위해 선비의
행실을 논한 것이다.

1. 선생님의 옷이 선비의 옷차림입니까

노(魯)나라의 애공(哀公)이 공자에게 묻기를

"선생님의 옷차림이 선비의 옷차림입니까."

하니, 공자가 대답하였다.

"구(丘)는 어려서 노(魯)나라에 살 때는 큰 소매의 홑옷을 입
었고, 성장하여 송(宋)나라에 살 때는 장포(章甫)의 관(冠)을 썼
습니다. 구(丘)가 듣건대 군자(君子)의 학문이 넓다고 해도 그
옷은 고향의 것을 따른다고 하는데, 구는 선비의 옷에 대하여 알
지 못합니다."

애공이 또 묻기를

"감히 선비의 행실에 대하여 묻겠습니다."

하니, 공자가 대답하였다.

"갑자기 그것을 헤아리자면 충분히 그 일을 말로 다할 수가 없
고, 그것을 충분히 상세하게 헤아리자면 오래 걸려서 시중드는 사
람을 바꾸더라도 아직 마칠 수가 없습니다."

애공(哀公)이 자리에 앉으라고 명(命)하니, 공자가 모시고 앉
아 말하였다.

"유자(儒者 : 선비)는 만남의 석상(席上)에서 보여줄 수 있는

보배를 지니고 그것으로써 초빙을 기다리며, 이른 아침부터 밤 늦게까지 힘써 배워 그것으로써 질문을 기다리며, 충성과 신의를 품고 그것으로써 근본을 세우기를 기다리며, 힘써 행하여 그것으로써 얻기를 기다리는데, 그 스스로 서는 방법이 이와 같습니다."

魯哀公이 問於孔子曰하시되 夫子之服이 其儒服[1]與잇가 孔子 對曰하시되 丘 少居魯할세 衣逢掖之衣[2]하고 長居宋할세 冠章甫之冠[3]하니 丘는 聞之也하니 君子之學也는 博하고 其服也는 鄉이라하니 丘는 不知儒服하나이다
哀公이 曰하시되 敢問儒行[4]하나이다 孔子 對曰하시되 遽數之[5]면 不能終其物[6]이오 悉數之면 乃留更僕[7]이라도 未可終也니이다 哀公이 命席[8]하여시늘 孔子 侍하셔 曰하시되 儒有席上之珍[9]하여 以待聘[10]하며 夙夜强學하여 以待問[11]하며 懷忠信하여 以待擧[12]하며 力行하여 以待取[13]하나니 其自立이 有如此者하니이다

1) 儒服(유복) : 유가(儒家)의 복장. 선비의 옷차림.
2) 衣逢掖之衣(의봉액지의) : 큰 소매의 홑옷을 입다. 봉(逢)은 대(大)와 같고, 앞의 의(衣)는 입는다는 동사요, 뒤의 의(衣)는 옷이라는 명사다.
3) 冠章甫之冠(관장포지관) : 앞의 관(冠)은 쓴다는 동사요, 뒤의 관(冠)은 관이라는 명사. 장포(章甫)의 관(冠)은 은대(殷代)의 관으로 공자가 자주 썼으므로 유가(儒家)의 관으로 알려졌다.
4) 儒行(유행) : 유가(儒家)의 행실. 선비의 행실.
5) 遽數之(거수지) : 갑자기 그것을 헤아리다.
6) 物(물) : 일로 풀이된다.
7) 更僕(경복) : 시어(侍御)하는 사람을 바꾸다.
8) 命席(명석) : 자리에 앉으라고 명하다.
9) 有席上之珍(유석상지진) : 자리 위의 보배가 있다. 이 말은 군자로서의 예절과 학문 등 모든 성의와 진실을 갖추고 석상에 나아감을 뜻하는 말.
10) 待聘(대빙) : 초빙(招聘)을 기다리다. 초빙은 제후의 초빙이다.
11) 待問(대문) : 질문할 사람을 기다리는 것.
12) 待擧(대거) : 근본 세우기를 기다리다.
13) 待取(대취) : 스스로 깨달아 도(道)를 얻기를 기다리다.

2. 선비는 나아가기는 어렵고 물러나기는 쉽다

"유자(儒者 : 선비)의 의관(衣冠)은 바르고 동작은 신중함이 있으며 크게 양보하는 데에는 거만한 것 같고 작게 양보하는 데에는 거짓 같으며, 크면 위엄이 있는 것 같고 작으면 부끄러워하는 것 같으며, 그 나아가기는 어렵고 물러나기는 쉬워 연약한 모양이 무능한 것 같은데, 그 용모가 이와 같습니다.

유자(선비)는 거처가 가지런하고도 삼가는 것이 있으며, 그 앉고 일어나는 데에는 공경하게 하며, 말에는 반드시 신의가 앞서며, 행동은 반드시 바르게 하며, 길을 갈 때에는 험하고 쉬운 길의 이로운 점을 다투지 않으며, 겨울과 여름에 그늘과 양지의 조화를 다투지 않으며, 그 죽음을 꺼리지 않음으로써 기다림이 있으며, 그 몸을 길러 그것으로써 일 삼을 것이 있게 하는데, 그 미리 갖추는 것에 이와 같은 것이 있습니다."

儒有衣冠이 中하며 動作이 愼하며 其大讓은 如慢[1]하고 小讓은 如僞[2]하며 大則如威하고 小則如愧하며 其難進而易退也 粥粥[3]若無能也하나니 其容貌 有如此者하니이다

儒有居處齊難[4]하며 其坐起恭敬하며 言必先信하며 行必中正하며 道塗에 不爭險易之利하며 冬夏에 不爭陰陽之和하며 愛其死 以有待也며 養其身이 以有爲也니 其備豫有如此者하니이다

1) 大讓如慢(대양여만) : 크게 양보하는 데에는 거만한 것 같다. 크게 양보한다 함은 나라와 천하를 양보하는 것. 거만한 것 같다는 말은 아까워하는 빛을 띠지 않는다는 뜻.

2) 小讓如僞(소양여위) : 작게 양보한다는 것은 음식이나 자리같은 것을 양보하는 일. 거짓 같다는 말은 그 모양이 너무도 꾸밈이 없다는 뜻.

3) 粥粥(죽죽) : 삼가고 두려워하는 모양. 연약한 모양. 어리석게 보이는 모양.

4) 齊難(제난) : 가지런하고도 어렵다. 제(齊)는 정결하고 장엄함. 난(難)은 어려워하면서 삼가는 것.

3. 유자는 금옥(金玉)을 보배로 여기지 않는다

"유자(儒者 : 선비)는 금은보화를 보배로 여기지 않고 충(忠)과 신(信)으로써 보배를 삼으며, 토지(土地)를 빌어 구하지 않고 의(義)를 세우는 것으로써 토지를 삼으며, 많이 쌓는 것을 빌어 구하지 않고 문(文)이 많은 것으로써 부(富)를 삼습니다.

이런 유자를 얻기는 어렵지만 녹(祿)을 주기는 쉽고, 녹을 주기는 쉽지만 기르기는 어렵습니다.

때가 아니면 나타나지 않는 것이니 또한 얻기 어려운 것이 아니겠습니까. 의(義)가 아니면 화합하지 않으니 또한 기르기 어렵지 않겠습니까. 먼저 수고하고 뒤에 녹(祿)을 받는 것이니 또한 녹을 주기 쉬운 것이 아니겠습니까. 그 임금을 모시는 사람으로서 이와 같이 하는 것입니다.

유자(선비)는 재물로써 맡기며 즐겁고 좋아하는 것으로써 젖어들게 하더라도 이로움을 보고 그 의(義)를 이지러지게 하지 않으며, 무리로써 겁을 주고 군사로써 막더라도 죽음을 갖추고 그 지키는 것을 고치지 않으며, 사나운 새나 짐승이 무섭게 덤벼들어도 용자(勇者)를 움직일 수 없으며, 어렵고 무거운 직무로 이끌어도 그 힘을 움직일 수가 없습니다.

지나간 일을 후회하지 않고 닥쳐 올 일을 예비하지 않으며, 이미 한 말을 다시 말하지 않고, 떠도는 말은 추궁하지 않으며, 그 위엄이 단절되지 않으며, 그 도모하는 일을 익히지 않으니, 그 특별히 확립됨이 이와 같은 것이 있는 것입니다.

유자(선비)와는 친하게 지내야 하고 겁을 주어서는 안 되며, 가깝게 지내야 하고 핍박해서는 안 되며, 죽이기는 하되 욕되게 해서는 안 됩니다. 그 거처를 사치스럽게 하지 않으며, 그 음식의 맛을 진하게 하지 않으며, 그 잘못된 일을 가볍게 일깨워 주되 따져서는 안 됩니다. 그 굳세고 의연함이 이와 같은 것이 있습니다."

儒有不寶金玉하고 而忠信以爲寶하며 不祈土地하고 立義以爲土地하며 不祈多積하고 多文[1]以爲富하며 難得而易祿也며 易祿而難畜也니 非時不見이어니 不亦難得乎잇가 非義不合이어니 不亦難畜乎잇가 先勞而後祿이어니 不亦易祿乎잇가 其近人[2]이 有如此者하니이다

儒有委之以貨財하며 淹之[3]以樂好라도 見利하고 不虧其義하며 劫之以衆하며 沮之以兵이라도 具死하고 不更其守하며 鷙蟲[4]이 攫搏[5]하되 不程[6]勇者며 引重鼎[7]하되 不程其力하며 往者를 不悔하며 來者를 不豫하며 過言[8]이 不再하며 流言이 不極[9]하며 不斷其威하며 不習其謀하나니 其特立이 有如此者하니이다

儒有可親而不可劫也며 可近而不可迫也며 可殺而不可辱也며 其居處 不淫[10]하며 其飮食이 不溽[11]하며 其過失을 可微辨[12]而不可面數[13]也니 其剛毅有如此者하니이다

1) 多文(다문) : 문(文)을 많이 배운다. 문은 시(詩)·서(書)·육예(六藝) 등.
2) 近人(근인) : 가까운 사람. 곧 유자(儒者)를 가리킨다.
3) 淹之(엄지) : 젖어든다는 뜻.
4) 鷙蟲(지충) : 지는 맹금(猛禽). 충은 맹수(猛獸). 사나운 새나 짐승.
5) 攫搏(확박) : 움켜쥐고 후려갈기다. 곧 사납게 덤벼든다는 뜻.
6) 不程(부정) : 움직이게 할 수 없다는 뜻.
7) 重鼎(중정) : 무거운 부담. 곧 어렵고 무거운 직무.
8) 過言(과언) : 이미 한 말. 지나간 말.
9) 不極(불극) : 추궁하지 않는다는 뜻.
10) 不淫(불음) : 분수에 넘치게 하지 않다. 사치스럽지 않다는 뜻.
11) 不溽(불욕) : 진하지 않다. 농후하지 않다. 곧 사치스럽지 않은 음식.
12) 微辨(미변) : 가볍게 일깨운다는 뜻.
13) 面數(면수) : 면대(面對)하여 조목조목 따지는 일.

4. 충과 신으로써 갑옷과 투구를 삼는다

"유자(선비)는 충(忠)과 신(信)으로써 갑옷과 투구를 삼고 예(禮)와 의(義)로써 방패를 삼으며, 인(仁)을 머리에 이고 다니며

의(義)를 품에 안고, 머물러서 비록 포악한 정치가 있더라도 그 대하는 바를 고치지 않으니, 그 스스로 서는 것이 이와 같습니다.

유자(선비)는 I묘(一畝)의 땅에 담장을 치고 사방을 벽으로 두른 방에다 필문(蓽門)에 규두(圭竇)를 내고, 봉호(蓬戶)에 옹유(甕牖)를 달며, 옷을 바꾸어 입고 나가며, 이틀에 하루치의 밥을 먹되 임금이 그의 말을 받아들이면 감히 의심하지 않고 임금이 그의 말을 받아들이지 않더라도 감히 아첨하지 않으니, 그 벼슬함이 이와 같은 것이 있습니다.

유자(선비)는 지금 사람과 더불어 살면서 옛 사람과 함께 고찰하며, 지금 세상에 그것을 행하고 후세 사람은 그것으로써 본보기를 삼습니다.

적절한 세상을 만나지 못해도 위에서 이끌지 않으며 아래에서 밀어주지 않고, 헐뜯고 아첨하는 백성이 서로 어울려 작당하여 위태롭게 하는 자가 있어 몸이 위태롭게 되더라도 뜻은 빼앗기지 않습니다.

비록 기거(起居)함이 위태롭더라도 끝내 그 뜻을 믿어 이루며, 오히려 백성의 근심거리를 잊지 않으려고 하니, 그 근심하고 생각하는 것이 이와 같습니다."

儒有忠信以爲甲冑하며 禮義以爲干櫓[1]하며 戴仁而行하며 抱義而處하여 雖有暴政이나 不更其所하나니 其自立이 有如此者하니이다

儒有一畝之宮[2]과 環堵之室[3]하여 蓽門圭竇[4]하며 蓬戶甕牖[5]하며 易衣而出[6]하고 幷日而食[7]하여 上이 荅之[8]어든 不敢以疑하고 上이 不荅이어든 不敢以諂하나니 其仕 有如此者하니이다

儒有今人與居하되 古人與稽하며 今世行之어든 後世以爲楷하며 適弗逢世하여 上弗援하며 下弗推하고 讒諂之民이 有比黨而危之者라도 身可危也어니와 而志不可奪也라 雖危起居하나 竟信其志하여 猶將不忘百姓之病也하나니 其憂思有如此者하니이다

1) 干櫓(간노) : 작은 방패와 큰 방패.
2) 一畝之宮(일묘지궁) : 묘(畝)는 면적(面積)의 단위요, 궁(宮)은 담장이라

는 뜻이니, 좁은 면적의 담장이라는 뜻.
3) 環堵之室(환도지실) : 사방이 벽으로 둘러싸인 방.
4) 蓽門圭窬(필문규두) : 필문은 대나무를 쪼개서 엮은 짝문. 규두의 두(窬)는
  필문 옆에 몸을 굽히고 드나드는 작은 출입구로, 그 모양이 규(圭)와 같이 길
  쭉하다고 하여 규두(圭窬)라 한다.
5) 蓬戶甕牖(봉호옹유) : 봉호는 쑥대로 엮어 가린 큰 문. 옹유는 벽을 뚫어서
  낸 창을 형용한 말인데, 그것이 둥글어 옹기의 입과 같다고 해서 붙인 말.
6) 易衣而出(역의이출) : 옷을 바꾸어 입고 나가다. 곧 집이 가난하여 외출복을
  돌려서 입어가며 외출한다는 뜻.
7) 幷日而食(병일이식) : 이틀에 하루치의 밥을 먹는다. 가난한 살림을 가리킨다.
8) 上荅之(상답지) : 임금이 그의 말을 받아들인다는 뜻.

5. 유자는 널리 배워서 끝이 없다

"유자(선비)는 널리 배워서 끝이 없으며, 독실하게 행하여 게으
르지 않으며, 홀로 지낼 때에도 방탕하지 않으며, 통달하면서 곤
궁하지 않으며, 예(禮)는 엄히 하고 그 쓰임에는 화합하는 것을
귀하게 여기며, 충(忠)과 신(信)으로써 아름다움을 삼으며, 우유
(優游 : 한가한 모양)로써 법(法)을 삼으며, 현자(賢者)를 사모하
고 무리를 용납하며, 모난 것을 헐어서 다시 둥글게 합치는 것으
로, 그 너그러움이 이와 같습니다.

유자(선비)는 안에서 천거함에 있어 친척이라고 하여 피하지 않
으며, 밖에서 천거함에 있어 원한이 있다고 하여 피하지 않습니다.
공을 헤아리고 일의 실적을 보아 현자(賢者)를 추천하여 벼슬에
나아가 영달하게 하되 그 보답을 바라지 않아 임금이 그 뜻을 얻
게 하며, 진실로 국가를 이롭게 하고도 부귀를 구하지 않는데, 그
현자를 천거하고 능력있는 자를 이끄는 점이 이와 같습니다.

유자(선비)는 선(善)을 들으면 서로 알리고 선을 보면 서로 보
이며, 작위(爵位)는 서로 상대를 먼저 하게 하고 환난을 당하면
서로 먼저 죽으려고 하며, 벼슬함에 있어 오래되면 서로 기다리

고 멀어지면 서로 부르니, 그 임명하고 천거함이 이와 같습니다.”

儒有博學而不窮하며 篤行而不倦하며 幽居[1]而不淫하며 上通而不困[2]하며 禮之以和爲貴[3]라 忠信之美하고 優游之法하며 慕賢而容衆하며 毀方而瓦合[4]하나니 其寬裕 有如此者하니이다

儒有內稱[5]不辟親하며 外擧不辟怨하며 程功積事[6]하여 推賢而進達之하고 不望其報하여 君得其志케하며 苟利國家인정 不求富貴하나니 其擧賢援能이 有如此者하니이다

儒有聞善以相告也하며 見善以相示也하며 爵位相先[7]也하며 患難相死[8]也하며 久相待[9]也하며 遠相致[10]也하나니 其任擧 有如此者하니이다

1) 幽居(유거) : 홀로 지내는 일.

2) 上通而不困(상통이불곤) : 통달하면서도 도(道)와 멀어지지 않는다는 뜻.

3) 禮之以和爲貴(예지이화위귀) : 예(禮)는 엄하되 그 쓰임에는 화합함을 귀하게 여긴다는 뜻.

4) 毀方而瓦合(훼방이와합) : 모난 것을 헐어서 다시 둥글게 한다는 뜻. 질그릇 만드는 일에 비유하는 말이므로 와(瓦)자가 쓰였다.

5) 內稱(내칭) : 안에서 천거(薦擧)하다. 내거(內擧).

6) 程功積事(정공적사) : 공(功)을 헤아리고 일의 실적을 본다는 뜻.

7) 爵位相先(작위상선) : 작위(爵位)는 서로 상대방이 먼저하도록 사양한다.

8) 患難相死(환난상사) : 환난(患難)을 당하면 서로 먼저 죽으려고 한다는 뜻.

9) 久相待(구상대) : 오래 되면 서로 기다린다. 곧 벼슬함에 있어 벗이 낮은 지위에 오래 있는 것을 기다려 준다는 뜻.

10) 遠相致(원상치) : 멀어지면 서로 부른다. 곧 상대가 벼슬길에서 멀어지면 불러서 함께 정치를 한다는 뜻이다.

6. 도를 굽히면서까지 신하 노릇 하지 않는다

“유자(선비)는 몸을 깨끗이 하고 덕(德)으로 목욕하여 진언(陳言)하고 복명(伏命)하며, 고요하고 바르게 하여 임금이 그것을 알지 못하거든 임금에게 허물을 들어 밝히는데 또 급하지 않게 하

며, 깊은 데에 임하지 않고도 높게 만들고 적은 것을 더하지 않고
도 많게 하며, 세상이 다스려져도 경솔하게 행동하지 않고 세상
이 어지러워도 옳은 일을 행하는 자기를 막지 않으며, 같다고 하
여 더불어 하지 않고 다르다고 하여 비난하지 않으니, 그 특별히
서고 홀로 행함이 이와 같은 것이 있습니다.

　유자(선비)는 도를 굽히면서 위로 천자에게 신하 노릇을 하지
않고 아래로 제후(諸侯)를 섬기지 않으며, 삼가고 고요하게 너그
러운 것을 숭상하고, 굳세고 의연하게 사람과 함께 하며, 널리 배
워서 행함을 알고, 문장을 가까이 하여 사물의 모든 것을 갈고 닦
아서, 비록 나라를 나누어 준다고 해도 하잘것 없는 것으로 여겨
신하 노릇도 하지 않고 벼슬도 하지 않으니, 그 일삼는 규범이 이
와 같은 것이 있습니다.

　유자(선비)는 뜻을 합하여 학업을 같이 하고 도(道)를 영위(營
爲)함에 술(術)을 함께 하며, 아울러 나란히 서면 즐기고 서로 아
래에 있어도 싫어하지 않으며, 오래도록 서로 보지 못해도 떠도
는 말을 듣고 믿지 않으며, 그 행실은 방정(方正)함을 근본으로
하고, 의(義)를 세워서 같으면 나아가고 같지 않으면 물러나니,
그 벗을 사귐이 이와 같은 것이 있습니다.”

　儒有澡身而浴德하여 陳言而伏하며 靜而正之하여 上弗知也어든 麤而
翹之¹⁾하되 又不急爲也하며 不臨深而爲高²⁾하며 不加少而爲多하며 世治
不輕하며 世亂不沮³⁾하며 同弗與하며 異弗非也하나니 其特立⁴⁾獨行이 有如
此者하니이다

　儒有上不臣天子⁵⁾하고 下不事諸侯하며 愼靜而尙寬하며 强毅以與人
하며 博學以知服⁶⁾하며 近文章⁷⁾하며 砥厲⁸⁾廉隅⁹⁾하여 雖分國이라도 如錙
銖¹⁰⁾하여 不臣不仕하나니 其規爲 有如此者하니이다

　儒有合志同方¹¹⁾하며 營道同術¹²⁾하며 竝立則樂하며 相下不厭하며 久不
相見하되 聞流言不信하며 其行이 本方立義하여 同而進하고 不同而退하나
니 其交友 有如此者하니이다

1) 麤而翹之(추이교지) : 허물을 들어 밝힌다는 뜻.

2) 不臨深而爲高(불임심이위고) : 깊은 데에 임하지 않고 높게 만들다. 임금을
   깨우칠 때 직접 인도하지 않고 스스로 깨닫게 하여 높여준다는 뜻.

3) 不沮(부저) : 자신의 올바른 행위를 막지 않는다는 뜻.

4) 特立(특립) : 특별히 서다. 임금을 섬기는 데 갖추어야 할 도를 확립하였다.

5) 不臣天子(불신천자) : 천자의 신하 노릇을 하지 않는다. 곧 도를 굽히면서까
   지 천자의 신하가 되지 않는다는 뜻.

6) 知服(지복) : 행(行)함을 알다. 복(服)은 행(行)과 같다.

7) 文章(문장) : 옛날의 문물(文物) 제도와 의례(儀禮) 등을 본보기로 한다는
   뜻으로 해석된다.

8) 砥厲(지려) : 숫돌에 갈다. 곧 갈고 닦다. 탁마(琢磨)한다는 뜻.

9) 廉隅(염우) : 구석구석. 곧 사물의 모든 것.

10) 錙銖(치수) : 치와 수는 다 무게의 아주 적은 단위로서, 하잘 것 없다는 뜻.

11) 同方(동방) : 학업을 같이 한다는 뜻.

12) 同術(동술) : 뜻을 같이 하여 행한다는 뜻.

7. 온량은 인의 근본이다

"온량(溫良)이라고 하는 것은 인(仁)의 근본이고, 경신(敬愼)
이라고 하는 것은 인의 바탕이며, 관유(寬裕)라고 하는 것은 인
의 작용이고, 손접(孫接)이라고 하는 것은 인의 능력이며, 예절
(禮節)이라고 하는 것은 인의 모양이고, 언담(言談)이라고 하는
것은 인의 문채이며, 가악(歌樂)이라고 하는 것은 인의 화합이고,
분산(分散)이라고 하는 것은 인의 베풂입니다. 유자(선비)는 이
것을 아울러서 가지고 있되 오히려 또한 감히 인(仁)을 말하지
않으니, 그 존경하고 사양하는 것이 이와 같습니다."

温良者는 仁之本也오 敬愼者는 仁之地也오 寬裕者는 仁之作也오 孫
接者[1]는 仁之能也오 禮節者는 仁之貌也오 言談者는 仁之文也오 歌樂
者는 仁之和也오 分散者[2]는 仁之施也니 儒皆兼此而有之하되 猶且不
敢言仁也하나니 其尊讓이 有如此者하니이다

1) 孫接者(손접자) : 사물을 접(接)함에 있어 겸손하는 것.
2) 分散者(분산자) : 축적된 덕(德)을 나누어 주는 것.

8. 선비는 가난하고 천해도 뜻을 잃지 않는다

유자(선비)는 가난하고 천하다 해서 곤핍함을 느껴도 뜻을 잃지 않으며, 부귀하다고 해서 기뻐하여 예절을 잃지 않으며, 제후나 천자를 욕되게 하지 않으며, 어른이나 윗사람을 번거롭게 하지 않으며, 담당관리를 근심하게 하지 않는 것으로 유(儒 : 선비)라고 말하는 것입니다.

이제 모든 사람이 유(선비)라고 명명(命名)되는 것은 잘못된 것입니다. 언제나 선비들은 이러한 것들을 서로 부끄럽게 여기는 것입니다."

공자가 집에 이르자, 애공이 그 집을 관사(館舍)로 정했다.

애공이 공자의 말을 듣고 "말에는 믿음을 더했으며, 행동에는 의(義)를 더했으니, 나의 세상이 끝나도록 감히 유자(儒者 : 선비)를 희롱하지 않으리라."라고 하였다.

儒有不隕穫[1]於貧賤하며 不充詘[2]於富貴하며 不慁[3]君王하며 不累[4]長上하며 不閔[5]有司할세 故로 曰儒나 今衆人之命儒也는 妄이라 常以儒로 相詬病[6]하나니이다 孔子 至舍커시늘 哀公이 館之러시니 聞此言[7]也하시고 言加信하시며 行加義하셔 終沒[8]吾世히 不敢以儒로 爲戲하시니라

1) 不隕穫(불운확) : 곤핍하다고 하여 뜻을 잃지 않는다.
2) 不充詘(불충굴) : 기쁘다고 하여 예절을 잃지 않는다.
3) 不慁(불혼) : 욕되게 하지 않는다. 불욕(不辱)과 같다.
4) 不累(불루) : 번거롭게 하지 않는다.
5) 不閔(불민) : 근심하게 하지 않는다.
6) 相詬病(상구병) : 서로 부끄럽게 여기다.
7) 此言(차언) : 이 말. 곧 유행(儒行)에 대한 공자의 말.
8) 終沒(종몰) : 종말(終末). 끝나다.

제42편 대학(大學第四十二)

　이 편은 주희(朱熹)가 '대학장구(大學章句)'라는 별도의 저
서로 엮어서 송(宋)나라 이후부터 4서(四書)의 하나가 되었다.
　자유문고 '동양학총서 가운데 제5권'으로 선정되어 『대학』이
별도 단행본으로 발간되어 있으므로 여기서는 생략했다.

제43편 관의(冠義第四十三)

　이 편은 성인(成人) 관례(冠禮)의 의의를 설명한 것으로 사관례(士冠禮)의 뜻을 풀어 말하였다. 일설에는 한 사람이 저작한 것이 아니고 여러 사람이 지었다는 말이 있다.

　황제(黃帝)가 전면(旃冕 : 깃털 면류관)을 만들었는데 이것이 면류관의 시초로 황제임금이 만든 것이다. 황제 이전에는 우피(羽皮)로 관을 만들었다. 후세에는 베나 비단으로 관을 만들었는데 천자나 제후는 모두 12줄을 드리웠다.

1. 사람을 사람답게 만드는 것이 예의이다

　무릇 사람을 사람답게 만드는 것이 예의(禮義)이다.

　예의의 시작은 몸가짐을 바르게 하고, 얼굴빛을 가지런히 하며, 손님을 접대하고 배웅하는 데 있어 말을 공순하게 하는 것이다.

　몸가짐을 바르게 하고 얼굴빛을 가지런히 하며 응대(손님 접대)하는 말을 공순하게 한 뒤에야 예의가 갖추어지며, 그것으로써 임금과 신하가 바르게 되고, 아버지와 아들이 친하게 되고, 어른과 아이가 화(和)하게 된다.

　임금과 신하가 바르게 되고 아버지와 아들이 친하게 되고, 어른과 아이가 화한 뒤에야 예의가 성립되는 것이니, 그러므로 갓을 쓴 뒤에 복장이 갖추어지며, 복장이 갖추어진 뒤에 몸가짐이 바르게 되며, 얼굴빛이 가지런해 진 뒤에 응대하는 말이 공순하게 되는 것이다. 그러므로 관례(冠禮)라는 것은 예(禮)의 시작이라 말하는 것이다. 그런 까닭에 옛날에 성왕(聖王)은 관을 중요하게 여긴 것이다.

옛날의 관례(冠禮)에서 관례를 행할 날을 점치고 관을 씌워 줄 빈객(賓客)을 점친 것은 관례하는 일을 공경한 까닭이며, 관례하는 일을 공경하는 것은 예(禮)를 중하게 여긴 까닭이며, 예를 중하게 여긴 것은 나라의 근본이 되는 까닭이다.

凡人之所以爲人者[1]는 禮義也니 禮義之始는 在於正容體[2]하며 齊顔色[3]하며 順辭令[4]이니 容體正하며 顔色이 齊하며 辭令이 順而後에야 禮義備하여 以正君臣하며 親父子하며 和長幼하나니 君臣이 正하며 父子 親하며 長幼 和한 而后에야 禮義立하나니 故로 冠而后에 服備하고 服備而后에 容體正하며 顔色이 齊하며 辭令이 順하나니 故로 曰하되 冠者는 禮之始也라하니 是故로 古者에 聖王이 重冠[5]하시니라

古者에 冠禮에 筮日筮賓[6]은 所以敬冠事오 敬冠事는 所以重禮오 重禮는 所以爲國本也니라

1) 爲人者(위인자) : 사람다운 것.
2) 容體(용체) : 몸가짐.
3) 齊顔色(제안색) : 안색을 가지런히 하다.
4) 順辭令(순사령) : 손님을 접대하고 배웅하는 말이 공순하다.
5) 重冠(중관) : 관(冠)을 중요하게 여기다.
6) 筮日筮賓(서일서빈) : 서일은 관례(冠禮)를 행할 날짜를 점치는 일. 관례는 일생의 대사(大事)이므로 길일(吉日)을 택하기 위해서다. 서빈은 관례를 행함에 있어 관(冠)을 씌워 줄 빈객(賓客)을 점쳐서 택하는 일.

2. 관례를 하면 성인의 대우를 받는다

그러므로 관례를 동쪽 계단에서 행하는 것은 그것으로써 대(代)를 이을 것을 분명히 하는 것이요, 객(客)의 위치에서 초례(醮禮)하며 3번 관(冠)을 더하여 더욱 존귀해지는 것은 관을 더하여 예가 이루어지는 것이다. 이미 관을 하고 자(字)를 일컫는

것은 성인(成人)의 도리이다.

어머니에게 뵈면 어머니가 그에게 절하고, 형제에게 뵈면 형제가 그에게 절하는데, 그것은 성인이 되었으므로 그와 더불어 예(禮)를 하는 것이다.

현관(玄冠)을 쓰고 현단(玄端)을 입고서 임금에게 폐백으로 꿩을 올리고, 드디어 폐백을 가지고 향리(鄕里)의 대부(大夫)와 향리의 어른을 뵙는 것은 그것으로써 성인(成人)의 대우를 받는 것이다.

故로 冠於阼[1]는 以著代[2]也오 醮[3]於客位하며 三加彌尊[4]은 加有成也[5]오 已冠而字之[6]는 成人之道也니라

見於母어든 母 拜之[7]하고 見於兄弟어든 兄弟拜之는 成人而與爲禮也오 玄冠玄端[8]으로 奠摯[9]於君하고 遂以摯로 見於鄕大夫鄕先生[10]은 以成人으로 見也[11]니라

1) 冠於阼(관어조) : 관례는 동쪽 계단에서 행한다. 조(阼)는 조계(阼階)로 동쪽 계단이니, 주인이 사용하는 계단이다.

2) 著代(저대) : 아버지의 대(代)를 이을 것을 분명히 한다는 뜻. 저(著)는 명(明)과 같다.

3) 醮(초) : 초례(醮禮). 관례를 행하고 술을 따르는 의식.

4) 三加彌尊(삼가미존) : 삼가는 3번 관(冠)을 더하다. 곧 처음에는 치포관(緇布冠)을 씌우고, 다음에 피변(皮弁)을, 마지막에 작변(爵弁)을 더하는 일. 미존은 더욱 존귀해지다.

5) 加有成也(가유성야) : 관을 더하여 예(禮)가 이루어진다는 뜻. 가관유성례야(加冠有成禮也)와 같은 뜻.

6) 冠而字之(관이자지) : 관례를 행하고 나서는 그에게 자(字)를 일컫는다는 뜻. 옛날에는 어려서는 명(名)으로 일컬었고, 성인이 되면 자(字)를 일컫게 되는데, 관례는 성인이 되는 의식이다.

치포관

피변

작변

7) 母拜之(모배지) : 어머니가 그에게 절을 한다는 뜻. 곧 관례를 행하고 사당
  에 고한 뒤에 어머니를 뵙고 절을 하면, 어머니도 아들에게 절을 하고 아들의
  자(字)를 일컫는 의식을 말한다.
8) 玄冠玄端(현관현단) : 제례(祭禮)와 같은 의식에 입는 관과 의복. 소복과는
  다르다.
9) 摯(지) : 폐백으로 바치는 꿩.
10) 鄕先生(향선생) : 향리의 어른. 향리의 노인으로 벼슬자리에 있었던 사람.
11) 以成人見也(이성인견야) : 성인의 대우를 받는다는 뜻.

3. 관례(冠禮)를 하게 된 유래

성인이 된 자는 장차 성인의 예(禮)를 권고받게 된다. 성인의
예를 권하는 것은 장차 사람의 아들이 되고, 사람의 아우가 되고,
사람의 신하가 되고, 사람의 젊은이가 되는 예를 행하기를 권하
는 것이다.

장차 4가지의 행(行)을 사람에게 권하는 것인데, 그 예가 중
(重)하지 않을 수 있으랴.

그러므로 효(孝)와 제(弟)와 충(忠)과 순(順)의 행(行)이 선
뒤에라야 가히 그것으로써 사람다운 사람이 될 수 있으며, 사람
다운 사람이 된 뒤에라야 그것으로써 사람을 다스릴 수가 있다.

그러므로 성왕(聖王)이 예(禮)를 중요하게 여겼으므로 관례
(冠禮)라는 것은 '예(禮)의 시작이요, 좋은 일의 중요한 것'이
라고 말한 것이다.

그런 까닭에 옛날에는 관례를 중요하게 여겼다. 관례를 중요하
게 여겼으므로 사당에서 그것을 행하였으니, 사당에서 그것을 행
한 것은 그 일을 존중한 까닭이다.

그 일을 존중하게 여겨 감히 소중한 일을 마음대로 하지 못한
것이다. 소중한 일을 감히 마음대로 하지 못한 것은 스스로 낮추
어서 선조를 높인 까닭인 것이다.

　　成人之者는 將責[1]成人禮焉也오 責成人禮焉者는 將責爲人子爲人弟爲人臣爲人少者之禮行焉이니 將責四者之行於人하되 其禮를 可不重與아 故로 孝弟忠順之行이 立而后에야 可以爲人이오 可以爲人而后에야 可以治人也니 故로 聖王이 重禮하셔 故로 曰冠者는 禮之始也며 嘉事[2]之重者也라 是故로 古者에 重冠하더니 重冠故로 行之於廟하니 行之於廟者는 所以尊重事오 尊重事而不敢擅重事니 不敢擅重事는 所以自卑而尊先祖也니라

1) 責(책) : 권고한다는 뜻.
2) 嘉事(가사) : 좋은 일. 경사.

제44편 혼의(昏義第四十四)

이 편은 혼례(昏禮)에 관한 의의를 말하였다.

장가드는 행사가 어두울 때 이루어지는 것으로 혼(昏)이라 하였다. 혼(昏)이라는 뜻은 양(陽)을 취하여 음(陰)으로 가는 뜻이다.

1. 혼례를 하는 근본 뜻

혼례(昏禮 : 婚禮)라는 것은 장차 두 성(姓)이 좋게 합하여, 위로는 그것으로써 종묘(宗廟)를 섬기고, 아래로는 그것으로써 후세(後世)를 잇는다.

군자(君子)는 그것을 중(重)히 여기는 것이며, 이로써 혼례는 납채(納采)와 문명(問名)과 납길(納吉)과 납징(納徵)과 청기(請期)를 하는 데에, 모두 주인이 사당에서 궤연(几筵)을 펼쳐 놓고, 문 밖에서 절하여 맞이하며, 들어가서는 읍(揖)하고 사양하며, 당(堂)에 올라가 사당에서 명(命)을 듣는데, 이것은 공경하고 삼가서 혼례를 정중하고 바르게 여기는 까닭이다.

昏禮[1]者는 將合二姓之好하여 上以事宗廟하고 而下以繼後世也라 故로 君子 重之하나니 是以로 昏禮에 納采[2]와 問名[3]과 納吉[4]과 納徵[5]과 請期[6]를 皆主人이 筵几[7]於廟하고 而拜迎於門外하며 入揖讓而升하여 聽命於廟하나니 所以敬愼重正昏禮也니라

1) 昏禮(혼례) : 혼례(婚禮)와 같다.

2) 納采(납채) : 혼인을 청하는 일. 또는 이 때 남자의 집에서 여자의 집에 보내

는 예물.

3) 問名(문명) : 처음으로 신부 어머니의 성명을 묻는 일.

4) 納吉(납길) : 신랑집에서 점을 쳐서 길(吉)하다는 점괘가 나왔음을 신부집
   에 알리는 일. 또는 신랑쪽에서 혼인 날을 받아 신부집에 보내는 일.

5) 納徵(납징) : 납길(納吉) 후에 정혼의 표적으로 신랑집에서 신부집에 예물
   을 보내는 일. 납폐(納幣).

6) 請期(청기) : 신랑집에서 신부집에 혼인 날짜를 정해 달라고 청하는 일. 또는
   혼인 날짜를 알림. ※ 이상의 납채(納采)·청기(請期)를 아울러 오례(五禮)
   라 하고, 여기에 혼례(婚禮)를 포함해서 혼인의 육례(六禮)라고 한다.

7) 筵几(연궤) : 궤연(几筵). 안석과 자리.

2. 신랑이 신부를 맞이하는 절차

아버지가 친히 아들에게 술을 따라 주며, 명(命)하여 신부를 맞
이하게 하는 것은 남자가 여자보다 앞서는 것이기 때문이다.

아들은 아버지의 명을 받들어 신부를 맞이하는데, 주인인 신부
의 아버지가 사당에다 궤연(几筵)을 펼쳐놓고 문 밖에서 절하여
맞이하면, 사위는 기러기를 들고 들어가 읍(揖)하고 사양하며 당
(堂)에 올라가 2번 절하고 기러기를 올리는데, 대개 친히 부모에
게서 그것을 받는다.

당에서 내려와 신부의 수레를 어거(御車)하여 나가서 사위가
신부에게 끈을 주어 수레에 오르게 하고 수레를 끌어 세 바퀴를
돌고, 먼저 문 밖에서 신부를 기다리다가 신부가 오면 사위는 신
부에게 읍하고 들어가 함께 뇌(牢)를 먹고 표주박의 합환주를 바
꿔 마신다.

이것은 몸을 합하고 존비(尊卑)를 같게 하여 그것으로써 친하
게 하려는 까닭이다.

父 親醮[1]子而命之迎은 男先於女也오 子 承命以迎커든 主人[2]이 筵
几於廟하고 而拜迎於門外어든 壻 執鴈入하여 揖讓升堂하여 再拜奠鴈은

盖親受之於父母也오 降出御婦車[3]하고 而壻授綏[4]하고 御輪三周하고 先
俟于門外하다가 婦至커든 壻 揖婦以入하여 共牢而食[5]하며 合巹而酳[6]은
所以合體同尊卑하여 以親之也니라

1) 酳(초) : 술을 따라 주는 일.

2) 主人(주인) : 신부의 아버지를 가리킨다.

3) 御婦車(어부거) : 신부의 수레를 어거(御車)한다.

4) 壻授綏(서수수) : 사위가 신부에게 끈을 주어 수레에 오르게 한다는 뜻.

5) 共牢而食(공뢰이식) : 신랑과 신부가 함께 희생(犧牲)을 맛본다는 뜻. 뇌
   (牢)는 2가지 이상의 희생을 말한다.

6) 合巹而酳(합근이윤) : 표주박의 합환주를 바꿔 마시다. 곧 합환주(合歡酒)
   를 마셔 기운을 고르게 하는 것을 뜻한다.

3. 부부의 의를 세우는 까닭

공경하고 삼가하며 정중하고 바르게 한 뒤에 친해지는 것은 예
(禮)의 대체요, 남녀의 구별을 이루는 것이며, 부부의 의(義)를
세우는 것이다.

남녀의 구별이 있은 뒤에 부부의 의가 있으며, 부부의 의가 있
은 뒤에 부자(父子)의 친(親)함이 있으며, 부자의 친함이 있은
뒤에 군신(君臣)의 바른 도리가 있게 된다.

그러므로 혼례(婚禮)라는 것은 예(禮)의 근본이라고 말하는
것이다.

대저 예는 관례(冠禮)를 시작으로 하며, 혼례를 근본으로 삼으
며, 상례(喪禮)와 제례(祭禮)를 중하게 여기며, 조빙(朝聘 : 조
회)을 존중하며, 향사(鄉射)로써 화목하게 하는 것인데, 이것이
예(禮)의 대체(大體)이다.

敬愼重正而后에 親之는 禮之大體며 而所以成男女之別이며 而立夫
婦之義也라 男女 有別而後에 夫婦 有義하며 夫婦 有義而後에 父子
有親하며 父子 有親而後에 君臣 有正[1]이니 故로 曰하되 昏禮者는 禮之

本也라 夫禮는 始於冠하며 本於昏하며 重於喪祭하며 尊於朝聘[2]하며 和
於射鄕[3]하나니 此 禮之大體也라

1) 有正(유정) : 바른 도리가 있다는 뜻.
2) 朝聘(조빙) : 제후가 입조(入朝)하여 천자를 알현(謁見)하는 일.
3) 射鄕(사향) : 향리(鄕里)에서 활쏘기를 겨루는 일.

4. 신부가 시부모를 뵙는 절차

이른 새벽에 일어나서 신부는 목욕하고 시아버지와 시어머니
뵙기를 기다렸다가 혼례 다음 날의 아침에 찬(贊 : 신부의 의식을
돕는 자)이 신부를 인도하여 시아버지와 시어머니에게 보이는데,
신부는 폐백 상자를 가지고, 대추와 밤과 단수(段脩)로써 뵙는다.

신부의 의식을 돕는 사람이 신부에게 단술을 부어 주고, 신부가
마른 고기와 젓갈과 단술로 제사를 지내면 신부의 예(禮)가 이루
어진다.

시아버지와 시어머니가 방에 들어오면 신부는 수퇘지의 고기
를 드리며, 신부로서의 효순(孝順)을 밝힌다.

혼례 다음 다음 날의 아침에 시아버지와 시어머니가 함께 신부
를 위하여 잔치를 베푸는데, 신부가 시부모에게 술 한 잔을 바치
는 예로써 전수(奠酬)하고, 시아버지와 시어머니가 먼저 서쪽 계
단으로부터 내려오면 신부는 동쪽 계단으로부터 내려오는데, 그
것으로써 대(代)를 이었음을 밝히는 것이다.

夙興[1]하여 婦 沐浴하여 以俟見하다가 質明[2]에 贊[3] 見婦於舅姑어든 婦
執笲[4]棗栗段脩[5]하여 以見하며 贊 醴婦하여든 婦 祭脯醢[6]하며 祭醴는 成
婦禮也오 舅姑 入室이어든 婦 以特豚으로 饋[7]는 明婦順也[8]니라

厥明[9]에 舅姑 共饗婦하되 以一獻之禮[10]로 奠酬[11]하고 舅姑 先降自西
階하고 婦 降自阼階는 以著代也[12]니라

1) 夙興(숙흥) : 이른 새벽에 일어나다.
2) 質明(질명) : 혼례 다음 날의 밝는 아침.

3) 贊(찬) : 신부의 의식(儀式)을 돕는 사람.

4) 笲(변) : 폐백(幣帛)을 담는 대나무 상자.

5) 段脩(단수) : 얇게 저며서 말린 고기에 생강과 계피를 더한 것.

6) 脯醢(포해) : 말린 고기와 젓갈.

7) 特豚饋(특돈궤) : 수퇘지 희생의 고기를 올린다는 뜻.

8) 明婦順也(명부순야) : 신부로서의 효순(孝順)을 밝힌다는 뜻.

9) 厥明(궐명) : 혼례 다음 다음 날의 밝는 아침.

10) 一獻之禮(일헌지례) : 한 잔의 술을 권하는 것으로 그치는 예(禮).

11) 奠酬(전수) : 신부가 시아버지에게 잔을 돌리고 그치는 일.

12) 以著代也(이저대야) : 주인이 오르내리는 계단인 동쪽 계단을 신부에게 내
    주고, 자신들은 서쪽 계단으로 내려오는 것으로써, 주인의 대(代)를 신부에
    게 잇게 하였음을 밝히는 것이라는 말.

5. 부순(婦順)이 이루어진 까닭

　며느리의 예(禮)가 이루어지고 며느리의 효순(孝順)을 분명하
게 하며, 또 그것을 거듭함으로써 대(代)를 이었음을 나타내는 것
은, 무겁게 며느리의 순종을 재촉하는 것이다.

　부순(婦順)이라는 것은 시아버지와 시어머니에게 순종하며, 집
안 사람들과 화목한 뒤에야 남편을 대하는 것이 마땅하여, 그것으
로써 사마포백(絲麻布帛)의 일을 이루며, 그것으로써 포개고 쌓
은 것과 덮어서 감춘 것을 자세히 살펴서 지키게 되는 것이다.

　그런 까닭에 부순(婦順)이 갖추어진 뒤에야 안으로 화목하게
다스려지고, 안으로 화목하게 다스려진 뒤에야 집안이 장구(長久)
할 수 있는 것이므로 성왕(聖王)이 그것을 중하게 여긴 것이다.

　그래서 옛날에 여자가 시집가기에 앞서 3개월 전부터 할아버지
의 사당이 아직 헐어지지 않았으면 궁궐에서 가르치고, 할아버지
의 사당이 헐렸으면 종실(宗室)에서 가르쳤다.

　부덕(婦德)과 부언(婦言)과 부용(婦容)과 부공(婦功)으로써
가르쳤으며, 가르침이 이루어지면 제사지내는데, 희생(犧牲)은

생선을 쓰고, 마름풀로써 나물로 하였으니, 그것은 부순(婦順)이
이루어진 까닭이다.

　　成婦禮하며 明婦順하고 又申之以著代[1]는 所以重責婦順焉也니 婦順
者는 順於舅姑하며 和於室人而後에야 當於夫하여 以成絲麻布帛之事[2]
하며 以審守委積蓋藏[3]이니 是故로 婦順이 備而後에야 內和 理하고 內和
理而後에야 家可長久也니 故로 聖王이 重之하시나니라
　　是以로 古者에 婦人이 先嫁三月하여 祖廟 未毁어든 敎于公宮[4]하고 祖
廟 旣毁어든 敎于宗室[5]하되 敎以婦德과 婦言과 婦容과 婦功[6]하여 敎成이
어든 祭之하되 牲用魚하고 芼之以蘋藻하나니 所以成婦順也니라

1) 著代(저대) : 대(代)를 이음을 나타내다.
2) 絲麻布帛之事(사마포백지사) : 사마포백(絲麻布帛)이 모두 길쌈하는 일이
　　니, 주부(主婦)가 관장하는 일이다.
3) 審守委積蓋藏(심수위적개장) : 포개어 쌓은 것과 덮어서 감춘 것을 자세히
　　살펴서 지키다. 곧 집안의 모든 살림을 잘 건사한다는 뜻.
4) 公宮(공궁) : 여기서는 천자나 제후와 동성인 자를 말하기 때문에 임금의 궁
　　궐이 된다.
5) 宗室(종실) : 종가(宗家).
6) 婦德婦言婦容婦功(부덕부언부용부공) : 부덕은 정순(貞順), 부언은 사령
　　(辭令), 부용은 완만(婉娩), 부공은 사마(絲麻).

6. 천자는 남교(男敎)를 듣고 후(后)는 여순을 듣다

　　옛날에 천자의 후(后)는 여섯 궁(宮)을 세워서 3명의 부인(夫
人)과 9명의 빈(嬪)과 27명의 세부(世婦)와 81명의 어처(御妻)
에게서 천하의 내치(內治)를 들어 그것으로써 부순(婦順)을 밝
혔으므로 천하는 안으로 화목하고 집안이 다스려졌다.
　　천자는 여섯 관(官)을 세워서 3명의 공(公)과 9명의 경(卿)과
27명의 대부(大夫)와 81명의 원사(元士)에게서 천하의 외치(外
治)를 들어 그것으로써 천하의 남교(男敎)를 밝혔으므로 밖으로

화목하고 나라가 다스려졌다.

그러므로 말하기를 "천자는 남교를 듣고, 후(后)는 여순(女順)을 들으며, 천자는 양도(陽道)를 다스리고 후(后)는 음도(陰道)를 다스리며, 천자는 밖으로 다스리는 것을 듣고 후는 안으로 직무를 듣는데, 순(順)함을 가르쳐서 풍속을 이루며 안팎으로 화순(和順)하여 나라가 다스려지는 것을 성덕(盛德)이라 이르는 것이다."라고 하였다.

그런 까닭으로 남교(男敎)가 닦아지지 않아 양사(陽事)를 얻지 못하면 책망하는 뜻이 하늘에 나타나서 일식(日蝕)이 이루어지고, 부순(婦順)이 닦아지지 않아 음사(陰事)를 얻지 못하면 책망하는 뜻이 하늘에 나타나서 월식(月蝕)이 이루어진다.

그런 까닭에 일식이 생기면 천자가 소복(素服)으로 육관(六官)의 직(職)을 다스려 천하의 양사(陽事)를 쓸어 없애고, 월식이 생기면 후(后)가 소복으로 육궁(六宮)의 직(職)을 다스려 천하의 음사(陰事)를 쓸어 없앤다. 그러므로 천자와 후(后)는 일월(日月)과 같고, 음양(陰陽)과 같아서 서로 기다린 뒤에야 이루어지는 것이다.

천자가 남교를 다스리는 것은 아버지의 도(道)요, 후(后)가 여순(女順)을 다스리는 것은 어머니의 도다. 그러므로 말하기를 "천자와 후는 부(父)와 모(母)와 같다."고 한다.

이로써 천자를 위하여 참최(斬衰)의 복(服)을 입는 것은 아버지의 복을 입는 뜻이요, 후를 위하여 재최(齊衰)의 복을 입는 것은 어머니의 복을 입는 뜻이다.

古者에 天子后[1] 立六宮과 三夫人과 九嬪과 二十七世婦와 八十一御妻[2]하셔 以聽天下之內治하셔 以明章婦順하실세 故로 天下에 內和而家理하며 天子 立六官과 三公과 九卿과 二十七大夫와 八十一元士하셔 以聽天下之外治하셔 以明章天下之男敎하실세 故로 外和而國治하나니 故로 曰하되 天子 聽男敎하시고 后 聽女順[3]하시며 天子 理陽道하시고 后 治陰德하시며 天子 聽外治하시고 后 聽內職하시나니 敎順成俗하여 外內和順하여 國

家理治함이 此之謂盛德이라하니라

是故로 男敎 不修하여 陽事不得하면 適見於天[4]하여 日爲之食하고 婦順이 不脩하여 陰事 不得하면 適見於天하여 月爲之食하나니 是故로 日食則 天子 素服而脩六官之職하셔 蕩天下之陽事하시고 月食則后 素服而脩六宮之職하셔 蕩天下之陰事하시나니 故로 天子之與后 猶日之與月과 陰之與陽이 相須而后에 成者也니라 天子 脩男敎하시나니 父道也오 后 脩女順하시나니 母道也라 故로 曰하되 天子之與后 猶父之與母也라하니 故로 爲天王[5]하여 服斬衰는 服父之義也오 爲后하여 服齊衰는 服母之義也라

1) 后(후) : 천자의 정실 아내.

2) 夫人·嬪·世婦·御妻(부인·빈·세부·어처) : 다 후궁(後宮)의 여관(女官)이다.

3) 女順(여순) : 부순(婦順).

4) 適見於天(적현어천) : 적은 책(責)과 같으니, 책망하는 뜻이 하늘에 나타난다는 뜻.

5) 天王(천왕) : 천자(天子).

제45편 향음주의(鄕飮酒義第四十五)

이 편은 고을 사람들이 모여서 잔치를 열고 술을 마시는데 쓰이는
예절이다. 또 모임에 술을 마시면 활쏘기 대회를 하는데 이것을 향
사(鄕射)라고 한다. 3년마다 한번씩 대회를 열어서 현자와 능한 자
를 선발한다고 하였다.

1. 향음주의 기본 취지

향음주(鄕飮酒)의 의의는 주인이 상문(庠門)의 밖에서 손님
에게 절하여 맞이하고, 들어와서 3번 읍(揖)한 뒤에 계단에 이르
며, 3번 사양한 뒤에 당(堂)에 오르는 것은 존양(尊讓)을 다하는
까닭이다.

손을 씻고 잔을 드는 것는 정결을 다하는 까닭이요, 배지(拜至)
하고 배세(拜洗)하며 배수(拜受)하고 배송(拜送)하며 배기(拜
既)하는 것은 공경을 다하는 까닭이다.

존양하고 정결하고 공경하는 것은 군자(君子)가 서로 접촉하
는 까닭이다.

군자가 존양하면 다투지 않으며, 정결하게 하고 공경하면 교만
하지 않는다. 교만하지 않고 다투지 않으면 싸움과 논쟁이 멀어
지고, 싸움과 논쟁을 하지 않으면 폭란(暴亂)의 화(禍)가 없을
것이다.

이것이 군자가 남으로부터의 화를 면하는 까닭이다.

그러므로 성인(聖人)이 도(道 : 禮)로써 그것을 제정(制定)한

것이다.

　향인(鄕人)과 사(士)와 군자(君子)가 방호(房戶) 사이를 높이는 것은 손〔賓〕과 주인이 공유(公有)하기 때문이다. 현주(玄酒)가 있는 것을 높이 여기는 것은 그 질박함을 귀하게 여기기 때문이다.

　음식이 동쪽 방에서 나오는 것은 주인이 그것을 바치는 것이요, 씻는 데가 동쪽 추녀 밑에 있는 것은 주인의 위치에서 스스로 정결하게 하여 그것으로써 손을 섬기기 위한 것이다.

　鄕飮酒[1]之義는 主人이 拜迎賓于庠門[2]之外하여 入三揖而后에 至階하며 三讓而后에 升은 所以致尊讓[3]也오 盥洗揚觶는 所以致絜也오 拜至[4]하며 拜洗[5]하며 拜受[6]하며 拜送[7]하며 拜旣[8]는 所以致敬也니 尊讓絜敬也者는 君子之所以相接也라

　君子 尊讓則不爭이오 絜敬則不慢하나니 不慢不爭하면 則遠於鬪辨[9]矣오 不鬪辨하면 則無暴亂之禍矣니 斯君子所以免於人禍也니라

　故로 聖人이 制之以道하셔

　鄕人士君子[10] 尊於房戶之間은 賓主 共之也오 尊有玄酒는 貴其質也오 羞 出自東房[11]은 主人이 共之也오 洗當東榮[12]은 主人之所以自絜而以事賓也라

1) 鄕飮酒(향음주) : 향리(鄕里)에서 베푸는 음주(飮酒)의 예(禮).

2) 庠門(상문) : 향교(鄕校)의 문.

3) 致尊讓(치존양) : 존경하고 사양함을 다하다.

4) 拜至(배지) : 주인이 손님을 맞이하여 정중하게 절하는 일.

5) 拜洗(배세) : 주인이 잔을 씻은 데 대해 손님이 절하여 공경의 뜻을 표하는 일.

6) 拜受(배수) : 주인이 손님에게 잔을 올리면 손님이 절하고 잔을 받는 일.

7) 拜送(배송) : 주인이 절하면서 손님에게 잔을 보내는 일.

8) 拜旣(배기) : 손님이 술을 다 마시고 난 다음 절하는 일. 기는 진(盡)과 같다.

9) 鬪辨(투변) : 싸우고 논쟁(論爭)하다.

10) 鄕人士君子(향인사군자) : 향인은 향대부(鄕大夫), 사는 주(州)의 우두머리나 당(黨)의 우두머리, 군자는 경대부를 말한다. 경대부와 나라의 현자(賢

者)의 음주에도 이와 같은 예를 사용한다.
11) 東房(동방) : 동쪽 방. 동쪽은 주인의 위치를 뜻한다.
12) 東榮(동영) : 동쪽 추녀 밑.

2. 손과 주인은 하늘과 땅을 상징한다

손〔賓〕과 주인은 하늘과 땅을 상징하고, 개(介)와 준(僕)은 음(陰)과 양(陽)을 상징하고, 3명의 손은 해와 달과 별의 삼광(三光)을 상징하는 것이다.

그것을 사양하기를 3번 하는 것은 초승달이 초사흗날에 백(魄)을 이루는 것을 상징하는 것이다.

사면에 앉는 것은 네 계절를 상징하는 것이다.

하늘과 땅의 굳게 얼어붙은 기운은 서남쪽에서 시작하여 서북쪽에서 성(盛)하는데, 이것은 하늘과 땅의 존엄(尊嚴)한 기운이며, 이것은 하늘과 땅의 의기(義氣)이다.

하늘과 땅의 온후한 기운은 동북쪽에서 시작하여 동남쪽에서 성해지는데, 이것은 하늘과 땅의 성덕(盛德)의 기운이며, 이것은 하늘과 땅의 인기(仁氣)이다.

주인이 되는 사람은 손을 높이는 것이니, 그러므로 손은 서북쪽에 앉고 개(介)는 서남쪽에 앉아서 손을 돕는다.

손이 되는 사람은 사람을 의(義)로써 대하는 것이다. 그러므로 서북쪽에 앉으며, 주인이 되는 사람은 사람을 인(仁)으로써 대하는 것이니 그것으로써 덕(德)이 두터운 사람이다. 그러므로 동남쪽에 앉으며, 준(僕)은 동북쪽에 앉아서 주인을 돕는다.

인(仁)과 의(義)가 접(接)하며, 손과 주인이 일이 있으며, 도마와 접시가 수에 맞게 있는 것을 성(聖)이라 말한다. 성이 서고 그것을 공경함으로써 거느리는 것을 예(禮)라고 말한다. 예로써 장유(長幼)의 차례를 형성하는 것을 덕(德)이라고 말하는데, 덕이라는 것은 몸에서 얻어지는 것이다.

그러므로 옛날의 예도(藝道)를 배우려는 사람은 장차 몸으로

얻으려고 하였으니, 그런 까닭에 성인(聖人)이 이것을 힘썼던 것
이다.

賓主는 象天地也오 介僎[1]은 象陰陽也오 三賓[2]은 象三光[3]也오
讓之三也는 象月之三日[4]而成魄[5]也오
四面之坐는 象四時也라
天地嚴凝之氣[6] 始於西南하여 而盛於西北하나니 此 天地之尊嚴氣
也며 此 天地之義氣也오 天地溫厚之氣 始於東北하여 而盛於東南하니
此 天地之盛德氣也며 此 天地之仁氣也라 主人者는 尊賓하나니 故로 坐
賓於西北하고 而坐介於西南하여 以輔賓하나니 賓者는 接人以義者也라
故로 坐於西北하고 主人者는 接人以仁하나니 以德厚者也라 故로 坐於東
南하고 而坐僎於東北하여 以輔主人也니라 仁義接하며 賓主 有事하며 俎
豆有數[7]曰聖이오 聖[8]立而將之以敬曰禮오 禮以體長幼[9]曰德이니 德也
者는 得於身也니 故로 曰하되 古之學術道者[10]는 將以得身也하니 是故로
聖人이 務焉하시나니라

1) 介僎(개준) : 개(介)는 손을 보좌하는 사람. 준(僎)은 주인을 보좌하는 사람.
2) 三賓(삼빈) : 많은 손님 중의 세 사람의 장로(長老).
3) 三光(삼광) : 해와 달과 별.
4) 月之三日(월지삼일) : 초사흗날의 초승달.
5) 魄(백) : 달에서 형체는 있으면서 광채가 없는 부분.
6) 嚴凝之氣(엄응지기) : 굳게 얼어붙은 기운.
7) 有數(유수) : 수에 맞게 있다. 절도있게 수에 맞다.
8) 聖(성) : 통달(通達). 통명(通明).
9) 體長幼(체장유) : 장유(長幼)의 차례가 성립되다. 체는 성립된다는 뜻.
10) 學術道者(학술도자) : 예도(藝道)를 배우려는 자.

3. 예를 먼저 하고 재물을 뒤로 한다

제천(祭薦)하고 제주(祭酒)하는 것은 예(禮)를 공경하는 것
이요, 폐(肺)를 씹는 것은 예를 맛보는 것이요, 술을 입에 대는 것

은 예를 이루는 것이다.

이것을 자리의 끝에서 행하는 것은 그것이 자리의 바름을 말하는 것이요, 오로지 음식(飮食)을 먹기 위한 것이 아니고 예를 행하기 위한 것이니 이것은 예를 귀하게 여기고 재물을 천하게 여기는 까닭이다.

졸치(卒觶)하고 치실(致實)하는 것을 서쪽 계단 위에서 행하는 것은 그것이 자리의 바름을 말하는 것이요, 오로지 음식을 먹기 위한 것이 아니니 이것은 예를 먼저 하고 재물을 뒤로 한다는 뜻이다.

예를 먼저 하고 재물을 뒤로 하면 백성들 사이에 공경하고 사양하는 마음이 생겨서 서로 다투지 않게 된다.

祭薦祭酒[1]는 敬禮也오 嚌肺[2]는 嘗禮也오 啐酒[3]는 成禮也라 於席末[4]은 言是席之正이오 非專爲飮食也라 爲行禮也니 此 所以貴禮而賤財也오 卒觶[5]致實[6] 於西階上은 言是席之上이오 非專爲飮食也니 此 先禮而後財之義也니 先禮而後財하면 則民이 作敬讓하여 而不爭矣니라

1) 祭薦祭酒(제천제주) : 제천은 주인이 올린 음식을 손이 즉석에서 제사하는 일. 제주는 제천(祭薦)하고 나서 다시 손이 술로 제사하는 일.

2) 嚌肺(제폐) : 제주(祭酒)하고 나서 손이 조(俎)에 놓인 폐(肺)를 씹어 맛보는 일.

3) 啐酒(쵀주) : 술을 입에 대어 조금 맛보는 일.

4) 席末(석말) : 자리의 끝. 말석(末席).

5) 卒觶(졸치) : 잔에 든 술을 한꺼번에 비우는 일.

6) 致實(치실) : 잔에 가득 담긴 술을 다 마시는 일.

4. 향음주례는 노인을 봉양할 줄 알게 하는 것이다

향음주(鄕飮酒)의 예(禮)에서 60세 된 사람은 앉고 50세 된 사람은 서서, 모시고 정사(政事)와 역사(役事)를 듣는 것은 어른을 존경하는 것을 밝히려는 까닭이다.

60세 된 사람에게는 3두(豆)를 놓고, 70세 된 사람에게는 4두 (豆)를 놓고, 80세 된 사람에게는 5두(豆)를 놓고, 90세 된 사람 에게는 6두(豆)를 놓는데, 이것은 노인을 봉양하는 것을 밝히려 는 까닭이다.

백성이 어른을 존경하고 노인을 봉양할 줄을 안 뒤에라야 집안 에 들어가 효제(孝悌)할 수 있는 것이며, 백성이 집안에 들어가 효제하고 밖에 나와 어른을 존경하고 노인을 봉양한 뒤에라야 가 르침이 이루어지며, 가르침이 이루어진 뒤에라야 나라가 편안할 수 있는 것이다.

군자가 효(孝)라고 말하는 것은 집에 이르러서 날마다 그것을 보이는 것이 아니다. 모든 향사(鄕射)의 예에 맞게 하며 향음주 (鄕飮酒)의 예(禮)로 그것을 가르쳐서 효제의 행(行)이 세워지 게 하는 것이다.

鄕飮酒之禮에 六十者면 坐하고 五十者면 立侍하여 以聽政役은 所以明 尊長[1]也오 六十者엔 三豆[2]오 七十者엔 四豆오 八十者엔 五豆오 九十者 엔 六豆는 所以明養老[3]也니 民이 知尊長養老而后에야 乃能入孝弟[4]하며 民이 入孝弟하고 出尊長養老而后에야 成教하며 成教而后에야 國可安也 니라 君子之所謂孝者는 非家至而日見之[5]也라 合諸鄕射하며 教之鄕飮 酒之禮하여 而孝弟之行이 立矣니라

1) 尊長(존장) : 어른을 존경하다.
2) 三豆(삼두) : 두(豆)는 나무로 만든 제기(祭器)이며, 세 접시로 풀이된다.
3) 養老(양로) : 노인을 봉양하다.
4) 孝弟(효제) : 효제(孝悌)와 같다.
5) 日見之(일견지) : 날로 그것을 보이다.

5. 3번 읍하고 계단에 오른다

공자가 말하였다.

"내가 향음주(鄕飮酒)를 보고, 교화(教化)의 근본은 어진 사

람을 높이고 어른을 숭상하는 것임을 알겠다.

주인이 친히 손과 개(介)를 초청하거든 많은 손이 스스로 그를 따라 문 밖에 이르면 주인이 손과 개(介)에게 절하고, 많은 손이 스스로 들어오니 귀천(貴賤)의 도리가 분별되는 것이다.

3번 읍(揖)하여 계단에 이르며, 3번 사양하여 손이 당(堂)에 오르며, 손이 이르기를 기다려 절하고 헌수(獻酬)하니 사양하는 절차가 성(盛)하다.

개에 이르러서는 생략하며, 많은 손에 이르러서는 당에 올라가 앉아서 제사하고, 서서 마시는 것은 받고 작(酢)하지 않고 내려 오니, 융성하게 하고 줄이는 것의 의(義)가 분별되는 것이다.

孔子 曰하시되 吾觀於鄕[1]하고 而知王道之易易也[2]하라 主人이 親速賓及介어든 而衆賓이 自從之하며 至于門外하여 主人이 拜賓及介어든 而衆賓이 自入하니 貴賤之義別矣로다 三揖至于階하며 三讓以賓升하며 拜至獻酬辭讓之節이 繁하되 及介하여 省矣며 至于衆賓하연 升受坐祭立飮하고 不酢而降하니 隆殺[3]之義 辨矣로다

1) 鄕(향) : 향음주(鄕飮酒).
2) 易易也(이이야) : 교화(敎化)의 근본은 어진 사람을 높이고 어른을 숭상하는 것이라는 뜻.
3) 隆殺(융쇄) : 융(隆)은 높은 자에게 예가 더욱 높아지는 것. 쇄(殺)는 낮은 자에게는 예가 더욱 줄어드는 것.

6. 향음주에서 연주하는 음악

악정(樂正)이 들어와 당(堂)에 올라가 노래 세 편을 마치면 주인이 그에게 술잔을 올리며, 생황(笙簧) 부는 사람이 들어와 당 아래에서 세 편의 곡조 불기를 마치면 주인이 또 술잔을 올린다.

당(堂) 위와 당 아래에서 교대로 세 편의 곡을 마치고 노래와 반주가 합하여 3번을 마치면 악정이 음악이 갖추어졌음을 알리고 드디어 나간다.

　　그러면 한 사람이 술잔을 들어 이에 사정(司正)을 세우니, 능히 화락(和樂)하여 예를 잃지 않음을 알 수 있다.

　　工[1]入하여 升歌三終[2]이어든 主人이 獻之하며 笙[3]入三終이어든 主人이 獻之하며 間歌[4]三終하고 合樂[5]三終이어든 工이 告樂備하고 遂出하여 一人이 揚觶어든 乃立司正焉하나니 知其能和樂而不流[6]也로다

1) 工(공) : 악정(樂正).
2) 歌三終(가삼종) : 세 편의 노래를 마친다.
　녹명(鹿鳴)·사모(四牡)·황황자화(皇
　皇者華) 3편의 시를 노래 부르는 것으로
　한편씩 끝나는 것을 종이라 한다.
3) 笙(생) : 생황(笙簧)을 부는 사람. 남
　해(南陔)·백화(白華)·화서(華黍)
　의 3편을 부는데 당 아래에서 분다.

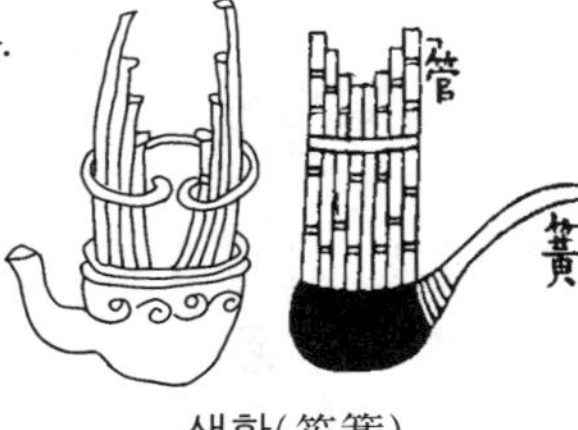

생황(笙簧)

4) 間歌(간가) : 간(間)은 대(代)와 같다. 당상(堂上)과 당하(堂下)에서 교대
　로 노래를 부르는 일. 먼저 당 위에서 어리(魚麗)를 부르면 당 아래에서 유
　경(由庚)을 분다. 다음에 당 위에서 남유가어(南有嘉魚)를 부르고 당 아래
　에서 숭구(崇丘)를 불고 마지막으로 당 위에서 남산유대(南山有臺)를 부르
　고 당 아래에서 유의(由儀)를 분다.
5) 合樂(합악) : 노래와 반주(伴奏)가 섞이는 것. 악정이 관저(關雎)를 부르면
　작소(鵲巢)를 불어 합하고, 악정이 갈담(葛覃)을 부르면 채번(采蘩)으로 합
　하고, 악정이 권이(卷耳)를 부르면 채빈(采蘋)으로 합한다.
6) 不流(불류) : 예(禮)를 잃지 않다. 유(流)는 실례(失禮).

7. 귀천이 밝혀지면 융성과 생략이 분별된다

　　손[賓]이 주인에게 잔을 돌리고, 주인이 개(介)에게 잔을 돌리고, 개가 많은 손[衆賓]에게 잔을 돌리는데, 젊은이와 어른은 연령의 순으로써 하고 허드렛일 하는 사람에게 이르러 마친다. 그 어른에게 공손하게 하여 빠뜨리지 않는 것을 알 수 있다.

내려왔다가 신을 벗고 올라가 앉아서 잔을 돌리는 일이 헤아릴 수가 없는데, 음주(飲酒)의 절차를 아침에는 아침의 일을 폐(廢)하지 않고 저녁에는 저녁 일을 저버리지 않으며, 손이 나가면 주인이 절하여 보내 문장(文章)을 절제함이 마침내 이루어진다. 그 연회가 편안하고 어지럽지 않은 것을 능히 알 수 있다.

귀천(貴賤)이 밝혀지며, 융성하게 하고 덜어내는 것이 분별되며, 화락(和樂)하되 예를 잃지 않으며, 어른에게 공손하여 빠뜨리는 것이 없으며, 잔치가 편안하고 어지럽지 않으니, 이 5가지 행함은 넉넉히 그것으로써 몸을 바르게 가지고 나라를 편안하게 할 것이다.

저 나라가 편안하면 천하가 편안할 것이므로 "내가 향음주(鄉飲酒)를 보고 교화의 근본은 어진 사람을 높이고 어른을 숭상하는 것임을 알겠다."라고 말한 것이다.

賓이 酬主人하며 主人酬介하며 介酬衆賓하되 少長이 以齒[1]하여 終於沃洗者[2]焉하나니 知其能弟長而無遺矣로다

降說屨[3]升坐[4]하여 脩爵無數하되 飲酒之節을 朝不廢朝하고 莫不廢夕하며 賓出커든 主人이 拜送하여 節文[5]이 終遂[6]焉하나니 知其能安燕[7]而不亂也로다

貴賤이 明하며 隆殺辨하며 和樂而不流하며 弟長而無遺하며 安燕而不亂하니 此五行者 足以正身安國矣니라 彼國安而天下安이니 故로 曰하되 吾觀於鄉하여 而知王道之易易也니라

1) 以齒(이치) : 연치(年齒)로써 한다. 곧 연령 순으로써 한다.

2) 沃洗者(옥세자) : 허드렛일을 하는 사람.

3) 降說屨(강탈구) : 내려왔다가 신발을 벗다. 탈(說)은 탈(脫)과 같다.

4) 升坐(승좌) : 당에 올라가 앉다.

5) 節文(절문) : 문장(文章)을 절제하다.

6) 終遂(종수) : 충분히 갖추어지다. 마침내 이루다.

7) 安燕(안연) : 연회가 편안하다. 연(燕)은 연(宴)과 같다.

8. 개는 동쪽에서 삶고 씻는다

향음주(鄕飮酒)의 의의에 손을 세워 그로써 하늘을 상징하고, 주인을 세워 그로써 땅을 상징하고, 개(介)와 준(僕)을 세워 그로써 일월(日月)을 상징하고, 3명의 손을 세워 해와 달과 별을 상징하는 것이다.

옛날의 예의를 제정한 것이 하늘과 땅을 날줄로 삼고 해와 달을 벼리로 삼아, 해와 달과 별을 참여하게 한 것은 정치와 교육의 근본인 것이다.

동쪽에서 개를 삶는 것은 양기(陽氣)가 동쪽에서 발(發)하는 것을 본받는 것이요, 그것을 씻는 자리가 동쪽 계단에 있고 그 물이 씻는 자리의 동쪽에 있는 것은 하늘과 땅에서 동해(東海)를 본받는 것이다.

현주(玄酒)가 있는 것을 높이는 것은 백성이 근본을 잊지 않도록 가르치는 것이다.

鄕飮酒之義에 立賓以象天하며 立主以象地하며 設[1]介僕以象日月하며 立三賓以象三光하나니 古之制禮也 經[2]之以天地하며 紀[3]之以日月하며 參[4]之以三光은 政敎之本也니라

烹狗於東方은 祖[5]陽氣之發於東方也오 洗之在阼하며 其水在洗東은 祖天地之左海[6]也라

尊有玄酒는 敎民不忘本也라

1) 設(설) : 입(立)과 같다. 세우다.
2) 經(경) : 날줄. 곧 기(紀)의 본(本)이다.
3) 紀(기) : 벼리. 곧 경(經)이 되는 단서다.
4) 參(참) : 참여하다. 모시다.
5) 祖(조) : 본받다. 법(法)의 뜻.
6) 左海(좌해) : 동해(東海).

9. 손은 반드시 남쪽을 향한다

손〔賓〕은 반드시 남쪽을 향한다. 동쪽 방향은 봄이다. 봄은 준 (蠢)이라고 말하는데, 만물을 생산하는 것은 성(聖)이다.

남쪽 방향은 여름이다. 여름은 가(假)라고 말하는데, 기르고 성 장시키고 크게 하는 것은 인(仁)이다.

서쪽 방향은 가을이다. 가을은 수(愁)라고 말하는데, 그것을 모 아 거두어 들이고 때로는 살피는 것은 의(義)를 지키는 것이다.

북쪽 방향은 겨울이다. 겨울은 중(中)이라고 말하는데, 중이라 는 것은 장(藏)이다.

그래서 천자가 서려면 성(聖)을 왼편으로 하여 인(仁)을 향하 고, 의(義)를 오른편으로 하여 장(藏)을 등지는 것이다.

賓必南鄉하나니 東方者는 春이니 春之爲言은 蠢[1]也니 産萬物者 聖[2]也 라 南方者는 夏니 夏之爲言은 假[3]也니 養之長之는 假之仁[4]也라 西方者 는 秋니 秋之爲言은 愁[5]也니 愁之以時察이란 守義者也라 北方者는 冬이 니 冬之爲言은 中也니 中者는 藏[6]也라 是以天子之立也에 左聖鄉仁하며 右義偝藏也니라

1) 蠢(준) : 준동(蠢動). 곧 생(生)의 모습이다.
2) 聖(성) : 생성(生成)을 뜻한다.
3) 假(가) : 크다는 뜻. 곧 크게 자라게 한다는 뜻.
4) 仁(인) : 은의(恩義)를 뜻한다.
5) 愁(수) : 추(揫)와 같으며, 거두어 들인다는 뜻.
6) 藏(장) : 갈무리하다. 감추다.

10. 예는 정치와 교육의 근본이다

개(介)는 반드시 동쪽을 향하는데 손과 주인의 중간에 위치한다.

주인은 반드시 동방에 있는데 동쪽 방향은 봄이다. 봄은 준(蠢)

이라 말하는데 만물을 생산하는 것이다. 주인은 그것을 만들었으
니 만물을 생산하는 것이다.

　달은 초사흗날이면 백(魄)을 이루고, 석 달이면 계절을 이룬다.
그래서 예(禮)에는 3번 사양하는 것이 있다.

　나라를 세우는 데에는 반드시 삼경(三卿)을 세운다. 향음주의
예에서 삼빈(三賓)을 세우는 것은 정치와 교육의 근본이며, 예
(禮)를 크게 가지런히 하는 것이다.

　介必東鄕은 介賓主[1]也라 主人이 必居東方하나니 東方者는 春이니 春
之爲言은 蠢也니 産萬物者也며 主人者 造之[2]하나니 産萬物者也라 月者
三日則成魄하고 三月則成時[3]하나니 是以禮有三讓하며 建國하되 必立三
卿하나니 三賓者는 政敎之本이며 禮之大參也니라

1) 介賓主(개빈주) : 여기서의 개(介)는 간(間)과 같은 뜻이므로, 빈과 주인의
　　중간이라는 뜻.

2) 造之(조지) : 그것을 만들다. 곧 향음주의 예를 만들었다는 뜻.

3) 成時(성시) : 때가 이루어지다. 곧 춘하추동의 네 계절이 이루어진다는 뜻.

제46편 사의(射義第四十六)

이 편은 연사(燕射)와 대사(大射)의 예절을 논하고 사례에서 덕행을 관찰하고 사(士)를 선발하는 뜻을 기술하였다.

『주역』계사(繫辭)에 "나무를 구부려 활집을 만들고 나무를 깎아 화살을 만든다."라고 하였다.

I. 활을 쏘는 것은 예에 맞아야 한다

옛날에 제후(諸侯)의 사례(射禮)에는 반드시 먼저 연례(燕禮)를 행하였고, 경(卿)이나 대부(大夫)나 사(士)의 사례에는 반드시 먼저 향음주(鄕飮酒)의 예(禮)를 행했다.

그러므로 연례라는 것은 임금과 신하의 의(義)를 밝히는 것이고, 향음주례라는 것은 어른과 어린 사람의 차례를 밝히는 것이다.

그러므로 활을 쏘는 것은 나아가고 물러남과 몸을 놀리는 일이 반드시 예(禮)에 맞아야 하는 것이다. 안으로 뜻이 바르며, 밖으로 몸의 자세가 곧은 연후라야 활과 화살을 잡는 것이 격식에 맞고 단단하며, 활과 화살을 잡는 것이 격식에 맞고 단단한 연후에라야 표적을 맞추는 것을 말할 수 있는 것이다. 이것으로 덕행(德行)을 볼 수 있는 것이다.

古者에 諸侯之射[1]也에 必先行燕禮하고 卿大夫士之射[2]也에 必先行鄕飮酒之禮하더니 故로 燕禮者는 所以明君臣之義也오 鄕飮酒之禮者는 所以明長幼之序也라

故로 射者는 進退周還이 必中禮니 內志正하며 外體直[3]然後에야 持弓矢審固[4]하고 持弓矢審固然後에야 可以言中이니 此可以觀德行矣니라

1) 諸侯之射(제후지사) : 제후의 사례(射禮). 대사례(大射禮)를 말한다.

2) 卿大夫士之射(경대부사지사) : 향사례(鄕射禮)를 말한다.

3) 外體直(외체직) : 밖으로 몸의 자세가 곧다.

4) 持弓矢審固(지궁시심고) : 활과 화살을 잡는 것이 격식에 맞고 단단하다. 심(審)은 격식(格式)에 맞는다는 뜻.

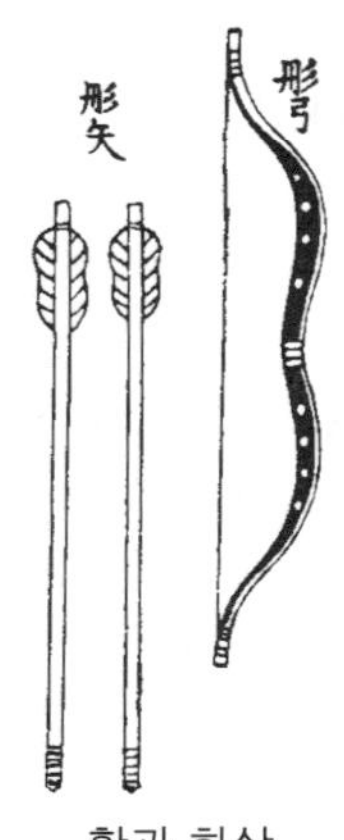

활과 화살

2. 사례는 성덕을 보기 위한 것이다

그 절도(節度)는, 천자(天子)는 추우(騶虞)로써 절도를 삼고, 제후(諸侯)는 이수(貍首)로써 절도를 삼고, 경대부(卿大夫)는 채빈(采蘋)으로써 절도를 삼고, 사(士)는 채번(采蘩)으로써 절도를 삼는다.

추우는 관원(官員)이 갖추어진 것을 즐거워하는 것이요, 이수는 때로 천자와 만나는 것을 즐거워하는 것이요, 채빈은 법에 따르는 것을 즐거워하는 것이요, 채번은 직(職)을 잃지 않은 것을 즐거워하는 것이다.

그런 까닭에 천자는 관원을 갖추는 것으로써 절도를 삼고, 제후는 때로 천자와 만나는 것으로써 절도를 삼고, 경대부는 법에 따르는 것으로써 절도를 삼고, 사(士)는 직(職)을 잃지 않는 것으로써 절도를 삼는다.

그러므로 그 절도의 뜻을 밝혀서 그것으로써 그 일을 잃지 않으면 공(功)이 이루어지고 덕행(德行)이 서는 것이다. 덕행이 서면 폭란(暴亂)의 화(禍)가 없어지고 공이 이루어지면 나라가 편안하다.

그러므로 말하기를 "사례는 성덕(盛德)을 보기 위한 것이다." 라고 한다.

其節[1]은 天子는 以騶虞[2]로 爲節하고 諸侯는 以貍首[3]로 爲節하고 卿大夫는 以采蘋[4]으로 爲節하고 士는 以采蘩[5]으로 爲節하나니 騶虞者는 樂官備[6]也오 貍首者는 樂會時[7]也오 采蘋者는 樂循法也오 采蘩者는 樂不失職也라 是故로 天子는 以備官으로 爲節하고 諸侯는 以時會天子爲節하고 卿大夫는 以循法으로 爲節하고 士는 以不失職으로 爲節하나니 故로 明乎其節之志[8]하여 以不失其事하면 則功成而德行이 立하나니 德行이 立하면 則無暴亂之過矣오 功成하면 則國安하나니 故로 曰하되 射者는 所以觀盛德也라하니라

1) 節(절) : 절도(節度). 시(詩)를 노래하여 화살을 쏘아 보내는 일. 가락으로 볼 수 있다.
2) 騶虞(추우) : 시편(詩篇)의 이름.
3) 貍首(이수) : 시편의 이름. 일시(逸詩).
4) 采蘋(채빈) : 시편의 이름.
5) 采蘩(채번) : 시편의 이름.
6) 樂官備(낙관비) : 관원(官員)이 갖추어진 것을 즐거워하다.
7) 樂會時(낙회시) : 때로 천자와 만나는 것을 즐거워하다.
8) 節之志(절지지) : 절도의 뜻. 곧 절도로 삼는 시의 뜻.

3. 활쏘는 일은 남자의 일이다

이런 까닭으로 옛날에 천자는 사례(射禮)로써 제후와 경대부(卿大夫)와 사(士)를 선택하였는데, 활쏘는 일은 남자의 일이다. 인하여 예악(禮樂)으로써 그것을 꾸몄다.

그러므로 예악을 다하고 그것을 자주 함으로써 덕행(德行)을 세울 수 있는 것으로 사례보다 나은 것이 없다. 그러므로 성왕(聖王)이 그것을 힘쓴 것이다.

그런 까닭에 옛날 천자의 제도에 제후가 해마다 사(士)를 천자

에게 공헌(貢獻)하면 천자가 그를 사궁(射宮)에서 시험한다. 그
몸가짐이 예(禮)에 비교되고 그 절도(節度)가 악(樂)에 비교되
어 맞는 것이 많은 사람은 제사에 참여함을 얻었고, 그 몸가짐이
예에 비교할 수 없고 그 절도가 악에 비교할 수 없어서 맞는 것이
적은 사람은 제사에 참여함을 얻지 못하였다.

공헌한 사(士)가 자주 제사에 참여하면 그 제후에게는 경사가
있고 공헌한 사가 자주 제사에 참여하지 못하면 그 제후에게는 문
책(問責)이 있었다. 자주 경사가 있는 제후에게는 땅이 더해졌고
자주 문책을 당하는 제후는 땅이 깎였다.

그러므로 말하기를 "활쏘기는 제후를 위해 쏘는 것이다."라고
한다. 그런 까닭에 제후의 군신(君臣)이 활쏘기에서 뜻을 다하여
그것으로써 예와 악을 익힌다. 대저 군신이 예와 악을 익혔는데
그것으로 유망(流亡 : 멸망)하는 사람은 아직 있지 않았다.

是故로 古者에 天子 以射로 選諸侯卿大夫士하더니 射者는 男子之事
也라 因而飾之以禮樂也하니 故로 事之盡禮樂而可數爲[1]하여 以立德行
者 莫若射하니 故로 聖王이 務焉하시나니라 是故로 古者天子之制에 諸侯
歲獻貢士於天子하여든 天子 試之[2]於射宮하시되 其容體比於禮하며 其節
이 比於樂하고 而中多者[3] 得與於祭하고 其容體不比於禮하며 其節이 不
比於樂하고 而中少者 不得與於祭라 數與於祭어든 而君이 有慶하고 數
不與於祭어든 而君이 有讓[4]하여 數有慶이어든 而益地하고 數有讓이어든 則
削地[5]하더니 故로 曰하되 射者는 射爲諸侯也라하니 是以諸侯君臣이 盡志
於射하여 以習禮樂하더니 夫君臣이 習禮樂而以流亡者 未之有也하니라

1) 數爲(삭위) : 자주 하다.

2) 試之(시지) : 활쏘기를 시험하다.

3) 中多者(중다자) : 용체(容體)를 예(禮)에 비(比)하고 절도(節度)를 악(樂)
에 비하여, 비교되는 일에 맞는 것이 많은 사람.

4) 君有讓(군유양)) : 제후가 천자에게 공헌한 사(士)로서 자주 제사에 참여하
지 못하는 자가 있으면, 그를 공헌한 제후에게 문책이 있다는 뜻. 양은 문책
(問責)의 뜻.

5) 削地(삭지) : 제후의 영지(領地)가 깎인다는 뜻.

4. 스스로 덕을 바르게 하는 기구

그러므로 시(詩)에 말하였다.

"증손후씨(曾孫侯氏)여, 사정(四正)을 모두 들도다. 대부군자(大夫君子)와 일반 서사(庶士) 등 크고 작은 벼슬아치는 자리에 있지 않고, 임금 계신 곳에서 모시고 연례(燕禮)와 사례(射禮)를 행하여 안락하고 영예(榮譽)롭다."

이것은 임금과 신하가 서로 더불어 사례에 뜻을 다하여 그것으로써 예(禮)와 악(樂)을 익히면 안락하고 영예롭다는 것을 말하는 것이다. 그래서 천자가 그것을 마련하고, 제후가 그것을 힘쓰는 것이다. 이것은 천자가 제후를 길러서 군대를 사용하지 않는 것이며, 제후가 스스로 덕(德)을 바르게 하는 기구인 것이다.

故로 詩曰하되 曾孫侯氏[1] 四正을 具擧[2]어든 大夫君子와 凡以庶士 小大莫處하여 御于君所하여 以燕以射[3]하여 則燕則譽[4]라하니 言君臣이 相與盡志於射하여 以習禮樂하여 則安則譽也라 是以天子 制之어시든 而諸侯務焉하나니 此 天子之所以養諸侯하여 而兵不用이며 諸侯 自爲正之[5]具也니라

1) 曾孫侯氏(증손후씨) : 제후(諸侯)를 이르는 말이다. 제후는 그 시조인 제후에 대하여 자신을 증손(曾孫)이라고 일컫는 데서 유래하는 말.

2) 四正具擧(사정구거) : 4번 정식 술잔을 모두 들다. 정(正)은 정작(正爵) 곧 정식 술잔을 뜻하고, 4번은 먼저 빈(賓)에게 드리고, 다음에 임금에게 드리고, 경(卿)에게 드리고, 대부(大夫)에게 드리는 4번이다. 곧 활쏘기에 앞서 행하는 연례(燕禮)를 말한다.

3) 以燕以射(이연이사) : 연례(燕禮)를 행하고 사례(射禮)를 행한다는 뜻.

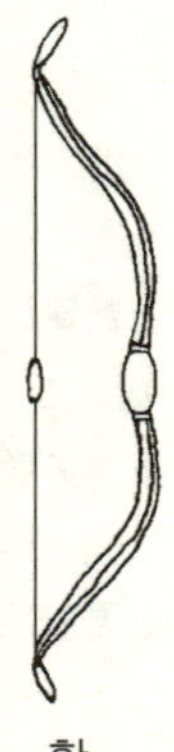

활

4) 燕則譽(연즉예) : 안락하고 영예(榮譽)롭다는 뜻.
5) 正之(정지) : 덕(德)을 바르게 한다는 뜻.

5. 공자가 확상 땅에서 사례를 행할 때

공자가 확상(矍相)의 택지(澤地)에서 사례(射禮)를 행했는데, 대개 구경하는 사람이 담장을 두른 것 같았다.

사례가 사마(司馬)에게 이르르니 자로(子路)로 하여금 궁시(弓矢)를 들고 나가서 활쏘기를 권유하며 말하게 하기를

"전쟁에 패(敗)한 장수나 나라를 망하게 한 대부나 붙어서 남의 후계자가 된 사람은 들어오지 말고, 그 나머지는 모두 들어오시오."

하니, 대개 가는 사람이 반이요, 들어가는 사람이 반이었다.

또 공망지구(公罔之裘)와 서점(序點)으로 하여금 술잔을 들고 말하게 하였다.

공망지구가 술잔을 들고 말하기를

"나이 어리거나 장년의 나이로서 효도하며 어른을 공경하고, 60대나 70대의 노인으로서 예(禮)를 좋아하여 세속에 따르지 않고 몸을 닦아서 죽음을 기다리는 사람이여! 이 자리에 있지 않습니까."

하니, 대개 가는 사람이 반이요, 있는 사람이 반이었다.

서점(序點)이 또 술잔을 들고 말하기를

"배우기를 좋아하여 게으르지 않고, 예(禮)를 좋아하여 변하지 않으며, 80대나 90대 이상의 장수한 노인으로서 도(道)를 일컬어서 어지럽지 않은 사람이여! 이 자리에 있지 않습니까."

하니, 대개 남아있는 사람이 극히 적었다.

孔子 射於矍相[1]之圃[2]하실세 盖觀者 如堵墻하더니 射至于司馬[3]어늘 使子路[4]로 執弓矢하여 出延射[5]曰하되 賁軍之將[6]과 亡國之大夫와 與爲人後者[7]는 不入하고 其餘는 皆入하라하시니 盖去者 半이오 入者 半이러라

又使公罔之裘[8]와 序點[9]으로 揚觶[10]而語하신대 公罔之裘 揚觶而語曰

하되 幼壯孝弟하고 耆耋[11] 好禮하여 不從流俗하여 修身以俟死者아 不아 在此位也[12] 하라하니 盖去者 半이오 處者 半이러라

序點이 又揚觶而語曰하되 好學不倦하며 好禮不變하며 旄期[13] 하되 稱道不亂者아 不아 在此位也하라하니 蓋麾有存者하더라

1) 矍相(확상) : 노(魯)나라의 지명(地名).

2) 圃(포) : 습지(濕地). 택지(澤地).

3) 司馬(사마) : 사례(射禮)의 진행을 맡은 사람.

4) 子路(자로) : 공자의 제자. 중유(仲由). 이름
   은 유(由).

5) 出延射(출연사) : 나가서 활쏘기를 권유하다.
   연(延)은 권유한다는 뜻.

6) 賁軍之將(분군지장) : 전쟁에 패한 장수.

7) 與爲人後者(여위인후자) : 연고가 없이 붙어서 남의 후
   계자가 된 사람. 이런 사람은 비루한 자로 인정을 받는다.

8) 公罔之裘(공망지구) : 사람 이름. 공망(公罔)은 성
   (姓), 구(裘)는 이름. 지(之)에는 뜻이 없다.

9) 序點(서점) : 사람 이름. 서(序)는 성, 점(點)은 이름.

10) 揚觶(양치) : 술잔을 들다.

11) 耆耋(기질) : 기는 60대의 노인, 질은 70대의 노인.

12) 不在此位也(부재차위야) : 이 자리에 있지 않으냐.
   있다면 빈(賓)의 자리로 나오라는 뜻이다.

13) 旄期(모기) : 모(旄)는 80~90대의 노인. 기(期)는 백세의 노인.

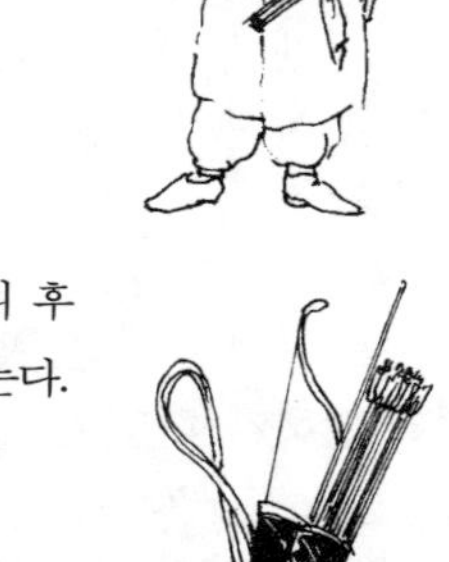

활집

6. 쏘아서 적중하면 제후가 된다

사(射)는 역(繹)이라고 말하는데, 혹은 사(舍)라고도 한다. 역(繹)이라는 것은 각각 자기의 뜻을 찾는 것이다. 그러므로 마음이 평화롭고 몸을 바르게 하면 궁시(弓矢)를 잡는 것이 격식에 맞고 단단하다. 궁시를 잡는 것이 격식에 맞고 단단하면 쏘아서 적중한다.

그러므로 말이 있다.

"남의 아비된 자는 아비의 과녁을 만들고, 남의 자식된 자는 자식의 과녁을 만들고, 남의 임금된 자는 임금의 과녁을 만들고, 남의 신하된 자는 신하의 과녁을 만드는 것이다."

활쏘기는 각각 자기의 과녁을 쏘는 것이다. 그러므로 천자의 대사(大射)를 사후(射侯)라고 이르는데, 사후라는 것은 활을 쏘아 제후가 되는 것이다.

쏘아서 적중하면 제후가 되는 것이고, 쏘아서 적중시키지 못하면 제후가 되지 못하는 것이다.

射之爲言者는 繹[1]也니 或曰하되 舍[2]也라 繹者는 各繹己之志也니 故로 心平體正하면 持弓矢審固하고 持弓矢審固하면 則射中矣[3]니 故로 曰하되 爲人父者는 以爲父鵠[4]하고 爲人子者는 以爲子鵠하나니 爲人君者는 以爲君鵠하고 爲人臣者는 以爲臣鵠하나니 故로 射者는 各射己之鵠[5]이니 故로 天子之大射를 謂之射侯니 射侯者는 射爲諸侯也라 射中則得爲諸侯하고 射不中則不得爲諸侯니라

1) 繹(역) : 각각 자기의 뜻을 찾는다는 뜻.
   곧 각각 이성(理性)의 소재(所在)인 바른 도리를 알아서 이에 따른다는 뜻.
2) 舍(사) : 도(道)에 머무른다는 뜻.
3) 射中矣(사중의) : 쏘아서 적중시킨다.
4) 鵠(곡) : 과녁.
5) 各射己之鵠(각사기지곡) : 각각 자기의 과녁을 쏘다.

7. 제사에 참여할 선비를 뽑는다

천자가 장차 제사를 지내려고 할 때에는 반드시 먼저 택지(澤地)에서 활쏘기를 익히는데, 택지는 사(士)를 선택하기 위한 곳이다.

이미 택지에서 활쏘기를 익힌 뒤에 사궁(射宮)에서 활쏘기를

하여 쏘아서 맞춘 자는 제사에 참여함을 얻고, 맞추지 못한 자는
제사에 참여함을 얻지 못한다.

제사에 참여함을 얻지 못한 자에게는 문책하고 영지(領地)를
깎았으며, 제사에 참여함을 얻은 자에게는 경사스러운 상을 내리
고 영지를 더해 주었다. 작위(爵位)를 올리고 영지를 깎는다는
것이 이것이다.

그러므로 남자가 태어나면 뽕나무로 만든 활과 쑥대로 만든 화
살 여섯으로써 천지사방(天地四方)에 쏘았는데 천지사방은 남
자의 할 일이 있는 곳이다. 그러므로 반드시 먼저 그 일이 있는 곳
에 뜻을 두고, 그런 뒤에 감히 곡식을 먹였는데 이것을 반사(飯
食)라고 이르는 것이다.

天子 將祭하실세 必先習射於澤[1]하나니 澤者는 所以擇士也라 已射於
澤而后에 射於射宮하여 射中者는 得與於祭[2]하고 不中者는 不得與於祭
하나니 不得與於祭者는 有讓하여 削以地하고 得與於祭者는 有慶하여 益以
地하나니 進爵絀地[3]是也라

故로 男子 生커든 桑弧와 蓬矢六으로 以射天地四方하나니 天地四方者
는 男子之所有事也라 故로 必先有志於其所有事하고 然後에야 敢用穀[4]
也하나니 飯食[5]之謂也라

1) 澤(택) : 택지(澤地). 물에 가까운 곳으로 넓고 비어 있는 땅.
2) 得與於祭(득여어제) : 제사에 참여함을 얻다.
3) 進爵絀地(진작출지) : 진작은 작위(爵位)를 올리다. 출지는 영지를 깎다.
4) 用穀(용곡) : 곡식을 사용한다. 여기서는 아기에게 젖을 먹인다는 뜻이다.
5) 飯食(반사) : 식사하는 일.

8. 자기를 이긴 자를 원망하지 않는다

활쏘는 것은 인(仁)의 도(道)이다. 활쏘기의 바른 도는 자기에
게서 구하여, 자기의 몸이 바르게 된 뒤에야 발사하는 것이니, 발
사하여 맞추지 못해도 자기를 이긴 자를 원망하지 않고 반성하여

자기에게서 구할 따름이다.

공자가 말하였다.

"군자(君子)는 다툴 바가 없으니, 다툰다면 반드시 활쏘기에서 이다. 읍양(揖讓)하여 당(堂)에 오르고 당에서 내려와 술을 마시니 그 다툼이 군자답도다."

또 공자가 말하였다.

"활쏘는 사람은 무엇으로써 쏘며, 무엇으로써 듣는가. 소리를 따라서 발(發)하고 발하여 정확한 과녁을 잃지 않는 사람은 그가 오직 현자(賢者)이다. 만약 저 불초(不肖)한 사람이라면 그가 장차 어찌 능히 맞출 수 있겠는가."

시(詩)에 말하였다.

"활 쏘아 과녁에 적중시켜 그대가 술잔들기 바라네."

바란다는 말은 구(求)한다는 뜻이다. 과녁을 맞추어서 그것으로써 술잔을 사양하여 그대에게 마시게 하기를 구하는 것이다. 술이란 것은 노인을 봉양하기 위한 것이며, 병을 요양하기 위한 것이다. 과녁을 맞추어 그것으로써 술잔을 사양하기를 구하는 것은 봉양받는 것을 사양하는 것이다.

射者는 仁之道也라 求正諸己하여 己正而后에야 發이니 發而不中이어든 則不怨勝己者하고 反求諸己[1]而已矣니라

孔子曰하시되 君子는 無所爭하니 必也射乎인저 揖讓而升[2]하고 下而飮[3]하나니 其爭也 君子니라

孔子曰하시되 射者는 何以射[4]며 何以聽[5]고 循聲而發하여 發而不失正鵠者는 其唯賢者乎인저 若夫不肖之人은 則彼將安能以中이리오 詩云[6]하되 發彼有的하여 以祈爾爵이라하니 祈는 求也니 求中以辭爵也라 酒者는 所以養老也며 所以養病也니 求中以辭爵者는 辭養也라

1) 反求諸己(반구저기) : 반성하여 자기에게서 구하다. 곧 자기의 잘못을 자기에게서 찾는다는 뜻.

2) 揖讓而升(읍양이승) : 읍양하여 오르다. 곧 활을 쏘기 위해 당(堂)에 오를 때 읍(揖)하고 사양하는 예절이 있다는 뜻.

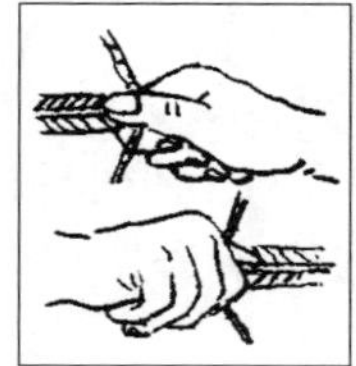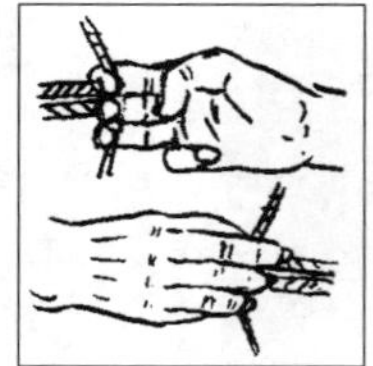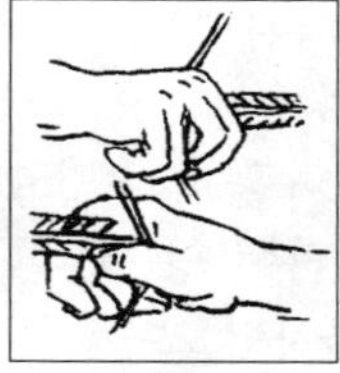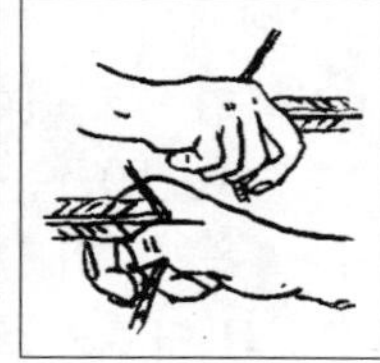

화살 잡는 여러 가지 방법

3) 下而飮(하이음) : 내려와서 마시다. 곧 활쏘기
   를 마치고 당에서 내려와 술을 마신다는 뜻.
4) 何以射(하이사) : 무엇으로써 쏘는가. 곧 무엇
   을 가지고 활쏘기의 절도로 삼는가의 뜻으로 악
   (樂)의 음절을 들어서 절도에 맞게한다는 뜻.
5) 何以聽(하이청) : 무엇으로써 듣는가. 곧 무엇을 가지
   고 악(樂)의 음절(音節)을 들어서 절도에 맞게 하느냐
   는 뜻.
6) 詩云(시운) : 『시경(詩經)』소아(小雅) 빈지초연편(賓之初筵篇).

제47편 연의(燕義第四十七)

이 편은 임금과 신하간에 즐겁게 마시는 연회에서 지켜야 할 연례(燕禮)의 의의를 밝힌 것이다.

1. 군대를 동원할 때는 전차와 무기를 준다

옛날 주(周)나라 때 천자의 벼슬아치에 서자관(庶子官)이 있었다.

서자관은 제후와 경대부(卿大夫)와 사(士)의 서자(庶子)의 쉬(卒)를 맡아서 그 계령(戒令)과 그 교치(敎治)를 관장하여 그 등급을 분별하고 그 지위를 바르게 하여, 나라에 대사(大事)가 있으면 국자(國子)를 거느려서 태자(太子)에게 바쳐 오직 그들을 마음대로 사용하게 하였다.

만약 군대를 동원할 일이 있으면 국자들에게 전차와 무기를 주고 그 졸오(卒伍)를 합치고 담당관리를 두어 군법으로써 다스렸는데, 사마(司馬)로서는 다스리지 못하였다.

무릇 나라의 정사(政事)에는 국자 중 유쉬(游卒)를 남겨 두어 그들로 하여금 덕(德)을 닦고 도(道)를 배우게 하여, 봄에는 학교에 모으고, 가을이면 활쏘는 곳에 모아서, 그들의 재주를 고찰하여 그들을 나아가고 물러나게 하였다.

古者에 周天子之官이 有庶子官하니 庶子官은 職諸侯卿大夫士之庶子之卒[1]하여 掌其戒令[2]과 與其敎治[3]하여 別其等하며 正其位하여 國有大

事어든 則率國子而致於太子하여 唯所用之[4]하나니 若有甲兵之事[5]어든 則授之以車甲[6]하여 合其卒伍[7]하며 置其有司[8]하여 以軍法으로 治之하고 司馬 弗正[9]하나니라 凡國之政事에 國子 存游卒[10]하여 使之修德學道하여 春合諸學하고 秋合諸射하여 以考其藝而進退[11]之하나니라

1) 庶子之卒(서자지쉬) : 서자(庶子)는 적자(適子)가 아닌 중
   자(衆子)를 가리키는 말로서, 첩(妾)의 소생을 말하는 것이
   아니다. 쉬(卒)는 쉬(倅)와 통하여 부이(副貳) 곧 다음이라
   는 뜻이다.
2) 戒令(계령) : 정역(征役)에 종사하게 하는 일.
3) 敎治(교치) : 덕(德)을 닦고 도(道)를 배우는 일.
4) 唯所用之(유소용지) : 오직 그들을 마음대로 사용한다는 뜻.
5) 甲兵之事(갑병지사) : 군대를 동원하는 일. 전쟁과 같은 일.
6) 車甲(거갑) : 전차(戰車)나 무기 따위.
7) 卒伍(졸오) : 군대의 단위. 백 사람이 졸(卒), 다섯 사
   람이 오(伍).
8) 有司(유사) : 졸오(卒伍)를 통솔하는 사람.
9) 司馬弗正(사마불정) : 태자(太子)에 속해 있
   으므로, 사마(司馬)로서는 다스리지 못하
   였다는 뜻.
10) 游卒(유쉬) : 국자(國子)로서 아
    직 벼슬하지 않은 사람.
11) 進退(진퇴) : 진(進)은 관직(官職)
    에 등용되는 일. 퇴(退)는 학(學)으로
    돌아가게 해서 교육시키는 일.

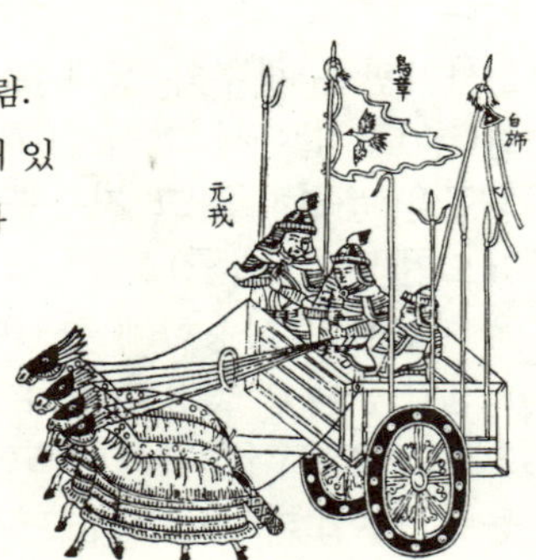

창

전차

2. 연례(燕禮)의 기본 취지

제후가 행하는 연례(燕禮)의 의의(意義)에서 임금이 동쪽 계
단의 동남쪽에 서서 남쪽을 향하여 경(卿)에게 읍(揖)하면 대부
가 모두 조금씩 나오게 하는 것은 자리를 정하는 것이다.

임금이 동쪽 계단의 위에 자리잡는 것은 주인의 자리에 있는 것이다. 임금이 홀로 올라가 자리 위에 서서 서쪽을 바라보고 혼자 서는데, 그것은 감히 대등하게 설 자가 없다는 뜻이다.

손[賓]과 주인을 갖추는 것은 술을 마시는 예(禮)이다. 요리사로 하여금 주인을 대신해서 술을 올리게 하는 것은 신하로서 감히 임금과 더불어 예(禮)를 대등하게 할 수 없어서이며, 공경(公卿)으로써 손을 삼지 않고 대부로써 손을 삼는 것은 의심함을 위해서이니, 혐의를 밝힌다는 뜻이다.

손이 마당 가운데에 들어오면 임금이 한 계단을 내려와 그에게 읍하는 것은 예일 뿐이다.

諸侯燕禮之義에 君이 立阼階之東南하셔 南鄕爾卿[1]이어시든 大夫 皆少進은 定位也오 君이 席阼階之上은 居主位也오 君이 獨升立席上하셔 西面特立은 莫敢適之[2]義也라

設賓主는 飮酒之禮也오 使宰夫[3]로 爲獻主[4]는 臣이 莫敢與君亢禮[5]也오 不以公卿으로 爲賓하고 而以大夫로 爲賓은 爲疑[6]也니 明嫌之義[7]也오 賓이 入中庭이어든 君이 降一等而揖之는 禮之也라

1) 南鄕爾卿(남향이경) : 남쪽을 향하여 경에게 읍(揖)하다. 향(鄕)은 향(向)과 같고, 이(爾)는 읍(揖)의 뜻이다.

2) 適之(적지) : 그것에 필적(匹敵)하다. 그것에 대등(對等)하다.

3) 宰夫(재부) : 음식을 만드는 관원(官員). 요리사.

4) 爲獻主(위헌주) : 주인을 대신해서 술을 올리게 한다는 뜻.

5) 亢禮(항례) : 예(禮)를 대등하게 하다.

6) 爲疑(위의) : 의심함을 위해서다. 곧 의심받지 않기 위해서라는 뜻.

7) 明嫌之義(명혐지의) : 혐의를 밝힌다는 뜻.

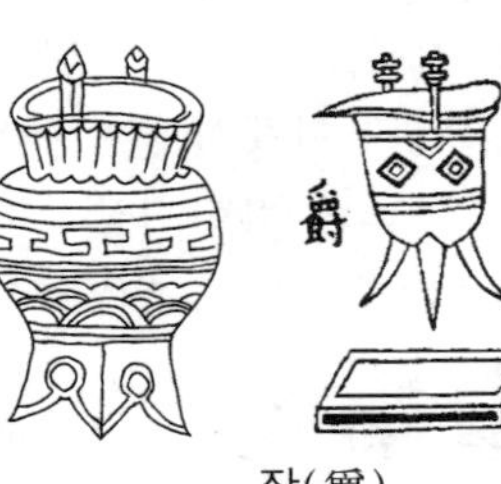

작(爵)

3. 연례는 임금과 신하의 의를 밝히는 것

임금이 손〔賓〕에게 술잔을 돌리고, 손은 임금이 내리는 작(爵)을 받으면 모두 당(堂)에서 내려와 2번 절하며 머리를 조아리고, 당에 올라가서 절을 하는데, 그것은 신하의 예(禮)를 밝히는 것이다.

임금이 답하여 절하는 것은 예에는 답하지 않음이 없는 것으로 그것은 임금의 예를 밝히는 것이다.

신하가 힘을 다하고 할 수 있는 일을 다하여 그것으로써 나라에 공을 세우면 임금이 반드시 벼슬로써 그에게 보답한다.

그러므로 신하가 모두 힘써 힘을 다하고 할 수 있는 일을 다함으로써 공을 세우는 것이다. 그래서 나라가 안정되고 임금이 편안한 것이다.

예에는 답하지 않음이 없는 것은 윗사람이 헛되이 아랫사람에게서 예를 취하지 않음을 말하는 것이다.

윗사람이 반드시 바른 도(道)를 밝혀 그것으로써 백성을 인도하면 백성이 인도되어 공이 있게 되는 것이니, 그러한 뒤에 백성의 소득에서 10분의 1을 조세로 취하는 것이다.

그러므로 윗사람이 쓸 것이 넉넉하면 아랫사람이 궁핍하지 않는 것이다. 이런 까닭에 윗사람과 아랫사람이 화친(和親)해서 서로 원망하지 않는다.

화친하고 편안한 것은 예의 용(用)이다. 이것은 임금과 신하, 윗사람과 아랫사람의 대의(大義)다.

그러므로 말하기를 "연례(燕禮)라는 것은 임금과 신하의 의(義)를 밝히는 것이다."라고 한다.

君이 擧旅於賓[1]과 及君所賜爵[2]을 皆降하여 再拜稽首하고 升成拜[3]는 明臣禮也오 君이 荅拜之하시나니 禮無不荅은 明君上之禮也오 臣下 竭力盡能[4]하여 以立功於國이어든 君必報之以爵[5]祿하시나니 故로 臣下 皆務

竭力盡能하여 以立功이라 是以國安而君寧하시나니 禮無不荅은 言上之
不虛取於下[6]也오 上必明正道하여 以道民[7]하셔 民이 道之而有功然後
取其什一[8]이라 故로 上周이 足而下不匱也하나니 是以上下 和親而不相
怨也니라 和寧은 禮之用也니 此 君臣上下之大義也라 故로 曰하되 燕禮
者는 所以明君臣之義也니라

1) 君擧旅於賓(군거려어빈) : 임금이 재부(宰夫)로 하여금 빈(賓)에게 술잔을
   돌리게 하는 일. 여(旅)는 술잔을 돌린다는 뜻.
2) 賜爵(사작) : 임금이 내리는 술잔.
3) 升成拜(승성배) : 당(堂)에 올라가 절을 하다. 곧 당에서 내려가 재배계수
   (再拜稽首)하는 것을 임금이 사양하면 당에 올라가서 절을 한다는 뜻.
4) 盡能(진능) : 할 수 있는 일을 다한다.
5) 爵(작) : 여기서는 벼슬이라는 뜻.
6) 取於下(취어하) : 아랫사람에게서 예(禮)를 취한다는 뜻.
7) 道民(도민) : 백성을 인도(引導)하다. 도(道)는 여기서 도(導)와 같다.
8) 取其什一(취기십일) : 십일(什一)은 10분의 1. 그 10분의 1을 조세(租稅)로
   취한다는 뜻.

4. 귀하고 천한 것을 밝히는 것이다

좌석은 소경(小卿)은 상경(上卿)의 다음이고, 대부(大夫)는
소경의 다음이며, 사(士)와 서자(庶子)는 다음으로 아랫자리에
나간다.

임금에게 잔을 올리면 임금이 술잔을 들어 잔을 돌린 뒤에 경
(卿)에게 술잔을 주며, 경은 술잔을 들어 잔을 돌린 뒤에 대부에
게 술잔을 주며, 대부는 술잔을 들어 잔을 돌린 뒤에 사(士)에게
술잔을 주며, 사는 술잔을 들어 잔을 돌린 뒤에 서자(庶子)에게
술잔을 준다.

제기와 제물로 바치는 가축과 제사에 바치는 음식물이 모두 차
등이 있으니, 귀하고 천한 것을 밝히기 위한 것이다.

席을 小卿[1]이 次上卿[2]하고 大夫[3] 次小卿하고 士庶子 以次로 就位於
下하며 獻君[4]하여든 君이 擧旅行酬[5]而后에 獻卿하며 卿이 擧旅行酬而后
에 獻大夫하며 大夫 擧旅行酬而后에 獻士하며 士 擧旅行酬而后에 獻庶
子하며 俎豆牲體薦羞 皆有等差하니 所以明貴賤也라

1) 小卿(소경) : 중대부(中大夫).
2) 上卿(상경) : 상대부(上大夫).
3) 大夫(대부) : 하대부(下大夫).
4) 獻君(헌군) : 임금에게 술잔을 돌리다.
5) 擧旅行酬(거려행수) : 여(旅)를 들어 수(酬)를 행하다. 곧 술잔을 들어 잔을
   돌린다는 뜻. 여수(旅酬).

제48편 빙의(聘義第四十八)

이 편은 천자(天子)가 제후의 조회를 받고 제후나 이웃 나라에 물품을 보내는 예의이다.

곧 천자가 제후의 조회를 받고, 천자는 제후를 어루만지기 위해 위로품을 보내고 또 제후는 천자를 섬기기 위해 물품을 보내는 것들을 말한다.

1. 3번 사양하고 계단에 오른다

빙례(聘禮)에 있어서 상공(上公)은 7명의 수행원을 거느리고, 후작(侯爵)과 백작(伯爵)은 5명의 수행원을 거느리고, 자작(子爵)과 남작(男爵)은 3명의 수행원을 거느리는데, 그것은 귀하고 천한 것을 밝히기 위해서이다.

수행원이 서로 이어서 명(命)을 전하면 군자가 그 높이는 사람에게 감히 질박(質朴)하게 하지 못하는데, 그것은 공경함의 지극한 것이다.

3번 사양한 뒤에 명을 전하고, 3번 사양한 뒤에 묘문(廟門)에 들어가고, 3번 읍(揖)한 뒤에 계단에 이르고, 3번 사양한 뒤에 당(堂)에 오르는데, 그것은 존경과 사양을 지극히 하기 위해서이다.

임금이 사(士)로 하여금 국경에서 맞이하게 하고, 대부(大夫)로 하여금 교외(郊外)에서 맞이하여 위로하게 한다.

임금은 친히 절하여 대문 안에서 맞이하여 종묘(宗廟)에서 접(接)하고 북면(北面)하여 예물에 절하고 사례하여 군명(君命)을 욕되게 하였다고 하며 절하는 것은 공경의 지극함을 위해서이다.
공경과 사양은 군자가 서로 만나보기 위한 것으로, 제후가 공경
과 사양으로써 서로 만나면, 서로 침범하거나 업신여기지 않게 되
는 것이다.

聘禮[1]에 上公[2]은 七介[3]오 侯伯[4]은 五介오 子男[5]은 三介니 所以明貴
賤也라
介紹而傳命[6]하나니 君子 於其所尊에 弗敢質은 敬之至也라
三讓而后에 傳命하며 三讓而后에 入廟門하며 三揖而后에 至階하며 三
讓而后에 升하나니 所以致尊讓也라
君이 使士로 迎于竟[7]하고 大夫로 郊勞[8]하나니 君 親拜迎于大門之內而
廟受하시고 北面拜眖[9]하셔 拜君命之辱은 所以致敬也라 敬讓也者는 君
子之所以相接也니 故로 諸侯 相接以敬讓하면 則不相侵陵[10]하나니라

1) 聘禮(빙례) : 제후(諸侯)끼리 친선(親善)을 위해 서로 방문하는 예(禮).
2) 上公(상공) : 공작(公爵)인 제후(諸侯).
3) 七介(칠개) : 7명의 개(介). 개는 보좌역인 수행원(隨行員).
4) 侯伯(후백) : 후작(侯爵)과 백작(伯爵)인 제후.
5) 子男(자남) : 자작(子爵)과 남작(男爵)인 제후.
6) 介紹而傳命(개소이전명) : 개(介)가 서로 이어서 자기 임금의 명(命)을 상
   대 임금에게 전하는 일. 소는 상계(相繼)의 뜻.
7) 迎于竟(영우경) : 국경에서 맞이하다.
8) 郊勞(교로) : 교외에서 맞이하여 위로한다는 뜻.
9) 眖(황) : 폐백(幣帛). 예물(禮物).
10) 陵(능) : 업신여김. 능(凌)과 같다.

2. 천자가 제후를 양성하기 위한 것

경(卿)은 상빈(上擯)을 삼고, 대부(大夫)는 승빈(承擯)을 삼
고, 사(士)는 소빈(紹擯)을 삼아 임금이 친히 손〔賓〕을 예로써
접대한다. 손은 사사로이 상대국의 경대부를 만나보고 사사로이

상대국의 제후를 뵙는다.

제후가 사신에게 죽은 희생과 산 희생을 보내고, 규장(圭璋)을 돌려 보내고, 예물을 주고, 향례(饗禮)와 사례(食禮)와 연례(燕禮)를 베푸는 것은, 빈객(賓客)과 임금과 신하의 의(義)를 밝히기 위해서이다.

그러므로 천자의 제도에 제후는 해마다 소빙(小聘)하고 3년마다 대빙(大聘)하며, 서로 장려하기를 예(禮)로써 하게 한다.

사자(使者)가 빙문(聘問)하여 예(禮)를 잘못하는 일이 있으면 주군(主君)이 친히 향사(饗食)를 행하지 않는 것은 부끄럽게 여겨 예를 힘쓰게 하기 위해서이다.

제후가 서로 예로써 장려하면 밖으로는 서로 침범하지 않고 안으로는 서로 업신여기지 않으니, 이것은 천자가 제후를 양성하기 위한 것이요, 군대를 쓰지 않고 제후가 스스로 그것을 바로잡게 하는 방법인 것이다.

卿이 爲上擯[1]이오 大夫 爲承擯[2]이오 士 爲紹擯[3]이니 君親禮賓하며 賓이 私面[4]私覿[5]하며 致饔餼[6]하며 還圭璋[7]하며 賄贈[8] 饗食燕[9]은 所以明賓客君臣之義也라

故로 天子 制諸侯하시되 比年에 小聘[10]하고 三年에 大聘[11]하며 相厲以禮하여 使者 聘而誤[12]어든 主君이 弗親饗食[13]也는 所以愧厲之[14]也라 諸侯 相厲以禮하면 則外不相侵하며 內不相陵하나니 此 天子之所以養諸侯[15]하여 兵不用이며 而諸侯 自爲正之具[16]也니라

1) 上擯(상빈) : 빈(擯)의 우두머리. 빈은 주군(主君)측의 접대역(接待役).

2) 承擯(승빈) : 상빈(上擯)을 도와 빈(賓)을 접대하는 사람.

3) 紹擯(소빈) : 승빈(承擯)에 이어서 빈(賓)을 접대하는 사람.

4) 賓私面(빈사면) : 빈(賓)이 개인적으로 예물(禮物)을 가지고 상대국의 경대부(卿大夫)를 만나는 일.

5) 私覿(사적) : 개인적으로 예물을 가지고 상대국의 임금을 찾아뵙는 일.

6) 致饔餼(치옹희) : 옹과 희를 보내다. 옹은 죽인 희생(犧牲)이요, 희는 산 희생인데, 임금이 옹과 희를 빈관(賓館)으로 보내는 일.

7) 還圭璋(선규장) : 규장을 돌려보내다. 규(圭)와 장(璋)은 빈(賓)이 가지고
   온 신물(信物)인데, 빈이 떠날 때 그것을 돌려보내는 일.
8) 賄贈(회증) : 빈(賓)에게 예물을 주는 일.
9) 饗食燕(향사연) : 향례(饗禮)와 사례(食禮)와 연례(燕
   禮)인데, 모두 연회로서, 향례와 사례는 조정에서 행하
   고, 연례는 침소(寢所)에서 행한다.
10) 比年小聘(비년소빙) : 비년(比年)은 매년(每年), 소
   빙(小聘)은 대부(大夫)로 하여금 방문하게 하는 일.
11) 大聘(대빙) : 경(卿)으로 하여금 방문하게 하는 일.
12) 聘而誤(빙이오) : 빙문(聘問)하여 예(禮)를 잘못 행하는 일.
13) 弗親饗食(불친향사) : 친히 향례(饗禮)와 사례(食禮)를 행하지 않는다.
14) 愧厲之(괴려지) : 부끄럽게 하여 예를 힘쓰도록 하는 일.
15) 養諸侯(양제후) : 제후를 양성하다. 곧 제후로 하여금 예를 숭상하게 하다.
16) 自爲正之具(자위정지구) : 스스로 그것을 바로잡게 하는 방법. 그것은 빙례
   (聘禮)를 가리킨다.

3. 천자가 제정하고 제후가 힘쓴다

   규장(圭璋)을 가지고 빙문(聘問)하는 것은 예(禮)를 중요하
게 여기는 것이요, 이미 빙례(聘禮)를 마치고 나서 규장을 돌려
주는데 이것은 재물을 가벼이 여기고 예(禮)를 중요하게 여긴다
는 뜻이다.
   제후가 서로 장려하기를 재물을 가벼이 여기고 예를 중요하게
여기는 것으로써 한다면 백성이 겸손하고 사양하는 행동을 일으
키게 된다.
   주국(主國)에서 객(客)을 접대하는 데에는 올 때와 갈 때에 3
번 자(積)를 보내고, 사(舍)에서 객에게 희(餼)를 보내고, 다섯
뇌(牢)의 구(具)는 안에 늘어놓고, 쌀 30수레와 화(禾 : 벼) 30
수레와 추신(芻薪)을 화(禾)의 갑절로 하여 모두 밖에다 늘어놓
는다.

4마리의 새가 하루에 다섯 쌍이요, 여러 개(介)에게는 모두 희뢰(餼牢)가 있어 한 번 사례(食禮)하고 두 번 향례(饗禮)를 하며, 연례(燕禮)와 시사(時賜)는 수없이 하는데 이것은 예(禮)를 두텁고 중하게 하기 위해서이다.

옛날에 재물을 쓰는 사람은 이와 같이 고르게 할 수가 없었지만 재물을 쓰는데 이와 같이 후(厚)하게 하는 것은 예(禮)에 그것을 다함을 말하는 것이다.

그것을 예에 다하면 안으로는 임금과 신하가 서로 업신여기지 않고, 밖으로는 서로 침범하지 않는다. 그러므로 천자가 그것을 제정하고, 제후가 거기에 힘쓰는 것이다.

以圭璋으로 聘[1]은 重禮也라 已聘[2] 而還圭璋은 此 輕財而重禮之義也니 諸侯 相厲以輕財重禮하면 則民이 作讓矣니라

主國이 待客[3]하되 出入에 三積[4]하며 餼客於舍하되 五牢之具는 陳於內하고 米三十車와 禾[5]三十車와 芻薪[6]은 倍禾하니 皆陳於外하며 乘禽[7]을 日五雙하며 群介[8]에 皆有餼牢하며 壹食再饗[9]하며 燕與時賜[10]는 無數하니 所以厚重禮也라 古之用財者 不能均如此언마는 然而用財如此其厚者는 言盡之於禮[11]也라 盡之於禮하면 則內君臣이 不相陵하며 而外不相侵하나니 故로 天子 制之어시든 而諸侯 務焉爾니라

1) 聘(빙) : 빙문(聘問).

2) 聘(빙) : 빙례(聘禮).

3) 主國待客(주국대객) : 주국에서 객(客)을 접대(接待)하다. 주국(主國)은 빙문(聘問)을 받는 나라.

4) 三積(삼자) : 자(積)는 희(餼)·미(米)·화(禾)·추(芻)·신(薪) 등을 말하는데, 자를 3번 보낸다는 뜻.

5) 禾(화) : 벼를 줄기째로 벤 볏단을 말한다.

6) 芻薪(추신) : 추(芻)는 말에게 먹일 꼴, 신(薪)은 땔나무.

7) 乘禽(승금) : 승(乘)은 넷이라는 뜻이니, 4마리의 새.

8) 群介(군개) : 여러 개(介). 곧 여러 수행원(隨行員).

9) 壹食再饗(일사재향) : 일사는 한 번의 사례(食禮). 재향은 2번의 향례(饗禮).

10) 燕與時賜(연여시사) : 연례(燕禮)와 시사. 시사(時賜)는 주군(主君)이 때
    때로 내려주는 물건.
11) 盡之於禮(진지어례) : 그것을 예에 다하다. 빙례에 재물을 아끼지 않는다.

4. 굳센 힘이 없는 자는 행하지 못한다

빙례(聘禮)와 사례(射禮)의 예(禮)는 지극히 큰 예의(禮義)
이다. 날이 밝을 무렵부터 일을 행하기 시작하여 해가 거의 중천
(中天)에 이른 뒤에 예(禮)가 이루어지는 것으로 굳센 힘이 있
는 자가 아니고는 능히 행하지 못한다.

그러므로 굳센 힘이 있는 자가 장차 예를 행하려고 하면, 술이
많고 사람이 갈증을 느끼더라도 감히 마시지 못하고, 고기가 말
라 있고 사람이 배가 고프더라도 감히 먹지 못하며, 날이 저물고
사람이 지치더라도 엄숙하고 정제하여 감히 게으르지 못하여 그
것으로써 예절을 이루고, 그것으로써 임금과 신하를 바르게 하고,
그것으로써 아버지와 아들을 친하게 하고, 그것으로써 어른과 어
린 사람을 화목하게 하는 것이다. 이것은 뭇 사람이 하기 어려운
것이지만 군자는 그것을 행한다.

그러므로 그것을 일러 행함이 있다고 하는 것이다. 행함이 있다
는 것은 의(義)가 있음을 이르는 것이요, 의가 있다는 것은 용감
함을 이르는 것이다.

그러므로 용감함을 귀하게 여기는 것은 능히 그것으로써 의
(義)를 세움을 귀하게 여기는 것이요, 의를 세움을 귀하게 여기
는 것은 그 행함이 있음을 귀하게 여기는 것이요, 행함이 있음을
귀하게 여기는 것은 그 예(禮)를 행함을 귀하게 여기는 것이다.

용감한 것을 귀하게 여기는 것은 용감하게 예의를 행하는 것을
귀하게 여기는 것이다.

그러므로 용감하고 굳센 힘이 있는 자는 천하에 일이 없으면 예
의에 그것을 쓰고, 천하에 일이 있으면 그것을 싸워서 이기는 데
에 쓰게 된다.

  싸워서 이기는 데에 그것을 쓰면 대적할 자가 없고, 예의에 그 것을 쓰면 백성이 순조롭게 다스려진다.
  밖으로 대적할 자가 없고 안으로 백성이 순조롭게 다스려지면 이것을 성덕(盛德)이라 이른다.
  그러므로 성왕(聖王)이 용감하고 굳센 힘이 있는 것을 귀하게 여김이 이와 같은 것이다. 용감하고 굳센 힘이 있되 그것을 예의에 쓰지 않거나 싸워서 이기는 데에 쓰지 않고 사사로이 다투는 일에 그것을 쓴다면 그것을 난인(亂人)이라 이른다.
  형벌이 나라에 행해지면 난인(亂人)이 처벌될 것이다. 이와 같이 되면 백성이 순조롭게 다스려지고 나라가 편안해질 것이다.

  聘射之禮는 至大禮也라 質明[1]而始行事하여 日幾中[2]而后에 禮成하나니 非强有力者인댄 弗能行也니라 故로 强有力者아 將以行禮也니 酒淸人渴[3]하되 而不敢飮也하며 肉乾人飢하되 而不敢食也하며 日莫人倦하되 齊莊正齊하여 而不敢解惰하여 以成禮節하며 以正君臣하며 以親父子하며 以和長幼하니 此 衆人之所難이어든 而君子 行之하나니 故로 謂之有行[4]이니 有行之謂有義오 有義之謂勇敢이라 故로 所貴於勇敢者는 貴其能以立義也오 所貴於立義者는 貴其有行也오 所貴於有行者는 貴其行禮也니 故로 所貴於勇敢者는 貴其敢行禮義也라 故로 勇敢强有力者는 天下無事어든 則用之於禮義하고 天下 有事어든 則用之於戰勝하나니 用之於戰勝則無敵하고 用之於禮義則順治니 外無敵하며 內順治함이 此之謂盛德이니 故로 聖王之貴勇敢强有力이 如此也하니라 勇敢强有力하되 而不用之於禮義戰勝하고 而用之於爭鬪하면 則謂之亂人[5]이니 刑罰이 行於國하되 所誅者 亂人也니 如此하면 則民이 順治而國安也하나니라

1) 質明(질명) : 날이 밝을 무렵.
2) 日幾中(일기중) : 해가 거의 중천(中天)에 이르렀을 때라는 뜻.
3) 人渴(인갈) : 사람이 갈증(渴症)을 느끼다.
4) 有行(유행) : 행함이 있다. 곧 보람이 있는 실천이 있다는 뜻.
5) 亂人(난인) : 난폭한 백성이라는 뜻.

5. 군자가 그것을 귀하게 여기는 것이다

자공(子貢)이 공자에게 묻기를

"감히 여쭈어 보겠습니다. 군자가 옥(玉)을 귀하게 여기고, 민(碈)을 천하게 여기는 것은 무슨 까닭입니까. 옥은 적고, 민은 많아서입니까."

하니 공자가 말하였다.

"민이 많기 때문에 그것을 천하게 여기고, 옥이 적기 때문에 그것을 귀하게 여기는 것이 아니다.

대저 옛날에 군자는 덕(德)을 옥(玉)에 비유하였으니, 온윤하면서 광택이 있는 것은 인(仁)이요, 치밀하면서 굳은 것은 지(知)요, 모나면서 상하게 하지 않는 것은 의(義)요, 그것을 드리우면 떨어질 것 같은 것은 예(禮)요, 그것을 두드려서 그 소리가 맑고 길게 일어나면서도 그 끝남이 한결같은 것은 악(樂)이요, 티가 아름다움을 덮지 않고 아름다움이 티를 덮지 않는 것은 충(忠)이요, 자체 안에 믿음이 들어 있어 겉으로 나타나서 널리 미치는 것은 신(信)이요, 기운이 흰 무지개와 같은 것은 천(天)이요, 정신이 산천에 나타나는 것은 지(地)요, 규장(圭璋) 하나로 통달하는 것은 덕(德)이요, 천하에서 귀하게 여기지 않는 자가 없는 것은 도(道)이다.

『시경』 진풍 소융편에 이르기를 '그리운 임 생각하니 따사로움이 언제나 옥과 같다네.' 라고 하였으니, 그러므로 군자가 그것을 귀하게 여기는 것이다."

子貢이 問於孔子曰하되 敢問君子 貴玉而賤碈[1]者는 何也잇고 爲玉之寡而碈之多與잇가 孔子 曰하시되 非爲碈之多故로 賤之也며 玉之寡故로 貴之也라 夫昔者에 君子 比德於玉焉하니 溫潤而澤[2]은 仁也오 縝密以栗[3]은 知也오 廉而不劌[4]는 義也오 垂之如隊[5]는 禮也오 叩之其聲이 淸越以長[6]하며 其終에 詘然[7]은 樂也오 瑕不揜瑜[8]하며 瑜不揜瑕는 忠也오

孚尹旁達[9]은 信也오 氣如白虹[10]은 天也오 精神이 見于山川[11]은 地也오 圭璋特達[12]은 德也오 天下 莫不貴者는 道也니 詩云[13]하되 言念君子 溫其如玉이라하니 故로 君子 貴之也니라

1) 磻(민) : 옥(玉) 비슷하게 생긴 아름다운 돌. 옥돌.

2) 溫潤而澤(온윤이택) : 온윤하면서 광택이 있다.

3) 縝密而栗(진밀이율) : 치밀하면서 굳다. 진밀은 치밀하다. 율은 굳다는 뜻.

4) 廉而不劌(염이불귀) : 모나면서 상하게 하지 않다. 염(廉)은 모나다는 뜻인데, 옥은 모가 나면서도 날카롭지 않아 물건을 상하게 하지 않는다는 뜻.

5) 垂之如隊(수지여추) : 그것을 드리우면 떨어질 것 같다. 추(隊)는 추(墜)와 같으니, 옥을 드리우면 떨어질 것 같은 것은 몸을 낮추어 남을 공경하는 것 같다는 뜻.

6) 淸越以長(청월이장) : 맑으면서 길게 이어지다.

7) 終詘然(종굴연) : 끝남이 한결같다는 뜻.

8) 瑕不揜瑜(하불엄유) : 티가 아름다움을 덮지 않는다. 선악(善惡)을 모두 드러내어 숨김이 없다는 뜻.

9) 孚尹旁達(부윤방달) : 부윤은 자체(自體) 안에 믿음이 들어있다는 뜻. 방달은 겉으로 나타나서 널리 미친다는 뜻.

10) 氣如白虹(기여백홍) : 기운이 흰 무지개와 같다. 곧 옥(玉)의 순백(純白)의 기운이 흰 무지개를 연상하게 한다는 뜻.

11) 精神見于山川(정신현우산천) : 정신이 산천에 나타나다. 곧 옥은 돌 속에 묻혀 있으면서도 그 빛이 반드시 밖으로 나타난다는 뜻.

12) 圭璋特達(규장특달) : 규장은 하나로 통달한다. 규장은 빙례(聘禮)에 있어 다른 예물이 없이 그것만으로 신표가 된다는 뜻.

13) 詩云(시운) : 『시경(詩經)』 진풍(秦風)의 소융편(小戎篇).

제49편 상복사제(喪服四制第四十九)

이 편은 상복(喪服)의 법제를 인의예지(仁義禮智)에 근본하여 취한 취지를 기술하였다.

I. 예의 대체는 천지를 형상한다

무릇 예(禮)의 대체(大體)는 하늘과 땅을 닮고, 네 계절의 운행을 본받고, 음양(陰陽)을 법칙으로 삼고, 인정(人情)에 따른 것이다.

그러므로 그것을 일러 예(禮)라고 하는 것이다. 그것을 비방하는 자는 예로 말미암아 생기는 것임을 알지 못하는 것이다.

대저 예는 길례(吉禮)와 흉례(凶禮)가 도(道)를 달리하고 서로 간여함을 얻지 못하여 음양(陰陽)에서 그것을 취하는 것이요, 상례에는 4가지 제도가 있는데, 변통하여 마땅함을 따르는 것은 네 계절에서 그것을 취한 것이요, 은(恩)이 있고 이(理)가 있고 절(節)이 있고 권(權)이 있는 것은 인정(人情)에서 그것을 취한 것이다.

은(恩)이라는 것은 인(仁)이요, 이(理)라는 것은 의(義)요, 절(節)이라는 것은 예(禮)요, 권(權)이라는 것은 지(知)이니, 인의예지(仁義禮知)에 인도(人道)가 갖추어져 있다.

凡禮之大體는 體天地하며 法四時하며 則陰陽하며 順人情하나니 故로 謂之禮니 訾之者는 是不知禮之所由生也라 夫禮는 吉凶異道[1]하여 不得

相干하나니 取之陰陽也오 喪有四制[2]하여 變而從宜하나니 取之四時也오
有恩有理有節有權하니 取之人情[3]也라 恩者는 仁也오 理者는 義也오 節
者는 禮也[4]오 權者는 知也[5]니 仁義禮知에 人道 具矣니라

1) 吉凶異道(길흉이도) : 길례(吉禮)와 흉례(凶禮)가 도(道)를 달리하다.

2) 喪有四制(상유사제) : 상례(喪禮)에 은(恩)·이(理)·절(節)·권(權)의
   4가지를 기준으로 한 제도가 있다.

3) 人情(인정) : 인(仁)·의(義)·예(禮)·지(知)의 4가지 인도(人道).

4) 節者禮也(절자예야) : 예(禮)는 천리(天理)의 절문(節文)이므로 일을 절도
   에 맞게 하는 것을 말한다.

5) 權者知也(권자지야) : 지(知)는 사리(事理)에 마땅한 것이므로 일을 참작
   해서 시의(時宜)에 맞게 하는 것을 말한다.

2. 은혜가 두터운 사람은 상복이 무겁다

은혜가 두터운 사람은 그 상복이 무겁다. 그러므로 아버지를 위
해서는 참최(斬衰) 3년을 입는데, 그것은 은혜로써 마련한 것이다.
집안의 다스림에는 은혜가 의(義)를 가리고 집 밖의 다스림에
는 의가 은혜를 끊는데, 아버지를 섬기는 도리로써 임금을 섬기
는데 그것은 공경함이 같은 것이며, 귀한 이를 귀하게 여기고 높
은 이를 높게 여기는 것은 의(義) 중에서 큰 것이다. 그러므로 임
금을 위해서도 또한 참최 3년을 입는데, 그것은 의로써 마련한 것
이다.
3일만에 음식을 먹고, 3개월만에 머리를 감고, 만 1년만에 연제
(練祭)를 지내되 슬픔에 지쳐 몸이 쇠약해져도 목숨을 잃지 않
도록 하는 것은 죽음으로써 삶을 상하게 하지 않는 것이다.
상(喪)의 기간을 3년을 넘기지 않고, 저마(苴麻)의 최복(衰
服)을 깁지 않으며, 무덤에 흙을 더하지 않는다. 대상(大祥)의 날
에는 소금(素琴)을 두드려서 백성에게 상이 끝났음을 알리는데,
그것은 절(節)로써 마련한 것이다.

其恩이 厚者는 其服이 重이라 故로 爲父하여 斬衰三年하나니 以恩制者也라

門內[1]之治는 恩揜義[2]하고 門外之治는 義斷恩[3]하나니 資[4]於事父하여 以事君而敬이 同하니 貴貴尊尊[5]은 義之大者也라 故로 爲君하여 亦斬衰三年하나니 以義制者也라

三日而食[6]하며 三月而沐[7]하며 期而練[8]하며 毀不滅性[9]하나니 不以死로 傷生也라 喪不過三年하며 苴衰를 不補[10]하며 墳墓를 不培하며 祥之日에 鼓素琴[11]하나니 告民有終也니 以節制者也라

1) 門內(문내) : 문 안. 곧 집안.

2) 恩揜義(은엄의) : 은(恩)이 의(義)를 가리다. 곧 집안에서는 은혜가 의(義)에 앞선다는 뜻.

3) 義斷恩(의단은) : 의(義)가 은(恩)을 끊다. 곧 의(義)가 은혜에 앞선다는 뜻.

4) 資(자) : 도리.

5) 貴貴尊尊(귀귀존존) : 귀한 이를 귀하게 여기고, 높은 이를 높이다.

6) 三日而食(삼일이식) : 아버지 죽은 지 3일만에 비로소 죽을 먹는 것을 이른다.

7) 三月而沐(삼월이목) : 장례 후 3개월만에 머리를 감는 것을 이르는 말.

8) 期而練(기이연) : 만 1년만에 지내는 소상(小祥). 기(期)는 만 1년. 연(練)은 연제(練祭), 곧 소상.

9) 毀不滅性(훼불멸성) : 슬픔에 지쳐 몸이 쇠약해지더라도 목숨을 잃지 않게

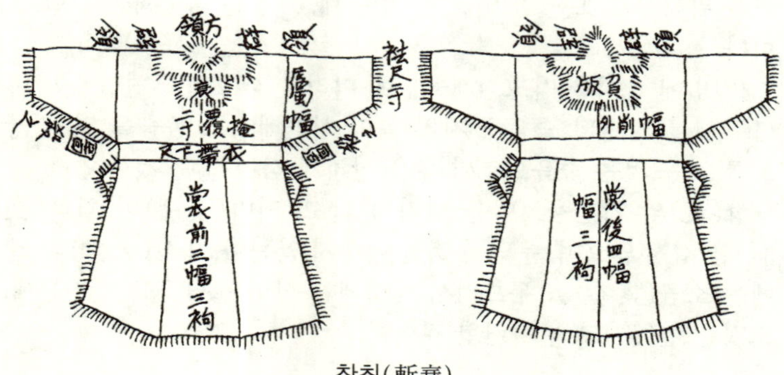

참최(斬衰)

한다는 뜻.

10) 苴衰不補(저최불보) : 저마(苴麻)의 최복(衰服)은 깁지 않는다.

11) 素琴(소금) : 꾸미지 않은 거문고.

3. 하나로써 그것을 다스린다

아버지를 섬기는 도리로써 어머니를 섬기는데 사랑하는 마음은 같은 것이다. 하늘에는 두 해가 없고, 천하에는 두 천자가 없고, 나라에는 두 제후가 없고, 집에는 두 높은 이가 없는 것은 하나로써 그것을 다스리기 때문이다.

아버지가 살아있으면 어머니를 위하여 재최(齊衰) 기년(期年)의 복을 입는데, 그것은 두 높은 이가 없는 것을 보이는 것이다.

지팡이를 짚는 것은 무슨 까닭인가.

벼슬하는 사람을 위해서이다.

3일만에 아들에게 지팡이를 주고, 5일만에 대부(大夫)에게 지팡이를 주며, 7일만에 사(士)에게 지팡이를 준다.

어떤 사람은 말하기를 "상주(喪主)에게 빌려준다."고 하고, 어떤 사람은 말하기를 "병자를 돕는다."고 한다.

여자와 동자(童子)는 지팡이를 짚지 않는데, 그들은 능히 병을 앓지 않기 때문이다.

백관(百官)이 갖추어지고 온갖 물건이 갖추어져서 말하지 않고서도 상사(喪事)가 행해질 수 있는 자는 부축을 받아서 일어나고, 말을 한 뒤에 상사가 행해질 수 있는 자는 지팡이를 짚고 일어나며, 자신이 스스로 일을 맡아본 뒤에 행할 수 있는 자는 얼굴에 때가 있을 뿐이다.

대머리인 사람은 북상투를 틀지 않고, 곱사등이는 한쪽 어깨를 드러내지 않고, 절름발이는 용(踊)을 하지 않고, 늙고 병든 자는 술과 고기 먹는 일을 그치지 않는다.

무릇 이 8가지는 권도(權道)로써 마련한 것이다.

資於事父하여 以事母而愛 同하니 天無二日하며 土無二王[1]하며 國無二君[2]하며 家無二尊은 以一治之也니 故로 父在어든 爲母하여 齊衰期者는 見無二尊也[3]라

杖者는 何也오 爵也[4]라 三日에 授子杖하고 五日에 授大夫杖하고 七日에 授士杖하나니 或曰擔主[5]며 或曰輔病[6]이라 婦人과 童子 不杖은 不能病也[7]라 百官이 備하며 百物具하여 不言而事行者[8]는 扶而起하고 言而后에 事行者는 杖而起하고 身自執事而后에 行者는 面垢而已오 禿者不髽[9]하며 傴者不袒[10]하며 跛者不踊[11]하며 老病은 不止酒肉[12]하나니 凡此八者는 以權制者也라

1) 土無二王(토무이왕) : 땅에는 두 왕(王)이 없다. 여기서 토(土)는 천하(天下)를 가리키며, 왕(王)은 천자(天子)를 가리킨다.

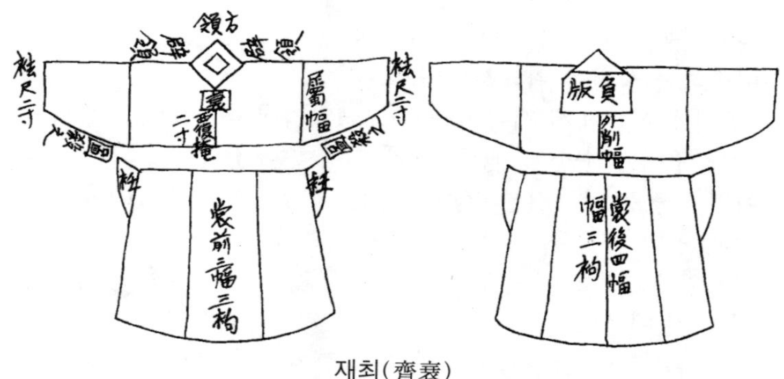

재최(齊衰)

2) 國無二君(국무이군) : 나라에는 두 임금이 없다. 여기서 나라는 제후국(諸侯國)을 가리키며, 임금은 제후를 가리킨다.

3) 見無二尊也(현무이존야) : 두 높은 이가 없는 것을 보이다. 집안에서는 오직 아버지가 높은 분이니, 아버지가 살아있는데 어머니가 죽었을 경우, 높은 이를 위할 때와 마찬가지로 참최(斬衰)를 입을 수 없으므로 한 등급 아래인 재최(齊衰)를 입는다는 것이다.

4) 爵也(작야) : 벼슬이 있는 자를 위해 만들어진 것이라는 뜻.

5) 擔主(담주) : 상주(喪主)에게 빌려준다는 뜻.

6) 輔病(보병) : 병자를 돕는다는 뜻. 상주가 너무 슬퍼한 나머지 병이 되면 몸을 부지하기 위해 지팡이를 짚는다는 말.

7) 不能病也(불능병야) : 능히 병을 앓지 않는다. 곧 여자나 동자는 심하게 슬퍼하지 않으므로 병이 될 정도가 아니라는 뜻.

8) 不言而事行者(불언이사행자) : 말하지 않고도 상사(喪事)가 행해지는 것. 사(事)는 상사(喪事).

9) 禿者不髽(독자부좌) : 대머리인 사람은 북상투를 틀지 않는다. 상주는 북상투를 하게 마련이지만 머리가 없으니 할 수 없다는 뜻.

10) 傴者不袒(구자부단) : 곱사등이는 단을 하지 않는다. 단(袒)은 윗옷을 벗어 어깨를 드러내는 일.

11) 跛者不踊(파자불용) : 절름발이는 용을 하지 않는다. 용(踊)은 서서 제자리 걸음으로 발을 구르면서 슬퍼하는 일.

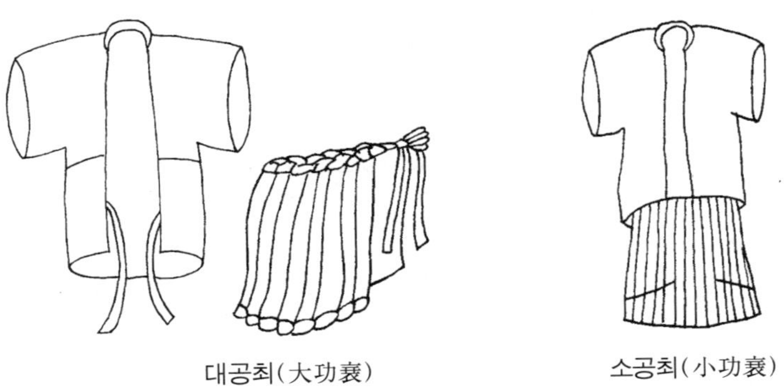

대공최(大功衰) 소공최(小功衰)

12) 老病不止酒肉(노병부지주육) : 상(喪)을 당하면 술과 고기를 금하게 마련이지만, 노인이나 병자는 몸을 지탱하기 위해 먹어도 좋다는 뜻.

4. 고종(高宗)이 3년 동안 말을 하지 않았다

처음 죽으면 3일 동안 곡하는 것을 게을리하지 않고, 3개월 동안 띠를 풀지 않고, 기년(期年)을 슬퍼하고, 3년이 되어 근심하는데, 그것은 은혜의 정을 줄이는 것이다.

성인(聖人)은 줄이는 것으로 인하여 절도(節度)를 마련하였으니, 이것이 상기(喪期)가 3년으로 된 까닭이다.

현자(賢者)는 지나칠 수 없고, 불초(不肖)한 자는 미치지 않을 수 없는데, 이것이 상(喪)의 중용(中庸)이요, 왕자(王者)가 언제나 행하는 것이다.

『서경(書經)』에 말하기를 "고종(高宗)이 선왕(先王)의 상(喪)을 당하여 3년 동안 말을 하지 않았다."고 하였는데, 그것을 잘한 일이라고 여긴 것이다.

왕자로서 이 예(禮)를 행하지 않은 이가 없는데, 무엇으로써 홀로 그것을 잘한 일이라고 하는 것인가.

말하기를 고종이라는 이는 무정(武丁)인데, 무정이라는 이는 은(殷)나라 때의 현왕(賢王)이다. 대를 이어 왕위에 올라서 상례(喪禮)에 성의를 다하여 잘하였으니, 이 때를 당하여 은왕조(殷王朝)가 쇠퇴하였다가 다시 일어나고, 예(禮)가 폐(廢)하였다가 다시 일어났다.

그러므로 그것을 잘했다고 하고, 그것을 잘했다고 여기므로 그것을 『서경(書經)』 속에 실어서 높이는 것이다. 또 그를 일러 고종(高宗)이라고 하는 것이다.

3년의 상(喪)에 임금이 말을 하지 않았으니, 『서경(書經)』에 이르기를 "고종이 선왕의 상을 당하여 3년 동안 말을 하지 않았다."고 한 것은 이것을 이르는 말이다.

또 이르기를 "말에 문식(文飾)을 하지 않는다."는 말은 신하를 이르는 말이다.

始死커시든 三日을 不怠[1]하며 三月을 不解[2]하며 期悲哀[3]하며 三年憂하나니 恩之殺也[4]라 聖人이 因殺以制節하시니 此喪之所以三年이라 賢者 不得過하며 不肖者 不得不及하나니 此喪之中庸也니 王者之所常行也라 書曰[5]하되 高宗이 諒闇[6]三年不言이라하니 善之也라

王者 莫不行此禮니 何以獨善之也오 曰하되 高宗者는 武丁이니 武丁

者는 殷之賢王也라 繼世卽位而慈良於喪하시니 當此之時하여 殷衰而復
興하며 禮廢而復起할세 故로 善之하니 善之故로 載之하니 書中而高之故
로 謂之高宗이라하니라 三年之喪에 君不言하시나니 書云하되 高宗이 諒闇三
年不言이라하니 此之謂也라 然而曰言不文者[7]는 謂臣下也라

1) 不怠(불태) : 게으르지 않는다. 곧 곡(哭)을 그치지 않는다는 뜻.

2) 不解(불해) : 띠를 풀지 않는다는 뜻.

3) 期悲哀(기비애) : 기년(期年)에 슬퍼하다. 곧 만 1년이 되면 슬퍼할 뿐 곡을
   계속하지는 않는다는 뜻.

4) 恩之殺也(은지쇄야) : 은혜의 정이 줄어든다. 곧 시간이 흐름에 따라 은혜의
   정이 점차로 감퇴된다는 뜻.

5) 書曰(서왈) :『서경(書經)』열명편(說命篇).

6) 高宗諒闇(고종양암) : 고종(高宗)이 선왕(先王)의 상(喪)을 당하다. 고종
   (高宗)은 은(殷)나라의 어진 왕(王)인 무정(武丁)을 말한다.

7) 言不文者(언불문자) : 말에 문식(文飾)을 하지 않는다는 말.

5. 모든 것은 예로써 살핀다

　예에서 참최(斬衰)의 상에는 응하기는 하되 대답하지는 않고,
재최(齊衰)의 상에는 대답은 하되 말하지는 않고, 대공(大功)의
상에는 말은 하되 의논하지는 않고, 시마(緦
麻)와 소공(小功)의 상에는 의논은 하되 즐
거움에 이르지는 않는 것이다.

　부모의 상에는 최관(衰冠)에 새끼줄로 끈
을 하고 간구(菅屨)를 신으며, 3일만에 죽을
먹고, 3개월만에 머리를 감고, 기년(期年)
인 13개월만에 연관(練冠)하고, 3년만에

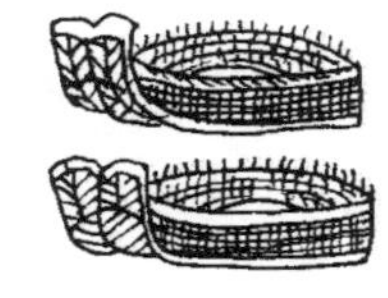

간구(菅屨)

상제(祥祭 : 대상)를 지낸다. 이 삼절(三節)을 마치기에 이르러
서는 인자(仁者)는 그것으로써 그 은애(恩愛)를 볼 수 있고, 지
자(知者)는 그것으로써 그 도리(道理)를 볼 수 있으며, 강자(彊
者 : 强者)는 그것으로써 그 뜻을 볼 수가 있다.

　예(禮)로써 그것을 다스리고, 의(義)로써 그것을 바르게 한다. 효자(孝子)와 공손한 아우와 정숙한 여인의 여부를 모두 이것으로써 살필 수 있다.

　禮에 斬衰之喪엔 唯而不對하고 齊衰之喪엔 對而不言하고 大功之喪엔 言而不議하고 緦小功之喪엔 議而不及樂하나니라
　父母之喪엔 衰冠[1] 繩纓[2] 菅屨[3] 하며 三日而食粥하며 三月而沐하며 期十三月而練冠[4] 하며 三年而祥[5] 하나니 比終玆三節者하여 仁者엔 可以觀其愛焉이며 知者엔 可以觀其理焉이며 彊者엔 可以觀其志焉이니 禮以治之하며 義以正之하나니 孝子弟弟[6] 貞婦를 皆可得而察焉이니라

1) 衰冠(최관) : 마최(麻衰)로 만든 관(冠).
2) 繩纓(승영) : 새끼줄로 관의 끈을 만드는 것.
3) 菅屨(간구) : 참최(斬衰)에 신는 신발.
4) 練冠(연관) : 만 1년이 지나 지내는 소상(小祥), 곧 연제(練祭)를 지내고 나서 쓰는 관.
5) 祥(상) : 상제(祥祭). 대상(大祥).
6) 弟弟(제제) : 공손한 아우. 앞의 제(弟)는 제(悌)와 같다.

최관(衰冠)

승영(繩纓)

원문자구색인(原文字句索引)

〔가〕

家可長久也故 / 下309
可敬不可慢 / 下230
可近而不可迫也 / 下291
嫁女之家三夜 / 上384
加豆陸産也 / 中105
可得聞乎 / 下141
可得而聞歟 / 中22
歌樂者 / 下296
加隆焉爾也 / 下273
可無愼乎 / 中253
家無二尊 / 下354
家無二主 / 下167
駕白駱 / 上340,345,350
可富可貧 / 下212
家富不過百乘 / 下167
加夫禘與劎焉 / 中274
加斧于椁上 / 上166
家不寶龜 / 中55
嘉事之重者也是故 / 下303
可殺而不可辱也 / 下291
可生可殺 / 下212
可述而多學也 / 中72
可食也而可不耆也 / 中105
加新衣 / 下20
家室之計 / 下254
假於鬼神時日卜筮 / 上279
加於父兄宗族 / 中139
歌於斯哭於斯聚國族於斯 / 上227
加魚腊焉 / 下51
加於身而錯於前 / 下150
加於身而錯於前 / 下150
歌咏其聲也 / 中326
歌曰 / 上126,232
假于大廟 / 下127
可謂繼志矣 / 中293
可謂恭矣 / 下126
可謂能終矣 / 下90

可謂善喩矣 / 中292
可謂全矣故 / 下94
可謂賢矣 / 下126
可謂孝矣 / 下94,173,175
可謂孝矣故 / 下175
加有成也 / 中110, 下301
可以嫁子 / 中399
可以居高明 / 上331
可以觀德矣 / 中326
可以觀政矣 / 下114
可以觀政矣 / 下115
可以交於神明也 / 下109
可以美土疆 / 上337
加以壁散壁角 / 中212
可以祔於士 / 中239
可以糞田疇 / 上337
可以擯相 / 下278
可以事神明 / 下107
可以乘其車 / 下175
可以升山陵 / 上331
可以言中 / 下325
可以與於饋奠之事乎 / 上379
可以與於饋奠之事乎 / 上382
可以與於祭乎 / 上381
加以鬱鬯 / 下82
可以遠眺望 / 上331
可以爲武 / 下278
可以爲文 / 下278
可以爲民父母矣 / 下205
可以爲人君 / 上426
可以爲人父 / 上426
可以爲人師也故 / 中292
可以爲人而后可以治人也故 / 下303
可以有事於上帝 / 中408
可以有事於祖 / 中408
可以有志於本矣 / 中298
可以有志於學矣 / 中296
可以衣裘帛 / 中169
可以義起也 / 中47
可以除之矣而弗除也 / 上112

可以除之矣而有君服焉 / 上399
可以處臺榭 / 上331
可以築城郭 / 上347
可以取婦 / 中399
可以治軍旅 / 下278
假爾泰筮有常 / 上64
可以罷官之無事 / 上366
可以學禮 / 中81
可人也 / 中409
歌者上如抗 / 中355
歌者在上 / 中87
駕赤駵 / 上322,327,333
苛政猛於虎也 / 上219
嫁從夫 / 中113
家主中霤而國主社 / 中96
嫁之禮也 / 上382
家之肥也 / 中47
加之事人代之 / 中134
歌之爲言也 / 中355
加之衣服雖不欲 / 中134
假之仁也 / 下322
加地進律 / 上253
可陳也而不可好也 / 中105
駕倉龍 / 上301,309,315
駕鐵驪 / 上356,362
駕鐵驢 / 上367
駕黃駵 / 上338
加灰錫也 / 中369
角 / 中158
角觡生 / 中330
角斗甬 / 上312,348
角亂則憂 / 中303
各司其局 / 上60
慤善不違身 / 下101
各揚其職 / 中214
角爲民 / 中303
各以其國之所有 / 中80
各以其器食之 / 上291
各以其方色與其兵 / 上393
各子其子 / 中20

介婦請於冢婦 / 中137
介拂閾 / 中201
皆弗忍也 / 上112
蓋殯也 / 上101
介賓主也 / 下323
皆使其子主之 / 中367
皆死于寢 / 下20
皆事天地之神明 / 下217
蓋三妃未之從也 / 上114
皆三月不御於內 / 下46
皆尙左手 / 中274
皆西領北上 / 下37
蓋先之以子夏 / 上147
皆先河而後海 / 中298
皆聶而不切 / 中280
皆聶而切之 / 中280
皆小樂正 / 上420
皆疏食水飮 / 下33
介紹而傳命 / 下342
皆屬賓黨 / 下286
皆屬主黨 / 下286
介酬衆賓 / 下320
皆漱澣 / 中162
皆升自東榮 / 下21
皆食粥 / 下33
皆安其位而不相奪也然後 / 中322
皆於東序 / 上419
蓋言稱也 / 中61
皆如其國之故 / 上71
皆如奔父之禮 / 下241
皆如牛羊 / 中155
皆如朝夕哭位無變也 / 下240
愾然必有聞乎其歎息之聲是故 / 下69
皆要経杖繩屨 / 中241
皆右之 / 中274
皆月祭之 / 下61
皆爲疑死 / 中397
皆爲之成踊 / 下248
皆有惇史 / 中153
皆有常籩 / 上291
皆有性也 / 上269
蓋有受我而厚之者也 / 上142
皆由順正 / 中324
皆有安居和味宜服利用備器 / 上269
皆有正焉 / 上432
皆由此塗出也 / 下156
皆有枕席 / 下32

皆有湯沐之邑於天子之縣內 / 上297
凱以强敎之 / 下205
皆以禮終 / 中319
開而弗達 / 中292
開而弗達則思 / 中292
皆以爲葬也 / 上101
皆以齒 / 下118
皆引年 / 上289
蓋引而進之也 / 上142
皆一衾 / 下37
皆入學 / 上274
介者皆從之 / 中380
介者不拜 / 上66, 中271
蓋自戰於升陘始也 / 上110
介爵酢爵僎爵 / 中276
皆在郊楸 / 中49
皆在其所藝也 / 下230
皆再拜稽首送之 / 中200
改正朔 / 中252
凱弟君子 / 下158,203,205
皆造於膳宰 / 中200
皆造焉 / 上274
皆從其朔 / 中24
皆從其初 / 中23
皆坐于東方 / 下23
皆坐于西方 / 下23
皆左袒 / 下40
皆朱錦也 / 中196
皆主人筵几於廟 / 下304
介冑則有不可犯之色 / 上57
介僎象陰陽也 / 下315
皆卽位哭盡哀 / 下246
皆知其德之備也 / 上439
皆陳於外 / 下345
蓋榛以爲笄長尺 / 上110
皆執紼 / 上172
蓋推而遠之也 / 上142
介蟲爲妖 / 上370
介蟲敗穀 / 上344
盖親受之於父母也 / 下306
蓋寢疾七日而沒 / 上126
盖嘆魯也 / 中18
開通道路 / 上317
介必東鄉 / 下323
皆形見於樂故曰 / 中322
客車不入大門 / 上66
客敬主人 / 上75
客固辭 / 上38
客跪撫席而辭 / 上40

客對曰 / 中380,381
客立于門西 / 中381
客復就西階 / 上38
客不先擧 / 上41
客不虛口 / 上48
客使自下由路西 / 中378
客絮羹 / 上49
客殯主人辭以疏 / 中197
客升自西階弗 / 上388
客若降等 / 上38,48
客亦如之 / 中266
客曰 / 中376
客入門而左 / 上38
客入弔 / 上388
客自徹 / 中276
客爵居左 / 中276
客作而辭然後 / 中280
客祭主人 / 中197
客從之 / 上38
客至於寢門 / 上38
客踐席乃坐 / 上41
客徹重席 / 上40
客歠醢 / 上49
客出送于門外 / 中381
客出以雍 / 下153
客就西階 / 上38
羹居人之右 / 上48
羹食 / 中148
鏗以立號 / 中339
羹定詔於堂 / 中78
羹齊視夏時 / 中144
羹之有菜者用梜 / 上49
羹之以菜可也 / 下35
更皮幣 / 上313
擧斝角 / 中120
居冠屬武 / 中182
車驅而騶 / 上66
去國三世爵祿 / 上71
去國則哭于墓而后行 / 上209
居君之母 / 上159
居鬼而從地故 / 中315
去其怒 / 中35
去其牟而緫 / 中369
去其詐 / 中35
居其位無其言君子恥之 / 中406
去其麷編萑 / 中155
去器之無用者 / 上366
去其貪 / 中35
居女三人者 / 下150

觀於祭祀 / 中170
冠於阼以著代也 / 下301
灌用玉瓚大圭 / 中212
灌用鬱鬯 / 中58,84
灌用鬯臭 / 中116
灌用臭也 / 中84
官有御 / 中42
冠緌纓 / 中124
寬裕肉好順成和動之音 / 中320
寬裕者 / 下296
冠衣不純素 / 上35
冠衣不純采 / 上35
冠義始冠之 / 中110
灌以圭璋 / 中116
寬而有辨 / 下209
冠而字 / 上46
冠而字之 / 中110
寬而靜 / 中355
冠而祭於己 / 中370
冠而敝之可也 / 中110,182
冠而后服備 / 下300
管人汲 / 下32
管人受沐乃煮之 / 下32
管人授御者沐乃沐 / 下32
冠字 / 上137
冠者禮之始也 / 下303
冠者禮之始也是故 / 下300
冠者不肉袒何也曰 / 下254
冠者不櫛 / 上49
棺自史佚始也 / 上411
冠章甫之冠 / 下288
官正而國治 / 上424
灌尊 / 中218
盥卒授巾 / 中126
棺周於衣 / 上159
管仲鏤簋而朱紘 / 中404
管仲鏤簋朱紘 / 中64
管仲死 / 中409
管仲遇盜 / 中409
冠至尊也 / 下254
官職相序 / 中47
關執禁以譏 / 上281
觀天下之物 / 中62
冠取妻必告 / 上431
冠取妻必告 / 上437
冠七升 / 下268
冠八升 / 下268
觀乎九原 / 上234
管乎人情矣 / 中329

冠昏喪祭射御朝聘 / 中44
冠昏喪祭鄉相見 / 上298
括髮 / 上140
括髮袒 / 下238,241
括髮袒成踊 / 下242,245
括髮於堂上 / 中248
括髮以麻 / 中225,下26
刮楹達鄉 / 中216
廣各寸半 / 下278
廣其節奏 / 中322
廣大象地 / 中324
廣大而靜 / 中355
廣樂以成其教 / 中326
廣輪揜坎 / 上221
廣博易良樂教也 / 下131
廣博易良而不奢 / 下132
曠也太師也 / 上199
纊爲繭 / 中184
廣尺 / 中374
廣則容姦 / 中323
壞國喪家亡人 / 中44
蕢蕢者爾心或開予 / 上199
蕢尚不如杞梁之妻之知禮也 / 上213
蕢也宰夫也 / 上200
蟜固不說齊衰而入見曰 / 上171
絞給不在列 / 下37
絞給如朝服 / 下37
絞帶反位 / 下238
教民睦也 / 下77
教民美報焉 / 中96
教民反古復始 / 下82
教民不忘本也 / 下321
教民相愛 / 下82
教民順也 / 下77
教民追孝也 / 下176,180
教不伐 / 下100
教不時則傷世 / 中318
驕斯亂 / 下166
教士以車甲 / 上276
郊社之義 / 下150
交相爲瘉 / 下175
教成祭之 / 下309
郊所以明天道也 / 中100
交手哭 / 下250
教順成俗 / 下310
交神明之道也 / 中412
教也者 / 中293
教然後知困 / 中284

教于公宮 / 下309
教于宗室 / 下309
交遊之讎不同國 / 上60
交遊稱其信也 / 上33
絞衣以裼之 / 中186
教以敬長 / 下77
教以婦德 / 下309
喬而野 / 下206
教以慈睦 / 下77
教人不盡其材 / 中290
絞一幅爲三不辟 / 下37
教者民之寒暑也 / 中318
教者必知之 / 中293
交政於中國 / 上148
教尊而官正 / 上424
教之不成也 / 下227
教之不刑 / 中290
郊之用辛也 / 中98
教之以政 / 下220
教之以孝弟睦友子愛 / 上429
郊之祭 / 下79
郊之祭也 / 中98,101,下79
教之至也 / 下81
教之鄉飲酒之禮 / 下317
郊特牲而社稷大牢 / 中84
教學相長也 / 中285
教學爲先 / 中284
教學臨文不諱 / 中193
郊血 / 中70,84
教訓正俗非禮不備 / 上29
九 / 上397
龜 / 上72
苟可薦者 / 下106
狗去腎 / 中146
九卿 / 下310
口徑二寸半 / 下284
舅姑降自西階 / 中115
舅姑共饗婦 / 下307
舅姑使冢婦毋怠 / 中137
舅姑先降自西階 / 下307
舅姑受之則喜 / 中138
舅姑承子 / 下187
舅姑若使介婦 / 中137
舅姑於婦撫之 / 下43
廐庫爲次 / 上74
舅姑入室 / 下307
舅姑卒食 / 中115
具曲植蘧筐 / 上318
九年耕必有三年之食 / 上261
九年教之數日 / 中167

九年知類通達 / 中286
求得當欲 / 下139
苟利國家 / 下294
久立於綴 / 中343
苟亡矣 / 上156
區萌達 / 中330
舅沒則姑老 / 中137
舅沒則稱兄 / 中414
苟無禮義忠信誠慤之心以
　　涖之 / 上220
苟無忠信之人 / 中81
丘聞之 / 下138
丘聞之也 / 下288
丘聞之親者毋失其爲親也
　　/ 上233
九門礫攘 / 上321
丘未之逮也而有志焉 / 中18
舅犯曰 / 上176
求服其志 / 中97
求福不回 / 下203
丘封之大 / 中59
具父母大父母 / 下278
具父母衣純以靑 / 下278
屨不上於堂 / 上43
廐焚 / 中409
口不甘味 / 下250
久不相見 / 下295
丘不知儒服 / 下288
口費而煩易出難悔 / 下230
九嬪 / 下310
久相待也 / 下294
求善良 / 中283
丘少居魯 / 下288
驅獸毋害五穀 / 上324
具視朔食 / 中162
九十使人受 / 上284
九十雖得人不煖矣 / 上287,
　　中151
九十飮食不離寢 / 上284
九十飮食不違寢 / 中151
九十日脩 / 上284,中151
九十日有秩 / 上287,中152
九十者其家不從政賷亦如
　　之 / 中152
九十者其家不從政 / 上289
九十者六豆 / 下317
九十者使人受 / 中151
九十者天子欲有問焉 / 中151
九十者天子欲有問焉則就
　　其室 / 上287

丘也貧無蓋 / 上229
丘也小人 / 下138
瞿然曰呼曰 / 上109
韭曰豐本 / 上89
口容止 / 中203
九月之喪 / 中399,下35
九月七月之喪三時也 / 中232
龜爲卜筴爲筮 / 上64
苟有衣 / 下234
苟有車 / 下234
寇戎來征 / 上314
久矣予之不託於音也 / 上232
摳衣趨隅 / 上37
韭以卵 / 上266
求而無所得之也 / 下252
懼而無怨 / 下92
糗餌粉餈 / 中141
久而不葬者 / 中241
求以事君 / 下203
九夷之國 / 中209
蚯蚓結 / 上365
蚯蚓出 / 上322
傴者不袒 / 下255,354
句者畢出 / 上317
狗赤股而躁臊 / 中148
具田器 / 上368
求正諸己 / 下333
求諸鬼神之道也 / 上179
具祭器 / 上138
九州之長 / 上81
句中鉤 / 中355
求中以辭爵也 / 下333
求中以辭爵者辭養也 / 下333
裘之裼也見美也 / 中186
驅之五步而立 / 上66
苟知此矣 / 下153
舅之妻 / 上141
驅塵不出軌 / 上66
棋榛脯脩棗栗 / 上92
具桎梏禁止姦 / 上342
鉤車夏后氏之路也 / 中216
九采之國 / 中209
具飭衣裳 / 上346
久則天 / 中348,下88
口澤之氣存焉爾 / 中201
口惠而實不至 / 下215
苟或行之 / 下234
鳩化爲鷹然後設罻羅 / 上259
國家理治 / 下310
國家靡敝 / 中281

國家以寧 / 下231
國儉則示之以禮 / 上190
國君去其國 / 上77
國君撫式大夫下之 / 上57
國君拜其辱 / 上75
國君不名卿老世婦 / 上70
國君不乘奇車 / 上66
國君死社稷 / 上77
國君世子大牢 / 中162
國君世子生 / 中159
國君綏視 / 上91
國君之命則輯杖 / 下29
國君春田 / 上77
國君取夫人之辭曰 / 下106
國君則平衡 / 上68
國君七个 / 上190
國君下齊牛 / 上66
國君薨 / 上389
國禁哭則止 / 中402
國乃有恐 / 上349
國多固疾 / 上370
國多風欬 / 上337
國亡大縣邑 / 上167
國無九年之蓄曰不足 / 上261
國無道 / 上190
國無二君 / 下354
國奢則示之以儉 / 上190
國三人 / 上250
國昭子之母死 / 上191
國時有恐 / 上307
麴蘗必時 / 上364
國有大恐 / 上321
國有大兵 / 上366
國有大事 / 下335
國有禮 / 中42
國有學 / 中286
國有患 / 中35
鞠有黃華 / 上350
國人觀之曰 / 上428
國人稱願然曰 / 下90
國人畢作 / 中96
國子高曰 / 上159
國子存游卒 / 下336
國中以策彗卹勿 / 上66
國之肥也 / 中47
國之俊選 / 上274
國恥足以興之 / 下143
國風曰 / 下197,215,216
君降立于阼階之南南鄉 /
　　下119

君於臣撫之 / 下43
君言不宿於家 / 上53
君言王事 / 下44
君言至則主人出拜君言之辱 / 上53
君與卿四人餕 / 下114
君與夫人交獻 / 中27
君與尸行接武 / 中203
君迎牲而不迎尸別嫌也 / 下117
君曰否 / 下138
君曰昔者衛國凶饑 / 上202
君王其終撫諸 / 上418
君王討敝邑之罪 / 上196
君容枳 / 下55
君遇柩於路 / 上172
君爲東上 / 下111
君爲廬宮之 / 下44
君謂我 / 上105
君位危則大臣倍 / 中32
君爲正則百姓從政矣 / 下141
君爲天子三年 / 下260
君有饋焉曰獻 / 上217
君有賜不面拜 / 中93
軍有憂則素服 / 上217
君有疾 / 上85
君有責於其臣 / 下210
君有合族之道 / 中257
君肉袒 / 中214
君衣布揥本 / 中175
君衣狐白裘 / 中186
君以卷 / 下21
君以民爲體 / 下231
君以民存 / 下231
君已食徹焉 / 中164
君以簟席 / 下36
君已除喪而后 / 中234
君日出而視之 / 中173
君臨臣喪 / 上186
君入門 / 中201
君子蓋猶猶爾 / 上141
君子頃步而弗敢忘孝也 / 下94
君子敬則用祭器是以 / 下218
君子戒愼 / 上57
君子恭儉以求役仁 / 下203
君子過時不祭禮也 / 上400
君子寡言而行以成其信 / 下235
君子過言則民作辭 / 下145

君子苟無禮 / 下177
君子貴人而賤己 / 下169
君子貴之也 / 下349
君子耆老不徒行 / 上292
君子旣食則裹其餘乎 / 中393
君子旣知敎之所由興 / 中292
君子乃齊 / 下109
君子念始之者也 / 上179
君子多聞 / 下232
君子達亹亹焉 / 中74
君子淡以成 / 下214
君子大牢而祭謂之禮 / 中64
君子道人以言 / 下224
君子動其本 / 中328
君子樂其發也 / 中62
君子樂得其道 / 中326
君子力此二者 / 下156
君子禮以坊德 / 下166
君子禮以飾情 / 上398
君子履之 / 下68
君者立於無過之地也 / 中34
君子明於禮樂 / 下155
君子貌足畏也 / 下192
君子無故 / 中195
君子無理不動 / 下153
君子無物而不在禮矣 / 下153
君子無所爭 / 下333
君子無不敬也 / 下143
君子問更端則起而對 / 上42
君子問人之寒則衣之 / 下215
君子未之言也 / 上141
君子反古復始 / 下84
君子反情 / 中324
君子反情以和其志 / 中326
君子病之 / 中397
君子服其服則文以君子之容 / 下201
群子婦佐餕如初 / 中130
君子不家於喪 / 上138
君子不可以不愼也 / 下230
君子不敬 / 下175
君子不能爲謀也 / 上209
君子不履絲屨 / 中282
君子不食圂腴 / 中278
君子不失足於人 / 下192
君子弗爲也 / 上142,中397
君子不以口譽人 / 下215
君子不以其所能者病人 / 下201
君子不以菲廢禮 / 下177

君子不以辭盡人故 / 下214
君子不以色親人 / 下216
君子不以小言受大祿 / 下210
君子不以爲禮 / 中53
君子不以一日 / 下193
君子不自大其事 / 下204
君子不自留焉 / 下234
君子不盡利 / 下183
君子不盡人之歡 / 上54
君子不親惡 / 上85
君子不奪人之喪 / 中387, 下262
君子不奪人之親 / 上413
君子弗行也 / 上152
君子不興功 / 中104
君子比德於玉焉 / 下348
君子非有大故 / 上122
君子非有大事也 / 下109
君子辭貴不辭賤 / 下169
君子仕則不稼 / 下183
君子三揖而進 / 下211
君子三日齊 / 中122
君子上不僭上 / 中404
君子生則敬養 / 下69
君者所明也 / 中34
君者所事也 / 中34
君者所養也 / 中34
君子雖貧不粥祭器 / 上75
君子雖自卑而民 / 下204
君子升下則授綏 / 中272
君子愼其獨也 / 中62
君子愼其所以與人者 / 中76
君子愼始 / 下135
君子信讓 / 下171
君子愼以辟禍 / 下193
君子審禮 / 下133
君子也者 / 下145
君子約言 / 下170
君子於其所尊弗敢質 / 下342
君子於是語 / 中333
君子於玉比德焉 / 中195
君子於有饋者 / 下182
君子於有喪者之側 / 下214
君子言不過辭 / 下145
君子言之曰 / 上230
君子與其使食浮於人也 / 下169
君子與其有諸責也 / 下215
君子如欲化民成俗 / 中283
君子曰 / 上114,138,中66,70,

其夫不爲大夫 / 中245
其夫死而夫黨無兄弟 / 中401
其夫屬乎父道者 / 中253
其夫屬乎子道者 / 中253
其夫若子主之 / 中243
豈不可 / 上411
其不可得變革者則有矣 / 中252
器不刻鏤 / 下139
忌不樂 / 上100
豈不送死有已 / 下271
其不然乎 / 上150
其不謂之殺厲之師與 / 上196
期不從政 / 上289
期悲哀 / 中387,下356
其備豫有如此者 / 下289
其非冢子則皆降一等 / 中162
既殯瞿瞿 / 上110
既殯旬而布材與明器 / 上162
其擯於天子也曰天子之吏 / 上81
既殯而往 / 下47
既殯而祭 / 上395,中387
既殯而從政 / 中399
既殯而致事 / 上413
其殯祭不於正室 / 中367
其辭恭 / 下218
其事勤 / 中303
其蜡乃通 / 中104
其祀門 / 上340,345,350
祈祀四海大川名源 / 上364
既事成踊襲而后拜之 / 中390
其謝也可食 / 上225
其死曰孟子卒 / 下185
其使容居以含 / 上223
其辭于賓曰宗兄宗弟宗子左他國 / 上404
其仕有如此者 / 下292
既蜡而收 / 中104
既事而退 / 中250
其辭一也 / 中235
其祀竈 / 上322,327,332
其死罪則曰某之罪在大辟 / 上434
其祀中霤 / 上338
其祀行 / 上356,362,367
其祀戶 / 上300,309,315
紀散而衆亂 / 中64
其殺六分而去一 / 中187
其三日 / 上428

其賞罰 / 下206
既祥雖不當縞者 / 中390
其相授則女受以篚 / 中133
既祥勌墨 / 下46
既祥之冠也 / 中182
其庶幾乎 / 上116
其庶姓別於上 / 中253
其先祖無美而稱之是誣也 / 下128
其聲發以散 / 中300
其聲哀而不莊 / 中323
其成也懌 / 上424
氣盛而化神 / 中326
其聲粗以厲 / 中300
其聲直以廉 / 中300
其聲嘽以緩 / 中300
其聲噍以殺 / 中300
其聲和以柔 / 中300
既小斂 / 上140
其所與遊辟也 / 中409
其孫不降其父 / 中237
其衰侈袂 / 中401
氣衰則生物不遂 / 中323
其數可陳也 / 中111
其數九 / 上340,345,350
既受乃問犬名 / 中274
其受祿不誣 / 下210
其數六 / 上356,362,367
己雖弗欲姑與之 / 中134
己雖小功 / 中399
其數五 / 上338
其水在洗東 / 下321
既受帝祉 / 中335
其受罪益寡 / 下210
其數七 / 上322,327,332
其數八 / 上300,309,315
其孰能如此乎 / 下205,209
其叔父也 / 上152
其舜禹文王周公之謂與 / 下203
其順之然後言其喪筭 / 下139
其升正柩也 / 中404
其始麻散帶経 / 中366
其尸服 / 中231
其尸服以士服 / 中231
夔始制樂 / 中317
其施之也 悖 / 中290
既視濯 / 中385
既食恒餕 / 中130
其臣壞 / 中303

其神句芒 / 上300,309,315
其愼也 / 上101
其神蓐收 / 上340,345,350
其神祝融 / 上322,327,332
其神玄冥 / 上356,362,367
其神后土 / 上338
期十三月而練冠 / 下358
旂十有二旒 / 中100,211
其惡有方是故 / 下233
其哀離其室也 / 上186
其哀心感者 / 中300
其愛心感者 / 中300
氣也者神之盛也 / 下81
豈若速反而虞乎 / 上124
既養老而后乞言 / 中153
其陽處父乎 / 上234
祈於社 / 中250
其於敵以下曰寡人 / 中206
其言吶吶然 / 上234
其言明且清 / 下231
其言也 / 中293
其餘閣也與 / 上116
其餘皆寫 / 上49
其餘皆入 / 下329
其餘禮猶大夫也 / 下42
其餘免以終事 / 下242
其餘無常貨 / 中80
其與民言 / 上84
其餘方百里者八十 / 上296
其餘方百里者九十一 / 上296
其餘方百里者六十四 / 上296
其餘方百里者四十 / 上295
其餘方百里者十 / 上295
其餘方百里者七十 / 上295
氣如白虹天也 / 下349
其餘如士 / 中364
其餘六十億畝 / 上293
其餘以祿士 / 上247
其餘以麻終月數者 / 中241
其餘以爲附庸閒田 / 上247,295
其餘鳥獸之卵胎 / 中49
其餘從而服 / 中234
其餘則否 / 中228
其餘則直道而行之是也 / 中390
記曰 / 上413,424,中286,288,294,下109,124
其曰明器 / 上144
其曰明器神明之也 / 上186

道達溝瀆 / 上317
道德仁義非禮不成 / 上29
道塗不爭險易之利 / 下289
陶陶遂遂 / 下101
塗廬不於顯者 / 下44
道路 / 上291
道路男子由右 / 中133
道路不通 / 上331
稻米二肉一 / 中155
塗不曁于棺 / 下51
徒使我 / 上119
陶斯咏 / 上194
禱祠祭祀供給鬼神非禮不誠不莊 / 上29
塗上帷之 / 下51
徒跣扱衽拊心 / 下24
都城不過百雉 / 下167
度是鎬京 / 下172
桃始華 / 上309
盜言孔甘 / 下214
悼與耄雖有罪不加刑焉 / 上31
稻醴清糟 / 中140
道五常之行 / 中322
道汚則從而汚 / 上97
塗屋天子之禮也 / 上166
稻曰嘉蔬 / 上89
桃曰膽之 / 中146
度有長短 / 上346
道有至有義有考 / 下196
道隆則從而隆 / 上97
都邑以成 / 下231
塗邇故也 / 上411
道而弗牽 / 中292
道而弗牽則和 / 中292
道而不徑 / 下94
稻以鴈 / 上266
道而出 / 上375
陶人出重鬲 / 下32
道者義也 / 下196
道者左也 / 下196
倒載干戈 / 中345
盜竊亂賊而不作故 / 中18
桃諸梅諸卵鹽 / 中142
道尊然後民知敬學是故 / 中295
徒坐 / 中179
度地居民 / 上267
度地以居民 / 上271
塗之以謹塗炮之 / 中155

道之以禮 / 下105,112
擣珍取牛羊麋鹿麛之肉 / 中155
倒筴側龜於君前有誅 / 上72
道合則服從 / 中169
獨樂其志 / 中328
讀賵曾子曰 / 上158
讀書食則齊豆去席尺 / 中179
篤以不揜 / 下193
禿者不髽 / 下354
櫝筴籥其執之 / 中274
瀆則不告 / 下193
獨學而無友 / 中292
篤行而不倦 / 下294
豚去腦 / 中146
豚肩不揜豆 / 中64,404
敦牟巵匜 / 中130
敦善行而不怠 / 上54
豚曰腯肥 / 上88
豚春用韭 / 中146
惇行孝弟 / 中169
東括髮袒絰 / 下245
同國始相見 / 上75
同國則往哭之 / 上173
動己而天地應焉 / 中355
冬祈寒小民 / 下231
冬多鹹 / 中144
冬讀書典書者詔之 / 上420
洞洞屬屬然 / 下76
洞洞乎其敬也 / 中78
洞洞乎屬屬乎如弗勝 / 下74
同律禮樂制度衣服正之 / 上253
東隣殺牛不如西隣之禴祭 / 下177
東面執八算興 / 下281
東門之外西面北上 / 中209
東方曰寄 / 上270,274
東方曰夷 / 上269
東方者春 / 下322,323
動不過則 / 下145
同弗與 / 下295
東不盡東海 / 上293
動四氣之和 / 中324
東上 / 中412
東西家無有 / 中401
東西南北之人也 / 上99
同姓從宗 / 中253
動尸舉柩 / 下252
桐始華 / 上315

動於內者也 / 下88
動於外者也故 / 下88
冬溫而夏凊 / 上33
冬日烝 / 上264
冬右腴 / 中277
冬宜鮮羽 / 中144
動以干戚 / 中324
動而不相害也 / 中47
東夷之子也 / 中387
動而之地 / 中44
同而進 / 下295
動以進衆 / 中339
童子 / 上109
童子哭不偯 / 中402
童者舞之 / 中331
童子不裘不帛 / 中197
童子不緦 / 下256
童子不衣裘裳 / 上35
同者三 / 中382
童子曰 / 上109
童子曰聽事 / 中261
童子委摯而退 / 上92
童子之節也 / 中196
動作愼 / 下289
同爵則尙齒 / 下96
同藏無間故 / 中157
冬藏殃敗 / 上354
同財而祭其祖禰爲同居 / 中237
動靜有常 / 中315
冬祭曰烝 / 下124
同尊卑也故 / 中114
東髦卽位 / 下241
東卽位 / 下242
東卽位拜賓成踊 / 下244
東卽主人位 / 下242
冬烝 / 中214
冬之爲言中也 / 下322
動之以四時 / 中316
冬薦稻 / 上266
冬則居營窟 / 中24
同則相親 / 中309
動則左史書之 / 中172
東風解凍 / 上300
冬夏教以詩書 / 上274
冬夏不爭陰陽之和 / 下289
東行西行者弗敢過 / 下99
東鄉西鄉 / 上40
頭頸必中 / 中205
杜蕢洗而揚觶 / 上200

〔바〕

博施備物可謂不匱矣 / 下92
薄於德於禮虛 / 下153
朴而不文 / 下206
薄滋味毋致和 / 上330
薄切之必絶其理 / 中155
博學無方 / 中169
博學不敎 / 中169
博學以知服 / 下295
飯 / 上162,中140
反改成踊 / 中390
反哭 / 上135
反哭升堂 / 上182
反哭於爾次 / 上143
反哭之弔也 / 上182
反求諸己而已矣 / 下333
頖宮周學也 / 中218
反饋樂成 / 下73
反其國不哭 / 上209
反女功之始也 / 中107
頒度量而天下大服 / 中211
反登歌淸廟 / 上439
班馬政 / 上329라
班馬政 / 上353
反命 / 上439
反命曰 / 中378
反命于公 / 上434
反命于君曰 / 中412
反命于寢 / 中412
斑白者不以其任 / 下96
斑白者不提挈 / 上292
反本脩古 / 中72
飯黍毋以箸 / 上48
反席未安而沒 / 上109
反舌無聲 / 上327
飯腥而苴孰故 / 中23
飯殯者三飯也 / 中179
反受其殃 / 上346
反是不思 / 下216
飯食之謂也 / 下332
反養老幼于東序 / 上439
反壞樹之哉 / 上159
反於衛及郊 / 上205
飯於牖下 / 上132,下179
反亦如之 / 上375
飯用米貝 / 上179
反位設中 / 下281
反位若有賓後至者 / 下245
飯飲而俟 / 中179
反而亡焉 / 上182
般爾以人之母 / 上207

反爾地歸爾子則謂之何 / 上196
畔者君討 / 上253
反葬而丘間之曰 / 上409
反葬奠而後辭於殯 / 上376
反坫 / 中91
反坫出尊 / 中216
反諸其所養也 / 上182
反諸其所作也 / 上182
班朝治軍涖官行法非禮威嚴不行 / 上29
反必告 / 上77,391
反必面 / 上33
反必有獻 / 上77
反必親告于祖禰 / 上375
半夏生 / 上330
發其情 / 下84
發慮憲 / 中283
發揚蹈厲 / 中343
發揚蹈厲之已蚤何也 / 中341
發然後禁 / 中292
發而不失正鵠者 / 下333
發而不中 / 下333
發以聲音而文以琴瑟 / 中324
發爵賜服 / 下124
發諸顏色者亦不飲食也 / 中389
發彼有的 / 下333
發形於外 / 上424
發號出令而民說謂之和 / 下132
發胸擊心爵踊 / 下252
髮晞用象櫛 / 中176
邦國有倫而衆鄕方矣 / 上437
防其邪物 / 下109
方其義也故 / 下278
方冬不寒 / 上361
坊民之所不足者也 / 下165
方百里者 / 上293
方百里者爲田九十億畝 / 上293
方伯爲朝天子 / 上297
旁殺而親畢矣 / 中228
方三千里 / 上293
方十里者 / 上293
方十里者九十六 / 上296
方十里者六十 / 上295
方十里者四十 / 上295
方十里者二十九 / 上296
方十里者七十五 / 上296

方十里者七十一 / 上296
魴鱮烝 / 中146
方以類聚 / 中315
方一百里者 / 上293
方正於天下也 / 中178
房中亦踊三者三 / 上373
方千里者 / 上293,295
旁治昆弟 / 中251
放乎獀狩 / 下96
拜稽顙 / 中381
拜稽顙哀戚之至隱也 / 上179
拜稽顙于下 / 下49
拜君命之辱 / 下342
拜服也 / 中120
拜賓反位哭成踊 / 下246
拜賓反位成踊 / 下242,245
拜賓成踊 / 下238,242,245
拜賓送賓 / 下240,241,244
拜賓送賓皆如初 / 下239
拜賓則尙左手 / 下249
坏城郭 / 上358
拜送賓 / 中241
拜受於尊所 / 上49
拜於其室 / 中200
坏垣牆 / 上343
配以月 / 下79
拜而后對 / 上77
拜而后配以后稷 / 中211
俏立蹻言 / 下286
拜自獻其身 / 下210
拜至拜洗拜受拜送拜旣 / 下313
拜之士壹大夫再 / 中409
拜之成踊 / 下245
拜之如初 / 下244
拜至獻酬辭讓之節繁 / 下318
排闔說屨於戶內者一人而已矣 / 中264
伯高死於衛 / 上119
伯高之喪 / 上119
百工咸理 / 上320
栢椁以端 / 上166
百官各以其成質於三官 / 上282
百官皆足 / 中55
百官得其宜 / 下132
百官備 / 下354
百官靜事無刑 / 上330
百官齊戒受質然後 / 上282
百官進徹之 / 下114

復生有節也哉 / 下271
卜筮瞽侑皆在左右王中 / 中42
卜筮不過三 / 上64
卜筮不相襲 / 上64
卜筮不相襲也 / 下217
復西上 / 中364
卜筮者 / 上64
卜所以爲後者曰 / 上202
腹脩五寸 / 下284
服術有六 / 中255
卜也 / 上107
僕於君子 / 中272
僕御婦人則進左手 / 上66
復與書銘 / 中235
復曰某甫復矣 / 上84
復曰天子復矣 / 上78
復衣不以衣尸 / 下21
復而後行死事 / 下21
卜人師扶右 / 上141
卜人作龜 / 中363
卜人定龜 / 中175
福者備也 / 下104
僕者右帶劍 / 中267
復者朝服 / 下21
卜葬其兄 / 中391
服赤玉 / 上322,327,333
僕展軨效駕 / 上66
復諸侯以襃衣冕服 / 中364
覆舟 / 上316
服重者則易輕者也 / 下269
服之窮也 / 中253
服之無斁 / 下234;射
服之襲也充美也 / 中186
卜之日王立于澤 / 中99
復盡愛之道也 / 上179
服斬 / 中245
服倉玉 / 上301,309,315
卜宅寢室 / 下218
服玄玉 / 上356,362,367
服黃玉 / 上338
本於昏 / 下307
本仁以聚之 / 中47
本諸父母 / 下99
奉繭以示于君 / 下85
贈馬入廟門 / 中262
封方百里者九 / 上296
封方百里者三十國 / 上295
奉斯三者 / 下163
奉三無私 / 下163

奉觶曰賜灌 / 下283
奉席如橋衡 / 上40
奉席請何鄉 / 中129
奉帥天子 / 上397
奉承而進之 / 下74
蓬矢六 / 中159
封於營丘 / 上114
封王子比干之墓 / 中345
鳳以爲畜故 / 中41
贈者出反位于門外 / 中380
縫齊倍要 / 中184
封帝舜之後於陳 / 中345
封帝堯之後於祝 / 中345
奉種浴于川 / 下85
封周公於曲阜 / 中211
奉之以物 / 下105
奉薦而進 / 下73
蓬戶甕牖 / 下292
鳳皇麒麟 / 中49
奉諱惡 / 上282
夫歌者 / 中355
夫各有所當也 / 下73
婦降自阼階 / 中115,下307
負劍辟咡詔之 / 上35
婦見舅姑 / 中415
夫敬以和 / 中337
夫稽顙而不拜 / 上177
夫古者天地順而四時當 / 中335
夫告宰名 / 中162
夫古之人 / 上150
夫恭寡過 / 下199
夫柩不可以反者也 / 上409
夫柩不蚤出 / 上409
扶君 / 上141
夫君臣習禮樂而以流亡者未之有也 / 下327
富貴而知好禮 / 上30
夫圭田無征 / 上267
夫既遣而包其餘느 / 中393
夫夔達於樂而不達於禮 / 下154
父黨無容 / 中61
婦當喪而出則除之 / 中231
夫大嘗禘升歌淸廟 / 下129
夫對曰 / 中162
夫大饗 / 中393
父道也 / 下311
不同槭枷 / 上44
夫樂者樂也 / 中351

夫樂者象成者也 / 中343
夫樂者先王之所以飾喜也 / 中352
夫樂者與音相近而不同 / 中335
負良綏 / 中267
祔練曰告 / 中281
夫禮禁亂之所由生 / 下135
夫禮吉凶異道 / 下350
夫禮坊民所淫 / 下184
夫禮先王以承天之道 / 中22
夫禮所以制中也 / 下150
夫禮始於冠 / 下307
夫禮爲可傳也 / 上140
夫禮者所以章疑別微 / 下167
夫禮者所以定親疏 / 上27
夫禮者自卑而尊人 / 上30
夫禮之初 / 中23
夫禮必本於天 / 中22,44
夫禮必本於太一 / 中44
贈馬與其幣大白兵車 / 中262
夫勉於仁者不亦難乎是故 / 下197
夫明器鬼器也 / 上150
夫明王不興 / 上126
夫銘者 / 下126
父命呼 / 中201
父母舅姑 / 中126
父母舅姑將坐 / 中129
父母舅姑之命 / 中134
父母舅姑之衣衾簟席枕几不傳 / 中130
父母既沒 / 下90,92
父母怒不說而撻之流血 / 中135
父母不說出 / 中136
父母不在則稱伯父世母 / 上382
父母先 / 下43
父母雖沒 / 中136
父母惡之 / 下92
父母愛一人焉 / 中136
父母愛之 / 下92
父母於子執之 / 下43
父母曰 / 中136
父母有過 / 中135,下92
父母有婢子 / 中136
父母有疾 / 上49
父母而賓客之 / 中393
父母在 / 中130,下176,181

不敢曠左 / 上66
不敢袒裼 / 中131
不敢答拜 / 上75
不敢忘其祖 / 上223
不敢問其年燕見 / 中265
不敢拜賓 / 下247
不敢拜迎而拜送 / 中193
不敢立命 / 中137
不敢立坐 / 中137
不敢立行 / 中137
不敢不至焉 / 上133
不敢弗盡也是故 / 下84
不敢私假 / 中137
不敢私其財也 / 下181
不敢私服 / 上399
不敢私與 / 中137
不敢私覿 / 中90
不敢殯 / 中179
不敢授綏 / 上66
不敢受弔 / 中382
不敢愛其死 雖然 / 上105
不敢嚔噦嚏咳欠伸跛倚睇視 / 中131
不敢與世子同名 / 上70,中164
不敢用常褻味而貴多品 / 中105
不敢用褻味而貴多品 / 中86
不敢有加焉 / 上416
不敢有君民之心 / 下203
不敢有其身 / 下181
不敢有其室也 / 中90
不敢貳君也 / 中90
不敢以貴富 / 中139
不敢以其私 / 下217
不敢以傷吾子 / 中415
不敢以先父母之遺體行殆 / 下94
不敢以儒爲戲 / 下297
不敢入處室 / 下252
不敢藏於夫之篋笥 / 中157
不敢杖矣 / 下256
弗敢卽乘服也 / 中198
不敢疾怨 / 中135
不敢擅重事 / 下303
不敢充也 / 中186
不敢唾洟 / 中131
不敢辟誅 / 中414
不敢縣於夫之楎椸 / 中157
不敢凶服 / 中100
不改成踊 / 中390

不更其守 / 下291
不擧樂思嗣親也 / 上384
不擧樂於其側 / 中401
不居肉袒之體也故 / 下254
不僭于儀 / 下223
不見其色也 / 中36
不更其所 / 下292
弗敬不正 / 下141
不敬者君削以地 / 上253
不傾聽 / 上35
不耕穫 / 下182
不繼祖也 / 中257
不繼祖與禰故也 / 中230
不繼之以倦 / 下192
不繼之以樂 / 下192
不告利成 / 上408
不顧望而對非禮也 / 上70
不共食 / 中167
不共湢浴 / 中133
不過九命 / 上250
弗果班 / 上205
弗果從 / 上207
不過乎物 / 下146
不冠者之所服也 / 下256
不括髮 / 中248
不愧于人 / 下201
不屨絇 / 中197
不求其爲 / 下105
不求變俗 / 上71
不求富貴 / 下294
不苟笑 / 上34
不具殷奠 / 下50
不苟訾 / 上34
不群立 / 上398
不歸德 / 下234
不歸肉 / 上404
不窺密 / 中267
不及殯先之墓 / 下244
不及以政 / 上251
不及車馬 / 下181
不矜而莊 / 下192
不祈多積 / 下291
不祈土地 / 下291
不耐無亂 / 中351
不念伯氏之言也 / 上105
弗能見 / 下182
不能敬其身是傷其親 / 下143
不能教也 / 下150
不能饋焉 / 下214
不能均如此 / 下345

不能其事爲臣不全 / 下124
弗能得也是故 / 下112
不能樂於禮素 / 下153
不能樂天 / 下146
不能樂學故 / 中289
不能反躬 / 中306
不能病也 / 下354
不能賻焉 / 下214
不能成其身 / 下146
不能詩於禮繆 / 下153
不能食食 / 中397
不能食粥 / 下35
不能安禮 / 中289
不能安詩 / 中289
不能安土 / 下146
不能安弦 / 中289
不能愛人 / 下146
不能五十里者 / 上244
不能有其身 / 下146
不能飮焉 / 中201
不能涖阼 / 上418
不能從而共粢盛 / 中413
不能從而事社稷宗廟 / 中413
不能則辭以疾 / 中94
不能則辭以疾上言曰 / 上70
弗能行也故 / 下347
不斷其威 / 下291
不答拜也 / 上75
不當斂則出 / 下24
不大望於民 / 下207
不臺門 / 中55
不道舊故 / 中267
不度民械 / 中264
不獨子其子 / 中18
不同巾櫛 / 上44
不同時而除喪 / 中232
不同而退 / 下295
不同日 / 中198
不同親者主之 / 下248
不得階主 / 中261
不得其辭 / 下143
不得其所 / 中306
不得嗣爲兄弟 / 上382
不得相干 / 下350
不得成禮 / 上397
不得承事 / 中380
不得與於哭泣之哀 / 上177
不得與於祭者 / 下332
不得已則吾欲以二子者之爲之也 / 上203

不亦善乎 / 上171
不逆於門外 / 下24
不逆於倫是之謂畜 / 下105
不亦易祿乎 / 下291
不亦貞乎 / 上202
不亦虛乎 / 上398
不然則否 / 上66
不然則已慤 / 中70
不然則已蹙 / 中70
不然則自下拘之 / 上66
不說人以無罪 / 上75
不厭其道 / 中328
不迎于門外 / 下50
不令兄弟 / 下175
不畏于天 / 下201
不饒富 / 上91
不殀夭 / 上259
不辱其身 / 下94
不踊不杖不菲不廬 / 中402
不友無禮於介婦 / 中137
不虞祔 / 中237
不援其所不及 / 下226
不願於大家 / 中264
不越疆而弔人 / 上170
不越路而與人言 / 上36
不爲魁 主人能 / 上129
不違龜筮 / 下217,218
不爲伋也妻者 / 上97
不違其志 / 中153
不違卜筮 / 下217
不爲旬徒 / 下96
不謂之進不敢進 / 上33
不謂之退不敢退 / 上33
不圍澤 / 上77
不綾 / 上101
不有敬事 / 中131
弗有盬矣 / 中187
不濡其翼 / 下201
不有大故 / 下186
不踰封而弔 / 中406
不遺父母惡名 / 下90
不踰父兄 / 上431
不有私財 / 上35
不有異事 / 上91
不由前爲躐席 / 中179
不飲醴酒 / 下265
不飲酒 / 下35
不飲酒食肉焉 / 上172
不疑在躬 / 中264
不以輕服而重相爲乎 / 上380

不以輕喪而重祭乎 / 上381
不以告 / 上72
不以公卿爲賓 / 下337
不移官出鄉 / 上276
不以其所 / 下139
不以其時非孝也 / 下92
不以大言受小祿 / 下210
不以斂 / 下21
不以鬖 / 中264
不貳問 / 中264
不以美沒禮故 / 下177
不以方色與兵 / 上393
不以犯有司正術也 / 上437
不以邊坐 / 上122
不以服勤 / 上122
不以卑臨尊也 / 中250
不貳事 / 上276
不以死傷生也 / 下352
不以山川 / 上45
不以檖進 / 中262
不以食道 / 上179
不以夜行 / 下238
不以隱疾 / 上45,中164
不以人之所不能者愧人是故 / 下201
不以人之親痁患 / 上409
不以日月 / 上45
不以日月不以國 / 中164
不以齊 / 中278
不以詔 / 上199
不以卽位 / 下30
不以聽 / 上279
不仁而不可爲也 / 上144
不忍一日 / 上184
弗忍一日離也 / 上184
弗忍虛也 / 上179
不入公門 / 上44,72
不入廟門 / 中262
不入而后量 / 中267
不自尙其功 / 下204
不自尙其事 / 下203
不自爲正 / 下231
不自尊其身 / 下203
不訾重器 / 中264
不酢而降 / 下318
不將公事逐入 / 上213
不藏圭 / 中55
不將命 / 中265
弗再拜 / 中198
不在祀典 / 下65

不在此位也 / 下330
不窮其類也 / 上437
不絶本 / 中245
不程勇者 / 下291
不祭食 / 上75
不制以己 / 下201
不齊則於物無防也 / 下109
不弔 / 中395
弗弔弗爲服 / 上437
不蚤髽 / 上75
不足以一獻 / 中81
不從流俗 / 下330
不從而稅 / 中234
不從者君流 / 上253
不晝夜居於內 / 上122
不重辭 / 下226
不中者不得與於祭 / 下332
弗之敬矣 / 中72
不知其善也是故 / 中284
不知其所謂 / 下81
不知其已之遲數則豈如行哉 / 上409
不知其旨也 / 中284
不知年數之不足也 / 下198
不知道是故 / 中284
弗之得矣故 / 中72
不知父子 / 中333
不知聲者 / 中305
弗之信矣故 / 中72
不知神之所在
不至焉者跋而及之故 / 上117
不知音者 / 中305
不知而不可爲也 / 上144
不至者廢其祀 / 上225
不至下五寸 / 中415
不盡席尺 / 中179
不振容 / 下53
不叱狗 / 上41
不執琴瑟 / 中266
不錯則隨 / 下96
不斬衰者不與祭 / 上381
不遷於祖 / 上386
不踐閾 / 上37
不徹琴瑟 / 上77
不徹縣 / 上77
不請見人 / 中398
不聽樂私喪之也 / 上437
不聽事焉 / 中395
不請所之 / 中265
不逮事父母則不諱王父母

非列采不入 / 下38
非列采不入公門 / 中184
俾于文王 / 中335
非虞附練祥 / 中398
非虞帝 / 下209
非爲碢之多故賤之也 / 下348
非爲父後者 / 上173
非爲人喪 / 中393
譬猶瞽之無相與 / 下150
非有恭敬也則不齊 / 下109
非有大故 / 上44
比音而樂之及干戚羽旄 / 中300
非義不合 / 下291
非意之也 / 中35
非以極口腹耳目之欲也 / 中305
妃以及妃 / 下143
枇以桑 / 中370
非爾所知也 / 中408
非以爲禍也 / 中319
紕以爵韋六寸 / 中415
卑者擧角 / 中59
備者百順之名也 / 下104
非作而致其情也 / 中70
比葬不食肉 / 中403
比葬食肉飮酒 / 下35
非專爲飮食也 / 下316
非祭非喪 / 中133
非諸人行諸己 / 下115
非尊家臣 / 中93
比卒哭不擧樂 / 中403
非從柩與反哭 / 中398
比終始之序 / 中322
非宗子 / 上376
比終玆三節者 / 下358
非從地出也 / 下256
非從天降也 / 下256
非餕莫敢用 / 中130
非餕莫之敢飮食 / 中130
非至德 / 下205
比至於祔 / 上184
畀之爲言與也 / 下122
非疾也 / 上122
非此族也 / 下65
非此之謂也 / 上380
非聽其鏗鏘而已也 / 中339
非燭何見 / 下150
比出宮 / 下55
非致齊也 / 上122
辟則坊與 / 下165
比投不釋 / 下281
匪革其猶 / 中55
非兄弟雖隣不往 / 上164
非孝也養也 / 下90
賓客主恭 / 中274
賓客之交義也 / 中55
賓客至無所館 / 上159
賓客之用幣義之至也故 / 中80
賓客之牛角尺 / 上266
儐鬼神 / 中32
賓黨於右 / 下283
殯東西面坐 / 下238,241
賓禮每進以讓 / 下179
賓牟賈起 / 中343
賓牟賈侍坐於孔子 / 中341
賓般還曰辟 / 下281
賓不擧禮也 / 上379
貧不至於約 / 下166
賓私面私覿 / 下343
賓酬主人 / 下320
殯於客位 / 上132,下179
殯於東階之上 / 上126
殯於兩楹之間 / 上126
殯於西階之上 / 上126
殯於五父之衢 / 上101
賓曰 / 下280
賓爲賓焉 / 上191
賓有後至者 / 下244
貧而好樂 / 下167
賓入大門而奏肆夏 / 中87
賓入不中門 / 中202
賓入中庭 / 下337
擯者擧之 / 中262
貧者不以貨財爲禮 / 上45
擯者亦曰孤 / 中206
擯者曰寡君之老 / 中206
擯者曰寡君之適 / 中206
擯者曰寡大夫 / 中206
擯者以其子見 / 中165
賓者接人以義者也故 / 下315
擯者進 / 下48
賓再拜受 / 下281
殯前北面 / 上373
賓奠而不擧 / 上404
賓主皆曰諾 / 下284
賓主共之也 / 下313
賓主百拜 / 中319
賓主象天地也 / 下315
賓主有事 / 下315
貧賤而知好禮 / 上30
賓出主人拜送 / 下242,244,320
賓出主人拜送于門外 / 下245
賓出徹帷 / 下27
賓必南鄕 / 下322
聘覲之禮廢 / 下135
氷凍消釋 / 上370
聘禮 / 下342
聘問之禮 / 下135
氷方盛 / 上368
聘射之禮 / 下347
氷以入 / 上368
氷益壯 / 上362
聘則爲妻 / 中170

〔사〕

師 / 上119
事可勸也 / 中39
事可復也 / 中39
事可守也 / 中39
事可列也 / 中39
斯可謂參天地矣 / 下163
四坎壇祭四方也 / 下59
士蓋不用漆 / 下51
士介拂棖 / 中201
士去琴瑟 / 下20
士擧旅行酬而后獻庶子 / 下340
士居堊室 / 中361
士擧遷尸于斂上 / 下40
士見於大夫 / 上75
舍敬是遺親也 / 下141
斯季孫之賜也 / 上109
舍故而諱新 / 上217
士哭者相止也 / 下55
司空 / 上79
司空執度 / 上267
賜果於君前 / 上49
士棺六寸 / 下51
私館不復 / 上411,中373,下21
士盥于盤北 / 中382
士盥于盤上 / 下40
私館者自卿大夫以下之家也 / 中374
師曠李調侍鼓鍾 / 上199
四郊 / 上162
四郊多壘 / 上61

死不害於人 / 上158
死不厚其子 / 下208
四鄙入保 / 上326,337,370
士備入而后 / 上167
士殯見袒 / 下51
賜貧窮 / 上317
司士 / 上79
事師 / 上95
司射奉中 / 下280
司士賁告於子游曰 / 上156
使使臣某敢告於執事 / 中413
祀社於國 / 中42
司士爲之 / 上430
使私人擯則稱名 / 中207
私事自閫東 / 中202
思死者如不欲生 / 下71
事死者如事生 / 下71
司射庭長及冠士立者 / 下286
士死制 / 上77
士使之射 / 中94
司射進度壺 / 下281
司射執筭曰 / 下283
士私行出疆必請 / 上77
士三 / 中61,403,下247
士三踊 / 中374
士三虞 / 中403
士三月而葬 / 中403
士三尺 / 中59,189
士喪禮於是乎書 / 中407
士喪有與天子 / 中382
四塞 / 中209
死生分 / 上330
士庶人有善 / 下99
士庶子以次 / 下340
使西河之民 / 上120
士先志 / 中288
祀先賢於西學 / 下97
士攝大夫唯宗子 / 中243
絲聲哀 / 中339
四成而南國是疆 / 中343
事成而後是故 / 中331
司城子罕 / 上231
事成則功立 / 下121
四世而緦 / 中253
使纊遂朱綠之 / 下86
士疏食水飲 / 下33
社所以神地之道也 / 中96
肆束及帶 / 中189
司水 / 上79
士受命于君故 / 下213

士是斂 / 下38
士視五步 / 上91
四時之和氣也 / 中79
四時則已變矣 / 下273
徙市則奚若曰 / 上238
四時和焉 / 中355
事神則難 / 下236
四十始仕方物 / 中169
四十曰强而仕 / 上31
四十者待盈坎 / 中395
四十者執綍 / 中395
賜也樂乎 / 中408
師也者 / 中294
師也者教之以事而喩諸德
　者也 / 上424
蜡也者索也 / 中102
斯揚觶謂之杜舉 / 上200
仕於家曰僕 / 中31
仕於家者出鄕 / 上276
仕於公曰臣 / 中31
士於君所言 / 中193
士於大夫 / 中193,200,下24
師於廟門外 / 下247
射於射宮 / 下332
死於我乎殯 / 上159
士於坫一 / 中148
使於諸侯 / 上84
士於尊者先拜進面 / 中193
射於瞿相之圃 / 下329
使焉曰寡君 / 上217
死焉而不畏也 / 下193
斯言之玷不可爲也 / 下235
辭焉則止 / 中276
師嚴然後道尊 / 中295
士與其執事則斂 / 下40
士與斂焉則一不食故 / 下265
事與時並 / 中310
死與往日 / 上56
師與有無名乎 / 上196
死亦名之 / 上78
士亦如之 / 下34
師役曰罷 / 中267
使吾二婢子夾我 / 上207
死曰考曰妣曰嬪 / 上90
死曰鬼 / 下62
士曰奈何去墳墓也 / 上77
士曰婦人 / 上84
士曰不祿 / 上90
辭曰不足祭也 / 中197
四曰使能 / 中251

士曰傳遽之臣 / 中207
四曰出入 / 中255
死曰薨 / 上84
辭欲巧 / 下216
死欲速朽 / 上146
事欲靜 / 上365
士容甒 / 下56
祠于高禖 / 上311
俟于門外 / 下47
士寓祭器於士 / 上75
士遇之塗弗與言也 / 上251
徙月樂 / 上167
士爲其父母兄弟之爲大夫
　者之喪服如士服 / 中361
士爲紹擯 / 下343
使爲子師 / 中162
使爲諸侯 / 中345
士唯公門說齊衰 / 上171
史由君右執策命之 / 下119
使有司哭之 / 上166
事有職 / 中42
士有獻於國君 / 上77
師乙曰 / 中355
使陰明也 / 中96
士飲酒不樂 / 上77
士依於德 / 中269
師爾過 / 下150
使以德 / 上297
賜爾來 何遲也 / 上126
使耳目鼻口心知百體 / 中324
仕而未有祿者 / 上217
死而不喪 / 上97
士以不失職爲節故 / 下326
死而不弔者三 / 上112
死以士禮葬之 / 上276
死而謚今也 / 中111
士以信相考 / 中47
士以羊豕 / 上87
史以獄成 / 上277
祀以爲社 / 下65
士以葦席 / 下36
祀以爲稷 / 下65
師爾以爲必鋪几筵 / 下155
士以爵弁 / 下21
士二種四筐 / 下51
士二采 / 中372
士以采藥爲節 / 下326
祀以下牲 / 中406
賜而后與之 / 中138
死而后制 / 上284,中151

相識有喪服 / 上381
傷腎乾肝焦肺 / 下250
上於東階則先右足 / 上38
上於面則敕 / 上91
上於西階則先左足 / 上38
殤與無後者 / 中230
商女何無罪也 / 上120
喪亦不可久也 / 上176
相亦惟終 / 下230
喪吾聞諸縣子曰 / 上152
尙曰求諸遠者與 / 中117
喪欲速貧 / 上146
尙用氣 / 中116
喪容纍纍 / 中205
喪用三年之仇 / 上261
桑于公桑 / 下85
相怨一方 / 下169
象月之三日而成魄也 / 下315
相爲服 / 上141
商爲臣 / 中303
上有大澤則民夫人待于下流 / 下115
上有大澤則惠必及下 / 下115
喪有無後 / 下28
喪有四制 / 下351
喪有死之道焉 / 上186
喪有二孤 / 上387
喪有疾 / 上120
尙猶患之 / 下167
相揖也哀次而退 / 中395
祥而廓然 / 上110
喪爾明 / 上120
傷而不弔 / 上56
上以事宗廟 / 下304
祥而食肉 / 下34
祥而外無哭者 / 下46
上以爲公臣 / 中409
常以儒相詬病 / 下297
喪爾子 / 上120
祥而從政 / 中399
嘗而薦之 / 下90
喪爾親 / 上120
祥而縞 / 上167
祥因其故服 / 中390
喪人無寶 / 上176
商人識之故謂之商 / 中355
上人疑 / 下226
相者告事畢 / 下242,244
相者告就次 / 下239,242,246
喪子路 亦然 / 上128

喪慈母如母禮與 / 上392
喪慈母自魯昭公始也 / 上392
相者反命曰 / 中380
喪者不敢哭 / 下79
喪者不哭 / 中100
喪者不遺人 / 中393
喪者不祭故也 / 中246
相者受命曰 / 中376
尙慈讓 / 中36
商者五帝之遺聲也 / 中355
相者由左 / 中402
嘗者陰之盛也故曰 / 下124
相者入告 / 中378
相者入告出曰 / 中376
上酌民言 / 下171
殤長中變三年之葛 / 下259
傷哉貧也 / 上203
尙赤 / 上103
相覿以貨 / 中91
喪奠脯醢而已 / 中370
上丁命樂正 / 上313,352
上帝其饗 / 上347
上帝是祗 / 下163
喪祭用不足曰暴 / 上261
喪祭之禮 / 下135
喪祭之禮廢 / 下135
喪祭之用 / 中55
上帝板板 / 下226
喪從死者 / 上263
觴酒豆肉 / 下169
祥主人之除也 / 中390
上周足而下不匱也 / 下339
嘗烝陰義也 / 下124
喪之 / 上97
上之所好惡 / 下221
喪之欲速貧 / 上147
喪之二孤則昔者 / 上388
賞之以樂故 / 中317
祥之日鼓素琴 / 下352
嘗之日發公室示賞也 / 下124
喪之朝也 / 上186
嘗饌寡 / 上441
嘗饌善則世子亦能食 / 上441
嘗禘郊社 / 上388
嘗禘之禮 / 下150
相趨也出宮而退 / 中395
商祝辨乎喪禮故後主人是故 / 中331
商祝鋪絞紟衾 / 中382
商祝鋪絞紟衾衣 / 下40

上取象於天 / 下274
上治祖禰 / 中251
上絺下綌 / 中176
喪則觀其哀也 / 下105
嘗則不烝 / 上266
上則順於鬼神 / 下104
喪稱哀子哀孫 / 中370
上通而不困 / 下294
相彼盎旦 / 下167
上必明正道 / 下339
喪畢則祭 / 下105
上下各以其親 / 上152
相下不厭 / 下295
上下相親謂之仁 / 下132
上下用情 / 下82
上下和同 / 下161
尙行夫子之志乎哉 / 上160
上行之則民從之 / 中337
相饗之也 / 中119
象賢也 / 中111
上賢以崇德 / 上272
尙玄酒而俎腥魚 / 中305
嘗祫烝祫 / 上266
桑弧蓬矢六 / 下332
上好是物 / 下221
上好仁 / 下222
翔回焉 / 下272
尙黑 / 上103
色不忘乎目 / 下69
色容厲肅 / 中205
色容莊 / 中203
色容顚顚 / 中205
索祭祝于祊 / 中117
色足憚也 / 下192
塞徯徑 / 上358
生氣方盛 / 上317
生名之 / 上78
生無私 / 下208
生無以爲養 / 上203
生民之道樂爲大焉 / 中328
生甫及申 / 下163
生不交利 / 上234
牲不及肥大 / 中66
生不及祖父母諸父昆弟 / 中234
牲死則埋之 / 上62
生事畢而鬼事始已 / 上217
生於我乎館 / 上159
生於人心者也 / 中305
生與來日 / 上56

所以教諸侯之德也 / 下97
所以教諸侯之弟也 / 中346
所以教諸侯之弟也 / 下97
所以教諸侯之弟也是故 / 下98
所以教諸侯之孝也 / 下97
所以達天道 / 中44
所以同民心而出治道也 / 中300
所以動體安心下氣也 / 下252
所以領天下國家也 / 下77
所以明君臣之義也 / 下135, 324
所以明貴賤也 / 下340,342
所以明男女之別也 / 下135
所以明賓客君臣之義也 / 下343
所以明臣子之恩也 / 下135
所以明養老也 / 下317
所以明子事父之道也 / 下118
所以明長幼之序也 / 下135, 324
所以明尊長也 / 下317
所以明周公之德 / 下129
所以明重也 / 下112
少而無父者謂之孤 / 上291
所以別貴賤之等 / 下114
所以別男女也 / 中307
所以別父子遠近長幼親疏之序而無亂也是故 / 下118
所以別事天神與人鬼也 / 中101
所以別土地之宜 / 中88
所以別嫌明微 / 中32
所以報本反始也 / 中96
所以附遠厚別也 / 中113
所以使民 / 上64
所以使諸侯相尊敬也 / 下135
所以善成王也 / 上426
所以成婦順也 / 下309
所以首其內而見諸外也 / 下264
所以崇孝也 / 下125
所以示成王世子之道也 / 上418
所以示順也 / 下99
所以示後世有尊卑長幼之序也 / 中337
所以申信也 / 中90
所以養病也 / 下333

所以養生送死 / 中44,47
所以掩形也 / 中391
所以列地利也 / 中42
所以爲國本也 / 下300
所以爲哀也 / 中393
所以爲至痛極也 / 下271
所以爲至痛飾也 / 下271
所以異於生也 / 上186
所以仁鬼神也 / 下150
所以仁賓客也 / 下150
所以仁死喪也 / 下150
所以仁昭穆也 / 下150
所以仁鄉黨也 / 下150
所以自卑而尊先祖也 / 下303
所以節喪紀也 / 中307
所以正交接也 / 中307
所以定天位也 / 中42
所以詔告於天地之間也 / 中116
所以尊君親親也故 / 上428
所以尊重事 / 下303
所以重禮 / 下300
所以重責婦順焉也 / 下309
所以卽遠也 故 / 上132
所以持情而合危也 / 中49
所以體百姓也 / 上437
所以致絜也 / 下313
所以致敬也 / 中90,下313,342
所以致力 / 下84
所以治禮敬爲大 / 下141
所以治愛人禮爲大 / 下141
所以治政安君也 / 中32
所以致尊讓也 / 下342
所以學爲君也是故 / 中294
所以合體同尊卑 / 下306
所以合和父子君臣 / 中352
所以獻酬酳酢也 / 中337
所以和安樂也 / 中307
所以厚重禮也 / 下345
小人甘以壞 / 下214
小人皆能養其親 / 下175
小人毒其正故 / 下233
小人樂得其欲 / 中326
小人貧斯約 / 下166
小人先言 / 下170
小人曰死 / 上116
小人以薄 / 中44
小人以聽過故曰 / 中328
小人溺於水 / 下230
小人之接如醴 / 下214

少者反席而飲 / 上49
少者奉槃 / 中126
小者不可盖 / 中66
少者不敢飲 / 上49
小子識之 / 上123,124,219
疏者與主人皆成之 / 中366
小子走而不趨 / 中278
小者至於燕雀 / 下272
少者執牀與坐 / 中129
少者賤者不敢辭 / 上49
小子行之 / 上123
少長以齒 / 下320
小宰升擧幣 / 上373
素積一 / 中374
小切狼臅膏 / 中155
小切之與稻米 / 中155
所祭於死者 / 上397
小祖 / 上162
所弔雖已葬 / 中242
所從亡則已 / 中231
所從雖沒也服 / 中231
小宗人命龜 / 中363
所誅者亂人也 / 下347
所知 / 上119
少之爲貴 / 中64
埽地而祭 / 中59
掃地而祭 / 中98
掃地而祭於禰 / 上378
所知之喪 / 中245
所且先者五 / 中251
素車之乘 / 中107
燒薙行水 / 上337
小則如愧 / 下289
疏則怠 / 下68
疏通知遠書敎也 / 下131
疏通知遠而不誣 / 下132
疏布以冪 / 中27
疏布之尙 / 中107
疏布輴四面有章 / 中370
小學在公宮南之左 / 上257
少閒 / 上42
蕭合黍稷 / 中116
召縣子而問然 / 上238
素縞麻衣 / 下268
所好者音也 / 中335
小孝用力 / 下92
屬纊以俟絶氣 / 下20
屬其兄弟而命其子尊己曰 / 上207
屬六寸 / 下51

束帛加璧 / 中88
束帛加璧尊德也 / 中79
屬辭比事而不亂 / 下132
屬辭比事春秋教也故 / 下131
屬四寸 / 下51
屬屬乎其忠也 / 中78
束脩一犬賜人 / 中274
束脩之問不出竟 / 上148
屬於池下 / 中364
屬於天子之老二人 / 上248
束五兩 / 中415
屬有長 / 上248
屬六寸 / 下51
屬從者 / 中231
孫見於祖 / 中166
孫其業也 / 中288
孫友視志 / 中169
孫爲王父尸 / 下118
孫幼則使人抱之 / 上407
孫接者 / 下296
率其群臣 / 下111
率帶諸侯大夫皆五采 / 中372
率民以事神 / 下206
率法而强之 / 下197
率神而從天 / 中315
率外宗 / 下23
送反命主人又再拜稽首 / 中281
送賓皆如初 / 下239
送賓反位 / 下238,245,246
送賓如初 / 下242,245
送喪不由徑 / 上57
誦詩三百 / 中81
宋襄公 / 上158
宋音燕女溺志 / 中337
頌而無讇 / 中269
惷而愚 / 下206
送葬不辟塗潦 / 上57
宋之郊也契也 / 中28
送形而往 / 下252
灑埽室堂及庭布席 / 中128
遂 / 上402
羞 / 中141
數各居其上之三分 / 上246
羞肝肺首心 / 下82
修鍵閉 / 上358
守犬田犬則授擯者 / 中274
雖固結之民其不解乎 / 上220
壽考曰卒 / 上90
遂哭於他室 / 上223

獸工 / 上80
雖功衰 / 中395
遂冠歸 / 下242,244
受教諫之義也 / 中99
受弓劍者以袂 / 上52
修宮室 / 上343
手弓子射諸 / 上211
授几杖 / 上346
水歸其壑 / 中102
雖貴賤不敵 / 上75
修囷倉 / 上347
須禽隆諸長者 / 下96
雖及庶人 / 上437
修其教 / 上269
脩其班制 / 上202
遂既封 / 上402
遂其辭則實以君子之德是
　故 / 下201
收其威也 / 中288
脩其宗廟 / 下139
脩其祝嘏 / 中25
隨難于漢陽 / 下127
收雷先行 / 上349
遂誅之 / 上107
誰能秉國成 / 下231
雖能言不亦禽獸之心乎 /
　上29
雖當踊 / 中390
雖當祭必告 / 上205
授大夫世婦杖 / 下29
雖大曰子 / 上81
脩樂以道志故 / 中76
遂練冠 / 上392
脩禮以耕之 / 中47
收祿秩之不當 / 上354
修耒耜 / 上368
水潦降不獻魚鼈 / 上51
水潦盛昌 / 上336
脩利隄防 / 上317
受立授立不坐 / 中262
遂命覆醢 / 上100
受命於祖 / 上257
遂命子貢 / 上119
樹木方盛 / 上336
樹木以時伐焉 / 下92
水無當於五色 / 中298
手無容 / 中266
雖無主婦可也 / 上376
雖美不食焉 / 下177
雖微晉而已 / 上231

遂發咏焉 / 上439
雖百世而昏姻 / 中253
水煩則魚鼈不大 / 中323
修法制 / 上342
繡黼丹朱中衣 / 中91
遂奉以出 / 上391
雖父母沒 / 中136
雖父母沒不衰 / 中136
雖負販者 / 上30
遂副褘而受之 / 下85
雖分國如錙銖 / 下295
雖不耆必嘗而待 / 中134
嫂不撫叔 / 中406
數不與於祭而君有讓 / 下327
獸不狄 / 中41
水不入於口者七日 / 上117
雖朋友州里舍人可也弔曰
　寡君承事 / 上172
雖婢妾 / 中158
雖使人也 / 下124
雖舍之可也 / 中296
遂死之圉人浴馬 / 上107
受朔日 / 上352
帥三公九卿諸侯大夫 / 上304
雖三年之喪可也 / 中399
受書以歸 / 下119
遂設三老五更群老之席位
　焉 / 上439
受成於學 / 上257
數世之仁也 / 下197
雖疏亦虞之 / 中367
遂率天下諸侯 / 中250
羞首者進喙祭耳 / 中278
遂脩葬事 / 上376
收水泉池澤之賦 / 上360
嫂叔不通問 / 上44
受宿矣 / 中385
受宿矣而有齊衰內喪則如
　之何 / 上413
嫂叔之無服也 / 上142
水始氷 / 上356
雖緦必稽顙 / 中228
雖緦必往 / 上164
水兒革棺 / 上165
修身及家 / 中333
修身以俟死者 / 下330
修身踐言謂之善行 / 上27
雖甚愛之姑縱之 / 中134
脩十義 / 中36
首也者直也 / 中119

叔孫武叔朝 / 中391
叔孫武叔之母 死 / 上140
蕭蕭雍雍 / 中269
淑愼爾止 / 下223
叔氏專以禮許人 / 上156
夙夜强學以待問 / 下288
夙夜其命宥密 / 下159
夙夜不解 / 下127
孰若妻與宰 / 上203
肅然必有聞乎其容聲 / 下69
叔譽曰 / 上234
肅雝和鳴 / 中337
孰有執親之喪而沐浴佩玉者乎 / 上202
淑人君子 / 下132,225,232
宿者皆出 / 下101
宿齊戒 / 中177
叔仲衍以告 / 上236
叔仲皮死 / 上236
叔仲皮學子柳 / 上236
叔之離磬 / 下220
孰出之去其畿 / 中155
孰亨而祀非達禮也 / 中313
夙興 / 下307
鶉羹雞羹駕釀之蓼 / 中146
舜勤衆事而野死 / 下65
順氣成象而和樂興焉 / 中324
純德孔明 / 下161
純袂緣純邊 / 下278
淳母煎醢加于黍食上 / 中155
順非而澤 / 上279
順辭令 / 下300
順死者之孝心也 / 上186
順先王詩書禮樂 / 上274
循聲而發 / 下333
順成之方 / 中104
舜授禹 / 中55
順陽義也 / 下124
順於舅姑 / 下309
順於鬼神 / 中53
順於道 / 下105
淳熬煎醢加于陸稻上 / 中155
詢于芻蕘 / 下172
旬有二日乃間 / 上416
順陰義也故 / 下124
旬而見 / 中166
順以備者也 / 下115
純以素 / 中415
紃以五采 / 中415
純而祭祀 / 下236

順以聽命 / 下77
順而下之 / 中255,258
順人情故 / 下350
順人情之大寶也故 / 中44
舜作五絃之琴 / 中317
舜葬於蒼梧之野 / 上114
旬之內曰近某日 / 上63
鶉之奔奔 / 下213
旬之外曰遠某日 / 上63
順之至也 / 下115
順之體也 / 中47
順次之 / 中55
順治而國安也 / 下347
順投爲入 / 下281
順彼遠方 / 上341
循行國邑 / 上317
循行縣鄙 / 上324
循行犧牲 / 上347
術有序 / 中286
述者之謂明 / 中312
嵩高維嶽 / 下163
崇事宗廟社稷 / 下115
崇四尺 / 上99
崇坫康圭疏屛 / 中216
崇鼎貫鼎 / 中220
襲裘加武帶経 / 下26
襲裘帶経而入 / 上133
襲裘不入公門 / 中184
襲裘而弔 / 上133
習其俯仰詘伸 / 中352
襲帶経踊 / 下26
習舞釋菜 / 上313
襲免于東方 / 中248
襲免経于序東 / 下241
習射御角力 / 上360
襲一床 / 下32
襲経絞帶卽位 / 下245
襲経于東方 / 中248
襲経于序東 / 下238
襲衰杖 / 上373
習鄉上齒 / 上272
升歌清廟 / 中212
升歌清廟示德也 / 下153
升降不由阼階 / 上56
升降上下 / 中312
升降者自西階 / 下38
升降酌獻酬酢然後謂之禮乎 / 下155
升降出入揖遊 / 中131
升哭與客拾踊三 / 中381

繩屨無絇 / 上164
乘君之乘車 / 上66
承衾而哭 / 下23
乘禽日五雙 / 下345
乘鸞路 / 上301,309,315
升堂而樂闋 / 下153
乘大路 / 上338,中91
乘驪 / 上103
乘路馬必朝服 / 上66
乘路周路也 / 中216
乘路車不式 / 中201
乘髦馬 / 上75
繩墨誠陳 / 下133
繩墨之於曲直也 / 下133
乘兵車出先刃 / 中274
升成拜明臣禮也 / 下338
升所以致尊讓也 / 下313
乘素車 / 中172
乘素車貴其質也 / 中100
升受命于君降曰 / 中380
升首報陽也 / 中119
升首於室 / 中117
升受坐祭立飮 / 下318
升於司徒者不征於鄉 / 上274
升於瑕丘 / 上138
升於學者不征於司徒曰造士 / 上274
升屋而號 / 中23
乘驪 / 上103
乘戎路 / 上340,345,350
勝飮不勝者 / 下281
勝而無恥 / 下206
乘以拜賜 / 中198
乘貳車則式 / 中272
承一人焉 / 下178
升自客階 / 下180
勝者跪曰敬養 / 下283
升自東階 / 下241
升自東階西鄉 / 上388
升自西階 / 中164,380,下238
升自西階西面 / 中376
升自阼階 / 中90,下181
升自側階 / 中406
升適所殯 / 中358
升奠幣于殯東几上 / 上372
升正柩 / 中404
乘朱路 / 上322,327,333
升中于天 / 中74
升中于天而鳳皇降 / 中74
升之司徒曰選士 / 上274

升車則有鸞和之音 / 下132
繩取其直 / 下278
勝則洗而以請 / 中266
乘必以几 / 上54
承賀 / 中200
乘翰 / 上103
乘玄路 / 上356,362,367
始駕馬者反之 / 中296
是見已 / 中415
示敬道也 / 中287
是故 / 上122,144
是故聖人作 / 上29
是故尸襲 / 中186
時過然後學 / 中292
是寡人之罪也曰 / 上227
時觀而弗語 / 中288
總冠繰纓 / 中369
始冠緇布冠 / 中182
始教之讓 / 中167
時教必有正業 / 中289
視君之母與君之妻比之兄
　弟 / 中389
施及四國 / 下161
施及四海 / 下161
豺乃祭獸戮禽 / 上350
視年之豊耗 / 上261
視帶以及袷 / 中192
始理男事 / 中169
始立學者 / 上422
總麻十五升去其半 / 下267
總麻卽位而哭 / 下247
豺望視而交睫腥 / 中148
是無勇也 / 上107
始聞親喪 / 下238
尸未設飾故帷堂 / 上154
示未成婦也 / 上386
施麋施鹿施麢 / 中155
示民無知也 / 上150
示民不敢有其室也 / 下181
示民不敢專也 / 下181
示民不偕也 / 下179
示民不淫也 / 下178
示民不疑也 / 下181
示民不貳也故 / 下181
示民不爭也故 / 下180
示民不嫌也 / 下168
示民嚴上也 / 中100
示民有君臣之別也 / 下167
示民有事也 / 下176
示民有常 / 中20

示民有上下也 / 下178,181
示民有知也 / 上150
示民疑也 / 上150
是民之道也 / 下228
是民之表也 / 下221,227
是百王之所同 / 下274
尸弁冕而出 / 上413,中385
示服猛也 / 中88
始服衣若干尺矣 / 上86
示本也 / 中96
是夫也多言 / 上196
示不敢專 / 下100
示不敢專也故 / 下119
視不遽也 / 下256
示弗故生也 / 上251
視不明 / 中397
是不亦惠乎 / 上202
是不爲白也母　故 / 上97
總不祭 / 上381,397
是不知禮之所由生也 / 下350
是非君子之言也 / 上146
是非重麻 / 下259
始死 / 下31,356
始死羔子玄冠者 / 上156
是使其親 / 下145
時四時 / 上267
始死之奠 / 上116
始死充充 / 上110
侍射則約矢 / 中266
始死脯醢之奠 / 上194
始死皇皇焉 / 上197
市三官 / 上282
視上農夫 / 上245
詩書不諱 / 上62
是善事我 / 中136
是先王立樂之方也 / 中351,352
時雪不降 / 上370
總小功 / 中246
總小功以爲殺 / 下274
總小功之喪 / 下358
尸謖 / 下114
始收斂 / 上343
始乘則式 / 中272
侍食於先生 / 中197
侍食於長者 / 上48
始食肉者 / 下34,266
尸神象也 / 中121
是臣之福也 / 下146
是我傷公之心也 / 上105
示我周行 / 下234

施羊亦如之 / 中155
侍於君子 / 上70
視於無形 / 上34
柴於上帝 / 中250
詩言其志也 / 中326
是逆古之禮而亂國法也 /
　上392
時亦不可失也 / 上176
示易以敬也 / 中87
尸亦餕鬼神之餘也 / 下114
詩亦至焉 / 下158
詩曰 / 中22,下195,213,218,328
豕曰剛鬣 / 上88
視容瞿瞿梅梅 / 中205
視容清明 / 中205
時雨不降 / 上321
施于孫子 / 下161
施于孫子此之謂也 / 中335
始雨水 / 上309
施于條枝 / 下203
尸又至尊 / 下122
詩云 / 上231,中55,258,335,
　337,下71,92,132,163,167,
　169,170,172,175,177,178,
　183,184,197,199,201,203,
　205,211,221,222,223,224,
　225,226,228,231,232,233,
　234,235,236,333,349
視元士 / 上297
是月禫 / 上167
是月也 / 上303,304,305,306,
　307,310,311,312,313,316,317,
　318,320,321,323,324,326,329,
　330,331,334,335,336,337,341,
　342,343,346,347,348,349,351,
　352,353,354,357,358,359,360,
　364,365,366,368,370
是月也卒哭 / 中403
是月之末 / 上320
是謂君臣爲謔 / 中31
是謂君與臣同國 / 中31
是謂大假 / 中29
是謂大同 / 中18
是謂大祥 / 中27
是謂大順 / 中47
是謂亂國 / 中29
是謂發天地之房 / 上363
是爲白也母 / 上97
是爲不敬 / 下236
是爲成其親之名也已 / 下146

十者謂之人義 / 中36

〔아〕

我過矣我過矣 / 上133
我觀周道 / 中28
我龜旣厭 / 下236
我今不閱 / 下197
我其已夫 / 上220
我未之能易也 / 上109
我未之能行 / 上124
我未之前聞也 / 上94,150
我百爾九十 / 上418
我死則亦然 / 上152
我死則擇不食之地而葬我
　焉 / 上158
我喪也斯沾爾專之 / 上191
我欲觀殷道是故 / 中22
我欲觀夏道是故 / 中22
我儀圖之 / 下198
我以爲君 / 下213
蛾子時術之 / 中286
我戰則克 / 中66
我弔也與哉 / 上174
我則旣言矣 / 上209
我則隨武子乎 / 上234
我則食食 / 上188
我則有姊之喪故也 / 上125
惡笄以終喪 / 中225
樂觀其深矣 / 中322
樂交應乎下 / 中76
樂極則憂 / 中313
樂極和 / 中349,下88
樂其象然後 / 中328
樂其友而信其道 / 中289
樂其耳目 / 中153
樂器從之是故 / 中326
樂得其反則安 / 中349,下88
樂文同則上下和矣 / 中309
樂不可極 / 上26
樂不耐無形 / 中351
樂師辨乎聲詩故 / 中331
樂三闋然後出迎牲 / 中116
樂所以修內也 / 上424
樂勝則流 / 中309
樂失其節 / 下150
惡惡如巷伯 / 下219
樂也者動於內者也 / 中349,
　下88

樂也者樂其所自成是故 /
　中76
樂也者聖人之所樂也 / 中319
樂也者施也 / 中328
樂也者節也 / 下153
樂也者情之不可變者也 /
　中329
樂陽氣也 / 中115
惡言不出於口 / 下94
樂與哀半 / 下72
樂亦至焉 / 下158
樂盈而反 / 中349,下88
樂盈而不反則放故 / 中349,
　下88
樂有相步 / 中70
樂由陽來者也 / 中88
樂由中出 / 中309
樂由中出故旲靜 / 中309
樂由天作 / 中312
樂而毋荒 / 下205
樂以迎來 / 下68
樂以和其聲 / 中300
樂者德之華也 / 中326
樂者敦和 / 中315
樂者樂也 / 中326
樂者非謂黃鍾大呂弦歌干
　揚也 / 中331
樂者所以象德也 / 中319
樂自順此生 / 下90
樂者審一以定和 / 中352
樂者心之動也 / 中328
樂者音之所由生也 / 中300
樂者異文合愛者也 / 中310
樂者天地之命 / 中352
樂者天地之和也 / 中312
樂者通倫理者也是故 / 中305
樂作矣故也 / 下46
樂章德 / 中328
樂哉斯丘也 / 上138
樂在宗廟之中 / 中352
樂著太始 / 中316
樂正司業 / 上428
樂正崇四術 / 上274
樂正子春 / 上109,下94
樂正子春之母死 / 上236
樂終不可以語 / 中333
樂終而德尊 / 中328
樂主其盈 / 中349,下88
樂之官也 / 中313
樂之器也 / 中312

樂之末節也故 / 中331
樂之文也 / 中312
樂之所至 / 下158
樂之失奢 / 下131
樂之隆非極音也 / 中305
樂之情也 / 中313,329
樂至則無怨 / 中309
樂則安 / 中348,下88
樂統同 / 中329
樂必發於聲音 / 中351
樂行而民鄉方 / 中326
樂行而倫淸 / 中324
樂和民聲 / 中307
安可能也 / 下90
安可得奪而斂之也故曰 /
　下254
安其寢處 / 中153
安其學而親其師 / 中289
安能爲孝乎 / 下89
按度程 / 上359
安得而哭之 / 上148
顏柳曰 / 上215
安萌芽 / 上310
安民哉 / 上26
鴈北鄉 / 上367
安肆日偸 / 下193
安上治民 / 下134
顏色齊 / 下300
顏色戚容必有以異於人也
　/ 中390
顏色稱其情 / 中387
安安而能遷 / 上26
安燕而不亂 / 下320
顏淵之喪 / 上125
安爲難 / 下90
鴈宜麥 / 中144
安而敬 / 下209
安以樂 / 中302
晏子可謂知禮也已 / 上190
晏子焉知禮 / 上190
晏子一狐裘三十年 / 上190
安在 / 上199
安定辭 / 上26
顏丁善居喪 / 上197
晏朝而退 / 中82
安知其不見星也 / 上409
安之以樂 / 下105
安之以樂而不達於順 / 中47
按釰駗 / 上347
安則久 / 中348,下88

唯哭先復 / 下21
有曲而殺也 / 中67
有功德於民者 / 上253
唯公門有稅齊衰 / 下262
猶恐不敬 / 中94
有公諱 / 中193
揄絞 / 下53
唯絞紟衾冒 / 上284,中151
有舊君反服之禮也 / 上188
惟口起羞 / 下230
由九月以下何也曰 / 下273
唯丘之聞諸萇弘 / 中341
有國家者 / 下170,225
有國故則否 / 上421
唯君面尊 / 中181
有君命焉爾也 / 中409
有君民之大德 / 下203
有君喪服於身 / 上399
唯君所服服也 / 下261
唯君有黼裘 / 中184
唯君子 / 中305
唯君子能之 / 下201
唯君子能好其正 / 下233
有君在則禮然 / 上428
有君之尊然後 / 上426
惟龜正之 / 下172
有圭璧金璋不粥於市 / 上281
唯近臣及僕驂乘從服 / 下261
儒今眾人之命儒也妄 / 下297
唯及七十 / 中157
有其舉之 / 上87
有其禮 / 上152
有其母死而孺子泣者 / 上140
柔氣不懾 / 中322
唯其所之 / 上251
猶既食而裹其餘與 / 中393
有其言無其行君子恥之 / 中406
有其容則文以君子之辭 / 下201
柔其肉 / 中155
有其財 / 上152
有期之喪既葬矣 / 下258
喻其志也 / 中110
游其志也 / 中288
唯其稱也 / 中64
有其廢之 / 上87
猶內宗也 / 中408
由魯嫁故 / 上174
有能取蔬食 / 上365

帷堂 / 上162
唯當室緦 / 下256
有大功之喪亦如之 / 下258
有大福 / 中319
有大宗而無小宗者 / 中257
維德之基 / 下199
有禱祠之心焉 / 上179
有禱焉爲壇祭之 / 下62
有徒從 / 中255
濡豚包苦實蓼 / 中142
有同母異父之昆弟死 / 上150
惟樂不可以爲僞 / 中326
有禮故官爵序也 / 下150
有禮故武功成也是故 / 下150
有禮故戎事閑也 / 下150
有禮而親 / 下205
有流矢在白肉 / 上107
有林麓 / 下21
有亡而無疾 / 中269
流湎以忘本 / 中323
幼名 / 上137
由命士以上 / 中128
由命士以上及大夫之子 / 中166
由命士以下 / 中162
猶明清與醆酒于舊澤之酒也 / 中121
有母之親 / 下205
遊母倨 / 上42
有母過禮 / 上156
猶無耜而耕也 / 中47
有無惡乎齊 / 上156
有無宗亦莫之宗者 / 中257
有問焉 / 中280
由文矣哉 / 中402
有美而文而誠若 / 中67
誘民孔易此之謂也 / 中337
帷薄之外不趨 / 上39
有發則命大司徒 / 上276
有方 / 上95
有放而文也 / 中68
有放而不致也 / 中68
猶坊止水之所自來也故 / 下135
有百世不遷之宗 / 中257
有犯而無隱 / 上95
流辟邪散狄成滌濫之音 / 中320
有別姓而哭 / 上166
濡醢醯醬實蓼 / 中142

有報焉 / 中122
有服人召之食不往 / 中397
唯卜之日 / 下181
有本有文 / 中53
諭父母於道 / 下89
有父母之喪 / 中366
唯父母之喪 / 中398,下238
有夫人 / 上79
有婦人哭於墓者而哀 / 上218
有父在則禮然 / 上428
有父之喪 / 中383
猶父之與母也故 / 下311
有父之親 / 上426
有焚其先人之室 / 上217
有不舉者爲不敬 / 上253
幼不誄長禮也 / 上402
有不粒食者矣 / 上269
猶不備也 / 中66
瑜不揜瑕忠也 / 下348
有不火食者矣 / 上269
有嬪 / 上79
有殯聞外喪 / 中385
有殯聞遠兄弟之喪 / 上164,173
游牝別群則縶騰駒 / 上329
帷殯非古也 / 上179
遊牝于牧 / 上321
有賓則主人 / 下240
有殯則主人 / 下244
有賓後至者 / 下239,242
有司皆鄉室而立 / 中412
有司告具而后去杖 / 中241
有司告事畢而后杖 / 中241
有司告以樂闋 / 上439
有司官陳器皿 / 中413
唯社丘乘 / 中96
有事君之小心 / 下203
有事其縷 / 下267
有司對曰無及也 / 上434
有司麻衣布衰布帶 / 中362
猶斯舞 / 上194
有司罰之 / 上432
有司弗辯也 / 上388
有司庶士 / 下23
有司所授舍則公館已 / 上411
有司失其傳也 / 中341
有事於大廟 / 下118
有司讌于公 / 上434
有事然後綏 / 中182
有司曰 / 上223

有司又曰在辟 / 上434	猶食而弗肥也 / 中47	有虞氏之綏 / 中221
有司以告 / 上227	維申及甫爲周之翰 / 下163	有虞氏之祭也 / 中116
有司以几筵 / 上184	有臣柳莊也者 / 上205	有憂者 / 中198
有司以闒曰 / 上392	惟我君之德 / 下173	有憂者側席而坐 / 上49
有司二尺有五寸 / 中189	有餓者蒙袂輯屨 / 上225	踰月則其善也 / 上107
有事而后坐也 / 中120	維嶽降神 / 下163	唯爲社事 / 中96
有司掌之 / 中331	有愛而哭之 / 上148	唯爲社田 / 中96
有司卒事 / 上439	有若曰 / 上190,215	有爲爲之也 / 上413
有司跛倚以臨祭 / 中81	柳若謂子思曰 / 上152	儒有可親而不可劫也 / 下291
有算爲之節文也 / 上181	有若之喪 / 上174	儒有居處齊難 / 下289
有三年者則必爲之再祭 / 中233	有讓削以地 / 下332	猶有九焉 / 下153
有三年之練冠 / 中366	濡魚卵醬實蓼 / 中142	儒有今人與居 / 下292
有三道焉 / 下105	游於說 / 中269	儒有內稱不辟親 / 下294
有撕而播也 / 中68	游於藝 / 中269	唯有德之君 / 下122
由三桓始也 / 中90,91	流言不極 / 下291	儒有聞善以相告也 / 下294
唯喪否 / 中195	有言曰 / 上114	有遺味者矣是故 / 中305
有喪者專席而坐 / 上49	由闒右 / 上37	儒有博學而不窮 / 下294
有常爵 / 下286	幽厲傷之 / 中28	有由辟焉 / 中122
柔色以溫之 / 中126	惟予小子無良 / 下173	儒有不寶金玉 / 下291
有庶子官 / 下335	有餘曰浩 / 上261	儒有不隕穫於貧賤 / 下297
有庶子六人 / 上202	有如此者 / 下294,295	儒有上不臣天子 / 下295
有先有後 / 中331		有愉色者 / 下76
有善而弗知不明也 / 下128	油然生矣 / 中348,下88	儒有席上之珍以待聘 / 下288
有善則記之爲惇史 / 中153	有列於朝 / 上71	幼有所長 / 中18
有成事然後治其雕鏤文章黼黻以嗣 / 下138	有五世而遷之宗 / 中229	猶有五起焉 / 下159
柔聲以諫 / 中135	有五世則遷之宗 / 中257	猶有憂色 / 下94
唯聖人 / 中44	幼曰未能負薪也 / 上86	猶有憂色何也 / 下94
唯聖人爲能饗帝 / 下70	幼曰未能御也 / 上86	儒有委之以貨財 / 下291
有世婦 / 上79,84	幼曰未能典謁也 / 上86	有遺音者矣 / 中305
唯世婦命於奠繭 / 中192	幼曰未能從宗廟社稷之事也 / 上86	儒有衣冠中 / 下289
唯世子而已 / 上428	維王之邛 / 下226	儒有一畝之宮 / 下292
有所竭情盡愼 / 中67	由外來者在西方 / 下27	儒有澡身而浴德 / 下295
有所袒有所襲哀之節也 / 上181	有畏而哭之 / 上148	猶有啁噍之頃焉然後 / 下272
唯所欲 / 中126,128,179	猶耨而弗穫也 / 中47	儒有忠信以爲甲胄 / 下292
唯所用之 / 下336	惟欲行之浮於名也故 / 下204	儒有合志同方 / 下295
有小宗而無大宗者 / 中257	有勇有義非歌 / 中355	愉愉乎其忠也 / 下70
有屬從 / 中255	由右上 / 上66	濡肉齒決 / 上49
有送葬者而夫子觀之曰 / 上123	由右相 / 中402	惟尹躬及湯 / 下225
唯嫂叔及婦人 / 下249	有虞氏 / 上103,289,中151,152,下57,96	惟尹躬先見于西邑夏 / 下230
唯水漿不祭 / 中180	有虞氏官五十 / 中221	有殷事則之君所 / 上400
有宿草而不哭焉 / 上100	有虞氏未施信於民而民信之 / 上220	有恩有理有節有權 / 下351
有順而撫也 / 中68	有虞氏服韍 / 中220	有隱而無犯 / 上95
有順而討也 / 中68	有虞氏以燕禮 / 上284	有陰厭有陽厭 / 上407
有弒其父者 / 上227	有虞氏以梡 / 中220	有淫泆作亂之事是故 / 中306
猶是附於王父也 / 中384	有虞氏祭首 / 中220	幽陰之義也 / 中115
有食母 / 中166	有虞氏之旂 / 中216	由衣服飲食由執事 / 中136
	有虞氏之兩敦 / 中220	惟衣裳在笥 / 下230
		有義之謂勇敢故 / 下347
		有以高爲貴者 / 中59
		有以故興物者 / 上194

唯以哭對可也 / 中366
有以大爲貴者 / 中59
唯而不對 / 下358
唯而不諾 / 中201
流而不息 / 中315
有以少爲貴者 / 中58
有以小爲貴者 / 中59
有以素爲貴者 / 中61
由夷王以下 / 中90
柔而正者 / 中355
有二桃 / 下61
有貳車者之乘馬服車 / 中272
由爾責於人終無已夫 / 上107
有以下爲貴者 / 中59
有益於君則爲之 / 上426
遺人可也 / 中393
由人心生也 / 中300
有人弔者 / 上100
猶日之與月 / 下311
有入者則司射 / 下283
孺子其圖之 / 上176
孺子其辭焉 / 上176
孺子韄之喪 / 上215
有慈母良 / 上392
有子問於曾子曰 / 上146
幼子常視毋誑 / 上35
有子與子游立 / 上194
有自燕來觀者舍於子夏氏 / 上160
有子曰 / 上146,147,中370
有子曰然 / 上147
有子又曰 / 上146
有子謂子游曰 / 上194
孺子蚤寢晏起 / 中128
幼者聽而弗問 / 中288
惟作五虐之刑曰法 / 下220
唯杖屨不易 / 中366
猶將不忘百姓之病也 / 下292
柳莊曰 / 上205
柳莊寢疾 / 上205
幼壯孝弟 / 下330
有田祿者 / 上75
有田則祭 / 上266
有折俎不坐 / 中278
有齊敬之心也 / 上181
唯祭祀之禮 / 上181
維鵜在梁 / 下201
唯祭天地社稷 / 上261
由齊桓公始也 / 中89
由趙文子始也 / 中90

有朝祥而莫歌者 / 上107
有尊長在則否 / 中264
猶尊賢也 / 中93
有鐘磬而無簨虡 / 上144
有從輕而重 / 中255,下257
有從無服而有服 / 中255,下258
幼從父兄 / 中113
有從有服而無服 / 中255,下258
猶種而弗耨也 / 中47
幽宗祭星也 / 下59
有從重而輕 / 中255,下258
唯罪人與奔父母之喪者乎 / 上409
唯主喪者不除 / 中241
由主人之潔著此水也 / 中119
猶酒之有蘗也 / 中44
有主後者爲異居 / 中237
由餕見之矣故曰 / 下115
惟仲山甫擧之 / 下198
有旨無簡不聽 / 上277
有知之屬 / 下271
有直而行也 / 中67
有直情而徑行者 / 上194
有進而無退 / 上132
有疾食肉飮酒可也 / 下35
有疾則飮酒食肉 / 上56
惟朕文考無罪 / 下173
由此其選也 / 中20
惟此文王 / 下203
猶且不敢言仁也 / 下296
有慘怛之愛 / 下208
有妻 / 上79,84
有薦新 / 上161
唯輤爲說於廟門外 / 中357
唯天子受命于天 / 下213
唯天子之喪 / 上166
唯天子稱天以誄之 / 上402
有天下者祭百神 / 下59
有妾 / 上79,84
唯衰麻爲喪 / 上287,中152
有推而進也 / 中68
有忠利之敎 / 下209
有治民之意 / 下132
幼則曰能負薪未能負薪 / 中271
幼則曰能御未能御 / 中270
幼則曰能正於樂人未能正於樂人 / 中270
幽則有鬼神 / 中310
濡濯棄于坎 / 下32

有悖逆詐僞之心 / 中306
有脯無膾 / 中144
有行之謂有義 / 下347
唯饗野人皆酒 / 中181
有顯有微 / 中66
唯賢者能備 / 下105
唯賢者能之 / 下125
唯賢者能盡祭之義 / 下103
有血氣之屬 / 下271
有血氣之屬者 / 下272
有兄弟自他國至 / 中243
猶衡之於輕重也 / 下133
有醯醬 / 下266
類乎上帝 / 上255,257
有和氣者 / 下76
猶種而弗食也 / 中47
有膾無脯 / 中144
有懷二人 / 下71
有後入者闔而勿遂 / 上37
唯興之日 / 上71
六 / 上395
肉乾人飢 / 下347
六宮之職 / 下311
六年敎之數與方名 / 中167
六年朝諸侯於明堂 / 中211
肉袒服之盡也 / 中120
肉袒親割敬之至也 / 中120
六禮 / 上298
陸産之醢 / 下106
六成復綴 / 中343
肉腥細者爲膾 / 中148
六世親屬竭矣 / 中253
六十不與服戎 / 上287,中152
六十不親學 / 上287,中152
六十不毀 / 上56,中397
六十非肉不飽 / 上287,中151
六十歲制 / 上284,中151
六十宿肉 / 上284,中151
六十養於國 / 上284,中151
六十曰耆指使 / 上31
六十者三豆 / 下317
六十者坐 / 下317
六十杖於鄉 / 上287,中151
六曰從服 / 中255
肉曰脫之 / 中146
六月丁亥公 / 下127
戮有罪嚴斷刑 / 上342
六戎之國 / 中209
六者非性也 / 中300
尹吉曰 / 下225,230

而不可使爲亂 / 下212
而弗可損益也故曰 / 下271
而弗敢過也 / 上133
而弗敢犯也 / 下96
而不敢食也 / 下347
而不敢飮也 / 下347
而弗敢以聞 / 中200
而不敢盡其私也 / 下69
而不敢解惰 / 下347
而不忘至賤 / 下122
二綷無碑 / 下55
異弗非也 / 下295
以不失其事 / 下326
而不用之於禮義戰勝 / 下347
而不以禮籍入 / 中31
二綷二碑 / 下55
而不知其名爲罔 / 中280
耳不聽樂故 / 下109
而不表禮焉 / 中135
以比其身 / 下128
而鄙詐之心入之矣 / 中348
而鄙詐之心入之矣 / 下88
以備水潦 / 上343
以擯相可也 / 上382
已聘而還圭璋 / 下345
以俟見 / 下307
以事君而敬同 / 下352
以四簋黍 / 下114
以事鬼神上帝 / 中24
以死勤事則祀之 / 下65
以俟其生也 / 下254
以祀其先祖者也 / 下125
以賜魯也 / 下129
以事母而愛同 / 下354
以士服 / 中231
以事上帝故 / 下203
以四時爲柄 / 中39
以四時爲柄故 / 中39
已射於澤而后 / 下332
以死者爲不可別已故 / 上179
而舍奠于其廟 / 下119
以祠宗廟社稷之靈 / 上334
以斯知不欲速貧也 / 上147
以斯知不欲速朽也 / 上147
以祀之此之謂禮終 / 下92
以射天地四方 / 下332
以事天地山川社稷先古 / 下84
以散綏升 / 中267
以三年之戒 / 上402

以三十年之通 / 上261
以三十年之通制國用 / 上261
以三日爲之禮制也 / 下254
二三子皆尙左 / 上125
二三子皆絰而出 / 上130
二三子亦皆尙右 / 上125
二三子之嗜學也 / 上125
以喪冠者 / 中399
而嘗無樂 / 下68
以象事行 / 中322
以上牲祭於宗子之家 / 上404
而商也不及 / 下150
以喪慈母 / 上392
而賞爵刑罰窮矣 / 下207
以賞諸侯故 / 中317
以賞諸侯之有德者也 / 中317
以象天也 / 中100
以象天地之性也 / 中98
而上下之義行矣 / 上439
涖牲曰盟 / 上82
以生者有哀素之心也 / 上181
以西方爲上 / 上40
以誓省 / 中184
而壻授綏 / 下306
以序宗族 / 下139
以說其上矣 / 下222
以設制度 / 中20
以成其信是故 / 下210
以成禮節 / 下347
以成絲麻布帛之事 / 下309
而盛於東南 / 下315
而盛於西北 / 下315
異姓謂之伯舅 / 上81
異姓謂之叔舅 / 上81
已成而明是天道也 / 下146
以成人見也 / 下301
異姓主名 / 中253
而小其惡 / 下235
二昭二穆 / 上264
而所以成男女之別 / 下306
以小鼎薌脯於其中 / 中155
以灑諸上而鹽之 / 中155
以衰裳入朝 / 中31
以脩宮室 / 下101
已受命 / 上53
以受方國 / 下203
以授使者于阼階之南面 / 中281
以授相者 / 上49
以授壻 / 下187

以授人 / 中280
以授人則辟刃 / 中274
貍首者樂會時也 / 下326
而遂絶其世也 / 下220
而手足毋移 / 中203
貍首之班然 / 上232
以守至正 / 中42
以殉葬非禮也 / 上203,207
而純組綏 / 中195
以崇天子 / 中343
以習軍旅 / 中97
以習禮樂 / 下327,328
以習五戎 / 上353
以升降爲禮者 / 中331
以繩德厚律小大之稱 / 中322
而升諸司馬曰進士 / 上276
以是斷之者 / 下271
以示民俗 / 下226
以示民厚 / 下225
以是象之也 / 下273
以是有爵而後杖也 / 中391
以時祭 / 上406
以食禮 / 中151
而食嘗無樂 / 中86
以訊馘告 / 上257
而信其所賤 / 下228
邇臣不可不愼也 / 下228
邇臣不疾 / 下228
而臣不惑於其君矣 / 下225
邇臣守和 / 下211
以審守委積蓋藏是故 / 下309
二十五月而畢 / 下271,272
二十日弱冠 / 上31
二十而嫁 / 中170
二十而冠 / 中169
二十七大夫 / 上250,下310
二十七世婦 / 下310
而惡惡不著也 / 下233
以安志而平心也 / 下278
鯉也 / 上114
而讓道達矣 / 上436
以養生送死 / 中24
以於隱者爲廬 / 下44
以與稻米爲酏 / 中155
以與民同利 / 下139
以與四隣交 / 上202
以與神明交 / 下74
而易慢之心入之矣 / 中348
以燕禮 / 中151
以燕以射 / 下328

以齊其民 / 下224
而弟達乎軍旅矣 / 下96
而弟達乎道路矣 / 下96
而弟達乎蒐狩矣 / 下96
而弟達乎朝廷矣 / 下96
而弟達乎州巷矣 / 下96
以齊上下 / 中25
以制上下 / 下79
已祭而見伯父叔父 / 上378
以齊衆 / 上281
以祭則受福 / 中97
而諸侯務焉 / 下328
而諸侯務焉爾 / 下345
而諸侯素帶終辟 / 中189
而諸侯自爲正之具也 / 下343
而詔客告也 / 中104
以造士 / 上274
以足蹙路馬芻有誅 / 上66
以尊其君長 / 下115
以尊上也 / 下80
以尊于天子 / 上255
以尊天也 / 下100
以尊賢也 / 下100
以鍾次之 / 中88
而坐介於西南 / 下315
離坐離立 / 上43
而坐僕於東北 / 下315
爾罪三也 / 上120
爾罪二也 / 上120
爾罪一也 / 上120
而朱組綏 / 中195
以中國爲一人者 / 中35
以重其國家如此 / 下128
而中多者得與於祭 / 下327
而衆莫不承順故 / 下88
而衆賓自入 / 下318
而衆賓自從之 / 下318
而中少者不得與於祭 / 下327
而重絶富貴 / 下233
以之居處 / 下150
以之居處有禮故 / 下150
以地廣狹 / 中53
以之軍旅 / 下150
以之閨門之內有禮故 / 下150
而知其美惡然後能博喩 /
　中293
而志不可奪也雖危起居 /
　下292
爾之愛我也不如彼 / 上109
以至於斯也 / 上225

而知王道之易易也 / 下318,
　320
以至于復初然後亦復初 /
　上441
以至于死 / 上105
移之右如初禮 / 上272
以之田獵 / 下150
以之朝廷 / 下150
以至尊旣祭之末 / 下122
移之左 / 上272
吏之至賤者也 / 下122
已至必哀 / 下72
以直其政 / 下278
以進爲文 / 中349, 下88
以珍從 / 上287
以此坊民 / 下167,168,170,
　176,179,180,181,182,183,
　184,185,186,187
以此示民 / 下177
以此失之者不亦鮮乎 / 下199
貳車者諸侯七乘 / 中272
以次主人 / 上431
以處其子孫 / 中31
以處室家則父子親兄弟和
　/ 下134
以處鄕里則長幼有序 / 下134
而戚單於下 / 中253
以遷廟主行 / 上389
而薦諸皇尸 / 下112
以天地爲本故 / 中39
而天下其孰能宗予 / 上126
而天下大治 / 中74
而天下塞焉擧而措之無難
　矣 / 下88
而天下之禮亂矣 / 中91
已徹而退 / 下75,76
以聽獄訟必三刺 / 上277
以聽政役 / 下317
以聽祭報 / 中100
以聽天命 / 下203
以聽天下之內治 / 下310
以聽天下之外治 / 下310
以禘禮 / 中212
以初爲常 / 上303
而總八寸 / 上110
以趣喪 / 上384
以畜寡人 / 下170
以畜萬邦 / 下161
而祝宿虞尸 / 上184
而出于祊 / 下117

而忠信以爲寶 / 下291
而致其義焉爾故 / 中74
而治道備矣是故 / 中305
以齒明父子也 / 上435
以治百事 / 下101
而置法以民 / 下195
以致五至而行三無 / 下158
以治人情故 / 中47
以治人之情故 / 中22
以治政也 / 中33
以治天下 / 中211
以治天下之禮也 / 下80
以致天下之和 / 下79
異則相敬 / 中309
以親父子 / 下347
以親之也 / 下306
以蕩上心 / 上320
以太牢 / 上311
以便民事 / 上349
履蒲席衣布晞身 / 中176
以脯脩置者 / 上48
而蒲越藁鞂之尙明之也 /
　中107
以炮以燔 / 中24
以脯醢 / 中58
移風易俗 / 中324
以辟君也 / 中93
二披用纁 / 下54
以畢春氣 / 上321
而下遠罪也 / 中267
而下有凍餧之民也是故 /
　下115
而下以繼後世也故 / 下304
以夏后氏之聖周 / 上103
以行其言 / 下201
以行其義然後 / 中324
而行不危言矣 / 下223
以行則失之矣 / 上389
而行必稽其所敝 / 下224
以饗禮 / 中151
以饗帝于郊 / 中74
以饗諸侯 / 中211
以賢勇知 / 中20
而玄組綏 / 中195
以亨以炙 / 中24
而虎賁之士說劍也 / 中346
以和居參之也 / 中88
以和其志 / 中324
以貨力辭讓飮食 / 中44
以和夫婦 / 中20

一馬從二馬以慶 / 下284
日莫人倦齊莊正齊 / 下347
一命縕黻幽衡 / 中190
一命襢衣 / 中192
壹命齒于鄕里 / 下99
日聞四方 / 下161
日不足 / 中81
壹不食再不食可也 / 下35
一辭而退以遠亂也 / 下211
壹使足以成文理 / 下272
一箄爲奇 / 下283
一成而不可變 / 上279
一昭一穆 / 上264
一純以取 / 下283
日食 / 上395,397
壹食再饗 / 下345
壹食之人 / 中197
日食則天子素服而脩六官
之職 / 下311
一室之人 / 中197
日夜分 / 上312,348
日夜分則同度量 / 上312,348
壹與之齊 / 中113
日五盟 / 中176
一日治親 / 中251
一日親親 / 中255
日用甲 / 中96
日月無私照 / 下163
日月有時 / 上201
日月以告君 / 上45
日月之章 / 中211
一爲乾豆 / 上259
日爲之食 / 下311
日有食之 / 上409
日有食之則有變乎 / 上409
一有元良 / 上428
日以至 / 中99
日而行事則必踐之 / 上64
一人不從政 / 上289
一人有慶 / 下221
一人徹 / 中197
一日用之 / 中94
一日二日而可爲也者 / 上142
一日之澤 / 中408
日入而夕 / 中128
一張一弛 / 中408
日長至 / 上330
日在角 / 上345
日在奎 / 上309
日在東井 / 上327

日在斗 / 上362
日在柳 / 上332
日在婺女 / 上367
日在尾 / 上356
日在房 / 上350
日在營室 / 上300
日在胃 / 上315
日在翼 / 上339
日在畢 / 上322
一節以趨 / 中192
一坐再至 / 上284
日中而虞 / 上184
日中而餕 / 中172
壹倡而三歎 / 中305
日出於東 / 下79
壹出言而不敢忘父母 / 下94
壹出言而不敢忘父母是故
/ 下94
日出而退 / 中128
日就月將 / 下161
壹稱而上下皆得焉耳矣是
故 / 下126
一獻無介語可也敎世子 /
上422
一獻熟 / 中70
一獻孰 / 中84
壹獻之禮 / 中319
一獻之禮不足以大饗 / 中81
一獻質 / 中78
任功曰予一人 / 上78
任官然後爵之 / 上276
臨難毋苟免 / 上26
任南蠻之樂也 / 中212
任老者之事 / 上267
衪當旁 / 中184
臨樂不歎 / 上57
林麓川澤以時入而不禁 /
上267
衪每束一 / 上165
臨文不諱 / 上62
任事然後 / 上251
臨事而屢斷 / 中355
臨事而屢斷勇也 / 中355
臨喪不笑 / 上57
臨喪則必有哀色 / 上57
衪席之上 / 下169
壬午猶繹 / 上207
任有能 / 中74
臨者入門右 / 中380
臨財毋苟得 / 上26

臨祭不惰 / 上62
臨祭祀 / 上78,84
臨諸侯 / 上78
任之雖重也 / 上209
入竟而問禁 / 上62
立敬自長始 / 下77
入告爾君于內 / 下173
入哭踊三者三乃出 / 中399
入國不馳 / 上66
入國而問俗 / 上62
立君臣之義以權之 / 上277
入宮而不敢哭 / 上96
立權度量 / 中252
入其國其敎可知也 / 下131
立大官 / 上343
入大廟說笏非禮也 / 中187
立冬之日 / 上357
入里必式 / 上66
入廟門則全於臣 / 下117
立母跂 / 上42
入門而金作示情也 / 下153
入門而問諱 / 上62
入門而弗見也 / 下252
入門而縣興 / 下153
入門左 / 下238,240,242,244
立不中門 / 上34
立賓以象天 / 下321
立四敎 / 上274
立三賓以象三光 / 下321
入三揖而后至階 / 下313
立視五嶲 / 上66
入室又弗見也 / 下252
立愛自親始 / 下77
入於其廐而脩容焉 / 上229
立於馬前已駕 / 上66
立於門側 / 上143
立如齊 / 上27
立五祀 / 下63
立容德 / 中203
立容辨卑毋謅 / 中205
立于其左東上 / 中380
立于其中 / 中172
立于東方 / 下23
立于房中 / 中214
立于西方 / 下23
立于阼 / 中214,下119
立于阼西鄕 / 中162
立于阼存室神也 / 中93
入揖讓而升 / 下304
立義以爲土地 / 下291

諸侯之齊冠也 / 中182
諸侯之祭社稷 / 上397
諸侯之祭也 / 下111
諸侯之儐禮也 / 中91
諸侯之下士 / 上245,297
諸侯之行惡 / 下135
諸侯執綍五百人 / 中404
諸侯儐 / 中91
諸侯請含使之襲 / 上211
諸侯輤而設幬 / 上215
諸侯出夫人 / 中413
諸侯七 / 中403,下247
諸侯七介七牢 / 中56
諸侯七尺 / 中59
諸侯下祭三 / 下63
諸侯行而死於館 / 中357
諸侯玄端以祭 / 中173
諸侯脅 / 中91
諸侯皇皇 / 上84
諸侯薨 / 上238,389
俎 / 中220
祖契而宗湯 / 下57
阼階之東西面北上 / 中209
遭季桓子之喪 / 上388
祖姑有三人 / 中245
弔哭而退 / 中395
弔公子重耳 / 上175
朝極辨 / 下192
朝覲 / 中90
朝覲所以教諸侯之臣也 / 下97
朝覲然後諸侯知所以臣 / 中346
朝覲之禮 / 下135
遭大功之喪 / 下269
俎豆既陳 / 上397
俎豆牲體薦羞皆有等差 / 下340
俎豆有數曰聖 / 下315
粗属猛起奮末廣賁之音 / 中320
祖廟既毀 / 下309
祖廟未毀 / 上431,437,下309
祖廟所以本仁也 / 中42
祖文王而宗武王 / 下57
趙文子與叔譽 / 上234
兆民賴之 / 下221
朝辨色始入 / 中173
朝服十五升 / 中369
朝服以日視朝於內朝 / 中173

朝服而朝 / 中184
朝服而出視朝 / 上375
朝服一 / 中374
朝服之以縞也 / 中184
朝服寢門外詩負之 / 中159
朝服縞冠 / 中247
祖父卒而后 / 中228
朝不坐燕不與 / 上211
朝不廢朝 / 下320
鳥不獝 / 中41
弔非從主人也 / 中395
造水焉 / 下32
朝事以樂 / 中72
弔死而問疾 / 中390
詔辭自右 / 中277
藻三采六等 / 中410
弔喪弗能賻 / 上56
朝夕哭不帷 / 中372
朝夕否 / 上400
朝夕踊 / 上167
朝夕之食上 / 上441
朝夕至于大寢之門外 / 上441
朝夕之奠卽位自因也 / 中402
朝夕學幼儀 / 中167
朝夕恒食 / 中130
遭先生於道 / 上36
造受命於君前則書於笏 / 中187
鳥獸之肉 / 中24
朝市之於西方失之矣 / 中94
調也君之褻臣也 / 上199
祖陽氣之發於東方也 / 下321
弔於宮 / 上170
兆於南郊 / 中98
弔於負夏 / 上132
朝於王季日三 / 上416
弔於人 / 上172
弔於葬者 / 上172
祖於庭 / 上132,下179
弔於鄉人 / 中395
朝言不及犬馬 / 上91
祖亦名之 / 中166
棗曰新之 / 中146
俎用梡嶡 / 中212
調竽笙箎簧 / 上329
詔侑武方 / 中69
棗栗飴蜜以甘之 / 中126
弔而不傷 / 上56
操以受命 / 上52
調以滑甘 / 中144

朝一溢米 / 下265
弔者降反位 / 中376
俎者所以明祭之必有惠也 是故 / 下121
俎者所以明惠之必均也 / 下121
弔者升自西階東面 / 中376
弔者入 / 中376
弔者卽位于門西東面 / 中376
助葬於巷黨 / 上409
助葬必執綍 / 上57
遭齊衰之喪 / 下269
祖顓頊而宗堯 / 下57
祖顓頊而宗禹 / 下57
朝奠日出 / 上162
朝廷官爵失其序 / 下150
朝廷同爵則尙齒 / 下96
朝廷不辭賤 / 下213
朝廷曰退 / 中267
朝廷有位 / 下167
朝廷濟濟翔翔 / 中203
朝廷之美 / 中269
朝廷之位 / 下169
雕題交趾 / 上269
朝諸侯 / 上78
弔之可也 / 上122
措之廟立之主曰帝 / 上78
詔之於東序 / 上420
措之于參保介之御間 / 上304
朝車士齊車 / 中176
祖遷於上 / 中229
祖天地之左海也 / 下321
詔祝於室 / 中117,下117
朝則結佩 / 中195
弔則襲不盡飾也 / 中186
措則正 / 中52
詔妥尸 / 中120
操幣圭璧則尙左手 / 上68
鳥鷖色而沙鳴鬱 / 中148
朝玄端 / 中184
造乎녜 / 上255
曹桓公卒于會 / 上211
足垢燂湯請洗 / 中131
足毋蹶 / 上41
族食世降一等 / 上431
足如履齊 / 中192
足容重 / 中203
族有七十者弗敢先 / 下99
足以感動人之善心而已矣 / 中351

陳尊俎 / 中331
進卽兩楹間 / 下281
盡之於禮 / 下345
盡志於射 / 下327
盡之謂敬敬盡然後 / 下107
盡此三道者 / 下105
袗絺綌 / 上72
振絺綌不入公門 / 中184
進則揖之 / 中194
陳太宰嚭使於師 / 上196
進退得齊焉故 / 中352
進退有度 / 上60,下132
進退揖讓無所制是故 / 下150
進退周旋慎齊 / 中131
進退必敬 / 下74
振乏絶 / 上317
晉獻公 / 上105
晉獻公之喪 / 上175
晉獻文子成室 / 上227
搢笏 / 中124
絰絞帶哭成踊 / 下242
絰期之絰 / 下258
質明而始行事 / 中81,下347
質明贊見婦於舅姑 / 下307
疾病 / 下20
疾病不養 / 中306
絰殺五分而去一 / 中235
迭相爲經故 / 中324
絰也者實也 / 上137
質於天子 / 上282
質而守之 / 下232
絰而往子游弔焉 / 上190
疾莊士大夫卿士 / 下228
疾莊后 / 下228
絰卽位成踊 / 中248
疾止復故 / 上49
疾止復初 / 上56
疾之藥必親嘗之 / 上441
疾疢不作而無妖祥 / 中335
疾趨則欲發 / 中203
疾痛苛癢 / 中126
執簡記 / 上282
執干戚戈羽 / 上329
執輕如不克 / 上68
執戈惡之也 / 上186
執君之乘車則坐 / 中267
執弓挾矢以獵 / 上353
執龜玉 / 中203
執圭將命 / 中378
執禽者左首 / 上52

執其干戚 / 中352
執箕膺揭 / 中264
執女手之卷然 / 上233
執豆籩 / 中250
執醴授之執鐙 / 下119
執禮者詔之 / 上419
執麻枲 / 中170
執飯與醬 / 中179
執紼不笑 / 上57
執轡然後步 / 中267
執事者亦散等 / 中387
執束帛升自西階盡等 / 上372
執食興辭 / 上48
執我仇仇 / 下228
執玉龜襲 / 中186
執玉其有藉者則裼 / 上68
執玉不麻 / 中401
執玉不趨 / 上39
執玉執龜筴不趨 / 中271
執友稱其仁也 / 上33
執爾顏 / 上41
執以將命 / 中274
執引者三百人 / 中404
執爵于太寢 / 上304
執爵而酳 / 中346,下98
執醬而饋 / 中346,下98
執左道 / 上279
執主器 / 上68
執摯以相見 / 中113
執之以右 / 中277
執策分轡 / 上66
執天子之器則上衡 / 上68
執燭不讓不辭不歌 / 中280
執鐸者左右各四人 / 中404
執虛如執盈 / 中272
徵亂則哀 / 中303
徵爲事 / 中303
澄酒在下 / 中25,下178

〔차〕

此可以觀德行矣 / 下325
車甲釁而藏之府庫而弗復用 / 中345
此降尊以就卑也 / 中86
此皆有功烈於民者也 / 下65
此皆進學之道也 / 中295
此卿大夫之辱也 / 上61
此輕財而重禮之義也 / 下345

此古樂之發也 / 中333
此交神明之道也 / 下117
此教衆反始也 / 下82
此求助之本也 / 下106
次國三卿 / 上250
次國之卿 / 上297
次國之卿命於其君者 / 上297
次國之卿三大夫祿 / 上245
次國之君不過七命 / 上250
次國之上卿 / 上246
此君臣上下之大義也故曰 / 下339
且君子行禮 / 上409
此其不可得與民變革者也 / 中252
此其所得與民變革者也 / 中252
且女獨未聞牧野之語乎 / 中345
此大亂之道也 / 中306
此大學之道也 / 中286
車得其式 / 下150
嗟來食 / 上225
此令兄弟 / 下175
此禮之大成也 / 中27
此禮之大體也 / 下307
次路繁纓七就 / 中58
次路五就 / 中84
此六君子者未有不謹於禮者也 / 中20
此六者教之所由廢也 / 中292
此六者德音之音也然後 / 中337
車馬之美 / 中269
此謀此獸 / 下173
此文武之德也 / 下163
此百物之精也 / 下81
且夫武始而北出 / 中343
此父子之倫也 / 下118
車不雕幾 / 下139
且不乎 / 上409
此四守者 / 下122
此四者 / 上291
此四者皆淫於色而害於德是以 / 中337
此四者教之所由興也 / 中292
此四者心之莫同也 / 中293
此四誅者 / 上279
車三乘 / 上169
此三者君子之所恥也 / 下128

天則不雨而望之愚婦人 / 上238	綴之以食而弗殊 / 中253	清越以長 / 下348
天則不雨而暴人之疾子虐 / 上238	徹饌而埽卽位而哭 / 上378	請爲勝者立馬 / 下281
天則神 / 中348,下88	忝厥祖 / 下175	請肄簡諒 / 中167
川澤溝瀆 / 上293	瞻肥瘠 / 上347	請以樂賓 / 下280
天下皆寧 / 中324	妾無妾祖姑者 / 中243	請以殉葬 / 上203
天下豈有無父之國哉 / 上105	妾祔於妾祖姑 / 中239	請益則起 / 上41
天下國家可得而正也 / 中22	妾附於妾祖姑 / 中364	請衽何趾 / 上40
天下其幾矣 / 下167	妾雖老年未滿五十 / 中157	聽鄭衛之音 / 中332
天下其孰能當之 / 上231	妾爲君之長子 / 中235	聽朝而入 / 上375
天下內和而家理 / 下310	妾將生子及月辰 / 中164	請奏貍首 / 下283
天下大定 / 中335	妾從女君而出 / 中231	請主人亦如之 / 下281
天下大定然後 / 中335	請見不請退 / 中267	請粥庶弟之母 / 上138
天下莫不貴者道也 / 下349	請慶多馬 / 下281,284	聽且速也 / 下82
天下無道 / 下214	請敬易之 / 上109	聽必恭 / 上41
天下無事 / 下347	請庚之 / 上215	請何趾 / 中129
天下無生而貴者也 / 中111	請哭諸異姓之廟 / 上148	請合葬焉 / 上96
天下爲家 / 中20	請君之玉女 / 下106	聽鄉任左 / 中192
天下爲公 / 中18	聽其雅頌之聲 / 中352	青黑緣者 / 中328
天下有道 / 下214	請立馬 / 下284	禘郊祖宗其餘不變也 / 下59
天下有事 / 下347	清明象天 / 中324	體其犬豕牛羊 / 中27
天下有王 / 下61	聽命於廟 / 下304	體魄則降 / 中23
天下以爲有道之國是故 / 中222	清明在躬 / 下163	體不備君子謂之不成人 / 中66
天下一人而已矣 / 下195,198	清廟之瑟 / 中305	逮事父母則諱王父母 / 上62
天下資禮樂焉 / 中222	請問居從父昆弟之仇 / 上129	禘嘗之義大矣 / 下124
天下傳之久矣 / 中221	請問其祭如之何 / 上406	體信以達順故 / 中49
天下之達喪也 / 下274	請問之曰 / 上393,395,397	逮闇而祭 / 中81
天下之禮 / 下80	請問兄弟之喪 / 中387	禘有樂 / 下68
天下知武王之不復用兵也 / 中345	清白 / 中141	體異姓也 / 上435
天下之肥也 / 中47	請補綴 / 中131	逮日而舍 / 上409
天下之盛王也 / 下96	聽卜有事於尸則去杖 / 下29	逮日而舍奠 / 上409
嘽諧慢易繁文簡節之音 / 中320	聽不聰 / 中397	體一人 / 下20
天乎予之無罪也 / 上120	請賓曰 / 下281	禘一犆一祫 / 上266
徹飯齊 / 上49	聽事不麻 / 中197	禘者陽之盛也 / 下124
徹褻衣 / 下20	聽朔於南門之外 / 中172	體次之 / 中55
啜菽飲水盡其歡斯之謂孝 / 上203	請喪夫子 / 上128	體天地 / 下350
徹緣 / 上75	請席何鄉 / 上40	禘則不嘗 / 上266
徹以振羽是故 / 下153	請緦衰而環絰曰 / 上236	禘黃帝而郊嚳 / 下57
哲人其萎 / 上126	請所以易其名者 / 上202	草工 / 上80
哲人其萎乎 / 上126	請少進 / 下143	草笠而至 / 中104
綴兆舒疾 / 中312	請誦其所聞 / 中355	緣幕魯也 / 上103
輟朝而顧 / 上91	請數二筭爲純 / 下283	草木皆肅 / 上321
綴足 / 上162	請襲於牀 / 上156	草木歸其澤 / 中102
綴足用燕几 / 下32	請拾投 / 下283	草木零落然後入山林 / 上259
歠主人主婦室老 / 上182	聽於無聲 / 上34	草木萌動 / 上305
	請業則起 / 上41	草木茂 / 中330
	聽役於司徒 / 中261	草木生榮 / 上349
	請吾子之復位 / 中380,381	草木蚤落 / 上307
	請沃盥 / 中126	草木蚤死 / 上349
		草木之實 / 下106

則吾將安仰 / 上126
則王道備矣 / 中307
則外不相侵 / 下343
則外諸而內無怨故 / 中52
則用之於禮義 / 下347
則用之於戰勝 / 下347
則雨水不時 / 上307
則虞人設階 / 下21
則瑗請前 / 上138
則遠於鬪辨矣 / 下313
則怨益亡 / 下172
則爲其母不禫 / 中242
則爲其父母 / 中361
則爲位而哭拜踊 / 中367
則位有序 / 下211
則謂之亂人 / 下347
則唯恐臥 / 中332
則猶賓之也 / 上126
則猶是與祭也 / 中385
則有奧阼 / 下156
則有爵者辭 / 下28
則猶在阼也 / 上126
則陰陽 / 下350
則義不壹 / 下232
則以其喪服之精麤爲序 / 上431
則以大功之麻易之 / 中366
則以大夫牲 / 中245
則以斝將之 / 上255
則以在者告道 / 中280
則以祝將之 / 上255
則因喪服而冠 / 上378
則子孫順孝 / 下115
則子一人杖 / 中246
則資曽於天子 / 上256
則爵不瀆而民作愿 / 下219
則莊敬 / 中348
則長幼之序失 / 下135
則長者必異席 / 上34
則財不匱 / 上349
則狄人設階 / 下21
則前後家 / 中401
則絕其本末 / 中278
則諸臣服從 / 下115
則祭以天子諸侯 / 中231
飭鍾磬柷敔 / 上329
則從天子救日 / 上393
則左右屏而待 / 上42
則罪無有掩蔽 / 上357
則主人東面而拜 / 中372

則主人不免而爲主 / 中243
則主人爲之拜賓送賓 / 下240
則主人請入爲席然後 / 上38
則酒之流生禍也是故 / 中319
則志不懾 / 上30
則執兵而陪其後 / 上129
則執以將命 / 中274
則執一雙 / 中274
則車不雕幾 / 中281
則此所與民同也 / 中313
則次于異宮 / 中385
則祝迎四廟之主 / 上389
則祝取群廟之主 / 上389
則忠敬不足 / 下227
則就其室以珍從 / 中152
則取於兄弟大功以下者 / 上381
則就主人之階 / 上38
則致遠物也 / 中80
則辟呞而對 / 中280
則彼將安能以中 / 下333
則彼朝死而夕忘之 / 下272
則必反巡過其故鄉 / 下271
則必賜之几杖 / 上32
則必朝服而命之 / 上53
則必鄉長者所視 / 上36
則下之爲仁爭先人故 / 下222
則下天上施 / 下171
則扦格而不勝 / 中292
則行不可飾也故 / 下235
則行有枝葉 / 下214
則賢者可知已矣 / 下197
則刑戮之民也 / 下195
則刑不煩矣 / 下219
則號泣而隨之 / 上85
則好賢不堅 / 下233
則或使之也 / 下74
則惑而不樂 / 中326
則釁之以豭豚 / 中412
親老出不易方 / 中201
親同長者主之 / 下248
親東鄉躬桑 / 上318
親沒不髦 / 中182
親未絶而列於庶人 / 上437
親父子 / 下300
親喪外除 / 中388
親始死 / 下250
親迎女在塗而壻之父母死如之何 / 上384
親往視之 / 上313,320

親有疾 / 上85
親而不尊 / 下196,205,206
親而尊 / 下209
親者皆免 / 中247
親者屬也 / 中258
親者終其麻帶絰之日數 / 中366
親者兄弟 / 中262
親在 / 中200
親瘠色容不盛 / 中201
親弔則與之哭 / 下24
親之禮之大體 / 下306
親之也者親之也 / 中113
親之也者親之也是故 / 下141
親戚之遠者亦可以至矣是故 / 下254
親戚之衣受之不以卽陳 / 下38
親聽誓命 / 中99
親則父也 / 上426
親親故尊祖 / 中258
親親也 / 中251,252
親親以三爲五 / 中228
親親尊尊長長 / 中230
親親之殺也 / 上436
親賢而下無能 / 下205
七介以相見也 / 中70
七教 / 上298
七年男女不同席 / 中167
七年視論學取友 / 中286
七年曰悼 / 上31
七年致政於成王 / 中211
七代之所更立者 / 下59
七十里之國六十 / 上247
七十里之國二十有一 / 上247
七十不俟朝 / 上287,中152
七十不與賓客之事 / 上287,中152
七十非帛不煖 / 上287,中151
七十時制 / 上284,中151
七十養於學 / 上284
七十養於學達於諸侯 / 中151
七十曰老而傳 / 上31
七十唯衰麻在身 / 上56,下35
七十飲酒食肉 / 中397
七十貳膳 / 上284,中151
七十者不有大故不入朝 / 下99
七十者四豆 / 下317
七十杖於國 / 上287,中151

〔파〕

播樂以安之 / 中47
播五行於四時 / 中37
跛者不踊 / 下255,354
播刑之不迪 / 下227
八簋之實 / 下106
八年出入門戶 / 中167
八蠻之國 / 中209
八伯各以其屬 / 上248
八蜡不通 / 中104
八蜡以記四方 / 中104
八十九十曰耄 / 上31
八十九十者 / 下99
八十拜君命 / 上284
八十拜君命一坐再至 / 中151
八十不俟朝 / 下96
八十非人不煖 / 上287,中151
八十常珍 / 上284,中151
八十月告存 / 上287,中152
八十月制 / 上284,中151
八十一御妻 / 下310
八十一元士 / 上250,下310
八十者五豆 / 下317
八十者一子不從政 / 上289, 中152
八十杖於朝 / 上287,中151
八十齊喪之事弗及也 / 上287, 中152
八月西巡守至于西嶽 / 上253
八佾以舞大夏 / 下129
八政 / 上298
八州州二百一十國 / 上247
八州八伯 / 上248
八風從律而不姦 / 中324
敗其城郭 / 上326
敗大作 / 下228
佩玉有衝牙 / 中195
敗則死之 / 上138
烹狗於東方 / 下321
祊之於東方 / 中94
祊之爲言倞也 / 中119
編萑以苴之 / 中155
平公曰 / 上200
平公飲酒 / 上199
平公呼而進之曰 / 上199
平權衡 / 上348
平均天下 / 中333
萍始生 / 上315

廢 / 上395,397
敝蓋不棄爲埋狗也 / 上229
廢夫人之禮 / 下186
廢喪服 / 上382
閉塞而成冬 / 上358
幣曰量幣 / 上89
敝帷不棄爲埋馬也 / 上229
斃而后已 / 下199
廢者幾 / 上393,395,397
廢疾非人不養者 / 上289
廢則埽而更之 / 中269
幣必誠 / 中113
脯羹雞羹 / 中142
脯羹兎醢 / 中142
鋪絞紟踊 / 下43
布絞縮者三 / 下37
布絞縮者一 / 下36
苞屨 / 上72
脯鬼侯 / 中211
鋪衾踊 / 下43
布紟二衾 / 下37
布幕衛也 / 上103
布帛精麤不中數 / 上281
匍匐救之 / 下159
匍匐而哭之 / 下254
蒲席以爲裳帷 / 中359
布深衣縞總 / 上384
鋪筵席 / 中331
鋪筵設同几 / 下117
脯曰尹祭 / 上88
布牛肉焉 / 中155
鋪衣踊 / 下43
抱義而處 / 下292
褖衣一 / 中374
飽而忘哀 / 中397
胞者肉吏之賤者也 / 下122
布奠於賓 / 上404
匏竹在下 / 中87
包之以虎皮 / 中345
炮取豚若將 / 中155
袍必有表不禪 / 下38
幅廣狹不中量不粥於市 / 上281
暴民不作 / 中309
暴兵來至 / 上331
暴風來格 / 上326
表裘不入公門 / 中184
猋風暴雨總至 / 上308
品節斯斯之爲禮 / 上194
風戾以食之 / 下85

豊水有芑 / 下197
馮尸不當君所 / 下43
風雨不節則饑 / 中318
風雨霜露無非教也 / 下163
風霆流形 / 下163
馮之踊 / 中382
彼求我則 / 下228
彼國安而天下安故曰 / 下320
彼其之子 / 下201
彼都人士 / 下224
被髮文身 / 上269
被髮衣皮 / 上269
皮弁 / 中172
皮弁素服而祭 / 中102
皮弁素積 / 中212
皮弁以聽朔於大廟 / 中173
皮弁一 / 中372
皮弁祭菜 / 中287
披亦如之 / 下53
彼亦有所合之也 / 中339
彼有遺秉 / 下183
辟奠者之處也 / 下256
被之 / 上165
畢 / 上166
韠 / 中190
必加帚於箕上 / 上40
必擧其定國之數 / 中53
必見其成 / 下234
必見其所祭者 / 中122
必見其軾 / 下234
必見其敝 / 下234
必敬其妻子也有道 / 下143
必告父母 / 下184
必告于禰 / 上375
必告于祖 / 上375
必告之以其制 / 上32
必功致爲上 / 上359
必求其寬裕慈惠溫良恭敬愼而寡言者 / 中162
必求仁者之粟 / 下92
必躬親之 / 上305
必達於禮樂之原 / 下158
必當年德 / 中49
畢塗屋 / 下51
必脈每物與牛若一 / 中155
蓽門圭窬 / 下292
必聞其聲 / 下234
必服而待 / 中134
必夫婦親之所以備外內之官也 / 下106

下殤也 / 上411
下殤用棺衣 / 上411
下殤之小功則不可 / 中399
下殤則否 / 下260
下殤土周葬于園 / 上411
夏收 / 中110
何施而得斯於民也 / 上220
夏時之等 / 中22
何也 / 上94,97
夏礿 / 中214
夏籥序興 / 下153
下於帶則憂 / 上91
下如隊 / 中355
何如斯可謂民之父母矣 / 下158
夏曰禘 / 上264
夏右鰭祭膴 / 中277
何爲哭於孔氏之廟乎 / 上223
何爲其然也 / 下159
何爲不去也 / 上219
何謂私館不復也 / 上411
何謂四靈 / 中41
何爲易輕者也 / 下269
何謂陰厭陽厭 / 上407
何謂人義 / 中36
何謂人情 / 中36
何爲乎諸侯之庭 / 中90
夏宜腒鱐 / 中144
下而管象 / 下129
下而管象示事也是故 / 下153
何以獨善之也曰 / 下356
何以辨 / 下175
何以不棺斂於宮中 / 上411
何以射 / 中94
何以爲民父母矣 / 下124
下而飲 / 下333
嘏以慈告 / 中27
何以哉 / 上138
何以贈我曰 / 上209
何以處我 / 上209
何以聽 / 中94,下333
下二燭 / 下26
何以治之 / 中36
何日忘之 / 下211
夏日暑雨 / 下231
下一燭 / 下26
嘏長也大也 / 中119
芐蕢不納 / 下266
下齊如權衡以應平 / 下278
下齊如權衡者 / 下278

夏祭曰禘 / 下124
夏造殷因 / 中68
何足以問所宜 / 中355
下餕上之餘也 / 下114
夏之末造也 / 中110
下之事上也 / 下203,232
下之事上也不從其所令 / 下221
夏之衰也 / 下65
夏之爲言假也 / 下322
下車而封夏后氏之後於杞 / 中345
夏薦麥 / 上266
夏楚二物 / 中288
河出馬圖 / 中49
下取法於地 / 下274
賀取妻者曰 / 上45
下治子孫 / 中251
夏則居橧巢 / 中24
下土之式 / 下221
何必小功耳 / 上381
下必有甚者矣故 / 下221
夏后氏 / 上103,126,150,289,413,中151,152,下57,79,96
夏后氏官百 / 中221
夏后氏駱馬黑鬣 / 中216
夏后氏未施敬於民而民敬之 / 上220
夏后氏山 / 中220
夏后氏尚明水 / 中221
夏后氏牲尚黑 / 中217
夏后氏以楬豆 / 中220
夏后氏以雞夷 / 中218
夏后氏以嶽 / 中220
夏后氏以龍勺 / 中218
夏后氏以琖 / 中217
夏后氏以饗禮 / 上284
夏后氏祭心 / 中220
夏后氏之鼓足 / 中220
夏后氏之龍簨虡 / 中220
夏后氏之四璉 / 中220
夏后氏之綏 / 中216
夏后氏之綢練 / 中221
學女事以共衣服 / 中170
學樂誦詩舞勺 / 中168
學舞干戚 / 上420
學無當於五官 / 中298五
學不躐等也 / 中288
學非而博 / 上279
學書計 / 中167

學習吹 / 上352
學然後知不足 / 中284
學者有四失 / 中293
學者行之 / 上137
學之爲君臣焉 / 上428
學之爲父子焉 / 上428
學之爲長幼焉 / 上428
罕見曰聞名 / 中261
寒氣總至 / 上314
寒不敢襲 / 中131
罕譬而喻 / 中293
寒暑不時則疾 / 中318
寒暑時是故 / 中74
寒蟬鳴 / 上340
寒熱不節 / 上344
澣衣濯冠以朝 / 中64
割雞門當門 / 中412
鶡旦不鳴 / 上362
割刀之用 / 中72
割刀之用而鸞刀之貴 / 中108
咸盥漱 / 中124,126,128
咸卽漱衣服 / 中128
咸如之 / 中157
咸有壹德 / 下225
含一牀 / 下32
含者入升堂致命 / 中376
含者坐委于殯東南有葦席 / 中376
含者執璧將命曰 / 中376
咸池備矣 / 中318
合敬同愛矣 / 中310
合鬼與神 / 下81
合爹而酳 / 下306
合其卒伍 / 下336
合男女頒爵位 / 中49
合德音之致 / 上439
合同而化而樂興焉 / 中315
合父子之親 / 中309
盍誓問焉 / 上196
合生氣之和 / 中322
合樂三終 / 下319
合於人心 / 中53
合語之禮 / 上420
合於天時 / 中53
合二姓之好 / 下143
合以爲醴煎之 / 中155
合葬非古也 / 上96
合情飾貌者 / 中309
合諸鄉射 / 下317
合諸侯 / 上352

玄冠縞武 / 中182
縣衾篋枕 / 中129
玄紐二 / 下53
玄端而居 / 中172
玄端而朝日於東門之外 / 中172
玄端一 / 中374
賢大夫也而難爲上也 / 中404
賢大夫也而難爲下也 / 中404
玄冕一 / 中372,374
玄冕齊戒 / 中114
縣賈父御 / 上107
縣賈父曰 / 上107
顯揚先祖 / 下125
泫然流涕曰 / 上99
玄衣而養老 / 上289,中152
賢而勿伐 / 下126
縣而不樂 / 上112
縣子聞之曰汰哉 / 上156
顯者不可揜 / 中66
賢者不得過 / 下356
縣子瑣曰 / 上152
賢者狎而敬之 / 上26
縣子曰 / 上148,154,中395
賢者之祭也 / 下104,105
玄鳥歸 / 上345
玄鳥至 / 上311
玄酒明水之尙 / 中107
玄酒以祭 / 中27
玄酒在室 / 中25
玄酒之尙 / 中72
玄絹衣以裼之 / 中186
賢則親之 / 下205
弦匏笙簧 / 中333
縣孤之義也 / 中94
玄黃之 / 下86
血氣和平 / 中324
血流于前乃降 / 中412
血毛詔於室 / 中78
血腥爓祭 / 中116
血祭盛氣也 / 中119
祫嘗 / 上266
夾室中室 / 中412
協於分藝 / 中44
協於藝 / 中47
祫祭於祖 / 上389
協諸義而協 / 中47
祫烝 / 上266
夾振之而駟伐 / 中343
協此四國 / 下163

袷絺 / 上266
狹則思欲 / 中323
刑禁暴 / 中309
形魄歸于地故 / 中117
刑罰不足恥也故 / 下227
刑罰中故庶民安 / 中258
刑罰行於國 / 下347
形變於外也 / 下250
衡縫 / 上117
刑不上大夫 / 上57
刑不試而民咸服 / 下219
兄不次於弟 / 下46
衡誠縣 / 下133
刑肅而俗敝則民弗歸也 / 中32
刑肅而俗敝則法無常 / 中32
亨執鸞薌 / 下90
形於動靜 / 中351
刑于隱者 / 上437
刑以防其姦 / 中300
刑以坊淫 / 下166
刑以防之 / 中307
形而不爲道 / 中351
刑仁講讓 / 中20
刑人不在君側 / 上57
刑人於市 / 上251
荊人曰 / 上211
荊人悔之 / 上211
刑自反此作 / 下90
佾者成也 / 上279
刑者佾也 / 上279
兄弟 / 上119
兄弟姑姉妹皆立于堂下 / 中415
兄弟哭 / 下23
兄弟睦 / 中47
兄弟不與同席而坐 / 上44
兄弟曰某 / 中391
兄弟之喪內除 / 中388
兄弟之喪則存乎書策矣 / 中387
兄弟之讎不反兵 / 上60
兄弟之子猶子也 / 上142
兄弟親戚稱其慈也 / 上33
兄之齒鴈行 / 上292
兄則死而子皐爲之衰 / 上236
惠均則政行 / 下121
惠伯曰 / 上213
惠術也 / 下114
惠而能散 / 下209

醢醬處內 / 上48
惠下之道也 / 下122
醞醯百甕 / 上158
醞醯之美 / 中108
戶開亦開 / 上37
壺去席二矢半 / 下284
狐去首 / 中146
壺頸脩七寸 / 下284
縞冠素紕 / 中182
縞冠玄武 / 中182
狐裘黃衣以裼之 / 中186
狐裘黃黃 / 下224
好德如好色 / 下187
好禮不變 / 下330
胡莫之行也 / 下139
胡不遄死 / 中22
狐死正丘首仁也 / 上114
虎始交 / 上362
好是正直 / 下225
好實無厭 / 下139
好惡無節於內 / 中306
好惡著則賢不肖別矣 / 中309
好惡形焉 / 中306
虎也 敢不復位 / 上135
戶外有二屨言聞則入 / 上36
胡爲其不然也 / 上197
胡爲而死其親乎 / 上150
縞衣而養老 / 上289,中152
號以立橫 / 中339
好田好女者亡其國 / 中104
壺中實小豆焉 / 下284
虎豹之皮 / 中88
好學不倦 / 下330
戶闔亦闔 / 上37
好賢如緇衣 / 下219
琥璜爵 / 中58
或敢有他志 / 上177
或立竈 / 下63
或立戶 / 下63
或問於曾子曰 / 中393
或問曰 / 下254,256
或問曰死 / 下254
或素或靑 / 中68
或承之羞 / 下236
或失則寡 / 中293
或失則易 / 中293
或失則止 / 中293
或曰 / 上116,166,167,174,中148
或曰擯主 / 下354
或曰同爨緦 / 上141

동양학총서〔45〕
예기(禮記)·하

■동양학 편집고문
　朴良淑, 金官楷
■동양학 편집위원
　金相培, 金鍾元, 金昌完, 朴文鉉, 朴鍾亘, 宋基燮,
　辛盛銀, 李德一, 李相鎭, 李世烈, 任軒永, 全秉九,
　全壹煥, 曹康煥, 崔桂林, 趙應泰, 黃松文(가나다 順)

회　　　장 : 양태조
주　　　간 : 김창완
교　　　열 : 이준영
편집/교정 : 홍윤정, 강화진
표지장정 : 이성식
전산조판 : 태광문화사
인　　　쇄 : 천광인쇄
제　　　본 : 기성제책사
유　　　통 : (주)문화유통북스

판　권
본　사
소　유

단기　4333(서기 2000)년　9월　15일　초판1쇄 인쇄
단기　4333(서기 2000)년　9월　20일　초판1쇄 발행

해역자 ― 池載熙
펴낸이 ― 李俊寗

펴낸곳 ― 자유문고
150 ― 046
서울 영등포구 당산동6가 121-73 영등빌딩 B동 401호
전화·2637 ― 8988·676 ― 9759(FAX)
등록·제2 ― 93호(1979. 12. 31)

정가 14,000원　　　　ISBN 89 ― 7030 ― 048 ― 1　　04140